Alle Menschen sind gleich – aber jeder will sich unterscheiden. Das gesellschaftliche Spiel der Distinktionen, der feinen und weniger feinen Unterschiede, hat in den letzten Jahren eine neue Dynamik bekommen. Gerade weil die Bundesrepublik sehr viel weniger hierarchisch ist als die französische, englische, italienische Gesellschaft, fällt hier besonders ins Auge, daß die Unterschiede größer geworden sind: zwischen arm und reich, zwischen Deutschen und Ausländern, aber auch zwischen Deutschen und Deutschen. Wobei in unserem Zusammenhang weniger von Belang ist, ob diese Unterschiede sich tatsächlich, statistisch belegbar, vergrößert haben: Was Menschen als wirklich ansehen, ist wirklich in seinen Konsequenzen, lautet das Theorem des amerikanischen Soziologen Thomas.

Die Bundesrepublik ist auch heute noch egalitärer und sozialer als andere westliche Staaten, eine nivellierte Mittelstandsgesellschaft, die von Beginn an die Differenz unter einen prinzipiellen Legitimationszwang stellte, was man auch daran erkennen kann, daß die Eliten, so es sie gibt, sich nicht als solche bezeichnen, weil sie ohne Selbstbewußtsein sind.

Wer der Idee der Gleichheit anhängt, dem ist das Sprechen über Unterschiede eher peinlich. Da der Mensch aber das unterscheidende Tier ist – *esse est percipi,* wie Berkeley konstatiert, und jeder erfährt es ja an sich selbst –, entsteht gerade in egalitären Gesellschaften diese ungeheure Aufmerksamkeit für Differenzen und Distinktionen, diese immense Fähigkeit, beispielsweise aus den kleinsten Details von Kleidung, Sprache, Bewegung, Verhalten den sozialen Status der Mitmenschen zu erschließen. Paul Fussell unternimmt im einleitenden Essay des Heftes eine Reise durch das amerikanische Statussystem. Manches von dem, was er beschreibt, findet kaum ein Pendant in der deutschen Gesellschaft, aber das ist kein Mangel. Denn der Sinn dieser amüsanten, gleichwohl ganz ernst gemeinten Reise besteht darin, uns die Augen zu öffnen für die lustvolle Lektüre der Unterschiede. Seriös wie Bourdieu, aber statt einer akademischen Studie eine essayistische Lockerungsübung.

Daß niemand seines Geschlechtes, seiner Abstammung, seiner Rasse, seiner Sprache, seiner Heimat und Herkunft, seines Glaubens, seiner religiösen oder politischen Anschauungen wegen benachteiligt oder bevorzugt werden darf, wie Artikel 3 des Grundgesetzes festlegt, bedeutet natürlich nicht, daß es diese Unterschiede nicht gibt oder daß man tunlichst nicht über sie sprechen sollte. Die Art jedoch, wie dies in den letzten Jahren geschieht, stellt die klassische Equal-Rights-Bewegung vor ganz neue Probleme: Immer häufiger nämlich werden nicht gleiche Rechte für alle gefordert, sondern wird die eigene Ungleichheit ins Spiel gebracht, um dann dafür eine Kompensation zu verlangen: »affirmative action«, Frauenquoten oder andere Forderungen nach Vorzugsbehandlung, weil man einer ethnischen, religiösen, sexuellen usw. Minderheit angehöre. Das Ziel einer fortschrittlichen Gesellschaft, die Konformismus verachtet und Nonkonformismus prämiiert, scheint greifbar nahe - kein Wunder, wenn schätzungsweise 80 Prozent der Bevölkerung aus Nonkonformisten besteht. Ist dann aber nicht Minderheitenschutz für die Konformisten nötig?

Dem einen sein Bonus ist dem anderen sein Malus, und wenn die Ressourcen knapper werden, wird der Streit darum hitziger. Was das Gewissen dem Protestanten, ist die »kulturelle Identität« demjenigen, der eine nicht hintergehbare Instanz für die Anerkennung seiner Besonderheit braucht. Ein Fundamentalismus, der zwangsläufig gesamtgesellschaftlich zu einem kulturellen Relativismus führen muß, wogegen nichts zu sagen wäre, wenn damit nicht der Anlaß für die Distinktionskämpfe fortfiele: an einem Nullsummenspiel wird sich niemand begeistern - aber warum soll der Ostfriese nicht fordern, was die Sorben, die Deutsch-Dänen und welche unterdrückte Minderheit auch immer sich erstritten haben? Wenn in Berlin geborene Türken der dritten Generation plötzlich ihre Türkischheit entdecken und im Zuge ihrer kulturellen Identitätsgewinnung Unterstützung moralischer und finanzieller Art verlangen, so ist das nicht absurder, als wenn sich Sudetendeutsche oder Schlesier der mittlerweile vierten Generation (!) als Heimatvertriebene gerieren und verkleiden.

Ein Ziel dieses Heftes ist es, das Positive, ja die Nettigkeit, die dem Kulturbegriff in Deutschland anhaftet, zu problematisieren - dazu die Beiträge von Heinz Bude und Sonja Margolina. Wer sich auf seine Kultur beruft, auf seine Differenz, muß wissen, daß diese Besonderheit ihre Grenze findet in den Menschenrechten und den Gesetzen des Rechtsstaates. Und wer die multikulturelle Gesellschaft fordert und vor dem »Feindbild Islam« zu warnen nicht müde wird, der muß sich fragen lassen, ob es nicht wirkliche Feinde der Demokratien und der Freiheit gibt, gegen die man sich zur Wehr setzen muß - dazu Cora Stephan und Siegfried Kohlhammer. Daß Gleichheit ihre Grenzen hat, Abgrenzungen braucht und schafft, daran erinnert ein Blick auf die Wiege der Demokratie: Die griechische Polis war exklusiv, sie ermöglichte die politische Gleichheit der Bürger, indem sie die Anderen - Fremde, Barbaren, Sklaven, Frauen - davon ausschloß. Dazu der Beitrag von Christian Meier.

Ein weiterer Themenstrang des Heftes befaßt sich mit deutschen Befindlichkeiten: Wie erst jetzt die DDR entsteht, erzählt Michael Rutschky. Werner Schiffauer analysiert, was Metropolen ausmacht und warum Berlin keine ist. Eberhard Rathgeb und Thomas Steinfeld erkunden die Bundesrepublik - eine egalitäre Gesellschaft? Und Walter Klier führt uns ein in das tiefste Geheimnis, das der deutschen Differenz.

Es braucht nicht immer große Unterschiede, um blutige Kämpfe hervorzurufen; es gibt, worauf Freud hingewiesen hat, einen spezifischen »Narzißmus der kleinen Differenzen«, der sich in Bosnien austobt, zwischen Türken und Kurden, zwischen Hutus und Tutsis. Nicht viel weniger erbittert, wenngleich in der Regel eher unblutig, sind die Kulturkämpfe, die in den

Feuilletons der Zeitungen und Zeitschriften, in den »Medien«, ausgetragen werden. Dieser Furor, so John Carey, kennzeichnet schon die Entstehung des modernen Intellektuellen: aus seinem Ressentiment gegen die Massen. Der Intellektuelle als »ami du peuple« ist die eine Seite; die andere, bis heute unüberhörbar, ist die des Hasses auf die Massen und ihre Kultur. Zum erstenmal aber seit gut einhundert Jahren, so Jörg Lau, mag die Klage über die Marginalisierung der bürgerlichen Kultur berechtigt sein: Denn das Fernsehen, vor allem in seiner privaten Spielart, ist an jedem bildungsbürgerlichen Auftrag desinteressiert, und die Massen machen mittlerweile, was sie wollen: Ohne Scham und Angst vor den alten Kultureliten gucken und lesen sie, wie es ihnen gefällt.

Ein Heft über Unterschiede darf denjenigen nicht auslassen, den man den kleinen nennt, den Geschlechtsunterschied: Ina Hartwig über Homosexualität als Differenz. Schließlich Claudia Schmölders' Schule des physiognomischen Blicks. Ob wir wollen oder nicht, wir leben in einem physiognomischen Zirkel, finden uns wechselseitig sympathisch oder unsympathisch, klassifizieren uns als fremd oder vertraut, dick oder dünn, jung oder alt, hübsch oder häßlich. Wer dies leugnet, aus politisch korrektesten Gründen, hat nicht verstanden, was schon Kant von der Physiognomik wußte: Das Unterscheiden, das Spiel der Differenzen und Distinktionen ist keine Wissenschaft, sondern eine »Geschicklichkeit«.

K. H. B. / K. S.

Paul Fussell

Unterschiede lesen

Eine Reise durch das amerikanische Statussystem

Obwohl die meisten Amerikaner ahnen, daß sie innerhalb eines äußerst komplizierten Systems sozialer Klassenzugehörigkeit leben und obwohl sie vermuten, daß vieles, was hierzulande gedacht und getan wird, mit Statusfragen zu tun hat, bleibt das Thema in ein geheimnisvolles Dunkel gehüllt. Ein Dunkel, in dem Fettnäpfchen lauern. Wer heute von sozialen Klassen spricht, kann ähnliche Empörung ernten wie der Vorwitzige, der vor hundert Jahren beim Fünfuhrtee unter Zimmerpalmen ein offenes Wort zum Thema Sex riskierte und erlebte, wie die Konversation unter eisigem Schweigen erstarb. Als ich kürzlich auf die Frage, woran ich gerade schriebe, zur Antwort gab: »An einem Buch über Klassenunterschiede in den USA«, bestand die Reaktion in peinlich berührtem Schweigen. Es war, als hätte ich gesagt: »Ich arbeite an einem Buch, in dem dafür plädiert wird, Jungwale totzuprügeln, und zwar mit den Leichen von erschlagenen Robbenbabies als Knüppeln.« Ich kann die grausame Wahrheit der Beobachtung bezeugen, die R.H. Tawney 1931 in seinem Buch *Equality* formuliert hat: »Der Begriff ›soziale Klasse‹ ist mit so unangenehmen Assoziationen belastet, daß jeder, der sich darauf einläßt, Gefahr läuft, entweder perverser oder rundheraus feindseliger Motive verdächtigt zu werden.«

Niemand kann mit Gewißheit sagen, was das Wort *Klasse* bedeutet. Einige Autoren haben sich, wie Vance Packard, um eine objektivere Begrifflichkeit bemüht und von *Statussystemen* gesprochen. Die Gefolgschaft von Max Weber neigt dazu, von *Klassen* zu sprechen, wenn es um die Geldmenge auf dem Konto und den Einfluß geht, den sie einem verleiht; vom *Status,* wenn das gesellschaftliche Ansehen vor der Öffentlichkeit gemeint ist; und (mißverständlich) von *Partei,* wenn die politische Macht beschrieben werden soll, die den einzelnen befähigt, sich nicht von Hinz und Kunz herumschubsen zu lassen. Wenn ich den Begriff *Klasse* gebrauche, so meine ich alle drei Aspekte, wobei vielleicht ein etwas höheres Gewicht auf Statusfragen liegt. Ich wünschte, das Wort *Kaste* hätte sich in den Vereinigten Staaten eingebürgert, denn kein anderes beschreibt so gut die Starrheit unserer Klassenschranken und die Mühen, die es bereitet, sich vom sozialen Ort seiner Herkunft – sei es nach oben oder unten – zu entfernen.

Wie viele Klassen gibt es überhaupt? Für die einfachste Antwort sind es immer nur zwei – die Reichen und die Armen, die Arbeitgeber und die Arbeitnehmer, die Landbesitzer und die Pächter, die Bourgeoisie und das Proletariat – oder, wenn man sein Augenmerk nicht auf Ökonomie und Politik, sondern auf den menschlichen Umgang lenkt, die Feinen und die Groben. Auch eine Dreiteilung ist populär geworden, nicht nur wegen der magischen Qualitäten dieser Zahl, sondern vor allem deshalb, weil sie denjenigen, die sich selbst in der Mitte plazieren, ein beruhigendes Gefühl von moralischer und gesellschaftlicher Sicherheit vermittelt – gleich weit entfernt von den Lastern des Stolzes, der Verschwendung, des Snobismus und der Achtlosigkeit, die sie mit den Höhergestellten verbinden, und der Ärmlichkeit, der Scham und dem Schmutz derjenigen, die unter ihnen rangieren. Unter den Soziologen scheint eine Mehrheit für fünfschichtige Gesellschaftsmodelle zu votieren, während meine Beobachtungen mich davon überzeugt haben, daß in den Vereinigten Staaten neun soziale Klassen unterschieden werden können, und zwar:

Unsichtbare ganz oben
Oberschicht
Obere Mitte

Mittelschicht
Obere Unterschicht
Mittlere Unterschicht
Untere Unterschicht

Mittellose
Unsichtbare ganz unten

Über eines muß man sich von Anfang an im klaren sein: Es sind nicht die Besitztümer allein, die diese Klassen definieren. Nicht, daß die drei obersten nicht über Geld verfügten. Der entscheidende Punkt ist, daß der Geldbesitz nicht ausreicht, um sie zu definieren, weil es in erster Linie auf die Art und Weise ankommt, *wie* sie ihr Geld besitzen. Nicht die schiere Menge des Geldes ist als Klassenindikator ausschlaggebend, sondern seine Herkunft. Was die drei oberen Klassen voneinander unterscheidet, ist das Verhältnis zwischen dem ererbten und dem aktuell verdienten Geld. Die Unsichtbaren ganz oben (die Rockefellers, Pews, DuPonts, Mellons, Fords, Vanderbilts) leben ausschließlich von ererbtem Kapital. Niemand, dessen Geld, wie reichlich auch immer, eigener Arbeit entspringt – Filmstars sind ein Beispiel –, kann zur Klasse der Unsichtbaren ganz oben gehören, selbst wenn die Höhe seines Einkommens und die Extravaganz seines Lebensstils den Anschein erwecken können, daß es so wäre. Besitz durch Erbschaft – im Volksmund »altes Geld« genannt – ist das unabänderliche Prinzip, durch das sich die drei oberen Klassen definieren, und Zutritt zum Klub der Unsichtbaren an der Spitze erhält nur der, dessen Reichtümer sich bereits seit drei oder vier Generationen in der Familie befinden.

Die darunterliegende Klasse, die Oberschicht, unterscheidet sich von den Unsichtbaren ganz oben in zweifacher Hinsicht. Zum einen verdient sie, obwohl sie einen großen Teil ihres Besitzes ererbt hat, auch ganz ordentlich dazu, überwiegend durch leichte und reizvolle Tätigkeiten, ohne die sie sich langweilen und vielleicht sogar ihres Wohlstands schämen würde. Typische Beschäftigungen finden sich in den Aufsichtsräten und Kontrollgremien von Banken und gewachsenen Konzernen, von Stiftungen, Forschungsinstitutionen und alten Universitäten oder beim Council on Foreign Relations, der

Foreign Policy Association, dem Committee for Economic Development und dergleichen, oft auch im Senat oder im Verwaltungsapparat der Bundesregierung. Zu der Zeit, als Botschafter noch Amateure waren, wurden sie überwiegend aus der Oberschicht und nur sehr selten aus der Klasse der Unsichtbaren ganz oben rekrutiert. Zum anderen ist die Oberschicht, im Gegensatz zu den Unsichtbaren über ihr, im Gefüge der Gesellschaft sichtbar – und manchmal nur allzu sichtbar. Das bedeutet, daß sich die oberste Schicht von der Gewohnheit prangender Selbstdarstellung, die ihr noch Thorstein Veblen attestierte, abgewandt und es der bloßen Oberschicht überlassen hat, diese Rolle weiterzuspielen. Wenn man an einem Haus vorbeikommt, dessen Fassade vornehm tut und von der Straße aus zu sehen ist, so kann man sicher sein, daß nur ein Angehöriger der Oberschicht darin wohnt. Das beste Beispiel hierfür ist wahrscheinlich das Weiße Haus. Seine Bewohner können, selbst wenn es sich um Franklin D. Roosevelt oder sogar John F. Kennedy handelt, niemals zu den Unsichtbaren ganz oben, sondern lediglich zur Oberschicht gezählt werden. Das Haus in seinem reinen Weiß, sorgfältig auf eine Anhöhe plaziert, schindet einfach zuviel Eindruck; vorübergehenden Wohnsitz darin zu nehmen hat für die meisten, die es beherbergte, einen sozialen Abstieg bedeutet.

Ein untrügliches Merkmal eines Oberschichtenhaushalts ist das ständige Kommen und Gehen von »Hausgästen«, das die reichliche Verfügbarkeit von Gästezimmern und die Tatsache signalisiert, daß es keinerlei Schwierigkeiten bereitet, sie mit Drinks, Dinners, Parties, Sport und Spiel und sonstigen Vergnügungen bei Laune zu halten. Solche Gastlichkeit mit Komplimenten zu quittieren, wäre ein schwerer Fehler und würde als grobe Unhöflichkeit gewertet werden, da die Schönheit, Kostbarkeit und Qualität der gepriesenen Besitztümer ohnehin außer Frage stehen. Die wechselseitige Bestätigung durch Komplimente ist eine Konvention der Mittelschicht, deren Unsicherheit solcher Krücken bedarf. In den oberen Klassen hat niemand den geringsten Zweifel an seinem eigenen Wert, und alles versteht sich von selbst. Wer in Gesellschaft der Oberen speist, lobt auch das Essen nicht, denn daß die Hausfrau nichts auf den Tisch bringt, was nicht vorzüglich wäre, ist eine Selbstverständlichkeit. Überdies hat sie es nicht selbst gekocht. Und wer ein Glas Wein verschüttet, braucht sich nicht zu grämen: Das Personal wird alles saubermachen.

Wenden wir uns der oberen Mittelschicht zu. De facto mag sie ebensoviel besitzen wie die beiden Klassen über ihr. Im Unterschied zu jenen hat sie jedoch das meiste selbst erarbeitet, in der Juristerei oder der Medizin, in Öl-, Schiffahrts- oder Immobilienberufen oder sogar in ehrenwerteren Branchen wie dem Kunsthandel. Obwohl sie sich eines ererbten finanziellen Grundstocks erfreuen mögen und Erbstücke (das Familiensilber, Perserteppiche) in ihrem Haushalt verwenden, leiden die oberen Mittelschichtler an einem bürgerlichen Schamgefühl, an der Überzeugung, daß es etwas Anrüchiges ist, von der Arbeit anderer, und seien es die eigenen Vorfahren, zu leben.

Ehe wir das obere Drittel unserer sozialen Leiter verlassen, müssen wir uns darüber klarwerden, welche Bedeutung der geographische Ort bei der Definition ihrer Stufen hat. Angehörige der mittleren und unteren Schichten werden sich nur allzugern der Illusion hingeben, daß der Wohnort nichts mit dem gesellschaftlichen Rang zu tun hat, daß man überall reich, berühmt und »oben« sein kann. Die Wahrheit sieht anders aus. Die in gesellschaftlicher Hinsicht besten Orte würde man sicher unter jenen finden, die sich einer langen Besetzung durch finanziell honorige und wohlbestallte Angelsachsen erfreuen, wie Newport, Rhode Island; Haddam, Connecticut; und Bar Harbor, Maine. Los Angeles würde weit unten rangieren – allerdings nicht, weil es so häßlich und oberflächlich ist, sondern weil es so lange den Spaniern gehört hat. Die gleiche Tatsache erklärt, warum St. Louis besser wegkommt als San Antonio, Texas.

Aber zurück zu unserem Klassenmodell. Die Mittelschicht läßt sich leichter an ihrer Ernsthaftigkeit und ihrer psychischen Labilität erkennen als an ihrem mittleren Einkommen. Ich habe sehr reiche Zeitgenossen gekannt, die trotzdem unverbesserliche Mittelschichtler geblieben sind, was bedeutet, daß es von schrecklicher Wichtigkeit für sie ist, was andere von ihnen denken und daß sie unbedingt alles richtig machen wollen, um nur ja nicht unangenehm aufzufallen. Die Mittelschicht ist der soziale Ort, an dem die Tischmanieren ein tödliches Gewicht erhalten und dichte Stores an den Fenstern jeden unbefugten Blick aussperren, wenn die Salami weggesteckt wird (eine Formulierung, selbstredend, deren sich kein Mittelschichtler bedienen würde: das verblasene »Liebe machen« wäre sein Äquivalent für den Vorgang). In ihrer ständigen Angst, Anstoß zu erregen, ist die Mittelschicht der Hauptabnehmer für Mundduschen, und wenn sie aus unserer Gesellschaft verschwände, hätte dies den augenblicklichen Zusammenbruch der ganzen Deo-Industrie zur Folge.

»Statusangst« ist die Grundbefindlichkeit der Mittelschicht, wie schon C. Wright Mills, der Autor von *White Collar* und *The Power Elite,* herausgearbeitet hat. Statusängste sind es, die den Mittelständler zum Sammler von Kreditkarten und zum Abonnenten des *New Yorker* machen, von dem er sich Aufklärung über die Vorlieben der oberen Mittelschicht erhofft. Die Beflissenheit, mit der sich die Angehörigen des Mittelstands an dieser Zeitschrift und ihren Anzeigen orientieren, ist ein vorzüglicher Beleg für Mills' Beschreibung der Mittelschicht als derjenigen, die dazu neigt, »sich Status von oben auszuborgen«.

Zur Mittelschicht zählen nicht nur jene Unglücklichen, die sich ihr Familiensilber und ähnliche Erbstücke selber kaufen, sondern auch die besten Kunden der Speditionen, die Langstreckenumzüge durchführen: Alle paar Jahre werden sie von den Firmen, deren Leibeigene sie sind, in neue »Wirkungskreise« an Orte verpflanzt, die in aller Regel wenig attraktiv sind. Sie sind Geologen im Dienst von Ölkonzernen; Computerprogrammierer oder Ingenieure in der Luftfahrtindustrie; Vertreter, denen ein neues Revier zugewiesen wird oder »Marketing Manager« (früher: Verkaufsleiter), deren Aufgabe es ist, die Vertreter zu überwachen. Die Häuserwüsten von Suburbia und die Neubaugebiete sind die Heimstatt dieser Menschen und ihrer Familien, und die Großkonzerne, die ihnen Arbeit geben, sind ihnen Volk und

Vaterland. Aus dem Absolventenangebot zweitklassiger Colleges werden sie von IBM oder DuPont herausgefiltert und auf den Glaubenssatz gedrillt, daß der einzelne gar nichts und das Team alles ist. Für Individualität und milde Formen von Eigensinn bleibt nicht der geringste Spielraum, und so lernen es diese Angestellten rasch, jede ideologische Festlegung zu vermeiden, was sich bis hin zur Möblierung ihrer Wohnzimmer erstreckt. Die ständige Furcht vor dem Verlust ihrer Jobs läßt sie passiv werden und ihre Persönlichkeiten regredieren, je mehr sie sich als Teile eines unendlich viel größeren Ganzen begreifen – als Teile, die austauschbar sind. »Die Ausbildung in unseren Trainingszentren ist so gut, daß unsere Mitarbeiter austauschbar werden«, hat man einen leitenden Angestellten von IBM im Brustton der Überzeugung sagen hören.

Soviel zur mächtigen Mittelschicht, zu der sich, wenn man blauäugig sein und den geäußerten Selbsteinschätzungen Glauben schenken will, fast achtzig Prozent der Bevölkerung zählen. Gehen wir weiter nach unten, so würden wir als nächste der sozialen Klassen normalerweise die untere Mittelschicht erwarten – heute ein Phantom, da ihr die Inflation der sechziger und siebziger Jahre die wirtschaftliche Grundlage entzogen und sie in das oberste Segment der Unterschicht verwandelt hat. Worin besteht der Unterschied? In einem noch weitergehenden Mangel an persönlicher Freiheit und an Selbstwertgefühl. Unsere frühere untere Mittelschicht ist endgültig zu den Massen, den Prolos abgesackt, und selbst wenn sie dort als obere Unterschicht die Spitzenstellung einnimmt, kann man sie immer noch als eine Klasse kategorisieren, die im wesentlichen nicht mehr agiert, sonder nur reagiert. Die Prolos sind Opfer – der Steuerpolitik, der betrügerischen Werbeversprechungen, der Modehörigkeit und anderer Selbsttäuschungen, der Massenkultur, des Fast Food und eines Konsumismus, der auf Ramsch basiert. Man muß bis in die vierziger Jahre zurückgehen, wenn man in den Vereinigten Staaten noch von einer unteren Mittelschicht im klassischen Sinn sprechen will – einer sozialen Klasse, die sich durch ihre solide High-School-Ausbildung und eine Leidenschaft für bürgerliche Tugenden wie Sparen oder »Lebensplanung« eindeutig, wenn auch oft nur unter Aufbietung aller Kräfte, von der Arbeiterschaft abgrenzen konnte.

Die Unterteilung der Arbeiterschaft in ihre drei Schichten kann anhand der ausgeübten Tätigkeiten und der spezifischen Ängste erfolgen, die sie mit sich bringen. Die oberen Prolos sind gelernte Handwerker und Facharbeiter wie zum Beispiel Buchdrucker. Die mittleren Prolos üben angelernte Tätigkeiten mit niedrigem Ausbildungsniveau aus (Busfahrer usw.), und für die unteren Prolos bleiben ungelernte Hilfsarbeiten wie die des Schauermanns. Die besondere Angst der oberen Prolos ist die vor einem Verlust oder der Verringerung ihres Sozialprestiges – man ist stolz darauf, ein Schreinermeister zu sein und will die Statusdifferenz zum einfachen Arbeiter genau beachtet wissen. Die besondere Angst der mittleren Prolos ist die vor Arbeitslosigkeit; und bei den unteren Prolos ist es die schleichende Ahnung, daß sie wahrscheinlich nie über genügend Geld und Freiraum verfügen werden, um das zu tun oder zu besitzen, was sie eigentlich wollen.

Selten ermangelt es dem oberen Unterschichtler an praktischer Lebensklugheit oder zumindest an Gewitztheit. Weil seine Arbeit in gewissem Umfang selbstbestimmt ist, kann er Berufsstolz und ein Gefühl der Unabhängigkeit entwickeln und begegnet jenen, die es nicht so weit gebracht haben wie er, oft genug mit Verachtung. Er ist, wie es der Soziologe E. E. LeMasters in seinem Buchtitel von 1975 formuliert hat, ein *Aristokrat im Blaumann* und hält zur Mittelschicht eine ähnliche Distanz wie der Aristokrat des Blutes auf der anderen Seite. Auch ist er durchaus angenehm im Umgang. Erst bei den mittleren und unteren Prolos beginnen sich die Eigenschaften auszuprägen, die auf andere oft unangenehm wirken. Dabei handelt es sich hier um Menschen, die von ihrer Arbeit verbittert sind – meistens deshalb, weil sie, ohne den geringsten Freiraum, bei allem überwacht und wie unmündige Kinder behandelt werden. »Es ist wie beim Militär«, sagt ein Fließbandarbeiter in einer Autofabrik. »Nein, es ist schlimmer. Hier brauchst du schon einen Passierschein, wenn du pissen gehen willst.« Tatsächlich ist der Grad der Überwachung oft ein beredterer sozialer Indikator als das erzielte Einkommen, was den Gedanken nahelegt, daß das System der gesellschaftlichen Schichtung weniger dem schnöden Mammon huldigt als vielmehr dem Wert der individuellen Freiheit. Ob und wie sehr einem ein Vorgesetzter bei der Arbeit auf die Finger schaut, sagt mehr über die wahre Klassenzugehörigkeit aus als der gefüllte Beutel, den man nach Hause trägt.

Ganz unten im sozialen Gefüge der Arbeiterschaft lassen sich die unteren Prolos an der völligen Unsicherheit ihrer Beschäftigungsverhältnisse erkennen. Hier findet man illegale Einwanderer wie die mexikanischen Erntehelfer im Südwesten der USA und alle möglichen sonstigen Wander- und Gelegenheitsarbeiter. Bei aller Isolation innerhalb der amerikanischen Gesellschaft sind sie immer noch besser dran als die völlig Mittellosen, die nicht einmal mit Saisonarbeiten Geld verdienen können und ganz auf die öffentliche Fürsorge angewiesen sind. Von den Unsichtbaren ganz unten unterscheiden sie sich weniger durch ihre fast ebenso erbärmliche Lebensqualität, als vielmehr dadurch, daß sie wenigstens noch öffentlich in Erscheinung treten – als Penner in der Bowery; als Tütenladies; als Volksredner in den Fußgängerzonen, die flammendes Zeugnis von dem ihnen widerfahrenen Unrecht ablegen; als Alkoholiker, die ihren Stoff in Einkaufstüten mit sich herumschleppen; als Einsame, deren Sehnsucht nach dem Wahrgenommenwerden sie dazu treibt, sich auf die absonderlichsten Arten vor dem Straßenpublikum zu produzieren. Wenn das seelische Gleichgewicht selbst mit solchen Mitteln nicht mehr aufrechterhalten werden kann, folgen Verelendung und Kriminalisierung und der Abstieg in die Klasse der Unsichtbaren ganz unten, die ihre Tage in dem Zimmer verdämmern, das ihnen die Sozialfürsorge zahlt, oder sich darum bemühen, hinter den Mauern irgendeiner Anstalt zu verschwinden – ob Justizvollzug, Psychiatrie oder Obdachlosenasyl macht für sie keinen großen Unterschied mehr.

Das Äußerliche zählt

Wie kommt es, daß man, die nötige Gewitztheit vorausgesetzt, meist auf den ersten Blick erkennen kann, welcher sozialen Klasse ein Gegenüber angehört? Nach welchen Kastenzeichen hält man Ausschau?

Zuallererst nach gutem Aussehen. Man möchte zwar meinen, daß die Gnade körperlicher Schönheit von der Natur nach dem Gießkannenprinzip verteilt wird. Trotzdem findet sie sich häufiger in den oberen Regionen der sozialen Leiter. Die Ursache ist ein raffinierter Mechanismus der natürlichen Auslese, den Jilly Cooper beschrieben hat. Sie bemerkt, daß für Angehörige der oberen Schichten der einzig akzeptable Grund, »unter ihrem Stand« zu heiraten, in der Schönheit des Liebesobjekts liegt und folgert: »Im allgemeinen heiraten gutaussehende Menschen nach oben ... und die Unsicheren und Häßlichen heiraten nach unten.« Auch das Lächeln ist ein Klassenindikator: Je seltener man's tut, desto höher der soziale Rang. Auf der Straße kann man sich davon überzeugen, daß Prolofrauen wesentlich häufiger – und breiter – lächeln als ihre Schwestern aus der Mittel- und der Oberschicht. Zum einen zeigen sie gerne ihre wohlgelungenen Kronen oder Zahnprothesen her, zum anderen stecken sie tief in der Kultur des Alles-Gute-Wünschens und verströmen fast ständig einen defensiven Optimismus.

Schiere Körpergröße ist in England ein noch zuverlässigeres Klassenstigma als anderswo, aber auch in den USA wird man in den höheren Rängen nur selten kleinwüchsige oder untersetzte Gestalten finden. Unabhängig von der Körpergröße bringt ein vorspringender Steiß stets Minuspunkte, ebenso ein kurzer oder gedrungener oder auch nur so wirkender Hals. Daß der Kopf direkt auf dem Rumpf zu sitzen scheint, kann man bei Prolos des öffentlichen Lebens wie etwa dem Country-und-Western-Sänger Johnny Cash zur Genüge beobachten. Nachdem 62 Prozent der amerikanischen Bevölkerung übergewichtig sind, ist Schlankheit der einfachste Weg, um sich von der Mehrheit abzusetzen. Alle vier oberen Klassen unseres Schemas beschreiten ihn, wobei die Mittelschicht, die überwiegend mit sitzenden Tätigkeiten geschlagen ist, den heroischsten Kampf gegen die Versucherin Kartoffel auszufechten hat. Die Mittellosen und die Unsichtbaren ganz unten fallen kaum jemals durch übermäßige Fettpolster auf, wenn auch kaum aus freier Entscheidung. Es sind die drei Proloklassen, die Speck ansetzen: Fast Food und Bier sind zwei unmittelbare Ursachen, doch vor allem bei der oberen Unterschicht spielt auch die Angst vor Statusverlust eine Rolle, die dazu führt, daß zu oft und aus Nervosität zuviel gegessen wird. Prolos sind in der Lage, ihr Körperfett als Beleg für einen gesicherten Lebensstandard und ein Lohnniveau zu rationalisieren, das ihnen häufige Gasthausbesuche erlaubt. Selbst das Frühstück außer Haus einzunehmen ist für Prolos denkbar – wenn wir glauben wollen, daß sie auf die einschlägigen TV-Spots von McDonalds so reagieren, wie sie es aufgrund ihrer Konditionierung sollen.

In einer kürzlich erschienenen Anzeige für ein Diätkochbuch, die in einer Zeitschrift mit Prololeserschaft geschaltet war, wurde eine Reihe von irrigen Annahmen über das Körpergewicht zitiert und mit dem markigen Slogan

»Alles Schrott!« ins Reich der Fabel verwiesen. Unter den so zurechtgerückten Irrtümern findet sich die Behauptung: »Alle Gesellschaftsschichten sind gleichermaßen übergewichtig.« In der Anzeige heißt es: »Ihr Körpergewicht ist das Aushängeschild Ihres gesellschaftlichen Ranges. Vor hundert Jahren war Wohlbeleibtheit ein Zeichen des Erfolgs. Aus und vorbei. Heute ist sie das Kainsmal der unteren Mittelschicht, wo Fettleibigkeit *viermal häufiger* vorkommt als bei den Mittel- und oberen Mittelschichten.«

Und sie kommt nicht nur viermal häufiger vor, sondern ist auch viermal so sichtbar. Exhibitionistische Fettsucht ist eine Spezialität der Unterschichten, so als wollten sie den oberen Klassen ein Maximum an ästhetischer Pein bereiten und auf diese Weise eine Art von Rache üben. Als Jonathan Raban die Landesausstellung von Minnesota besuchte, wurde ihm ein Schauspiel geboten, das an kalkulierte und absichtsvolle, von einem heftigen inneren Drang beseelte Fettleibigkeit denken läßt: »Diese Farmerfamilien ... waren die Abkömmlinge halbverhungerter Einwanderer aus Deutschland und Skandinavien ... Generation um Generation hatten sich ihre Vorfahren zu Amerikanern hochgefressen. Jetzt hatten sie alle die gleiche Figur – den gleichen breiten Hintern, den gleichen Buddhabauch, den gleichen halslosen Übergang von einem fettwabbelnden Truthahnkinn zu einem Pottwalrumpf. Die Frauen hatten sich in elastische rosa Hosenanzüge gezwängt, die Leiber ihrer Männer preßten gegen jede Naht und jeden Knopf ihrer karierten Hemden und ihrer Trevirahosen.«

Um nicht trotz allem übersehen zu werden, trugen viele von den Männern, wie Raban berichtet, überdies Schirmmützen mit dem – von der Lebenserfahrung nicht immer bestätigten – Aufdruck: »Glücklichsein heißt Enkelkinder haben«. Raban war so fasziniert von der amerikanischen Fettsucht, daß er eine »Landkarte des Übergewichts« vorschlug, aus der zu ersehen wäre, daß die schwergewichtigsten Zeitgenossen in Regionen leben, in denen die Einwanderung und mit ihr die »Kollektiverinnerung an Hunger« am wenigsten weit zurückliegen. Im Gegensatz dazu würden »die Bundesstaaten, die vor 1776 besiedelt wurden, in puncto Fettgewebe das Schlußlicht darstellen. Grundsätzlich würde der Bauchumfang von Osten nach Westen und von Süden nach Norden zunehmen. Die Korpulenzhauptstadt der USA wäre in dem magischen Dreieck zwischen Minnesota, Iowa und den Dakotas zu vermuten.«

Wir brauchen Raban nicht bis ans bittere Ende zu folgen, um zu erkennen, daß es in den Vereinigten Staaten eine Elite der äußeren Erscheinung gibt. Um ihr anzugehören, müssen Frauen schlank sein und Frisuren tragen, die seit achtzehn oder zwanzig Jahren aus der Mode sind. (Die wirklichen Frauen von Klasse tragen ihre Haare lebenslänglich in dem Stil, den sie sich auf dem College angewöhnt haben.) Ihre Kleider und Kostüme sitzen wie maßgeschneidert, und bei Schuhen und Handtaschen gilt die Regel »teuer, aber unauffällig«, um derentwillen auch nur wenig Schmuck angelegt wird. Die Schultern umflattert ein Halstuch – das verläßliche Signal höherer Schichtenzugehörigkeit, da es jeder praktischen Funktion entbehrt und nur zum Kastenzeichen taugt. Die Männer sollten ebenfalls schlank sein, dürfen keinerlei Schmuck an sich tragen und auch kein Zigarettenetui ihr eigen nennen. Ihre Haare sind mittellang und niemals gefärbt oder getönt, was ein Zeichen der Mittel- oder der oberen Proloschicht wäre (Reagan!). Toupets sind Tabu und nur in den Unterschichten verbreitet. Die Elite der äußeren Erscheinung erarbeitet sich ihren Status durch einen Prozeß der Zurückweisung – des Modischen, des Protzigen, des Überflüssigen. Daher auch die Ablehnung von Körperfett. Michael Korda bringt die Sache in seinem Buch *Success!* auf den Punkt: »Es zahlt sich aus«, so schreibt er, »schlank zu sein.«

Daß die Elite alles Überflüssige von sich weist, bedeutet freilich nicht, daß ihr Kleidungsstil spartanisch wäre. Es gehört vielmehr zum guten Ton, sich »vielschichtig« anzuziehen. Wie Alison Lurie in *The Language of Clothes* schreibt, »hat es sich immer wieder bestätigt, daß der gesellschaftliche Status um so höher ist, je mehr jemand anhat«: »eine wunderbare Möglichkeit, seine umfangreiche Garderobe zur Schau zu stellen.«

Wenn Marineblau die Farbe der oberen Mittelschicht ist, so stellt Lila das proletarische Äquivalent dar. Der lilafarbene Hosenanzug aus Polyester demonstriert, ex negativo, zwei Prinzipien, die der Kleidung Klasse verleihen: das Farbenprinzip und das Prinzip der organischen Materialien. Von Marineblau abgesehen, rangieren Farben um so höher, je pastellener und verblichener sie wirken, und für die Stoffe gilt Entsprechendes, je mehr sie aus ehemals Lebendigem bestehen – also aus Wolle, Leder, Seide, Baumwolle oder Pelz. Sonst nichts. Alle Kunstfasern sind prolo, teils weil sie billiger sind als Naturfasern, teils weil sie weniger archaisch sind und teils weil sie völlig gleichförmig ausfallen und daher langweilig sind – nie wird man in einen Pullover aus Polyacryl ein Stück Stroh oder einen Schafkötel eingewebt finden. Veblen hat den Sachverhalt 1899 auf den Punkt gebracht, wobei er von industriell gefertigten Massenprodukten generell spricht: »Maschinell hergestellte Güter des täglichen Bedarfs finden oft gerade wegen ihrer übermäßigen Vollkommenheit die Bewunderung des ungebildeten, gemeinen Volkes, das den Finessen der gepflegten Lebensart nicht die gebührende Aufmerksamkeit widmet.« (Das organische Prinzip bedingt auch, daß in der Küche Holz mehr Klasse hat als Resopal und auf dem Küchentisch eine Leinendecke mehr zählt als Wachstuch oder Plastik). Die konsequente Ablehnung von Kunstfasern ist für das Selbstbild der oberen Mittelschicht von so ausschlaggebender Bedeutung, daß sie – wie uns das *Official Preppy Handbook* mitteilt – einen Blick dafür entwickelt, »selbst minimale Beimengungen von Polyester in einem Hemd aus grobem Oxford« zu erkennen: ein entlarvendes Kastenzeichen der Mittelschicht. Dasselbe unschätzbare Buch – ein Ratgeber in Statusfragen, der sich an die hoffnungsvollen Zöglinge teurer Privatschulen *(prep schools)* zur Vorbereitung auf das College wendet – gießt uneingeschränktes Lob über die junge Caroline Kennedy aus, die »rein technisch betrachtet *preppier* als ihre Mutter« sei, weil sie »während vier Jahren in Harvard Square keine einzige Kunstfaser in die Nähe ihrer Haut gelassen« habe.

Wie man die relative Nähe seiner Zeitgenossen zum Prolostatus an den Farben und am Kunstfaseranteil ihrer Kleidung messen kann, so auch anhand der aufgedruckten Botschaften, die ihre Tracht verkündet. Alison Lurie hat den nützlichen Begriff der »lesbaren Kleidung« geprägt, um T-Shirts, Mützen und dergleichen zu bezeichnen, auf denen Texte oder Markennamen um unsere Aufmerksamkeit und Bewunderung buhlen. Die Botschaften mögen elementar sein wie »Budweiser« oder »Heineken's« oder auch anspielungsreich und häufig anzüglich wie der folgende Aufdruck auf dem T-Shirt eines Mädchens: »Das Beste steckt dahinter«. Wenn sich Angehörige der Unterschicht zu einem Freizeitvergnügen versammeln, erscheinen sie selten in wortlosen Kleidungsstücken. Steigt man die soziale Leiter aufwärts, beginnt das Prinzip des Understatements zu greifen, und die Worte werden zunehmend, in der Mittel- und der oberen Mittelschicht, durch bloße Embleme wie das Lacoste-Krokodil ersetzt. Erst wenn, noch weiter oben, auch diese Firmenzeichen verschwunden sind, kann man sicher sein, die Gefilde der eigentlichen Oberschicht erreicht zu haben. Der gleiche Grund, aus dem ein T-Shirt mit der Aufschrift »Coke's the Real Thing« den Prolo verrät, läßt die Krawatte mit den Worten »Countess Mara« zu einem vulgären Stigma der Mittelschicht werden.

Das Bedürfnis der Prolos, sich in lesbare Kleidung zu hüllen, hat psychologische Gründe, und diese Gründe sind weniger lächerlich als rührend. Wer ein Kleidungsstück mit dem Aufdruck »Sports Illustrated« oder »Gatorade« anlegt, bringt sich selbst in einen Zusammenhang mit einem Produkt, dessen Erfolg von aller Welt anerkannt ist; er versucht, von dessen Bedeutung einen Abglanz auf sich umzulenken. Aus diesem Grund können wir jedes Jahr im Mai während der Rennen in Indianapolis erwachsene Männer sehen, die voller Stolz die albernsten Schirmmützen tragen, solange nur »Goodyear« oder »Valvoline« daraufsteht. Produktnamen besitzen heute die totemistische Kraft, denjenigen, der sich mit ihnen brandmarkt, vor allen anderen auszuzeichnen. Wer sich dem Gesetz der lesbaren Kleidung unterwirft, verschmilzt seine Identität mit fremdem Geschäftserfolg, erlöst sich selbst aus seiner Bedeutungslosigkeit und wird, für den Augenblick, vom Niemand zum Jemand. Es genügen 27 Dollar, zu überweisen an ein Postfach in Holiday, Florida, und schon nennt man eine Nylonjacke in Blau, Weiß und Orange sein eigen, die quer über die Brust »Union 76« verkündet (auch erhältlich in Damen- und Kindergrößen): Genau das Richtige fürs Picknick. Und es sind keinesfalls die Unterschichten allein, die solche Bedürfnisse verspüren. Man denke nur an die T-Shirts und Tragebeutel, die mit dem Logo der *New York Review of Books* verziert sind und die Losung ausgeben: »Ich lese schwierige Bücher« oder die mit Porträts von Mozart, Haydn oder Beethoven bedruckt sind und der Welt versichern: »Ich bin ein kulturell interessierter Bürger.« Die goldgrundierten Universitätswappen, die man in der Form von Ansteckern an Mittelschichtsblazern entdecken kann, identifizieren ihren Träger ebenfalls mit prestigeträchtigen Markenzeichen wie dem der University of Indiana oder der Louisiana State University.

Sich entweder übertrieben neu oder übertrieben ordentlich und sauber zu kleiden, läßt darauf schließen, daß man sich seiner gesellschaftlichen Stellung nicht allzu sicher ist. Die Oberschichten und auch die obere Mittelschicht ziehen es vor, in gut eingetragenen bis unverkennbar abgetragenen Kleidungsstücken zu erscheinen, so als wollten sie demonstrieren, welchen Grad an Verzicht auf bürgerliche Wohlanständigkeit sie sich erlauben können. (Den gleichen Effekt hat die Gewohnheit vieler Männer dieser Schichten, leichte Sommerschuhe ohne Socken zu tragen.) Douglas Sutherland beschreibt das Prinzip der abgetragenen Kleidung in *The English Gentleman* mit folgenden Worten: »Herren von Stand können ihre alten Anzüge tragen, bis sie durchgescheuert sind. Sie tun es mit unverkennbarem Stolz, und ebenso unverkennbar ist, daß die Anzüge von den allerbesten Schneidern stammen.« Hingegen halten sich die Angehörigen der Mittel- und der Unterschichten sehr viel auf nagelneue Kleidung von der Stange zugute, selbstredend mit einem möglichst hohen Anteil an pflegeleichten Kunstfasern. Die Frage, welche gesellschaftliche Bedeutung der körperlichen Reinlichkeit zukommt, ist schwieriger zu beantworten – jedenfalls nicht so einfach, wie Alison Lurie meint. Sie hält Sauberkeit schlechthin »für ein Statusmerkmal, da sich sauber und gepflegt zu halten immer gleichbedeutend ist mit der Aufwendung von Zeit und Geld«. Wer die Mühe auf sich nimmt, sich ständig makellos sauber und gepflegt zu präsentieren, gibt aber gleichzeitig zu erkennen, daß er sich vor einem Statusverlust fürchtet und sich schrecklich viele Gedanken darüber macht, was andere von ihm halten – beides Kennzeichen niedriger sozialer Stufen. Der makellose Hemdkragen, die regelrecht gebundene Krawatte, der zu häufige Gang zur chemischen Reinigung – all das verrät den Feigling. Oder den Heuchler. Die Variationen des männlichen Krawattenknotens mögen als Beispiel dienen. Säuberlich gebunden, straffgezogen und symmetrisch geradegerückt, signalisiert er Mittelschicht. Hängt er schräg und locker am Hals, sei es aus Nachlässigkeit oder Unvermögen, so deutet er auf die obere Mitte oder, wenn die Unbeholfenheit nur ausreicht, auf die Oberschicht. Die schlimmsten Sünden, die man begehen kann, sind eine gepflegte Erscheinung, wenn der soziale Standort Schlampigkeit erfordert, oder Sauberkeit, wenn man ein Schmuddelkind sein sollte. Die Analogie zu den allwöchentlich gewaschenen und hingebungsvoll blankgewienerten Autos, die unweigerlich auf Prolo-Eigner schließen lassen, drängt sich auf. Menschen von Klasse können es sich leisten, in dreckigen Autos herumzufahren. Ebenso wird man ihnen auf der Straße nicht mit ledernen, messingblitzenden Diplomatenköfferchen – diesem traurigen Markenzeichen der Mittelschicht – begegnen, sondern mit fleckigen und ramponierten Aktendeckeln aus Pappe, in denen sie ihre Dokumente verwahren.

Entscheidend ist dieses Lässigkeitsprinzip, wenn es um Herrenbekleidung geht. Zuviel Sorgfalt bedeutet allemal soziales Unten – bestenfalls Mittelschicht, womöglich Prolo. »Mein lieber Freund, Sie sind ja fast zu gut gekleidet, um ein Gentleman zu sein«, läßt Neil Mackwood, der Autor von *Debrett's In and Out,* einen Angehörigen der Oberschicht zu einem Vertreter der gesellschaftlichen Mitte sagen, und es klingt so vernichtend, als wäre der Angesprochene als Schauspieler, als Dressman oder als Abteilungsleiter eines Herrenmodegeschäfts tituliert worden.

Natürlich haben die kastenspezifischen Wirkungen der Herrengarderobe viel damit zu tun, daß die höheren Ränge gewohnheitsmäßig Anzüge oder wenigstens Jacketts tragen. Wie Alison Lurie konstatiert, ist »der Anzug nicht nur geeignet, dem körperlich Inaktiven zu schmeicheln; ebenso entstellt er den, der körperliche Arbeit leistet.« (Das gleiche gilt für den Sportler und jede athletische Figur: Arnold Schwarzenegger sieht im Anzug besonders komisch aus.) Aus diesem Grunde war der Herrenanzug – und insbesondere der »dunkle Anzug« – für den Kampf der Bourgeoisie gegen das Proletariat im 19. Jahrhundert eine der bevorzugten Waffen. »Der Triumph des Herrenanzugs«, schreibt Lurie, »hatte zur Folge, daß der Arbeiter in seinem ›Sonntagsstaat‹ bei jeder Konfrontation mit einem Höhergestellten ins Hintertreffen geriet.« Wir können uns Joe Gargary vorstellen, den Grobschmied in Charles Dickens' *Große Erwartungen,* der sich für einen Besuch in der Stadt aufs Mitleiderregendste herausputzt und vom leger gekleideten Pip verspottet wird.

»Diese strategische Benachteiligung«, fährt Lurie fort, »kann man auch heute noch beobachten: bei Konfrontationen zwischen Gewerkschaftern und Bossen; an den Schaltern von Sparkassen und Kreditbanken; und wann immer ein Arbeiter bei einer Behörde vorspricht.« An allen diesen Schauplätzen wird die Grundregel illustriert, die John T. Molloy am Gebrauch der Garderobe als Träger von Klassensignalen beobachtet hat: Wann immer sich zwei Männer begegnen, so schreibt er, »sagt die Kleidung des einen Mannes dem anderen: Ich bin wichtiger als du, erweise mir Respekt; oder: Ich bin dir ebenbürtig und erwarte, daß du mich so behandelst; oder: Ich bin dir nicht ebenbürtig und erwarte nicht, daß du mich als Gleichen behandelst.« Aus diesem Grund, so Molloy weiter, müssen aufstiegsorientierte Prolos große Sorgfalt und Mühe darauf verwenden, sich die »Kleiderordnung des Nordost-Establishments« zu eigen zu machen: »Geschäftsanzüge müssen schlicht sein; nichts Verspieltes, keine überflüssigen Knöpfe, keine farbigen Stickereien, keine Klappen über der Brusttasche, keine Flicken an den Ellenbogen, keine Gürtelschlaufen am Rücken, keine Lederapplikationen, keine Cowboyornamente. Nichts dergleichen.«

Alles nur eine Frage von Gewohnheit und Übung, meint C. Wright Mills in *The Power Elite.* Nach seiner festen Überzeugung kann jeder, wo er auch leben mag, »es mit genügend Geld und Neigung lernen, sich in allem anderen als einem Brooks-Brothers-Anzug unwohl zu fühlen«. Und genauso, möchte ich hinzufügen, kann er es lernen, auf Kleidungsstücke aus glänzenden Stoffen (=Mittelschicht) zugunsten solcher mit einem matten Finish (=obere Mittelschicht) zu verzichten. Die Garderobe der Mittelschicht hat eine fatale Neigung, sich durch übertriebene Glätte zu demaskieren, zu schimmern, ja schon in ungetragenem Zustand zu glänzen. Die Tuche der oberen Mittelschicht tendieren dagegen zum Weichen, Strukturierten, Wolligen, Flauschigen. Der Unterschied, so subtil er sein mag, läuft auf die Unterscheidung zwischen Stadt und Land hinaus, das heißt zwischen Arbeit und Freizeit, wobei Land nicht die Assoziation von verfallenen Kuhställen und Zwergschulen wecken soll, sondern von Grundbesitz und Reitsport. Daher die Beliebtheit, deren sich die Tweedjacke bei der oberen Mittelschicht (und allen ihren Möchtegern-Angehörigen, zum Beispiel aus dem Lehrkörper der Ivy-League-Universitäten) erfreut. Müßiges Landleben ist ihre geheime Botschaft, und nicht tägliche Lohnsklaverei in der Großstadt.

Die Tweedjacke ist ein unentbehrlicher Bestandteil der Garderobenstrategie der oberen Mittelschichten, möglichst viele Lagen übereinander anzuziehen. Ein Mann demonstriert seinen gehobenen sozialen Status, wenn er, außer Haus, in einer Tweedjacke plus Weste und/oder Pullover plus Hemd mit Krawatte plus langem Wollschal plus Mantel oder Regenschutz auftritt. Offensichtlich besteht eine Analogie zu den Landhäusern der oberen Schichten mit ihren vielen Zimmern für viele verschiedene Zwecke. Mehrere Hemden übereinander zu tragen – zum Beispiel ein Button-down in Oxfordkaro über einem T-Shirt mit Rollkragen – ist obere Mitte, und statt des T-Shirts darf es sogar ein Frackhemd mit einem kleinen Stehkragen sein. Da man ohne Zuhilfenahme von Pullovern niemals auf eine nennenswerte Anzahl von übereinandergetragenen Kleidungsschichten kommen wird, lohnt es sich zu wissen, daß ein Shetland-Pulli mit rundem Ausschnitt die besten Dienste leistet – tunlichst in feingesprenkelten Hochlandfarben, was besonders wichtig ist, wenn das Karo- oder Streifenmuster eines offen getragenen Oxfordhemds knapp über den Halsausschnitt lugt. Fügt man diesem Ensemble noch eine Tweedjacke (*ohne* wattierte Schultern) hinzu, so wird niemand auf den Gedanken kommen, nicht mindestens einen Angehörigen der oberen Mitte vor sich zu haben. Ein Pullover mit V-Ausschnitt, entworfen, um aller Welt zu zeigen, daß man Krawattenträger ist, würde freilich allenfalls Mittelschicht, vielleicht sogar die obere Prolokategorie vermuten lassen. Auch wenn es kaum glaubhaft klingt, soll es doch hin und wieder vorkommen, daß Menschen ihre Pullover in den Hosenbund stopfen. Wenn dies tatsächlich geschieht, sind die Auswirkungen auf den sozialen Status verheerend.

Für den Übersetzer der Geheimsprache Herrenkleidung gibt es kaum ein lohnenderes Objekt als die Garderobe der amerikanischen Präsidenten. Als Grundprinzip gilt hier, daß das Jackett mit zwei Knöpfen proletarischer ist als das dreiknöpfige Modell des Ostküstenestablishments. Die meisten Präsidenten haben ursprünglich die Zweiknopfvariante bevorzugt, doch sobald sie die Führungsrolle der freien Welt übernehmen, fühlen sie sich verpflichtet, auf das Dreiknopfsakko umzusteigen und ihr Äußeres dem des Vorstandsvorsitzenden der Chase-Manhattan-Bank anzugleichen. Aus diesem Grund sah Richard Nixon meistens so gequält aus. Er hatte sich wohlgefühlt in dem gutsitzenden Zweiknopfanzug, den man als Direktor einer Kreissparkasse unbeschadet tragen dürfte. Obwohl ebenfalls mit dem zweiknöpfigen Markenzeichen der Provinz aufgewachsen, hat sein Nachfolger Gerald Ford, der leichter formbar und auch lernfähiger gewesen sein dürfte, den dritten Knopf mit einer gewissen Plausibilität zu tragen gewußt. James Earl Carter schließlich kannte sich gut genug, um zu wissen, daß weder zwei- noch dreiknöpfige Anzüge, sondern lediglich Bluejeans ihn davor bewahren konnten, als gescheiterter Möchtegern-Aufsteiger in die Ränge des Establishments verspottet zu werden.

Ronald Reagan seinerseits hatte es nicht nötig, dem Stil des Ostküstenestablishments nachzueifern: Er wußte gut genug, daß seine schlichte, gottesfürchtige, jeder Intellektualität mit Mißtrauen begegnende Wählerschaft eben darin (und natürlich vollkommen zu Recht) einen Affront erblicken würde. Reagans Stil kann als weiße, angelsächsische, protestantische Los-Angeles-Chuzpe bezeichnet werden. Ihr Geheimnis war die Überzeugung, daß man nur halsstarrig genug an seine Gleichwertigkeit mit gebildeten und zivilisierten Menschen – das heißt mit diesen Angebern von der Ostküste – glauben muß, um es auch tatsächlich zu sein. Damit war Reagan der perfekte Repräsentant der Denkweise und der Seele des Sonnengürtels. Selbstredend bevorzugte er den zweiknöpfigen Anzug mit einem Maximum an Schulterwattierung und einem an Truman erinnernden, zum Rechteck gefalteten weißen Taschentuch in der Brusttasche, was ihm die äußere Erscheinung eines Prolos verlieh, der sich zum Kirchgang anschickt. Bei »Freizeitaktivitäten«, wie er es nennen könnte, bediente er sich auch gern des Cowboylooks, mit dem man, zumal in fortgeschrittenem Alter, bei den Senilen des Sonnengürtels einen mächtigen Eindruck schinden kann. Man wagt es kaum, Spekulationen über den Kunstfaseranteil seiner Garderobe anzustellen.

Tatsächlich verletzte Reagan so gut wie jede Regel zivilisierter Selbstdarstellung, wie sie sich bei der Ober- und sogar der oberen Mittelschicht eingebürgert hat. Seine gefärbten Haare, von denen wir schon gesprochen haben, waren ebenso peinvoll wie das Rouge, das er seinen Wangen zukommen ließ. Das gleiche galt für seine weißen Baumwollhemden mit unverkennbar ge- und verstärkten Kragen, die seine Angst vor der kleinsten Unordentlichkeit bezeugen. Die Anzugstoffe waren so kleinkariert wie ihr Träger, aber ohne jeden Hauch von schottischer Ländlichkeit, der sie über das pure soziale Mittelmaß hinausheben würde. Die Krawatte knüpfte Reagan, wie jeder strebsame High-School-Zögling, mit einem Windsorknoten. Tatsächlich sollte es einem genauen Beobachter männlicher Klassenmerkmale nicht schwerfallen, Reagans ganze Politik einer mittelwestlichen Kleinstadtkleinlichkeit an seiner äußeren Erscheinung abzulesen – genauso, wie Roosevelts aristokratischer Großmut an so stilvollen Accessoires wie seinem weiten Cape, seinem Pincenez und seiner Zigarettenspitze zu erkennen war.

Ein regelrechtes Klassenstigma ist der klaffende Kragen eines Sakkos; er genügt, um jedermann zum Prolo zu stempeln. Dabei handelt es sich um das Phänomen, daß sich der Kragen des Jacketts von dem des Oberhemds um die ungefähre Breite zweier Finger ablöst und nach oben schiebt: Die Wirkung ist die eines Menschen, der sich in seine Einzelteile auflöst. Und hier muß ich dem Vorwurf begegnen, ich bevorzuge die Reichen vor den Armen. Der Unterschied, auf den ich hinauswill, besteht nicht zwischen den maßgeschneiderten Anzügen der Glücklichen und der Konfektionsware der anderen. Wer sich die Mühe macht, wird einen Anzug mit einem perfekt sitzenden Jackettkragen auch von der Stange kaufen können oder zumindest in der Lage sein, ihn ändern zu lassen, bis er paßt. Der Unterschied besteht zwischen der Aufmerksamkeit, die hierin ein Klassenmerkmal erkennt, und der Ahnungslosigkeit, die sich dieses Umstands nicht bewußt ist. Man muß einfach wissen, daß, wie Douglas Sutherland in *The English Gentleman* schreibt, fast die wichtigste Eigenschaft eines tragenswerten Anzugs »in seinem makellosen Sitz an den Schultern besteht«.

Zusätzlich zum klaffenden Kragen gibt es zwei weitere statusmindernde Merkmale, die erst beim Ablegen des Sakkos sichtbar werden und sofort den Schluß zulassen, daß ihr Träger entweder der Mittelschicht oder der oberen Unterschicht angehört. Ich meine den Hemdtascheneinsatz, im Amerikanischen auch »Trotteltäschchen« genannt, und jede Art von Behältnissen, die am Gürtel baumelt. Das Trotteltäschchen ist ein kleines Plastikfutteral, oft an der Verschlußklappe mit einem Werbespruch bedruckt, das in die Brusttasche des Oberhemds gesteckt wird und dazu dient, Kugelschreiber und Filzstifte an der Verschmutzung der kostbaren Kunstfasern zu hindern. In Herstellerkreisen wird es gern als »Taschenschutz« bezeichnet. Ein Versandkatalog, der sich an die obere Unterschicht wendet, lockt mit der Möglichkeit, dem Trotteltäschchen durch Anbringung eines dreibuchstabigen Monogramms eine persönliche Identität zu verleihen. Benutzt wird dieses Accessoire vorzugsweise von Menschen, die, wie etwa die Zweigstellenleiter von Supermarktketten, Effektivität vortäuschen müssen oder die, wie reisende Versicherungsvertreter, den Eindruck zu erwecken hoffen, daß sie so gut wie ständig mit der Notwendigkeit konfrontiert sind, einen Stift zu zücken.

Man stelle sich einen Mann in leichter Sommerkleidung vor, wie er sie zur Arbeit anziehen würde. Er trägt ein kurzärmeliges weißes Hemd (großenteils Dralon), eine Krawatte, dunkle Hosen und das Trotteltäschchen. Er ist ein Angestellter in einem Metallwarengeschäft, Mittel- oder obere Unterschicht. Und jetzt der springende Punkt: Man braucht ihm lediglich einen weißen Schutzhelm auf den Kopf zu setzen und eines oder mehrere baumelnde Behältnisse an seinen Gürtel zu hängen, und schon hat man ihn in einen Ingenieur verwandelt. Von daher rühren die Statusprobleme der Ingenieure, die nie genau wissen, wo sie hingehören – zu den Bossen oder zu den Arbeitern, zur Verwaltung oder in die Fertigung, in die Welt der Kopfarbeit oder in die Welt der Handarbeit. Und tatsächlich ist alles, was am Gürtel getragen wird, selbst wenn es nicht beschämend herunterbaumelt, ein Merkmal der oberen Proloschicht. Sonnengläser im Kunstlederetui zum Beispiel. Statt sie am Gürtel anzuhängen, ist es immer noch besser, sie an ihrem Tragebändchen vom obersten Knopfloch des Hemds baumeln zu lassen – eine typische Gewohnheit der Mittel-, aber zumindest nicht der Unterschicht.

Während der Plastikeinsatz in der Hemdtasche und der Mißbrauch des Gürtels zum Aufhängen von kleinem Gepäck auf den ersten Blick eine proletarische Neigung erkennen lassen, sind andere Symptome nur fast so eindeutig. Wenn man über seinem Hemd einen Pullover oder ein Jackett trägt, aber auf eine Krawatte verzichten will, was macht man dann mit dem Hemdkragen? Ihn zur Gänze unter dem Pullover oder dem Jackett zu lassen, verrät die Ober- und die obere Mittelschicht – großenteils deshalb, so vermute ich, weil die Wirkung weniger »ordentlich« als »achtlos« ist. Den offenen Hemdkragen über den Sakkokragen auszubreiten, bringt dagegen einen schreienden Mittelschichten- oder Proloeffekt hervor (außer man ist ein Mitglied der Knesset).

Tatsächlich gehören Hemden zu den in sozialer Hinsicht verräterischsten Kleidungsstücken, und es gibt zahllose Möglichkeiten, mit ihrer Hilfe an gesellschaftlichem Status einzubüßen. »Weiß auf weiß« zu tragen ist ein einfacher Weg, um zur Mittel- oder zur oberen Unterschicht abzusacken, während das Tragen einer Weste über einem kurzärmeligen Hemd oder über einem T-Shirt ausreicht, um die mittlere oder untere Unterschicht zu erreichen. Hin und wieder sieht man auch Hosenträger über einem T-Shirt, was ungefähr die gleichen Auswirkungen hat wie die Kombination von Socken und Sandalen. Speziell in England, aber auch in anglophilen Zonen der Vereinigten Staaten, bedeuten diese Bräuche, daß man ein Mathe- oder Chemielehrer an einer höheren Schule ist, der der Mittelschicht angehört, aber durch beharrliches Tragen von Freizeitkleidung seiner heimlichen Sehnsucht nach einer Degradierung in die obere Unterschicht Ausdruck verleiht.

Schmuck ist ein weiterer, augenblicklicher Statusminderer, so beispielsweise die kleinen, emaillierten Anstecknadeln, die die Jackettaufschläge so vieler Verwirrter und auch zynischer Politiker aus retrograden Wahlbezirken verunzieren. Bei Armbanduhren lautet die fundamentale Statusregel, daß sie gesellschaftlich um so niedriger rangieren, je technischer, »wissenschaftlicher« und astronautenmäßiger sie aussehen. Den gleichen schmälernden Effekt hat logischerweise die Reichhaltigkeit der Informationen, die ihren Zifferblättern zu entlocken sind – handle es sich nun um die augenblickliche Uhrzeit in Kuala Lumpur oder die Zahl der bereits vergangenen Tage des Jahres oder das regierende Tierkreiszeichen. In Oberschichtenkreisen wird man Anhänger der klassischen Tank von Cartier (getragen mit dem schwarzen Eidechsenlederarmband) finden, die sogar noch das Vorhandensein eines Minutenzeigers an ihrer Uhr bedauern, lädt er doch zu dem Mißverständnis ein, man wäre auf exakte Zeitangaben angewiesen wie ein Fahrdienstleiter oder Schaffner. Die andere klassische Oberschichtenuhr ist die billigste und einfachste Timex, getragen an einem simplen Nylonarmband, das häufig gewechselt wird: In Schwarz ist es bei offiziellen Anlässen so passend wie amüsant. Ein verbreiteter Irrtum der Prolofraktion besteht darin, Manschettenknöpfe für gediegen zu halten – insbesondere solche, wie sie die Garderobe von Billy Pilgrim, dem Helden von Kurt Vonneguts *Schlachthof fünf,* bereichern: nachgemachte römische Münzen von beträchtlichem Durchmesser; kleine Rouletträder, die sich tatsächlich drehen; oder »jenes andere Paar, bei dem in einem Knopf ein echtes Thermometer und im anderen ein echter Kompaß eingearbeitet war«. Von hier ist es nicht mehr weit zu den Manschettenknöpfen »aus Prachtexemplaren menschlicher Backenzähne«, deren sich Meyer Wolfsheim im *Großen Gatsby* zu rühmen weiß.

Eine weitere wichtige Klassenschranke stellt die Farbe des Regenmantels dar. Nach ausgiebigen und respekteinflößenden Forschungsarbeiten ist John T. Molloy zu dem Ergebnis gekommen, daß Beige als Regenmantelfarbe weit über Schwarz, Olivgrün oder Dunkelblau anzusiedeln ist. Tatsächlich entpuppt sich der schwarze Regenmantel als höchst verläßliches Unterschichtenmerkmal, so daß Molloy die Prolos unter seinen Lesern eindringlich ermahnt, sich baldmöglichst beigefarbene Regenmäntel zuzulegen, falls ihr Ehrgeiz auf das äußere Erscheinungsbild der oberen Mitte gerichtet sein sollte. Man kann vermuten, daß die unterschwellige Botschaft von beigen Mänteln in der größeren Fleckentoleranz ihrer Träger besteht: Sie signalisieren souveräne Achtlosigkeit, wo das vorsichtige Schwarz der anderen jeden Makel zu vertuschen trachtet.

Von souveräner Achtlosigkeit gegenüber dem Urteil der Außenwelt zeugen auch die Sport- und Freizeithosen, anhand welcher man die Angehörigen der oberen Mittelschicht, speziell die in Suburbia beheimateten, erkennen kann. Ein verbreitetes Muster ist die weiße Segeltuchhose, die mit kleinen grünen Fröschen bestickt ist. Eine Variation stellen hellgrüne Hosen dar, bestickt mit dunkelblauen Walen. Oder mit Signalflaggen. Oder Bojen. Oder Hummern. Oder irgend etwas anderem von gehoben maritimem Flair, das den Anschein erweckt, der Träger dieses Beinkleids hätte seine nicht zu kleine Jacht nur zu einem kurzen Landgang verlassen. Verstärken läßt sich diese Aussage durch Topsider-Segelschuhe – die mit den weißen Sohlen »für festen Halt auf nassen Planken«. Oder mit Windjacken, an denen eine Menge Zugschnüre baumeln. Der Versandkatalog von Chris Craft offeriert alles, was man braucht, um diesem Look zu frönen, doch seien alle Aspiranten, die ein gutes Stück unterhalb der oberen Mitte beheimatet sind, gewarnt: Es wird ihnen kaum gelingen, die Maske des Jachtkapitäns mit einiger Plausibilität zu tragen. Zu sehr kommt es auf eine zur zweiten Natur gewordene Nonchalance an, auf eine gewissermaßen windzerzauste, kalkulierte Schlampigkeit, die zu imitieren fast unmöglich ist. Außerdem sollte man einen langen, schlanken Hals haben.

Die gesellschaftlichen Implikationen der Krawatte würden allein ein ganzes Buch verdienen. Hier muß ich mich auf ein paar Grundregeln beschränken. Wenn der materielle Beitrag des Binders zum textilen Gesamtensemble auch bescheiden sein mag, so steuert er doch eine weitere Lage zur erstrebten Vielschichtigkeit der Kleidung bei und verweist schon aus diesem, wenn aus keinem anderen Grund, ins obere Statussegment. Allerdings muß man zugeben, daß auch der völlige Verzicht auf die Krawatte im geeigneten sozialen Kontext die Botschaft ausstrahlen kann, man habe so viel »Klasse«, daß man über äußerliche Konventionen und jegliche Kritik erhaben ist. Die innige Verbindung, die die Krawatte mit gesellschaftlichen Werten wie Verantwortungsbewußtsein, Strebsamkeit und ähnlichen Eigenschaften eingegangen ist, die der fügsamen Mittelschicht zugeschrieben werden, wird vorzüglich durch einen Versuch belegt, den Molloy durchgeführt hat. Er ließ eine Reihe von Männern, von denen einige Krawatten trugen und andere nicht, zu Vorstellungsgesprächen für gehobene berufliche Positionen antreten. »Unweigerlich wurde denjenigen, die mit Krawatten erschienen waren, eine Stelle angeboten, während die Krawattenlosen eine Abfuhr erhielten. In einem geradezu unglaublichen Fall ... empfand der Personalchef den Anblick des krawattenlosen Bewerbers als so unerträglich, daß er ihm 6,50 Dollar in die Hand drückte und ihn aufforderte, sich unverzüglich eine Krawatte zu besorgen und dann zur Fortsetzung des Gesprächs zurückzukehren. Trotzdem bekam er die Stelle nicht.«

Die naheliegende Vermutung, daß die Krawatte die Scheidelinie zwischen den Mittel- und den Unterschichten markiert, wird durch ein weiteres Experiment von Molloy bestätigt, das er am Busbahnhof der New Yorker Hafenbehörde, einem traditionellen Brennpunkt aller erdenklichen Laster und Abscheulichkeiten, durchführte. Molloy selbst trat in der Rolle eines Mittelschichtlers auf, der seine Brieftasche zu Hause vergessen hatte und vor der Frage stand, wie er in sein Vorstadtheim zurückkäme. Während der Stoßzeit versuchte er, sich die benötigten 75 Cents für eine Busfahrkarte zu leihen – eine Stunde lang im Anzug, aber ohne Krawatte, und eine weitere Stunde lang vollständig und korrekt gekleidet, also mit Anzug, Weste, Schlips und allem. »In der ersten Stunde«, berichtet er, »brachte ich es auf 7,23 Dollar, aber in der zweiten, als ich die Krawatte anhatte, bekam ich 26 Dollar zusammen, und ein Passant drängte mir sogar zusätzliches Geld für eine Zeitung auf.«

Die Regel, nach der Kleidung auf um so niedrigere Gesellschaftsschichten verweist, je lesbarer sie ist, bestätigt sich bei Krawatten auf das schönste. Die Schlipse der oberen sozialen Klassen zeichnen sich durch völlige Vermeidung allzu offensichtlicher verbaler oder plump-symbolischer Botschaften aus. Sie beschränken sich auf Streifen oder Tüpfel oder amöbengleiche, undeutbare Kleckse im seidigen Foulard, die unmißverständlich zum Ausdruck bringen, daß der Träger dieses Schlipses darüber erhaben ist, auf mehr oder weniger verschlüsselte Weise Auskunft über die Gründe seiner sozialen Überlegenheit zu geben. Kleine weiße Punkte auf einem dunklen Grund – wahrscheinlich das konservativste Krawattendesign, das man sich denken kann – werden sowohl in der Oberschicht wie in der oberen Mitte bevorzugt, außerdem, in einem Akt der Vorwärtsverteidigung, von all jenen, die befürchten müssen, als proletarisch, ungehobelt, alkoholisiert oder zynisch zu gelten (Journalisten, TV-Nachrichtensprecher, Sportmoderatoren) oder die darauf angewiesen sind, ihre treuhänderische Vertrauenswürdigkeit als unbezweifelbar zu deklarieren (Mitglieder der Bankenaufsicht etc.)

Eine Stufe unterhalb der Streifen, Kleckse oder Tüpfel begegnen wir den Krawattenmustern mit einer offensichtlicheren und eindeutigen semiotischen Funktion. Sollen die Freizeitaktivitäten eines Schlipsträgers der oberen Mittelschicht angedeutet werden, so stoßen wir etwa auf diagonale Muster aus kleinen, fliegenden Fasanen oder Segelbooten oder Signalflaggen und Sextanten. Knapp darunter liegen die »Standesmuster«, die dazu dienen, den Beruf des Krawattenträgers zu verklären und ihm zu einer so glückhaften Berufswahl zu gratulieren. Eine Krawatte, die mit winzigen Äskulapstäben übersät ist, proklamiert beispielsweise: »Alle mal herschauen: Ich bin Arzt!« Kleine Waagen bedeuten: »Ich bin Jurist.« Dollarzeichen oder Geldsäcke können einen Börsenmakler, einen Bankier, vielleicht auch einen über alle Maßen erfolgreichen plastischen Chirurgen oder einen Lotteriegewinner kennzeichnen. Andere selbstbeweihräuchernde Muster aus kleinen Walen oder Delphinen oder Robben verkünden, daß man ein Naturfreund und beflissener Verteidiger von Lebensräumen und daher ein guter Mensch ist. Abwechselnd mit diesen Standeskrawatten kann eine Wappenvariante getragen werden, die mit den heraldischen Farben und Zeichen englischer (niemals, *niemals* deutscher, französischer, italienischer, spanischer, portugiesischer oder weißrussischer) Vereine, Universitäten oder Regimenter geschmückt ist.

Wenn wir in der Klassenhierarchie einen weiteren Schritt abwärts gehen, beginnen Wörter auf den Schlipsen zu erscheinen, und zwar solche, die dem Betrachter einen Kommentar entlocken sollen. Ein klassisches Beispiel für diese Exhibitionistenbinder ist die Großvaterkrawatte in Dunkelblau, auf die diagonal, in Weiß und von Hand die Namen sämtlicher Enkelkinder aufgemalt sind. Man stelle sich die köstlichen Gespräche vor, die sich an diesem Schlips so zwangsläufig wie zwanglos entzünden! Auf anderen Krawatten liest man: »Lieber wäre ich beim Segeln« (»beim Skifahren« usw.), und auch sie bewähren sich als wirkungsvolle Saboteure der privaten Sphäre – als »Gesprächsvorwand« in jener Tradition der Mittelschichten, die es Nachbarn allemal gestattet, unangemeldet vor der Tür zu stehen. Manche Krawatten aus diesem sozialen Segment gehen mit einiger Raffinesse vor (»Gott sei Dank ist Freitag«; »Hilfe, wir haben Montag!«), und stets kann man den launigen Effekt vergrößern und seinen sozialen Status gleichzeitig um eine Spur verbessern, wenn man die Botschaft im Flaggenalphabet buchstabiert. Am unteren Rand der Mittelschicht, kurz bevor sie in die obere Unterschicht umschlägt, blenden schließlich Krawatten mit großen Blumen in grellen Farben – oder nur mit bunten, »künstlerischen« Klecksen – das Auge. Ihre Botschaft heißt meistens: »Ich bin ein fröhlicher Bursche«. Es sind diese sonnigen Gemüter, an die sich Molloy wendet, wenn er beim Thema Krawatten warnt: »Lila ist unter allen Umständen zu vermeiden.«

Hüte sind heute so selten geworden, daß ihr Klassenaspekt leichter darzustellen ist als bei Krawatten. Seit dem Verschwinden des klassischen Filzhuts können die Männer der oberen Mittelschicht ihre Häupter nur noch mit parodistischen Kopfbedeckungen zieren – mit der »russischen« Pelzmütze, dem »irischen« Tweedhut oder dem weißen Tennis- oder Anglerschlapphut, der sich trotz seiner engen Assoziation mit Franklin D. Roosevelt bei den oberen Schichten ungebrochener Beliebtheit erfreut. Einen sozialen Distinktionsgewinn kann man mit Hüten heute nur erzielen, wenn sie als Zitat, als frivoles Spielzeug kenntlich bleiben. Sie ernst zu nehmen, bedeutet gesellschaftlichen Abstieg. Das gilt vor allem für solche neuartigen Kreationen wie den steifen Herrenhut aus braun oder schwarz gefärbtem Kaninchenfell, der in den frühen achtziger Jahren unter Mittelständlern des Nordostens und des oberen Mittelwestens verbreitet war und Seriosität mit einer verwegenen Note zu kombinieren suchte. Eine weitere Kopfbedeckung, die in den genannten Kreisen beträchtlichen Erfolg hatte, war die dunkelblaue »griechische Fischermütze« mit Schirm, die im *New Yorker* beworben wurde. Wer sie trug, wollte damit sagen: »Ich war in Griechenland, und das bedeutet, daß ich mir Langstreckenflüge mit Olympic Airlines leisten kann und abenteuerlustig genug bin, um mich auf exotische Dinge wie Retsina, Tarama usw.

einzulassen.« Das Problematische an dieser Kopfzier sind ihre proletarischen Untertöne, die noch unabweisbarer wurden, als sie in Versionen aus schwarzem Leder aufzutauchen begann. Tatsächlich gibt es nur sechs Artikel, die aus schwarzem Leder sein können, ohne dem sozialen Status ihres Eigners schweren Schaden zuzufügen: Gürtel, Schuhe, Handtaschen, Handschuhe, Kamerabereitschaftstaschen und Hundeleinen.

Es gab einmal eine Zeit, als Zar Nikolaus und König George V. Segelmützen trugen und Mützenschirme nicht automatisch, so wie heute, als Prolomerkmal verstanden wurden, das nicht nur an griechische Fischer, sondern an Straßenarbeiter, Soldaten, Chauffeure, Polizisten, Eisenbahner oder Baseballspieler denken läßt. Der Prolo greift instinktiv zur Schirmmütze, was die ungeheuere Verbreitung dessen erklärt, was man heute als die Prolokopfbedeckung schlechthin bezeichnen muß. Es handelt sich um die Baseballmütze, die, abgesehen vom Schirm, überwiegend aus einem Plastikgeflecht in Primärfarben (Rot, Blau, Gelb) und einem Klettverschluß am Hinterkopf besteht, der eine Anpassung an jeden Kopfumfang ermöglicht: »Eine Größe für alle« (Prolos). Dieser Klettverschluß ist das entscheidende Prolomerkmal, denn er demütigt den Käufer und Benutzer der Mütze, indem er ihm aufbürdet, was früher die Aufgabe des Verkäufers gewesen wäre, der zahlreiche verschiedene Größen vorrätig halten mußte. Es ist wie bei so vielen anderen Proloinstitutionen der modernen Welt wie etwa dem Selbstbedienungsgeschäft, wo eine Arbeitserleichterung für den Händler durch die arglistigen Täuschungen der Werbung in einen vermeintlichen Kundenvorteil umgemünzt wird. Wie so oft, spielt der Prolo das üble Spiel in verläßlicher Bereitwilligkeit mit und trägt die Baseballmütze gerne mit dem Schirm nach hinten, was den Klettverschluß in eine gut sichtbare Position quer über seiner Stirn rückt. Es ist, als wäre der Träger von heimlichem Stolz über sein Eine-Größe-für-alle-Prachtstück erfüllt und wolle das Geheimnis der Mütze und seine überlegene Beherrschung desselben vor aller Öffentlichkeit demonstrieren. Und wenn noch irgendwelche Zweifel an der sozialen Bedeutung der Baseball- oder Prolomütze bestehenbleiben sollten, so genügt ein Blick in den aktuellen Katalog des Versenders L. L. Bean, dessen Klientel in der oberen Mittelschicht zu suchen ist. Obwohl voll von allen möglichen Kopfbedeckungen für sportliche oder Freizeitzwecke, bleibt die Baseballmütze aus Plastik aus dem Angebot verbannt (nur ein Modell in Wildleder wird verschämt annonciert). Neben dem T-Shirt zeichnet sich die Prolomütze auch als das beliebteste Medium für verbale Verlautbarungen aus, deren Spektrum sich von Grobheiten à la »Du mich auch« bis zur schlichten Eleganz von Firmennamen wie »Carolina Tool and Engineering Co.« erstreckt.

Man könnte annehmen, daß mit der Prolomütze der Tiefpunkt unter den männlichen Kopfbedeckungen erreicht ist. Aber nein – selbst von diesem Niveau führen noch ein oder zwei weitere Stufen nach unten. Die eine ist eine Abart der Prolomütze, an deren Schirm zwei hochklappbare Sonnenschutzgläser befestigt sind. Die andere und unterste stellt der »Sonnenschirmhut« dar, der sich von einem rund ums Haupt geschlungenen Kopfband an kleinen Stelzen erhebt und bei Bedarf wie ein – abwechselnd rot und weiß gemusterter – Schirm aufgeklappt werden kann, Durchmesser in geöffnetem Zustand circa ein halber Meter. Er ist so zeitgenössisch, wie man es sich nur wünschen kann – eine Erfindung, die in ihrer ingeniösen Scheußlichkeit nur dem ausgehenden 20. Jahrhundert gelingen konnte.

Womit wir bei dem großen Thema Konservativismus und Oberschichtengeschmack gelandet wären. Wie wir schon gesehen haben, sind organische Materialien wie Wolle oder Holz allemal »vornehmer« als Nylon oder Resopal, und auch diese Überlegenheit hat mit der Bevorzugung des Altertümlichen zu tun, denn Resopal und Nylon sind, wenn schon nichts anderes, so doch auf jeden Fall »modern«. Es scheint eine allgemeine, oft freilich unbewußte Übereinkunft zu herrschen, daß der Mut zum Altmodischen höhere gesellschaftliche Weihen verleiht. Deshalb wählt die Mittelschicht Häuser im kolonialen oder im Cape-Cod-Stil und deshalb haben, neben anderen Gründen, England und der Kontinent für Amerikaner auch heute noch ihren Nimbus. Daher die Wichtigkeit des Ererbten und des »alten Geldes« für die gesellschaftliche Stellung. Daher auch die anachronistische Übung der Oberschichten und der Unsichtbaren darüber, ihr Dienstpersonal in quasi historische Kostüme zu stecken, bis hin zum weißen Schürzchen des Hausmädchens und der gestreiften Weste des Butlers. Es sind Versuche, mitzuteilen, daß der Reichtum durch Tradition geadelt ist und man an den Gebräuchen und Vorlieben festhält, die man mit der Muttermilch eingesogen hat.

Was Veblen bei seinen »feinen Leuten« als die »Vergötzung des Alten« bezeichnet hat, zeigt sich auf allen Gebieten: in den habituellen Opern- und Ballettbesuchen der oberen Mittelschicht; in der Entsendung ihrer Sprößlinge an teure »Prep Schools«, die noch nicht dem modernen Laster der Koedukation verfallen sind; in Bildungsreisen nach Europa und Vorderasien, um dort Altertümer zu bestaunen; im Studium von Geistes- statt beispielsweise Ingenieurwissenschaften, weil sich die Geisteswissenschaften normalerweise der Vergangenheit widmen und die Beschäftigung mit ihnen elegische Gefühle hervorruft. Selbst das Studium der Jurisprudenz ist noch von dieser reizvollen Aura des Altertümlichen umgeben – da ist all dieses Küchenlatein und jede einzelne »Causa« muß auf vergangene Präzedenzfälle abgeklopft werden. Mit der Zukunft beschäftigt sich ein Mensch von Klasse nie. Sie bleibt Plebejern wie Verkehrsplanern, Technikern und Erfindern überlassen. Die Beliebtheit alter Schwarzweißfilme bei anspruchsvollen Fernsehkonsumenten hat der englische Filmkritiker Peter Conrad mit den Worten kommentiert: »Stil hat für uns nur das, was verschwunden, vergessen, aus der Mode ist.« Die oberen Ränge unserer Gesellschaft haben die Vorliebe für alles Alte als Signum ihrer Klasse okkupiert – selbst die Bevorzugung abgetragener Kleidungsstücke zeigt noch, wie vergangenheitsverhaftet ihre Gefühlswelt ist. Was bleibt den unteren Rängen anderes übrig, als sich auf das Neue zu stürzen, nicht nur auf schillernde neue Kleider, sondern auf programmierbare Kameras und elektronischen Schnickschnack und Hifitürme und überzüchtete Uhren und automatisierte Küchen und Videospiele?

Aus dem Englischen von Thomas Piltz

Heinz Bude

Kultur als Problem

Kultur als Kategorie

Kultur, so eine Formel von Michel de Certeau, ist das Ganze als Rest.[1] Überall auf der Welt funktionieren Banken wie Banken, Bibliotheken wie Bibliotheken und Flughäfen wie Flughäfen. Aber da ist noch ein alltäglicher Rest, der dem Beobachter das Ganze als fremdartig und erstaunlich erscheinen läßt. Das ist die Kultur.

Der moderne Beobachter von Kultur ist der Tourist, der mit dem aus Reisebüchern, Landkarten oder einschlägigen Romanen geholten Wissen über andere Kulturen in der Fremde unterwegs ist. Man fühlt sich als »Wilder« in einer in sich geschlossenen Welt, wo an jeder Ecke bezaubernde oder beängstigende Überraschungen zu erleben sind. Der Tourist liebt diese gewisse Unheimlichkeit, weiß er doch, daß ein verborgenes Regelbuch für die fremde Gewöhnlichkeit existiert. So begibt er sich auf eine Art Metaebene, wo das Eigene mit dem Fremden genußvoll konfrontiert werden kann.

An der touristischen Einstellung zeigt sich, daß die Kategorie der Kultur zweierlei leistet: Sie macht zuerst etwas unverständlich, um dann im Gegenzug das Unverständliche verständlich zu machen.[2] Dies geschieht über ein Zusammenhangsverstehen, welches das Einzelne einem Ganzen unterordnet, aus dem heraus überhaupt erst verständlich wird, was hier und jetzt der Fall ist. In Begriffen der Kultur wird der Alltag zu einem überaus raffinierten und kunstvollen Geschehen, das von verborgenen Regeln gelenkt wird. Man spricht von Praktiken der Beschreibung, Kommunikation und Repräsentation[3], die in den Gesetzen der Ökonomie, der Politik, des Rechts oder der Wissenschaft nicht aufgehen, sondern gewissermaßen den Kitt des Ganzen bilden. Die Kategorie der Kultur enthält Vorstellungen einer sozialen Systematik, für die allerdings niemand verantwortlich ist, kein Gott und keine hegemoniale Klasse, sie geht vielmehr zurück auf eine anonyme und alltägliche Kreativität, die sich auf ein bestimmtes Wissen nicht festlegen läßt. Es lassen sich möglicherweise gewisse Prinzipien der Normierung identifizieren, aber das ist weit entfernt vom Bild einer klaren und distinkten Ordnung. Kultur beginnt sich aufzulösen, sobald man anfängt, über ihre methodische Herstellung nachzudenken. Als Kern des Begriffs bleibt schließlich eine vage Idee des Zusammenhangs übrig.

Die Kategorie der Kultur, so wie sie in den Sozialwissenschaften heute meistens verwendet wird, verdankt sich einem ethnologischen Effekt. Man

---

1 Michel de Certeau, *Kunst des Handelns.* Berlin: Merve 1988.

2 Zum epistemologischen Doppelspiel von Ethnologisierung und Nostrifizierung vgl. Justin Stagl, *Die Beschreibung des Fremden in der Wissenschaft.* In: Hans Peter Duerr (Hrsg.), *Der Wissenschaftler und das Irrationale.* Bd. 1. Frankfurt: Syndikat 1981.

3 So Edward W. Said, *Kultur und Imperialismus.* Frankfurt: Fischer 1994.

nimmt eine Haltung künstlicher Dummheit an und wundert sich darüber, was die Leute tun, denken, fühlen und wollen. Um zu verstehen, so das bekannte Wittgenstein-Argument, was in einer bestimmten Zeit und in einem bestimmten Raum »schön«, »gerecht« oder »effizient« bedeutet, muß man eine ganze Kultur beschreiben. Die Passanten auf der Straße werden zu Mitgliedern eines fremden Stammes, deren Verhalten man ganz genau beobachten muß: ihr Lächeln und ihre Gesten, die Art und Weise, wie sie sich als einzelne, als Paar oder als Gruppe bewegen, wie sie ihre Tasche tragen oder wie sie einen Imbiß zu sich nehmen – und man muß Überlegungen darüber anstellen, wie sie ihre Notdurft verrichten, wie sie mit ihren Kindern sprechen oder welche Liebesspiele sie bevorzugen. Und man hofft, diese vielen Beobachtungen in Gedanken so arrangieren zu können, daß die Wechselbedingtheit der Teile innerhalb einer übergreifenden Gefügegesetzlichkeit zu erkennen ist. Und am Ende hat alles seinen tiefen und stillen Sinn.

Das ästhetische Entzücken über die innere Logik des Ganzen vermittelt uns eine gewisse ontologische Beruhigung angesichts einer in tausend Differenzen zersplitterten Welt. Die manifeste Nervosität täuscht nur über das latente Gesetz. Erkauft wird solch rekonstruktive Weisheit allerdings mit einer grundsätzlichen Entfremdung. Die Kategorie der Kultur verspricht uns die Vorstellung einer Einheit, die von vornherein vom Makel der Kontingenz, vom Zufälligen und Vielfältigen gezeichnet ist. Denn die phantastische Genauigkeit unserer Beobachtung beruht auf der Annahme, daß das Gegebene eine Auswahl aus dem Möglichen darstellt. Warum machen sie dies und nicht jenes, was hält sie davon ab, in eine andere Richtung zu denken, weshalb geraten sie gerade jetzt in Empörung? Der fremde Stamm, den wir zu erfassen suchen, sind wir selbst. Eine Kultur ist nur beschreibbar im Vergleich mit anderen Kulturen: der griechische Logos in Abhebung vom chinesischen Tao, die kleinbürgerliche Enge in Abhebung von der großbürgerlichen Weite, die westfälische Beharrung in Abhebung von der rheinischen Leichtigkeit, was wiederum bedeutet, daß nicht nur im einzelnen, sondern auch im ganzen alles anders sein kann. Der Begriff der Kultur, so Niklas Luhmann, formuliert ein Problem, das er selbst nicht lösen kann.[4] Das ist das Problem der Identität.

Wir können nämlich, so ein anderes Wittgenstein-Argument, den Gebrauch unserer Worte nicht übersehen. Genau genommen ist die Unbewußtheit unserer Praxis die Bedingung ihrer Kohärenz. Wir brauchen daher einen »generalisierten anderen« (George Herbert Mead), der unsere eigene Kultur als Kultur zu beschreiben vermag. Freud hat uns vorgeführt, wie man ins Innere unserer Kultur ohne ein Außen vorstoßen kann, und Lacan hat uns darüber aufgeklärt, daß dafür das Vertrauen in einen »großen anderen« notwendig ist, den man indessen nie zu Gesicht bekommt. Die Kategorie der Kultur ist nur im Umweg über die Erfahrung einer Differenz zu konstruieren, der uns notwendigerweise von uns selbst entfremdet. So kann die in den achtzi-

---

4 Niklas Luhmann, *Kultur als historischer Begriff.* In: *Gesellschaftsstruktur und Semantik.* Bd. 4. Frankfurt: Suhrkamp 1995.

ger Jahren beliebt gewordene Ethnographie des Inlands Herkunft und Dauer nur noch melancholisch erinnern, aber nicht mehr kommunikativ sichern. Paradox ausgedrückt: Kulturelle Identität verschwindet in dem Augenblick, in dem sie geschaffen wird. Die Beruhigung, die von der Einsicht in den verborgenen Sinn des Ganzen ausgehen mag, kann in Panik umschlagen, wenn die Ahnung entsteht, daß dabei immer ein anderer im Spiel ist, dessen ewige Rede darauf hinausläuft, daß alles auch anders möglich ist.

Wer sich auf den Begriff der Kultur einläßt, landet mit einer gewissen Zwangsläufigkeit bei einer Haltung des kulturellen Relativismus. Der universalisierte ethnologische Blick sieht uns alle in unseren aparten kulturellen Gehäusen sitzen, die sich jeweils unmittelbar zu Gott befinden. Das Verstehen ist dann leicht als Operation der Macht zu entlarven, bei der eine Kultur aus sogenannten historischen und das heißt: letztlich kontingenten Gründen über die Regeln der Angemessenheit und Vernünftigkeit befindet. Im Prinzip ist interkulturelle Kommunikation außerordentlich unwahrscheinlich, und es erhebt sich die Frage, ob die Idee der Menschheit nicht auf glücklichen Mißverständnissen basiert. Läßt sich wegen der Steigerung von Kommunikationschancen in der Weltgesellschaft die Auseinandersetzung mit anderen Kulturen schließlich nicht mehr vermeiden, so bleibt einem die Wahl, ob man dem Fremden resigniert, indifferent, neugierig oder begeistert gegenübersteht.[5]

Kultur als Recht

Man könnte auf die Idee kommen, Thomas H. Marshalls berühmtes Entwicklungsschema der bürgerlichen Gesellschaft um eine weitere Stufe zu ergänzen: Nach der Durchsetzung der bürgerlichen Freiheitsrechte, der politischen Bürgerrechte und der sozialen Wohlfahrtsrechte stehen nunmehr die kulturellen Identitätsrechte auf der Tagesordnung. Völker, Geschlechter, Religionsgemeinschaften und was sich sonst noch den Anschein einer unterdrückten, ausgeschlossenen oder stigmatisierten Gruppe geben kann, pochen auf ihr Selbstbestimmungsrecht. Wobei die »Kultur« längst die Funktion der »Natur« als Identitätsgarant ersetzt hat. Das Schema ist im Grunde immer dasselbe: Im Zeichen von Pluralismus, Individualismus und Differenz wird ein eigener authentischer Ausdruck gefordert. So bezeichnet sich, um ein sicher extremes Beispiel zu nennen, ein Aussteiger aus der rechtsradikalen deutschen Szene in der Tradition der neuen Rechten als Ethnopluralist. Er sei für eine freie Entfaltung der Kulturen: Deutschland den Deutschen und die Türkei den Türken. Es ist in der Tat nicht ganz einfach zu argumentieren, wo die Grenzen einer kulturellen Identitätspolitik liegen. Kultur kann schnell zu einer bloßen Behauptungsgröße werden, die ein Feld des Kampfes definiert, auf dem es nur noch um Ehre, Treue und Tod geht – jedenfalls überhaupt nicht um Problemlösen, Lernen und Weitermachen.

---

5 Diese vier Formen der Toleranz unterscheidet Michael Walzer, *Politik der Differenz.* In: *Transit.* Heft 8, Herbst 1994.

Die Verwendung der Formel von der kulturellen Identität verschafft einem heute ganz selbstverständlich Rederechte im öffentlichen Raum. Das hängt offenbar mit dem evolutionären Sieg der Selbstentfaltungswerte zusammen. Das Selbst, das sich an ein Ethos der Arbeit oder ein Projekt der Politik nicht länger binden mag, sucht im weichen und allumfassenden Medium der Kultur nach Resonanz und Widerschein. So ist Kultur zum plastischen Objekt eines kriterienlosen Authentizitätsverlangens geworden. Der große Vorteil von Kultur im Vergleich zu Arbeit und Politik besteht in ihrer hohen Wiederverwendbarkeit für die flüchtigen Ausdrucksabsichten des wahren Selbst. Das hat etwas mit Verfeinerung und Erhebung zu tun, und daraus ergibt sich Lebenssinn und Weltbedeutung. Kultur bedeutet dann mehr als eine selbstverständliche Praxis, sie wird zur Quelle von Identität.

Aber diese anscheinend im Trend der Zeit liegende Kulturbedeutung von Kultur erklärt noch nicht, warum heute »neue gefährliche Klassen« nach Kultur rufen. Daß sich dekonstruktivistisch versierte Feministinnen aus dem psychosozialen Mittelstand auf ein kulturelles Selbstbestimmungsrecht berufen, ist nicht weiter verwunderlich, aber warum arbeitslose türkische Jugendliche Kultur als Recht einklagen, leuchtet nicht sofort ein. Dem klassischen industriegesellschaftlichen Deutungsmuster zufolge funktionierte die gesellschaftliche Integration von neuen Generationen und einwandernden Gruppen über das System der Arbeit und die Politik der Arbeiterbewegung. Selbst die Armen und Arbeitslosen erfüllten als einsatzbereite industrielle Reservearmee eine erkennbare Funktion innerhalb der gesamtgesellschaftlichen Reproduktion. Wer dazugehören wollte, berief sich auf die Nützlichkeit seiner Arbeit. Würde und Selbstbestimmung wurden dementsprechend in einer Arbeiterkultur artikuliert. Es gab zwar immer ethnische Konflikte, aber es bestand die Hoffnung, daß sich dafür im Zuge von mehr Wohlstand und gesellschaftlicher Teilhabe schon eine Lösung werde finden lassen. Die bürgerlichen wie die Arbeiterparteien waren sich darin einig, daß die verschiedenen sozialen Probleme im Modell der Industriegesellschaft sowohl zu begreifen als auch zu bewältigen waren.

Das glaubt heute niemand mehr. Beim industriegesellschaftlichen Verteilungsspiel zwischen Gewinnern und Verlierern des Fortschritts bleibt eine wachsende Zahl von Gesellschaftsteilnehmern auf der Strecke. Sie bilden die Kategorie der Überflüssigen, die auf sozialstaatliche Versorgung angewiesen sind. Ist für die Mehrheitsklasse der höher Gebildeten, langfristig Beschäftigten und ausreichend Versicherten das hauptsächliche Einordnungsproblem nach wie vor, wer oben und wer unten steht, so lautet für die Klasse der Aussortierten und Abgeschriebenen die existentielle Frage, wer draußen und wer drinnen ist. Mit dem Pathos gesellschaftlicher Nützlichkeit ist unter solchen Umständen nichts mehr zu machen. Armut zum Beispiel hat eine ganz andere gesellschaftliche Bedeutung gewonnen: Sie dient nicht mehr der Bereicherung der Reichen, sondern belastet nur noch das von allen finanzierte System der sozialen Sicherung. Wenn ein Recht auf Arbeit sich doch nicht einlösen läßt und die politische Repräsentanz sich auf die gesellschaftliche Mitte konzentriert, dann bleibt das Recht auf Kultur als letztes Mittel, sich in der Öffentlichkeit bemerkbar zu machen. Dies erklärt vielleicht, warum sich jugendliche Immigranten der dritten Generation auf wilde Vorstellungen einer Abstammungsgemeinschaft beziehen, die in unsere Kategorien vom Arbeitnehmer und Staatsbürger nicht mehr zu übersetzen sind. Da mischt sich osmanisches Überheblichkeitsgefühl mit dem bekannten Territorialverhalten städtischer Gangs, und dazu dröhnt Rap, Hip Hop oder Techno-Rhythmus. Es handelt sich um eine kulturelle Rhetorik der Würde, die sich völlig losgelöst hat von den industriellen Tugenden gesellschaftlicher Nützlichkeit. Vom Anderssein wird ein Recht des Dabeiseins abgeleitet.

Der Handel mit der kulturellen Identität kann verschiedenen Zwecken dienen. Er wirkt integrativ, wenn dadurch Besonderheit signalisiert wird, deren Berücksichtigung einfach die normale wechselseitige Rollenübernahme erleichtert. Fühlt sich hingegen eine Gruppe an den Rand der Gesellschaft gedrängt, dann liegt der kompensatorische Rückgriff auf feste und enge Herkunftsbindungen nahe. Man schließt sich ab gegen den Rest der Welt und brütet verschwörerische Weltanschauungen aus. Aber natürlich kann das Recht auf eine kulturelle Identität auch strategisch genutzt werden. Man droht mit kultureller Militanz, um sich Sonderrechte zu sichern. Das betrifft nicht allein staatliche Förderungsmaßnahmen oder institutionelle Arrangements, sondern geschieht genauso im Alltag. Das respektlose Verhalten mancher türkischer Jungmänner gegenüber deutschen Frauen gehört zu diesem Spiel der Austestung von Grenzen zivilen Wohlverhaltens. Man darf bei alledem jedoch nicht vergessen, daß sich die meisten Immigranten auch in der zweiten und dritten Generation ihrem Herkunftsland immer noch stark verbunden fühlen. Denn es ist ein schwieriger seelischer Akt, den Prozeß der Migration ab einem bestimmten Punkt für beendet zu erklären.

Kultur als Ressource

Aus den legendären Untersuchungen der Chicago-Schule ist bekannt, daß kulturelle Assimilation über subkulturelle Abgrenzung verläuft. Die Neuankömmlinge bauen ein Netz solidarischer Beziehungen auf, das sie einerseits vor feindlichen Reaktionen der Alteingesessenen schützt und andererseits einen sicheren Brückenkopf für die Eroberung der neuen Welt bildet. Das galt damals für die Italiener, Iren, Polen und Deutschen in den USA genauso wie es heute bei den Ostdeutschen in der neuen Bundesrepublik der Fall ist. Am wichtigsten ist der Austausch von Informationen über Lücken, Widersprüche und ungenutze Räume im System der Ankunftsgesellschaft. Man muß wissen, wo man seine Ellbogen gebrauchen sollte und wo besser nicht, wann man sich systematisch dumm stellt und wann man sich offen und unverbraucht gibt, wie man sich Unterstützung verschafft und wie man lästig gewordene Mentoren wieder loswird. Bei diesen ganzen Manövern des Vorankommens kann man bei unbewußten Fehltritten und gezielten Unachtsamkeiten im Zweifelsfall die eigene kulturelle Fremdheit ins Feld führen. Denn was einen in dem Dschungel des Aufnahmelandes wirklich voranbringt, ist nicht eine ängstliche Ethnologie des Anderen und Fremden, sondern allein die kriegerische Energie des sozialen Aufstiegs.

Das eiserne Gesetz aller Subkulturen ist die Bevorzugung der eigenen Leute. Das beginnt bei der Wohnungsvermittlung und endet bei der Kapitalbeschaffung. Der ungeheure Vorteil eines dichten kommunikativen Beziehungsgeflechts besteht in der Minimierung von Transaktionskosten: Man versteht sich schneller und kooperiert verläßlicher, als es in der viel komplexeren Umwelt möglich ist. Besonders in den dynamischen Bereichen des Handels ist immer wieder zu beobachten, wie »ethnicity« zum Erfolg führt: die jungen Westindies unter den Londoner Brokern, die Koreaner auf dem New Yorker Immobilienmarkt und vielleicht die Ostdeutschen als Pioniere bei den in Deutschland so dringend benötigten Risikokapitalfirmen.

Bekanntermaßen bilden die Heiratsbeziehungen die Grundlage ethnischer Schließungen. Aus diversen Mafia-Filmen wissen wir, daß die Familie die eigentliche Keimzelle der subkulturellen Vergemeinschaftung darstellt. Die Heirat entscheidet über Treue oder Verrat in bezug auf die eigene Herkunft. Mit jeder neuen Generation wird die kulturelle Identität auf die Probe gestellt, und der Familienclan muß sich mit der Tatsache auseinandersetzen, daß Einwanderung und Aufstieg unweigerlich mit kulturellen Verlusten verbunden sind. Deshalb drehen sich die oft blutigen Kämpfe der kulturellen Assimilation um das Thema Sexualität.

Mit der Zeit macht sich jedoch für jede Gruppe von Neuankömmlingen ein teuflischer Mechanismus geltend: Mit der voranschreitenden kulturellen Assimilation entschwinden die Grundlagen für die Rechtfertigung von Schwierigkeiten bei der sozialen Integration. Mit anderen Worten: Mit der gesellschaftlichen Öffnung steigt die persönliche Selbstverantwortung. Für die Erfolgreichen ist das kein Problem, sie werden zu Propheten des Individualismus und preisen die Gesellschaft, in der jeder nach seiner religiösen oder ethnischen »Präferenz« glücklich werden kann. Nur die Erfolglosen stehen dumm da. Sie müssen sich sogar fragen, ob es ihnen zu Hause nicht besser gehen würde. Aber dahin führt kein Weg zurück. Aus dieser Gruppe stammen die Propagandisten einer fundamentalistischen Kulturwut, die heute allen liberalen Gesellschaften droht. Mit der deutschen, französischen, mit der alemannischen oder der abendländischen Kultur könnte man sich noch anfreunden, aber nicht mit der demokratischen Moderne oder mit dem internationalen Markt. Man verschanzt sich hinter einer kulturellen Identität, die Ehre, Menschenwürde und Transzendenz verheißen soll.

Als einen interessanten Fall für diesen Vorgang sind die in Paris ausgebildeten Eliten des politischen Islamismus zu betrachten. Sie haben dort mit brennendem Ehrgeiz die Schriften von Antonio Gramsci, Nicos Poulantzas und Immanuel Wallerstein studiert und mußten dann erleben, wie ihnen mit dem höhnischen Lächeln des Besserwissenden mitgeteilt wurde, daß die Signifikanten tanzen und das Begehren wie das Geld sei. Mit solchen Entwertungserlebnissen beginnt ein bestimmtes Genre von Geschichten erlittener intellektueller Proletarisierung: Der Gedemütigte sucht nach einem Bezugsrahmen, an dem er sich wieder hochziehen kann und findet ihn in einer imaginären Kultur der Herkunft. Rache ist der Ausweg eines unglücklichen Bewußtseins, das sonst in Selbstbezogenheit und Selbstverleugnung versinken würde.

Kultur als Täuschung

François Dubet und Didier Lapeyronnie benennen in ihrem schönen Buch über die Unruhen in den französischen Vorstädten ein Dilemma der Vergemeinschaftung in der nachindustriellen Gesellschaft: Auf der einen Seite die Kultur mit ihrem Versprechen eines expressiven Individualismus, der sich aus Traditionen und Wurzeln herleitet; und auf der anderen Seite der Markt mit seinen diversen Konsumchancen und damit assoziierten Lebensstilangeboten, die unaufhörlich wechseln und sich wiederholen.[6] Die Immigrantenkinder der dritten Generation wollen beides: Rückhalt in einer Herkunft und Spaß am Konsum. Die Volkskultur der Vorstädte holt sich aus der Massenkultur, was ihr gefällt, setzt die Elemente anders zusammen und gibt sie in Gestalt von trickreichen Kombinationen und witzigen Einfällen an die riesige Maschine unserer gemeinsamen populären Kultur zurück. In diesen permanenten Transformationen bildet sich ein Gefühl von Gemeinschaft, das jedoch jederzeit in den Gegensatz von kulturellen Ursprungsmythen und konsumistischen Ekstasen auseinanderfallen kann. Dann stehen sich plötzlich der Popstar aus der *galère* und der fundamentalistische Prediger des Islam in harter Unversöhnlichkeit gegenüber. Beide wollen ihre Leute aus dem Herumhängen rausholen: der eine für einen glücklichen Moment, der andere für immer und ewig.

Wir sind an diesen lustigen, traurigen oder hoffnungslosen Geschichten über die Medien meistens als Konsumenten, manchmal als Staatsbürger und ganz selten als ethnologische Beobachter beteiligt. Wir verstehen ganz gut, was da vor sich geht. Wir sind doch selbst alle auf der Suche nach einer Herkunft und basteln uns als mehr oder minder direkte Erinnerung daran aus den verschiedenen Angeboten Wohnzimmereinrichtungen, Weltanschauungen und Lebensgemeinschaften zusammen. Das Ganze ist von Gelegenheiten und Details abhängig. Wir verwirklichen offenbar keine feststehenden Formen, sondern hantieren mit dem Vorgeformten und Vorgeschriebenen. Der Prozeß der Kultur besteht womöglich in dieser vielgestaltigen, taktischen und listigen Kreativität von Gruppen und Individuen, die in diesem Moment etwas Neues an den Tag bringt, was sich im nächsten als Variation eines bekannten Musters entpuppt. Das ist keine Besonderheit westlicher Massenkonsumgesellschaften, sondern so universell wie PCs, Levi's Jeans und Marsriegel.

Der Blick auf die ungewollte, multiple und fragmentarische Praxis des Konsums könnte uns im übrigen von der unseligen Alternative von kulturellem Relativismus und geistigem Universalismus befreien. Als Kritik des

---

[6] François Dubet / Didier Lapeyronnie, *Im Aus der Vorstädte. Der Zerfall der demokratischen Gesellschaft.* Stuttgart: Klett-Cotta 1994.

romantischen Modells der kulturellen Relativität wird gerne das klassische Modell des menschlichen Geistes stark gemacht. Aber das eine ist so grundsätzlich wie das andere. Sowohl diejenigen, die behaupten, es gebe unzählige völlig unvergleichbare Spiele, die wir als Mitglied eines Geschlechts, einer Klasse, einer Zivilisation oder einer Nation in wunderbarer Isolation voneinander spielen, als auch diejenigen, die im Gegenteil behaupten, es gebe nur ein einziges großes Spiel, bei dem wir wohl oder übel alle mitspielen müßten, verkennen die Wirklichkeit der gemischten Verhältnisse. Dagegen veranschaulicht die Praxis des Konsums, wie Grenzen überschritten, Dinge kombiniert und Bedeutungen verschoben werden. Pop ist der Name für diese kulturelle Aktivität. Die Lehre von der kulturellen Relativität ignoriert die Existenz dieser Überschreitungen, die von der geistigen Universalität übersieht die Existenz der Grenzen.

Michael Thompson plädiert daher für eine heraklitische Soziologie, in der alles Übergang und Konflikt ist und in der es keine Neutralität gibt.[7] Wir verstehen uns besser, als wir glauben, weil wir alle an den endlosen Mutationen der populären Kultur teilhaben. Vielleicht müssen wir gar nicht in existentialistischer Manier dem Wunsch nach Herkunft abschwören. Wir dürfen nur nicht glauben, daß es dafür ein gültiges Bild gäbe. Von Freud ist zu lernen, daß alle Erinnerung Deckerinnerung ist. Auch Kultur garantiert da keine Dauer. Das Ganze ist eben nur noch als Rest denkbar.

---

[7] Michael Thompson, *Die Theorie des Abfalls. Über die Schaffung und Vernichtung von Werten.* Stuttgart: Klett-Cotta 1981.

Sonja Margolina

Identitätsopfer und Identitätsstifter

Gedanken einer Unbefugten

»Wenn ich Identität höre, entsichere ich meinen Browning« – so möchte man den berühmt-berüchtigten Spruch paraphrasieren, wenn man den Eifer beobachtet, mit dem »Identität« zur Waffe in den Macht- und Umverteilungskämpfen, zum Legitimationsinstrument der Eliten und der Minderheiten gemacht wird. Je nach Gusto wird sie erpreßt und ausgeraubt oder verklärt und verherrlicht. Schlimmer noch, im Fall eines vermeintlichen Angriffs hält man sie wie einen lebendigen Schild vor sich. Kurzum, der Dame geht es übel, sie leidet an einer Krankheit, die als *multiple Persönlichkeit* bekannt ist: Tagsüber studiert sie Kunstgeschichte, nachts schneidet sie sich die Pulsadern auf, morgens wollen beide nichts voneinander wissen. Die Tatsache, daß der Begriff Identität völlig hohl geworden ist und mit jeder beliebigen Füllung gestopft werden kann, legt den Gedanken nahe, daß weniger der Begriff als die Füllung und besonders der Füllende interessant sein müssen. Das hier Gesagte soll nun allerdings nicht als »soziologischer« Angriff auf ideologische Positionen mißverstanden werden. Vielmehr geht es mir um die Distanzierung von dem herrschenden Identitätskurs oder – was auf dasselbe hinausläuft – um die Annäherung daran aus der Position einer Außenseiterin. Eine solche Position ist höchst ambivalent. Einerseits befreit sie einen von den Fesseln der Gruppensolidarität, sei es einer politischen, ideologischen oder herkunftsbedingten. Andererseits bringt sie einen um die Sicherheit des bequemen Konsenses. Aber sie regt auch zu einer bewußten Subjektivität an, die sich selbst in die Reflexion einbeziehen muß, um nach innen und nach außen transparent zu bleiben. Denn diese Transparenz ist der einzige Luxus und zugleich das einzige Maß des nichtdogmatischen Denkens.

Für einen Menschen, der kontinuierlich in einer Kultur lebt, ob in einer traditionellen Gemeinschaft oder in einer modernen Gesellschaft, ist seine »Identität« völlig unproblematisch. Sie wird nur dann zum Problem, wenn sie mit einer fremden Kultur oder Lebensweise konfrontiert und dadurch relativiert und womöglich auch entwertet werden kann. Dieser »Zusammenprall« bringt einen inneren Konflikt, eine Verunsicherung mit sich. Er kann reflektiert, verdrängt oder aufgehoben werden. Da ich in der sowjetischen Kultur sozialisiert wurde, seit einiger Zeit aber in einer deutschen Großstadt in enger Nachbarschaft zu türkischen Einwanderern lebe, ist mir dieser Konflikt nur allzugut vertraut. Nichts ist mehr selbstverständlich: wie man die Menschen anredet, wie man sie begrüßt, Briefe schreibt oder wie man beim Essen die Gabel hält. Apropos: Laut Norbert Elias spielte die Gabel im Zivilisationsprozeß eine nicht zu unterschätzende Rolle. Er berichtet von einer Prinzessin aus Byzanz, die im 12. Jahrhundert nach Venedig heiratete, als man in Europa erst anfing, Gabeln zu benutzen, und zwar zweizinkige. Die Prinzessin brachte aber eine Neuerung aus ihrer Heimat mit, eine dreizinkige Gabel. Der Hof war von dieser Innovation gar nicht angetan, die Arme wurde vergiftet. Einige Jahrhunderte später, im 17. Jahrhundert, widersetzten sich russische Altgläubige hartnäckig der Einführung der Bekreuzigung mit drei Fingern, die anstatt der zuvor üblichen mit zwei Fingern eingeführt wurde, und ließen sich dafür bei lebendigem Leibe verbrennen. In beiden Fällen ging es natürlich um etwas mehr als die bloße Anzahl der Zinken oder Finger, denn sie standen für die in Frage gestellte *kulturelle Identität* der Betroffenen. (Der semiotische Gegensatz von geraden und ungeraden Zahlen durchdringt bekanntlich die Geschichte der Zivilisation.) Nach der kulturellen Identität wird nur dann gefragt, wenn ihr totaler Anspruch in Frage gestellt wird.

Männerherrschaft als primäre Identität

In unserem Haus leben viele türkische Familien. Sie unterscheiden sich von den übrigen Bewohnern dadurch, daß sie die Existenz anderer vollständig ignorieren. Sie grüßen niemanden im Treppenhaus und »entsorgen« nachts ihren Baumüll auf dem Hof, für dessen Abtransport dann später alle bezahlen müssen. Ein solches Verhalten könnte man mit der städtischen Anonymität erklären, wenn die Beziehungen der türkischen Nachbarn untereinander nicht einen völlig entgegengesetzten Charakter hätten. Man hat es mit einem typischen Fall von Doppelmoral zu tun, die bei in die Fremde ziehenden Gruppen verbreitet zu sein scheint. Die ursprüngliche dörfliche Höflichkeit und Gastfreundschaft erweisen sich dabei als Elemente traditioneller Solidarität, deren Auflösung eine antigesellschaftliche Haltung mit sich bringt. Beim Streit an der Mülltonne oder wegen lauter Musik wird dies besonders deutlich. Die Bitte um Beachtung der geltenden Regeln wird aggressiv zurückgewiesen mit dem Hinweis darauf, daß die anderen auch gegen sie verstoßen, oder sogar mit dem Vorwurf der Ausländerfeindlichkeit, der dann im voraus die Verletzung der Ordnung quasi legitimiert. Die in solchem Verhalten aufscheinende Selbstisolierung der Neuankömmlinge ist offensichtlich als psychischer Schutz gegen die Herausforderungen durch die fremden Normen zu verstehen, besonders die, die Eigenverantwortung voraussetzen. Was der Gesellschaft hier zur Schau gestellt wird, ist nichts anderes als die kulturelle Identität einer Gruppe im Übergangsstadium. Dabei spielen die Hierarchie in der Familie, die Beziehung zur Religion und private Interessen der fremden Gruppe für die übrige Gesellschaft eine untergeordnete Rolle. Und das um so mehr, je unverbindlicher die gesellschaftlichen Normen insgesamt sind. Außerdem ist diese Sphäre für die Gastgesellschaft ohnehin verschlossen. Dafür erweisen sich die unterschiedlichen Beziehungen zu den »Eigenen« und »Fremden«, die ich hier als Doppelmoral bezeichne, für die betroffenen »Fremden« (in diesem Fall für mich) als die kulturelle Identität der anderen Gruppe schlechthin, wobei die gesellschaftliche Reaktion auf die Doppelmoral im genauen Sinne als Entfremdung bezeichnet werden kann.

Die Integration in eine fremde Kultur ist ein dramatischer Vorgang. Die Kinder der Einwanderer befinden sich oft zwischen der Skylla der traditionellen Erziehung in der Familie und der Charybdis der gesellschaftlichen Sozialisierung: ein mehr oder weniger scharfer Wertekonflikt ist dabei unvermeidlich. Der traditionelle Hintergrund, zum Beispiel die familiäre Hierarchie, deren Legitimation auf der tradierten Ordnung beruht, wird durch die Verhältnisse »draußen« in Frage gestellt. Der Unterwerfungszwang nach innen und die verlockende Freiheit draußen verstärken den Wertekonflikt, der die Verhaltensmuster kontinuierlich prägt. Aber genau dieser Wertekonflikt, möchte ich behaupten, ist die kulturelle Identität einer zwischen zwei Welten sozialisierten Person, deren Vergesellschaftung durch diesen Konflikt ebenso kontinuierlich blockiert wird. Ein weiteres Beispiel mag veranschaulichen, worum es sich handelt. Vor einiger Zeit wurde in einer *Spiegel*-TV-Reportage über einen Vorfall in einer Berliner Gesamtschule berichtet: Ein türkischer Junge hatte seinen Lehrer erstochen. Daraufhin wurde sozialpädagogisch recherchiert, ob es für diese Gewalttat ausländerfeindliche Motive gäbe. Sie wurden flugs gefunden. Ein Lehrer berichtete, seine Schülerinnen beklagten sich, ständig von türkischen Jungen in der Öffentlichkeit belästigt zu werden, was diese natürlich »unbeliebt« mache. Daraufhin fragte ein türkischer Junge, ob der Lehrer behaupten wolle, *alle* Türken pöbelten Mädchen an. Der Lehrer erwiderte, daß er nur das von den Mädchen Berichtete wiedergebe. Kommentiert wurde das von dem TV-Reporter dahingehend, daß der Lehrer rassistische Vorurteile pflege und zu inkorrekten Verallgemeinerungen neige; verschleierter Rassismus sei der Grund, warum in der Schule die Gewaltbereitschaft wachse.

Dieser Film erinnerte mich an einige Vorfälle in meiner Jugend im Kaukasus. Einmal gingen meine Freundin und ich in Gagra (Abchasien) eine Straße entlang, als uns ein Auto folgte, dessen Besitzer sehr zudringlich wurde und dicht neben uns herfuhr. Da die Straße durch die Berge führte, konnten wir der Belästigung nicht ausweichen und versuchten, Zeit zu gewinnen. Wir stritten uns herum, bis meine Freundin zu ihm sagte: »Wenn Sie sich vorstellen, an unserer Stelle wäre Ihre Frau, wie würden Sie darauf reagieren?« Woraufhin der aufgebrachte Mann schrie: »Was hat meine Frau damit zu tun, sie ist mir heilig!« und unter lautem Hupen davonfuhr. Ein paar Tage danach spielte ich als einzige Frau in einer »multikulturellen« – Volleyball-Mannschaft. In unserer Mannschaft war auch ein kleiner Georgier, der immer zu nah am Netz stand und alle Bälle verfehlte. Als ich zu ihm sagte, er möge sich richtig hinstellen, erfolgte eine für mich verblüffende Reaktion: »Du Hure, halt dein Maul.« Jede von uns hätte Dutzende solcher Zwischenfälle nennen können: Sie gehörten zu den alltäglichen Erfahrungen der Frauen in der Sowjetunion.

Natürlich schätze ich diese Auseinandersetzungen heute anders ein als damals. Wir hatten ja keine Ahnung, daß in diesen Gebieten andere Normen galten und daß wir eigentlich nicht dorthin gehörten: Wir waren auf einem kulturell fremden Terrain, ohne es zu wissen. Die sichtbaren kulturellen Grenzen werden erst jetzt durch blutige ethnische Konflikte quasi wiederhergestellt. Es geht nämlich darum, daß im Osten die männliche Dominanz der Grundpfeiler der primären kulturellen Identität ist. Die multinationale sowjetische Gesellschaft, in der die Mechanismen der Vergesellschaftung fehlten, wurde ständig durch Wertekonflikte zerrissen. In unserem Fall fühlten sich kaukasische Männer durch die Symbolfiguren der Frauenemanzipation – alleinstehende »halbnackte« Frauen ohne Begleitung, die mit Männern wie mit ihresgleichen reden – total herausgefordert. Sie hätten »Unabhängigkeit« der Frau nur dann akzeptiert, wenn durch deren sexuelle Verfügbarkeit, die die Überlegenheit des Mannes voraussetzt, ein »Ausgleich« geschaffen worden wäre. Selbstverständlich galt das nur für »fremde« Frauen, die eigenen unterlagen der traditionellen Ordnung und waren eben »heilig«. Die Rolle der Männerdominanz als primärer Identität wächst, wenn die in der tradierten Gemeinschaftsordnung vorgegebene Hierarchie in Frage gestellt wird, wie es ja bei Einwanderern häufig der Fall ist. Die Männerdominanz erscheint als Strategie, mit der man alle Demütigungen, Statuseinbußen und Frustrationen kompensieren kann. Schon Adorno wies im *Autoritären Charakter* darauf hin, daß der autoritäre Komplex die letzte Zuflucht des schwachen »Ich« sei, das seine Stütze in der tradierten Ordnung verloren habe. Ethnozentrismus (so Adornos Begriff) ist besonders in den Gesellschaften ausgeprägt, die aus historischen Gründen an extrem autokratischen Verhältnissen leiden. In einer Kultur, die mit ihrer Modernisierung nicht so recht vorankommt, scheint die Gewalt über die Frau das letzte Privileg zu sein, das der Mann aufzugeben bereit wäre. Die Gleichstellung der Frau bedroht tatsächlich sein Selbstbewußtsein, sein Weltbild bricht zusammen, wenn die Frauen ungehorsam werden.

Bei der Analyse des Vorfalls in der Gesamtschule ging die kulturelle Problematik völlig unter. Der latente kulturelle Konflikt wurde als Folge der Ausländerfeindlichkeit mißinterpretiert. Denn das Problem bestand nicht darin, ob alle oder nur manche türkische Jugendliche die Mädchen belästigen. Vielleicht wurden diese ja von deutschen Jungen genausooft angepöbelt. Wichtiger ist, daß die Mädchen die Einstellung der Türken zu ihnen als sexuell selbstverständlich verfügbare Wesen beleidigend und lästig fanden, während die pubertären Avancen der Deutschen für sie kulturell unproblematisch waren. Für die deutschen Medien wiederum ist charakteristisch, daß sie derartige Konflikte behutsam umgehen oder umbenennen. Analog zu unserem emanzipatorischen Auftritt im Kaukasus, in dem wir als »Minderheit« einheimische Befindlichkeiten herausforderten, befinden sich die Einwanderer in Deutschland in der kulturellen Fremde, wo andere Verhaltensnormen gelten. Die daraus resultierenden kulturellen Mißverständnisse einmal zu thematisieren wäre wichtig – und sicher nicht ohne Gewinn gerade für die ihre Wertekonflikte auslebende zweite und dritte Generation der Einwanderer. Sonst entsteht eine paradoxe Situation: Man behandelt die Einwanderer therapeutisch oder als Kinder, was ihre mangelnde Zurechnungsfähigkeit und Nichtzugehörigkeit zur Gesellschaft voraussetzt, anstatt sie als mündige und verantwortliche Mitglieder der Gesellschaft anzuerkennen.

Ich behaupte also, daß der Wertekonflikt und die männliche Dominanz nichts anderes als zwei Seiten einer *primären* kulturellen Identität sind. Dabei wäre der Wertekonflikt eher auf den »Zusammenprall« mit den fremden kulturellen Normen (sowie auf die Auflösung der traditionellen gesellschaftlichen Ordnung im eigenen Lande) zurückzuführen, während die männliche Dominanz anscheinend doch fundamentaler Natur ist und damit als der Tiefpunkt der kulturellen Regression aufzufassen wäre. Diese Interpretation stößt sicher auf Befremden. Denn der ganze Multikulturalismusdiskurs geht davon aus, daß die kulturelle Identität als Menschenrecht gehegt und gepflegt werden muß. Wenn ich die These aufstelle, daß die primäre Identität nichts anderes als männliche Dominanz ist, sehe ich in den Augen »edler Seelen« bestenfalls wie ein Witzbold, schlimmstenfalls wie eine Terroristin aus. Wer will schon männliche Dominanz als demokratischen Wert anerkennen? »Die primäre Identität der Herkunftskultur« (Jürgen Habermas) klingt da wesentlich philosophischer. (Es ist übrigens dem Ernst des Problems völlig unangemessen, die sogenannte Herkunftsidentität verklärt aufzufassen; die Herkunftsidentität als antimoderne Konstruktion wird zur Legitimation der autoritären politischen Kultur gebraucht, die sich auf die Gemeinschaft der Untertanen und tradierte Unterdrückungselemente stützt. Wer für die Bewahrung der primären Identität der Herkunftsländer plädiert, plädiert auch für die Bewahrung des autoritären Komplexes.) Die Probleme der verunsicherten Männer, die aus ihrer tradierten Ordnung herausfallen, sind durchaus verständlich, aber die Gesellschaft ist alles andere als eine psychotherapeutische Anstalt. Unverständlich dagegen ist, warum latenter Wertekonflikt und männliche Dominanz als besonders wertvoll anerkannt und wie aussterbende Tierarten geschützt und sogar gefördert werden müssen.

Menschen reproduzieren in ihrem Alltag tradierte Sitten: Sie haben ihre Sprache, ihre Anredeformen, ihre hierarchischen Symbole. Abgesehen von der andauernden Repression von Minderheiten wie den Kurden in der Türkei oder im Irak, die ihre kulturelle Identität als Kampfbegriff auffassen *müssen,* büßen tradierte religiöse und kulturelle Elemente in den toleranten Gesellschaften allmählich ihre Bedeutung ein.[1] Für die in der neuen Umgebung sozialisierten Kinder erscheinen sie meist als ungerechtfertigte Zwänge und Freiheitsbeschränkungen, die besonders schmerzhaft im Vergleich mit Freiheiten empfunden werden, die ihre Altersgenossen genießen. Wenn dann noch ein auch größtenteils kulturell bedingter sozialer Mißerfolg hinzukommt, gerät der junge Mensch mit all seinen unerfüllten Hoffnungen in einen Selbstrechtfertigungszwang, der nach einer kompensatorischen Ideologie verlangt. Daß dies kein abstraktes Schema ist, läßt sich durch viele Indizien belegen: Die umfangreiche amerikanische Literatur zur politischen

1 Ich möchte betonen, daß ich das Problem der kulturellen Identität von Individuen und Minderheiten speziell in den demokratischen Gesellschaften thematisiere, in denen ihre Diskriminierung verfassungswidrig ist. Wenn Minoritäten durch den Staat unterdrückt oder verfolgt werden, wie die Kosovo-Albaner oder Kurden, wird ihr kollektives Selbstbewußtsein zum Überlebensfaktor. Der Problembereich soll hier aber nicht erörtert werden.

Korrektheit enthält genug Beispiele und Analysen dieses massenpsychologischen Phänomens.

Nach Ansicht des türkischen Schriftstellers Orhan Pamuk erleben die Türken in Deutschland eine tiefgehende Identitätskrise: Am Anfang ließen sie sich von Deutschland begeistern, »Deutschland war für sie das Land voller Wunder, von dem sie wie geblendet waren. Heute herrscht das Gefühl der Frustration ... Diese Menschen haben nichts von dem erreicht, was ihnen die deutsche Gesellschaft verheißen hatte. Sie haben sich nicht in dieser Gesellschaft etablieren können. Der deutsche Nationalismus hat sie einfach draußen vor der Tür stehengelassen« (*taz* vom 15. März 1995). Ohne Anstrengungen, diesen Zustand durch Integration und Aufstieg in der Gastgesellschaft zu überwinden (wie es anscheinend den Südostasiaten in den USA gelingt), gibt es indes keine Erfolgsgeschichte der Einwanderung, und wenn es sie gibt, dann nicht innerhalb kurzer Zeit. Die ursprüngliche Begeisterung der Türken für Deutschland, ihre quasi religiöse Erwartung eines Wunders, ist völlig utopisch, und es erstaunt nicht, daß sie in Resignation umschlägt, was Pamuk als Identitätskrise definieren will. Die utopischen Erwartungen setzten keine individuelle Anstrengung, keine bewußte Auseinandersetzung mit der neuen Gesellschaft voraus, sondern eine Erlösung durch eben diese. Um so frustrierender waren die Ergebnisse.

Bekanntlich dauert eine Integration zwei, drei Generationen, und wenn sich Immigranten wirklich als Einwanderer verstehen, müssen sie dies in Kauf nehmen. Der deutsche Nationalismus hat seinen Anteil an der Ausgrenzung von Einwanderern, seine Wirkung ist aber viel geringer als die kulturellen Einschränkungen und Zwänge, die sich die Minorität selbst auferlegt. Niemand hindert türkische Kinder, aufs Gymnasium und auf die Universität zu gehen. Daß dies nur wenige schaffen, liegt auch daran, daß es den Eltern und dem sozialen Umfeld oft an Verständnis für die Notwendigkeit von Bildung und Ausbildung zur Integration mangelt. Ob religiöse oder kulturelle Hindernisse, Rollenzuschreibung oder Berufspräferenzen, im Ergebnis hat man einen sich ethnisch definierenden Mann, von der Frau ganz zu schweigen. Was Wunder, daß die Identitätsstifter sich allenthalben vermehren. Der Rassismus der anderen nimmt immer öfter kompensatorische Funktionen an und dient als Rechtfertigung für alle denkbaren eigenen Niederlagen. Man vergißt allzu oft, daß die Schwierigkeiten der Integration der Preis für die Freiheit sind, von der die Auswanderer in ihren Herkunftsländern ja nur träumen konnten. Daß die Freiheit für die meisten Menschen lästig und schwer erträglich ist, steht auf einem ganz anderen Blatt: Eine Quotenregelung für die Freiheit ist noch nicht erfunden worden. Daß viele den Preis der Freiheit nicht mehr zahlen wollen, ist eine Eigentümlichkeit der heutigen Situation, die unter anderem dadurch gekennzeichnet ist, daß sich die »Dritte Welt« in der Offensive und Europa in der Defensive befindet. Der Begriff der kulturellen Identität wird in dieser Offensive zur Waffe, die sich anscheinend immer mehr bewährt. Wer setzt diese Waffen ein, wer sind die Identitätsstifter?

Der Diskurs der Identität

Judith Butler, bekannte amerikanische Feministin, behauptet, das Geschlecht entstehe im Diskurs. Da ich naturwissenschaftlich ausgebildet bin und einen gewissen Respekt vor der Evolution empfinde, fällt es mir nicht leicht, den Milliarden Jahre dauernden Prozeß der Evolution einfach für obsolet zu erklären. Ich möchte meine mühsam erreichte und genetisch festgeschriebene hormonelle Zusammensetzung nicht den Launen einer intellektuellen Mode preisgeben. Butlers Aussage hat aber einen wahren Kern: Geschlechterkonflikte, die im Diskurs nicht nur thematisiert, sondern auch ideologisch gedeutet werden, können tatsächlich die Kommunikation zwischen den Geschlechtern so destruktiv beeinflussen (wie es in den USA durch die politische Korrektheit und Kodifizierung des *sexual harassment* bereits geschieht), daß immer mehr Menschen ihrer Geschlechterrollen nicht mehr sicher sind. Dies gilt natürlich um so mehr für die ethnische und kulturelle Identität. Ein eher komisches Beispiel: Ein türkisches Mädchen mit doppelter Staatsangehörigkeit antwortet auf die Frage, ob es an den Europawahlen teilgenommen habe: »Warum sollte ich wählen? Europa wird auf den Rassismus sowie auf die Rechte von Immigrantinnen, Lesben und Schwulen keine Auswirkung haben« (*taz* vom 16. Juni 1994).

Natürlich kann man diese Aussage als bewußte Provokation oder Dummheit abtun, aber ich glaube eher, daß die junge Frau, die ein Kopftuch trägt, ein typisches Produkt der Identitätsstiftung ist, und ihre Identität besteht aus einem Flickenteppich linker Schlagzeilen. Die Tatsache, daß das Mädchen ein religiöses Symbol zur Schau stellt und für die Rechte der Homosexuellen auftritt, zeigt lediglich eine deprimierende, wenn auch komische Realitätsferne. Denn die religiöse Gruppe, zu der es kraft des Symbols gehören will, ist noch weit davon entfernt, die Gleichstellung der größten »Minorität«, der Frauen, zu gewährleisten. Wenn aber eine muslimische Frau das Tabu bricht und für sexuelle Minderheiten eintritt, leugnet sie damit die Stellung der Frauen in ihrer Kultur und die ganze Problematik der Integration überhaupt. Ihr »Identitätskleid« wird aus Zeitungsausschnitten gebastelt: sehr postmodern, aber nicht reißfest und feuergefährlich. Es muß ständig mit neuen Themen wie »mißhandelte Kinder«, »Jugendarbeitslosigkeit« geflickt werden.

Der Diskurs der kulturellen oder Herkunftsidentität wird von Intellektuellen konstruiert und durch die Medien vermittelt. Wie Orhan Pamuk sagt, haben sich die realitätsfremden Erwartungen der Einwanderer nicht erfüllt. Ein besonderes Thema ist die Ungeduld der Einwanderer. Wie kann man aber Frustration kompensieren und zugleich sich selbst gesellschaftlich aufwerten? Die Strategien dafür sind sowohl in den Herkunftsländern als auch in der Diaspora immer dieselben. Man konstruiert eine nationale (kulturelle) Identität und beginnt, sich in der Gesellschaft als Vertreter der jeweiligen Minderheit zu präsentieren. Der Kulturkampf entbrennt, in dem die »einsame Masse«, um deren Interessen man sich angeblich kümmert, als Bollwerk instrumentalisiert wird. Ein ernsthaftes Problem für die Kämpfer um eine kollektive Identität im liberalen Westen besteht aber darin, daß laut Michael Walzer »der liberale Staat seine Bürger in erster Linie als Individuen und nicht als Gruppenangehörige ansieht« (*Transit,* Nr. 8, 1994). Die Toleranz gilt den »Individualentscheidungen, Mitgliedschafts- und Glaubensritualen, kulturellen Äußerungen aller Art«. Diese Art Freiheit wirkt aber zersetzend auf die Solidarität, weil sie Voraussetzungen für die »Flucht« aus der Gemeinschaft schafft, für die Weigerung, sich weiterhin dem traditionellen Kollektiv zuzuordnen. Die Gruppe wird immer heterogener und unverbindlicher, ihre Gemeinsamkeiten reduzieren sich auf das Kulinarische und Rituelle. Dem intellektuellen Träger, dem Identitätsstifter, droht die »Arbeitslosigkeit«. Um dieser Entwicklung entgegenzuwirken, bemüht man sich, das Recht auf kulturelle Identität gesetzlich zu untermauern und dadurch eine »handfeste Unterstützung durch den Staat« zu fördern. Walzer: »Die Gruppen verlangen nach Toleranz, um sich abzugrenzen« mit dem Ziel, ein Netz von unabhängigen Institutionen zu schaffen und sich eine weitgehende Selbstbestimmung zu sichern. Dabei verwandelt sich die Forderung nach Toleranz in das Recht, sich von der Gesellschaft abzugrenzen. Der Kulturkampf wird zum politischen Kampf. Diese Strategien werden erfolgreich von den ethnischen Minoritäten in den USA durchgesetzt, die die Gesellschaft als politischen Körper grundsätzlich herausfordern. In Deutschland pochen türkische Repräsentanten auf das Recht der doppelten Staatsangehörigkeit, um ihre »kulturelle Identität« festzuschreiben. Im Unterschied zu amerikanischen Minoritäten, die eine eigene Dynamik entwickeln, werden sie dabei von der türkischen Regierung durch die Medien massiv manipuliert.

Der Umstand, daß ich mich hauptsächlich mit Türken beschäftige, hängt mit ihrer herausragenden öffentlichen Präsenz in Deutschland zusammen. Sie haben ihre Medien, sind exemplarisch in der Politik vertreten und stehen wirtschaftlich besser da als viele andere Einwanderer. Dies ist ein historischer Zufall; an Stelle der Türken könnte auch eine andere Minderheit treten. Wenn man aber das Problem der Einwandereridentität im allgemeinen thematisiert, läßt sich folgendes anmerken. Die meisten Menschen, die nach Europa kommen, sind Opfer der Auflösung traditioneller Gesellschaften, sei es durch Kriege, Vertreibungen oder ökologische Katastrophen. Die überwiegende Mehrheit von ihnen hat ihre traditionellen Bezüge ganz verloren und soll sich im Fluchtpunkt irgendwie wiederfinden. Sie können sich natürlich in Landsmannschaften zusammenschließen und ihre »Identität« aus alten Beständen, Überlieferungen und Ablehnung der Gastgesellschaften neu erfinden. Dabei tun sich, besonders dann, wenn eine Integration schlecht gelingt, in der Regel religiöse Eiferer und »völkische« Intelligenzija hervor, die sich um die Basis bemühen. Das Bekenntnis zur Gruppe hilft dem Einwanderer vorübergehend zurechtzukommen, hindert ihn aber auf Dauer, der neuen Gesellschaft beizutreten. Ein bekanntes und schwer lösbares Problem.

Die Gesellschaft in der Defensive

Bei ethnischen »Kulturträgern« kommen ihre partikularen Interessen im Kulturkampf zum Ausdruck, mit dem sie ihren Status absichern wollen. In einer Gesellschaft von partikularen Interessen schlechthin ist das völlig legitim. Einer Erklärung bedürfte eigentlich nur die Selbstlosigkeit, mit der von einflußreichen deutschen Intellektuellen der Kampf um die völkische Abgrenzung so leidenschaftlich geführt wird. Ich muß gestehen: Die Mechanismen dieser linksliberalen Identitätsbildung bleiben mir letztlich schleierhaft. Ich kann sie zwar nachvollziehen, aber ich fühle sie nicht. Das hängt wahrscheinlich damit zusammen, daß ich den Dornenweg eines deutschen Intellektuellen, seine marxistisch-antifaschistisch-philosemitische Sozialisierung nicht durchgemacht habe. Diese Komponenten der linken Weltanschauung gehören jedoch zunehmend der Vergangenheit an. Mit den gegenwärtigen Problemen kann man sich produktiv im Augenblick weder mit Hilfe der musterhaft aufgearbeiteten Geschichte des Nationalsozialismus noch den Kategorien des Klassenkampfes auseinandersetzen. Die Intellektuellen machen sich um ihre schwindende Basis Sorgen. Ohne Basis sind sie keine Schrittmacher mehr, sondern bloß Individualisten mit wenig originellen Ideen und Schwierigkeiten bei deren Vermarktung. Der soziale Wert und Status eines Intellektuellen wird jedoch durch Aktualität und Neuheit seines Beitrags zum Diskurs bestimmt. Es ist kein Zufall, daß heutzutage Fortschrittlichkeit im Denken mit der Haltung zum Multikulturalismus gleichgesetzt wird: Einwanderer sind eine relativ neue und konfliktreiche Erscheinung, zugleich sind sie per definitionem »Opfer« und ein guter Ersatz für die skandalös geschrumpfte Arbeiterklasse. Multikulturalismus wird zur Ideologie einer Elite, die ihre »Klassenbasis« vermißt.

Am interessantesten ist dabei, wie die postmoderne Vorstellung einer nichtfixierten Identität, die dem Individuum gilt – »Identitäten werden gewechselt wie Hemden« (Christopher Lasch) –, sich in denselben Köpfen mit traditionellen oder sogar regressiven Konzepten einer völkischen Identität verträgt. Was tut sich im Kopf eines postmodernen Intellektuellen, der über multiple Identitäten und Patchwork-Gesellschaft als gesellschaftliche Realitäten redet und zugleich für die Aufrechterhaltung der vermeintlichen Identität der Herkunftskultur plädiert? Ich vermute, daß dieser logische Widerspruch im Dualismus des modernen Individualismus begründet liegt. Er erfährt seine Grenzen im Kampf um Status, Einfluß und die Macht in der Gesellschaft. Er kennt die von Herbert Marcuse so anschaulich beschriebenen Zwänge der Konventionen, leugnet aber seine »konformistische« Parteilichkeit, in der er seine Autonomie verliert. Die Zwänge des Individualismus werden aber nicht durch Vorteile des »Schulterschlusses« kompensiert, die eine traditionelle Gemeinschaft anbietet. Insofern ist Individualismus besonders schwer zu ertragen. Er hat ständig eine andere Existenzform vor Augen, die verloren ist, aber anziehend bleibt. Vielleicht deswegen versucht er verzweifelt, das Unvereinbare zu vereinen und beschwört den Kommunitarismus als Gemeinschaft der Individualisten. Das gespaltene Bewußtsein eines um seine Sicherheit gebrachten Individualisten neigt dazu, Gemeinschaftlichkeit, tradierte Hierarchie, Mobilisierbarkeit - verlorene Tugenden der Vormoderne - nostalgisch zu verklären. Es ist nicht auszuschließen, daß das ethnische Kollektiv, das in Schutz genommen wird, als soziale Basis und zugleich als nostalgische Projektion des verlorengegangenen Wir-Gefühls dient. Besonders in Deutschland, in dem das *ius sanguinis* über die Zugehörigkeit zur Gesellschaft entscheidet, erscheint die Losung »Jeder Minorität ihr eigenes *ius sanguinis*« als plausibel. Dabei gerät der Multikulturalismus in eine gefährliche Nähe zum Ethnopluralismus eines Alain de Benoist, der gegen Rassenvermischung auftritt und Kultur und Ethnizität als Grundlage von Staatlichkeit auffaßt.[2]

Es nimmt auch wenig wunder, daß der traditionalisierende, antigesellschaftliche Inhalt der *primären* Identität von deutschen Männern kaum zur Kenntnis genommen wird. Die Förderung des Ethnozentrismus, der in Europa ohnehin auf dem Vormarsch ist, halte ich für einen verhängnisvollen Fehler. Zwar wird oft hervorgehoben, daß nicht alle Richtungen des Multikulturalismus zur Vergesellschaftung der Ethnizität neigen, es gebe auch einen »liberalen« Multikulturalismus. Meiner Auffassung nach ist aber ein »liberaler Multikulturalismus« nichts anderes als ein Pleonasmus, denn er macht das Wesen des westlichen Liberalismus ohnehin aus. Die deutsche Linke kümmert sich um die Identität der anderen nicht zuletzt deswegen, weil sie mit ihrer Identitätskrise nicht fertig wird und eine Projektionsfläche für die eigene Stabilisierung braucht.

Ich kann an dieser Stelle nur einige Aspekte der Erscheinung analysieren, die ich als Defensive des Westens oder besser: als defensives Bewußtsein der Elite bezeichnen möchte.[3] Es geht um eine Reihe von Legitimationskrisen, die Europa seit einigen Jahrzehnten, aber besonders stark nach dem Zusammenbruch des Sozialismus erschüttern: die Umverteilungskrise - die materielle Ungleichheit verliert die Überreste ihrer »bürgerlichen« Legitimation; das Ende der welthistorischen Rolle Europas und die innere Krise Europas selbst, das die Wiedergeburt der Nationalismen und des blutrünstigen Ethnozentrismus erlebt; und nicht zuletzt ist es die Legitimationskrise der Eliten in der massendemokratischen Gesellschaft, die sie in die Defensive treibt. Für all diese Erscheinungen kann niemand verantwortlich gemacht werden. Aber das Bewußtsein der eigenen Privilegiertheit und das schlechte Gewissen gegenüber dem »Volk« machen einen Intellektuellen erpreßbar. Daß das »Volk« einmal »der deutsche Arbeiter« hieß, heute jedoch eher »bunter« ist, ändert nur wenig an der Konstruktion. Wenn aber das Interesse der liberalen Intellektuellen sich mit dem der ethnischen Intelligenzija trifft, hören erstere auf, autonom und liberal zu sein, und der konservative Ethnopluralismus mit seiner Angst vor Überfremdung wird mit dem multikulturellen Ethno-

---

[2] Vgl. Richard Herzinger/Hannes Stein, *Endzeit-Propheten oder Die Offensive der Antiwestler.* Reinbek: Rowohlt 1995.

[3] Ausführlich in Sonja Margolina, *Die gemütliche Apokalypse.* Berlin: Siedler 1995.

zentrismus zusammenwirken: gegen die Vergesellschaftung der Einwanderer, für ihre Ghettoisierung und für die Politisierung des Kulturkampfes.

Ich bin gegenüber dem Identitätspalaver deswegen besonders empfindlich, weil ich aus dem Land komme, in dem alle liberalen Projekte der Modernisierung kontinuierlich gescheitert sind; im Schatten dieses Mißerfolges gedeihen unglückliches Bewußtsein, Isolationismus, Messianismus, unendliches Räsonieren über die russische Seele und der ganze antimodernistische Komplex, der einst von national erwachten Deutschen übernommen wurde und jetzt als russische Identität gilt. Aber wieso russische? Eine türkische, serbische, kroatische, schwarzamerikanische ... Die Völker sind verschieden, ihre »Identitäten« jedoch identisch. Wie merkwürdig! Aber mitnichten dann, wenn man an eine Wahrheit denkt, die man sich selbst gegenüber zu oft nicht eingestehen will: Heimat ist da, wo man Erfolg hat. Der Erfolg wird aber durch Integration, durch Bildung und gesellschaftliche Teilnahme erreicht, nicht als Sprung aus dem Reich der Notwendigkeit ins Reich der Freiheit. Individuelles und kollektives Scheitern bringen die Suche nach einer Aufwertung mit sich, den Kampf um die verlorene Ehre. Daß Nationalismus das elementarste Mittel dafür ist, wissen wir nicht nur von Max Weber.

Die »Krise des Liberalismus« gehört zur Struktur des Liberalismus selbst. In den periodisch wiederkehrenden Schwächeanfällen des Liberalismus ist die Möglichkeit zur Selbstreflexion und Hinterfragung der eigenen Werte enthalten. Es wäre schade, wenn das sich ausbreitende defensive Bewußtsein in eine Niederlage mündete. Man darf die eigenen Werte niemandem aufzwingen, diese Zeit ist endgültig vorbei. Ein Scheitern der Integration muß man immer in Kauf nehmen. Das bedeutet aber nicht, daß man selbst freiwillig in die völkische Falle läuft und sich in geordneten Schlachtreihen unter den Fahnen des Multikulturalismus den zentrifugalen Kräften einer »kulturellen Identität« ergibt. Man darf nicht um irgendwelcher Paradigmen und Ideologien willen von den teuer, mit großem Blutzoll erkauften Prinzipien der individuellen Freiheit und der Zivilgesellschaft Abschied nehmen, um sich gute Noten im Multikulturalismus zu verdienen.

Cora Stephan

Ambivalenzen

Hat wirklich irgendwer geglaubt, der Fall des Eisernen Vorhangs brächte das Ende der Geschichte, alle Menschen werden Brüder oder wenigstens Demokraten – Friede, Freude, Eierkuchen? Heute erfahren wir allstündlich aus den dynamisch-martialisch untermalten *Action News* in Fernsehen oder Radio, daß die Sache spannend bleibt; das Spiel geht weiter, gottlob derzeit auf Kosten anderer, bleiben Sie am Apparat.

Und so kehrt der Westen in Gestalt seiner Öffentlichkeits- und Meinungsmacher beruhigt zurück zum alten Spiel des Sorgetragens. Zerfällt die Welt in eine Vielzahl konkurrierender Stämme, oder sorgt der globale Markt schon für die Seinen? Wird alles ein großes kulturelles Einerlei, oder klammern sich die verwirrten Völker an Konstruktionen ihrer Einmaligkeit – der Schottenrock als Ausweis unverwechselbarer Identität? Und, schlimmer noch, beginnen sie an diese Konstruktionen zu glauben, sie für »natürlich« zu erklären, was – naturgemäß – dann nicht mehr verhandelbar, also auch nicht Gegenstand des politischen Kompromisses ist? Ein Krieg der kulturellen oder sich als ethnisch verstehenden Identitäten ist deshalb so fürchterlich, weil er, im Unterschied zum Interessenkampf, nicht im Vergleich enden kann, sondern nur mit der Vernichtung eines der Kontrahenten. Sehen wir das nicht geschehen, gerade nebenan?

Als Samuel Huntington vor zwei Jahren seine Thesen vom »Zusammenprall der Zivilisationen«[1] vorstellte, mochten nur wenige ihm folgen. Es stimmt ja: Das ist alles ein bißchen simplifiziert, abstrakt, konstruiert, diese Behauptung, nicht mehr Nationalstaaten, sondern unterschiedliche Kulturen würden sich demnächst einen Kampf auf Leben und Tod liefern. Aber so anfechtbar Huntingtons Thesen auch sein mögen, so aufschlußreich sind doch die Gesten der Abwehr, die ihm entgegengebracht wurden. Huntington bastele an einem Feindbild, ja rede den Krieg der Kulturen herbei, habe gar selbst eine Kriegserklärung geschrieben, setze alles daran, damit es zum nächsten Weltkrieg kommt.[2] Und schließlich: Kann der Westen denn auch nur irgend etwas für sich reklamieren – etwa gar moralische Überlegenheit, fünfzig Jahre nach der Öffnung der Vernichtungslager?[3]

Das sitzt. Die in selbstkritischer Absicht vorgetragene Meinung, der deutsche Nationalsozialismus sei kein bloßer Unfall der Geschichte, sondern folge einer Logik, die eine moderne Logik sei, richtet sich gegen seine Hervorbringer: in »der Westen« und »die Moderne« liegen Hitler und seine Alliierten Gegenspieler plötzlich alle in derselben Schublade.

---

1 Samuel P. Huntington, *The Clash of Civilizations?* In: *Foreign Affairs,* Nr. 3, Sommer 1993.

2 Dieter Kramer, *Akzeptierte Vielfalt statt Krieg der Zivilisationen.* In: *Zeitschrift für Kulturaustausch,* Nr. 4, 1994.

3 Ignacio Ramonet, *Krieg der Zivilisationen?* In: *Le Monde diplomatique,* Beilage der *tageszeitung* vom 16. Juni 1995.

Was ist ein Feindbild? Was sind Kulturen? Was ist der Westen? Und wie geht die Geschichte weiter? Und: braucht auch »der Westen« endlich einen Schottenrock, der die Blöße bedeckt, die er da hat, wo andere wenigstens eine Identität vorweisen können?

Feindbilder I

Es war eine laue Sommernacht in einer mittelgroßen Stadt irgendwo in Deutschland, und es gab wieder einmal eine dieser Diskussionen, die »Der Krieg in uns« oder »Krieg Mann Macht« heißen, und wieder einmal kam es zu dem, wozu ein solches Thema zwangsläufig hinführt, zu massenhaften Bekundungen unbedingten Friedenswillens nämlich. Gut, das machen heute alle, auch die Militärs (vor allem die!), dem wäre wenig hinzuzufügen, höchstens vielleicht die Beobachtung, wie wenig Selbstzweifel es unter gestandenen Bildungsbürgern jenseits der vierzig gibt, etwa wenn sie für Nichtintervention in Bosnien plädieren, zugunsten des Weltfriedens, für den man schon ein bißchen zurückstecken müsse, auch als bosnischer Muslim ... Kann man wirklich ruhigen Gewissens, so strahlend und selbstgerecht den vorhersehbaren Applaus für die Bekundung absoluter Friedfertigkeit entgegennehmen, ohne wenigstens einen klitzekleinen Anfall von Skrupel? Der junge Mann, der den gewaltfreien Widerstand der Tibeter preist, maßt sich wenigstens nicht an, solcherlei Ergebenheit auch von anderen zu fordern. Da sind die Älteren radikaler. Der Hinweis auf komplexes, quälend schwieriges Geschehen, auf Ambivalenzen, auf Widersprüche hilft bei denen gar nichts. Zweifel sind nicht zugelassen.

Wenigstens empfiehlt in der Debatte niemand, erst einmal die typisch männlich-westliche Arroganz abzulegen und die uns fremde Kultur der Serben zu »verstehen«, was die anwesende Friedensforscherin 1991 allerdings für die angemessene Taktik gegenüber Saddam Hussein gehalten hätte, mit dem man hätte »reden, reden, reden« müssen. Sie hat schon recht: Saddam hat die Amerikaner weit besser verstanden als die ihn, als er einkalkulierte, daß sie nur wenige ihrer Soldaten würden opfern wollen, während er Millionen von todesbereiten Untertanen ins Feld zu schicken hatte. Aber immerhin kleidet nun der anwesende Militärhistoriker seine Hilflosigkeit in die goldenen Worte, wir alle müßten unsere »Feindbilder« abbauen, schon in der Familie, erst recht auf der Schule, hier und jetzt. Das und nur das bringe den Weltfrieden näher. Leider zeigt ein Blick in die Geschichte, daß Kriege ganz prima ohne Feindbilder geführt werden können, ja daß es *für den Krieg* durchaus wünschenswert ist, Kriege ohne groß ausgemaltes Bild vom gräßlichen Feind zu führen, etwas, das offenbar erst dann nötig wird, wenn die Massen fürs Schlachten mobilisiert werden müssen wie seit dem Ersten Weltkrieg. Kriege ohne Feindbild sind unblutiger, wie überhaupt die Berufssoldaten einer regulären Armee sich vor dem 20. Jahrhundert blutbadmäßig immer wieder zu unterscheiden pflegten von Fanatikern, bewaffneten Banden und Terroristen, was in Hinblick auf den absoluten Friedenswillen zwar nicht ausreicht, für die Beteiligten aber zumeist den Unterschied ums Ganze machte – also: weg mit dem Feindbild; nur: der Weltfrieden folgt daraus keineswegs. Und nebenbei: Auch wenn wir gutwilligen Menschen kein Feindbild mehr pflegen, heißt das noch nicht, daß wir gleich keine Feinde mehr haben.

Nicht, daß ein Militärhistoriker wenig vom Krieg versteht, der ihn aus einer anthropologischen Grundkonstante namens »Feindbild« erklärt, ist also bedenkens- und bemerkenswert – einem Haudegen aus der regulären Armee Friedrichs des Großen mußte man nicht den Feind groß erklären, der Mann folgte seinen Befehlen meist ganz ohne blutrünstige Einstimmung, höchstens ein Schnaps kam recht, gegen die Angst –, sondern daß man ausgerechnet in einer Demokratie der Bevölkerung einleuchtend machen muß, warum, wofür und gegen wen ihre jungen Männer den Kopf hinhalten sollen: mit Hilfe eines »Feindbildes«. Das »Feindbild« ist also eine ziemlich moderne Erscheinung und resultiert paradoxerweise aus dem, was wir als Fortschritt anzusehen gewohnt sind: aus der Ächtung, der Mißbilligung des Krieges – jemandem Krieg anzudrohen oder gar anzutun ist für uns schlicht ein Verbrechen. In Demokratien braucht das Kriegführen also zwei Dinge: einen wirklich abscheulichen Gegner (also keine andere Demokratie), woran indes kein Mangel herrscht; vor allem aber auch eine gute Chance, ihn zu besiegen. Demokratie macht feige – gottlob, denn den hochgestimmten Feldzügen der Vergangenheit (fürs deutsche Wesen oder die richtige Ideologie) setzte der »aufopferungsvolle Kampfeswille« der mobilisierten Bevölkerung leider gar keine Grenze. Wer den Westen »versteht«, der konnte also zynisch damit rechnen, daß keine der westlichen Demokratien Bodentruppen nach Bosnien entsenden würde, einem sicheren zweiten Libanon entgegen. Das Kalkül ist bislang (Anfang August 1995) aufgegangen.

Nein – »Feindbild« ist nicht etwas allgemein Menschliches, sondern hat, in Demokratien zumindest, einen eher zivilen Hintergrund: die Schwelle, die überwunden werden muß, damit eine Demokratie gegen einen Aggressor zu den Waffen greift, ist ziemlich hoch.

Ist es also schon wieder soweit, pflegt man auch in der Bundesrepublik Deutschland, unzweifelhaft eine Demokratie, wieder jene erhitzte Propaganda, die auf den Krieg vorbereiten soll? Saddam Hussein, der neue Hitler? Die Serben, die neuen Nazis? Da die meisten, die vom »Feindbild« reden, davor warnen, eins zu haben, ist es nicht einfach, die wirklich vorhandenen Feindbilder zu unterscheiden von denen, vor deren Besitz gewarnt wird. Beginnen wir also damit: Welche darf man *nicht* haben?

Feindbilder II

Daß »der Westen«, daß die Bundesrepublik ein Feindbild namens Kommunismus gehabt habe, geht aus der Behauptung hervor, es sei ihr mit dem Zusammenbruch des Ostblocks abhanden gekommen, weshalb man nunmehr fieberhaft ein anderes suche, was man im fundamentalistisch-islamischen Fanatiker entdeckt zu haben glaube – wovor wiederum zu warnen ist. Feindbild Kommunismus? Seltsam, insbesondere in der Bundesrepublik verfügte man schon lange vor 1989 über keinen schneidigen antikommunistischen »Grundkonsens« mehr, im Gegenteil: Die bundesdeutsche Friedenspolitik basierte auf dem Abbau eines solchen »Feindbildes«; man »verstand« den anderen - sogar dann, wenn er 1981 in Polen seinen »Laden in Ordnung« brachte, sprich: die polnische Opposition ruhigstellte. Hochherzige Ergebenheitsadressen und Friedensresolutionen änderten, wie man heute weiß, allerdings nichts daran, daß das, was man höchstens noch »Gegner« nennen durfte, seinerseits bis an die Haarspitzen bewaffnet zum Verteidigungserstschlag bereitstand. Das »Feindbild Westen« beispielsweise bei der NVA war völlig intakt.

Nein, »Antikommunismus« war in der Bundesrepublik seit den achtziger Jahren kaum noch salonfähig - welches Feindbild sollte da also verlorengegangen sein, so daß Ersatz durch das Zerrbild vom fanatischen Muslim so schreiend notwendig geworden wäre? Haben nicht, umgekehrt, islamische Fundamentalisten schon längst erklärt, daß sie den westlichen Universalismus für eine Kultur halten, deren Untergang sie, wo immer sie können, beschleunigen würden? Und was ist mit der Todesstrafe wegen Religionsbeleidigung gegen den britischen Staatsbürger Salman Rushdie? Pflegt nur ein Feindbild, wer dort Feindschaft sieht?

Ist denn die Unterstellung überhaupt richtig, der Westen brauche ein Feindbild schon der Existenzbegründung wegen, weil etwas so fragiles und schwebendes wie eine Demokratie ohne eine kräftige Dosis von aggressiver Abgrenzung nicht lebensfähig sei? Diese Behauptung, von Besorgnisträgern gerne düster vorgetragen, spekuliert offenbar auf Zeiten der Not, die aber für die Bevölkerung noch nicht Realität geworden sind, denn sie scheint ganz zufrieden mit ihrer begründungslosen Existenz im Hier und Jetzt. Aber fürchten diejenigen, die vorm Feindbild warnen, nicht ganz zu Recht, daß zum handhabbaren kleinen Vorurteil wieder massenhaft gegriffen werden könnte, wenn die Zeiten einmal nicht mehr so relativ rosig sind? Die Warnung vorm Feindbild - vorausschauende Besorgnis also?

Vielleicht. Aber vor den historischen Evidenzen, die *für* eine solche Sorge sprechen, steht noch etwas anderes. Unverkennbar strahlt der Kampf gegen das Feindbild das unauslöschbare Mißtrauen in die eigene Kultur aus. Es ist nicht das Feindbild selbst, das gesellschaftlichen Zusammenhalt durch Abgrenzung nach außen schafft, sondern es ist der Kampf dagegen. Der Kampf gegen das Feindbild ist die stetige Aufforderung an »uns alle«, demütig zu sein, das eigene Glück nicht triumphierend auszukosten, vor allem: ans Glück nicht allzu fest zu glauben und auf sein jähes Ende gefaßt zu sein. Der Kampf gegen das Feindbild ist Ausdruck einer Kultur, die ihr Glück unverdient glaubt.

Er zeigt aber auch, wie sich überlegen fühlt, wer sich solche Schuldgefühle leisten kann. Daß, wer vor Feinden der westlichen Demokratien warnt, lediglich ein Feindbild pflege, mag zwar in manchen Fällen durchaus richtig sein. Dennoch ist der Westen deshalb nicht gleich ohne Gegner, und der gefährlichste »Feind« ist wahrscheinlich der den westlichen Kulturen nachgerade inhärente Glaube, daß der Westen nichts zu verteidigen, weil nichts zu verlieren habe. Und daß die Feinde, die er hat, ihm so unterlegen seien, daß man ihnen Verständnis offerieren könne, auf das sie zumeist pfeifen. Der westliche Größenwahn, an allem Übel der Welt schuld zu sein, trägt ähnliche Züge der Herablassung wie die imperialistischen Kreuzzüge der Vergangenheit.[4] Die westliche Kultur ist, scheint's, die einzige, die ihren Feind im eigenen Busen trägt.

Mahnwachen vor Mururoa

Warum versteht es eine deutsche Illustrierte, die gesamte öffentliche Prominenz mit Bild zum Bekenntnis zu bringen – diesmal nicht unter der Headline: »Ich habe abgetrieben«, sondern zum Schwur gegen die geplanten französischen Atomwaffentests auf dem fernen Mururoa-Atoll? Weil es mittlerweile zur erfolgreichen Selbstwerbung gehört, die geleistete Trauer- und Betroffenheitsarbeit auch vorzuzeigen, und man mit Parolen wie »Gegen den Atomtod« irgendwie immer richtig liegt? Wer ein Gewissen hat, dem fällt diese Art der Selbstdarstellung weniger leicht. Doch sei's drum – es wäre unfair, diesen Kreisen vorzuhalten, daß sie sich über Chirac groß aufregen, aber für Bosnien nicht auf die Straße gehen. Westliche Regierungen scheren sich um das, was die Öffentlichkeit empfindet, aber Terrortrupps und Warlords aller Couleur ist das schnurzegal. Und daß deutsche Prominente die Serben an der blutigen Veränderung von Staatsgrenzen, an der Ermordung und Vertreibung von Zivilbevölkerung hindern könnten, scheint ja eher unwahrscheinlich. Nein – echte Profis engagieren sich nicht für aussichtslose Fälle. Außerdem ist es schon irgendwie schicker, mit der Segeljolle mahnwachenmäßig vor Mururoa zu kreuzen als, sagen wir mal, Rotkreuzkonvois nach Bosnien zu begleiten.

Doch davon abgesehen folgt die Erregung über Chirac einer Logik, die zum Komplex »Feindbild Westen« hinzugehört. Dabei kann man den Demonstranten, Mahnwachenveranstaltern und Petitionsverfassern vieles sicherlich zugute halten: Sie sorgen sich zu Recht um die Umweltfolgen solcher Tests. Sie halten zu Recht das Ganze für ein ziemlich rücksichtsloses, auf die französische Innenpolitik zielendes Muskelspiel Chiracs. Und sie kehren vor der eigenen Haustür: Nur eine Demokratie steht unter dem Zwang, auf Appelle auch zu reagieren, deshalb kann nur sie sinnvoll Ziel von Massenprotesten sein.

Darüber hinaus aber zeugt die Debatte von großer Empörungsbereitschaft und wenig Verständnis, das man ansonsten fremden Kulturen gegenüber reklamiert. Wer sich nicht nur in die Logik Saddam Husseins hereinzuversetzen vermag, sondern auch in die des französischen Staatspräsidenten, kann zu dessen Gunsten doch wenigstens dreierlei anführen: Für das in diesem Jahrhundert zweimal von den Deutschen besetzte Land ist der Gedanke von anderer Wertigkeit, stets verteidigungsfähig zu sein, als für die Deutschen, deren Sicherheit in den letzten Jahrzehnten von anderen garantiert wurde.

[4] Bernard Lewis, *Eurozentrismus*. In: *Merkur*, Nr. 556, Juli 1995.

Auch ist das Argument (von André Glucksmann in einem Interview der *Wochenpost* vom 20. Juli 1995) nicht gänzlich von der Hand zu weisen, daß angesichts eines isolationistischen Amerikas und eines zögernden Deutschlands andere die Aufgabe übernehmen müssen, ein gewisses Drohpotential einem womöglich unkalkulierbaren Rußland gegenüber zur Verfügung zu halten – man frage die Polen. Und drittens ist der deutschen Öffentlichkeit die Debatte zuzumuten, ob das, was sie während der Friedensbewegung der frühen achtziger Jahre so sehr fürchtete, nämlich die großangelegte Verteilung von Atomsprengköpfen auf deutschem Boden, nicht jene Friedensnische sichern half, deren Verlust sie jetzt nachtrauert.

Die bundesdeutschen Mururoa-Aktivisten aber scheinen dem Atom-Reflex erlegen – weil er ihnen erlaubt, wieder in eine geläufige Rolle zu schlüpfen, in der man sich seit der Friedensbewegung eingerichtet hat: Bei allem, was mit Atomwaffen zu tun hat, sind die Deutschen die ersten Opfer. Was damals stimmen mochte – wenn es zum atomaren Showdown kommt, ist Deutschland Ost wie West Austragungsort –, wirkt als anhaltender Reflex nach und läßt sich leicht gegen Chiracs Pläne mobilisieren. Denn viele der guten Deutschen möchten im Bewußtsein ewiger Schuld zugleich das ewige Opfer sein – verständlich, denn alles andere löst jene Ambivalenzen aus, über die wir uns nicht einmal mehr verständigen können, so bedrohlich sind sie: Auch das Tun, das man nach Abwägen aller Umstände für das richtige hält, macht einen notgedrungen zum Täter, und Täter wollen wir nie mehr sein. Also: die (guten) Deutschen verstehen? Sicher, wenn auch nicht ohne Zähneknirschen ob ihres notorisch einwandfreien Gewissens. Aber auch »den Westen verstehen«: Was zu akzeptieren hieße, daß die Lehren aus ein und derselben Geschichte überaus unterschiedlich ausfallen können. Ein Land, zu dessen kollektiver Erfahrung es gehört, einen massenmordenden Diktator unter großen Opfern militärisch niedergerungen zu haben, entwickelt offenkundig ein anderes »Feindbild« als die Bewohner jenes Landes, das sich einst durch entschieden zuviel aggressive Energie hervortat.

Die europäischen Länder haben Unterschiedliches »aus der Geschichte gelernt«. Dies endlich zu verstehen, würde allerdings auch bedeuten, die Geschichte als Dienstmagd aus der Debatte um Bosnien zu entlassen, wo sie nicht nur von den Serben propagandistisch mißbraucht wird. Einstellungen, die Argumenten vorausgehen, verdanken sich historischen Erfahrungen. Was aber in Bosnien jetzt not tut, ist eine Einschätzung der gegenwärtigen Lage ganz ohne historischen Rekurs: Was ist nötig? Was ist möglich? Was ist unumgänglich?

Aber das wäre ja Politik, eine schwierige Angelegenheit, voller Tücken, Minen, Selbstschußanlagen. Ohne Ambivalenzen auf der richtigen Seite zu sein – das ist, wenn man »gegen die Bombe« ist, einfacher. Vielleicht stimmt, was kürzlich in der *FAZ* stand: Europa stehe in Hilflosigkeit und Selbstverachtung angesichts des bosnischen Dramas vereint; eine moralische Katastrophe, nämlich alles zu sehen und nicht einzugreifen, sei zum Gründungsakt einer gemeinsamen europäischen Öffentlichkeit geworden. Angesichts solch einer unangenehmen Situation bietet der gemeinsame Kampf gegen das Massenvernichtungsmittel Atombombe, und die geht ja tatsächlich »uns alle« an (einschließlich Serben, Bosnier, Kroaten), nicht nur eine Entlastung von Ambivalenz, sondern sogar die Förderung der Gemeinschaftsgefühle: »one world!«.

Die republikanische Bombe

Es geht uns zu gut in den westlichen demokratischen Industriegesellschaften, was ja nicht gutgehen kann. Das Sinnbild für die Selbstgefährdung des Westens ist »die Bombe«, die selbstgeschaffene Auslöschungskapazität. Sie ist zugleich die große Gleichmacherin: Nicht nur trifft sie alle, unterschiedslos, gleichermaßen, wenn sie denn trifft – sie ist also keine konventionelle »Waffe«, die nur auf Kombattanten gerichtet wird, sondern sie ist Massenvernichtungsmittel, das der Zivilbevölkerung gilt. Sie ist überdies grenzüberschreitend, Sinnbild der Risikogesellschaft, wonach auch das Fernste uns allen das Nächste ist. Sie gilt, weiter, in der landläufigen Phantasie nicht mehr als politisch zu kontrollierendes Instrument, sondern ist die Katastrophe, die »auf Knopfdruck« und uneinholbar losbricht. »Die Bombe« kennt den souveränen, kriegführenden Staat nicht mehr – in der Phantasie der meisten Menschen hierzulande, aber auch nebenan, ein paar besonders nationalstolze Franzosen womöglich ausgenommen, ist »die Bombe« nicht die Ultima ratio eines verteidigungsbereiten Staates, sondern das Eingeständnis der ultimativen Schwäche. Das korrespondiert mit einer Wahrnehmung, die »den Staat« an entscheidender Stelle versagen sieht: als soziale Sicherheit und Kohäsion verheißende Instanz.

Fand man es nicht in Deutschland überaus lächerlich, wie Margaret Thatcher im Falklandkrieg zu suggerieren versuchte, es gebe noch einen Staat, der über Krieg und Frieden entscheiden könne – und damit auch noch einen Staatsbürger, der dies in Rechten und Pflichten erkennt? Und ist nicht die alleuropäische Hilflosigkeit im Fall Bosnien der schleichenden Erkenntnis geschuldet, daß es weder die sichere nationale Nische gibt noch den beherzt eingreifenden, das Gute und Richtige verteidigenden Staat? Haben wir derzeit nicht ein Europa vor uns, daß sich bereits eingeigelt hat aufs Minimum, ohne noch ernsthaft politischen Aufbruch oder gar ein neues demokratisches Projekt zu versprechen?

»Die Bombe« beziehungsweise der Kampf dagegen schafft Gemeinschaft jenseits der klassischen politischen Institutionen, in aller Unmittelbarkeit. Wer das, siehe Brent Spar, nur als wiedergewonnene Souveränität des Bürgers feiert, läßt außer acht, daß wir die entwerteten politischen Institutionen noch bitter nötig haben könnten. Der Bürger (oder gar »Mensch«) in all seiner Unmittelbarkeit ist nur in gutgehenden Demokratien ein überwiegend schöner Anblick. Beängstigend, wenn er beginnt, nach Gemeinschaft zu suchen – die nicht nur dann bedrohlich ist, wenn sie sich »Volksgemeinschaft« nennt.

Kritiker haben Huntington vorgeworfen, er übersehe, daß nicht nur »Entwicklungsländer« zu Konstrukten kultureller Identität greifen, zu neuerfundenen Traditionen, zu gesellschaftlichen Bindemitteln – es sind gerade Gesellschaften des Westens, die das »Auseinanderfallen« fürchten, in denen, wie in Deutschland, die Frage »Was hält uns eigentlich noch zusammen?« zum immerwährenden Talkshowthema geworden ist. Die Warnung vor dem Feindbild Islam ist ja, kaum kaschiert, auch Ausdruck eines gewissen Neides auf Gesellschaften, die ihren Zusammenhalt wie es scheint weit würdiger zu begründen verstehen als die »eiskalte Ellenbogengesellschaft«, die individualistische Marktmoderne, in der traditionelle Formen, Zusammenhalt darzustellen – Familie, Religion, »Betriebsfamilie« – so sichtbar geschwunden sind.

Die Angst vor dem Auseinanderspringen der Gesellschaft ist in Deutschland besonders auffällig, in einem Land, in dem das Bedrohungsgefühl weit größer ist als die Wahrscheinlichkeit, jemals Opfer einer Gewalttat zu werden. Daß alles immer schlimmer wird, die Jugend stets gewalttätiger, die Kriminalität immer bedrohlicher, hält zwar der Analyse nicht stand, gilt aber als plausibel: denn was, glauben wir hierzulande, können Menschen denn werden als kriminell, wenn die Bindungen, die Eingemeindungen, die sozialen Kontrollen durch Nähe mehr und mehr fehlen? Der »Respekt«, den viele anderen Kulturen entgegenbringen wollen – auch jenen, die drakonische Strafen schon für Verstöße gegen Sitten und Gebräuche vorsehen –, ist zu einem nicht geringen Teil auch der Vorstellung geschuldet, dort gebe es eine »tiefere« Begründung für das Gemeinwesen als in der offenen Gesellschaft der westlichen Demokratien. Wahrscheinlich aber ist diese »tiefere Begründung« just das, was wir fürchten, wenn wir vor der völligen Bindungslosigkeit warnen: Ersatz alter Bindungen durch eine aggressive Politik der kulturellen Differenz, die jenen Universalien des Westens entgegengehalten werden – individuelle Menschenrechte an erster Stelle –, die nach Ansicht vieler zur Herstellung von Gesellschaft im Sinne solidarischer Verpflichtung nicht taugen. Wer so wenig an die eigenen Errungenschaften glaubt – verdient der nicht den Untergang des Abendlandes?

Die Krise des Westens

Aber ist es nicht wirklich ein Wunder, daß hierzulande der Laden noch einigermaßen zusammenhält, und zwar auch unter erheblichen Belastungen, wie sie die deutsche Einheit mit sich bringt? Man erinnere sich: 1990ff. wurde heftig darüber debattiert, wie man ohne Appell ans Nationalgefühl den Menschen die erheblichen Verpflichtungen für andere plausibel machen solle, die, meinen linke wie rechte Kulturkritiker, prinzipiell nur dem schnöden Eigeninteresse folgten und keinen Sinn fürs Gemeinwohl mehr hätten. Offenbar war der Sinn fürs Allgemeine durchaus ausreichend, auch wenn er sich nicht mit der Zurschaustellung warmer Gefühle paarte.

Ich glaube, daß Menschen weit mehr Autonomie wünschen und aushalten, als die Besorgten hierzulande meinen. Die »soziale Wärme«, die viele nostalgisch der untergegangenen DDR zugute halten, ist der Enge der Zwangsgemeinschaft geschuldet. Auf andere nicht angewiesen sein zu müssen, ist eine in der Menschheitsgeschichte erst jüngst gewonnene Freiheit, die viele durchaus genießen – was nicht heißt, daß sie nicht zur Stelle sind, wenn Hilfe gefragt ist.

Aber eines ist gewißlich richtig: Die traditionellen Ressourcen, die Menschen disziplinieren, kontrollieren, zusammenführen und binden, schwinden mehr und mehr. In Deutschland, in dem selbst die Ressource »Nationalgefühl« nicht mobilisiert werden kann, um Lasten und Verpflichtungen zu begründen, mag es besonders bedenklich sein, daß auch ein anderes Gut schwindet, das hierzulande Identität zu stiften vermochte: das Gefühl, Teilhaber an einem ungemein erfolgreichen nationalen Wirtschaftsunternehmen zu sein.

Die Debatten um das Ende der Arbeitsgesellschaft, der Streit um die »alternde Gesellschaft« machen deutlich, wovor wir uns, mit welcher Plausibilität auch immer, fürchten: vor einer wachsenden Zahl von Menschen, die zwar über Geld verfügen – von der spärlichen Sozialhilfe bis zur womöglich üppigen Rente –, aber aus dem, was im Bewußtsein vieler Gesellschaft verkörpert, herausfallen: aus der Arbeitsgesellschaft. Was bei den Langzeitarbeitslosen Leid und bei den frühverrenteten Pensionären womöglich Freud ist, macht den im Arbeitsprozeß Stehenden Angst: Was heißt das für eine Gesellschaft, wenn eine wachsende Zahl von Menschen über eine wachsende Zeitspanne hinweg nicht mehr in den Arbeitsprozeß gerät, ihn weder als Chance noch als Kontrollinstanz erfährt?

Die Besorgnis, die eine auf hohem Niveau stabile Arbeitslosigkeit auslöst, der Druck, der von der Globalisierung des Arbeitsmarktes ausgeht; die Angst vor einer wachsenden Zahl von gut versorgten, zu nichts verpflichteten Rentnern, die sich mittlerweile in massiven altenfeindlichen Kampagnen äußert, das alles kann man auch, mit Claus Koch, als »Scheitern der europäischen Gesellschaft im nationalen Staat« zusammenfassen.[5] Bequemer als über dieses Thema zu reden ist allemal, fügt er hinzu, über Identität zu räsonieren. Gut möglich, daß nicht nur die Öffentlichkeitsmacher, sondern auch alle anderen aus ebendiesen Gründen dazu neigen.

Identitätterä

Auch Menschen, die sich auf ihre an der Arbeit an deutscher Geschichte gestählte Sensibilität einiges einbilden, zucken bei den Worten »Kultur«, »Identität«, »Tradition«, »Gemeinschaft« nicht zusammen – sofern andere »Kulturen« als die deutsche gemeint sind. Das Plädoyer für eine generelle doppelte Staatsbürgerschaft beispielsweise offenbart einen bestürzend naiven Umgang mit der Rangordnung, die »Kultur« im Verhältnis zu den demokratischen Regularien einnehmen sollte. Daß die Bundesrepublik Einbürgerung erleichtern muß, daß hier geborene Kinder ausländischer Eltern automatisch Deutsche sein sollten und daß es im Einzelfall auch möglich sein

[5] Claus Koch, *Die Gier des Marktes. Die Ohnmacht des Staates im Kampf der Weltwirtschaft.* München: Hanser 1995.

muß, bei der Einbürgerung auf die »Ausbürgerung« zu verzichten – geschenkt. Daß es aber die Rücksicht auf die »Kultur«, auf die »Identität« von in Deutschland lebenden Ausländern gebiete, ihnen die deutsche Staatsbürgerschaft zu offerieren, ohne sie zum Verzicht auf die Angehörigkeit zum Herkunftsstaat zu »zwingen«, offenbart nicht nur ein erheblich schlechteres Verhältnis zu den »Errungenschaften« der Demokratie, als es viele derjenigen haben, die ihr Leben dafür wagten – die »Dissidenten« aus den Ostblockländern etwa. Es räumt vor allem der »Kultur« den Rang der »eigentlichen« Bindung ein, während das Einverständnis mit den demokratischen Universalien als »uneigentlich« nachgeordnet wird.

Man mag den französischen Kampf gegen das muslimische Kopftuch an den Schulen für albern und übertrieben halten. Und dennoch ist die dahinterstehende Sorge nicht unberechtigt: Wer den säkularen Charakter staatlicher Institutionen nicht schützt, könnte bald auch in anderen, die Menschenrechte tangierenden Fragen die zentrale Entscheidungsinstanz an eine Religion abgegeben haben.

Daß die deutsche Staatsangehörigkeit einer bewahrenswerten »kulturellen Identität« widerspreche, ergibt nur dann einen Sinn, wenn man der Meinung ist, diese kulturelle Selbstdefinition habe Vorrang vor dem Einverständnis mit den allgemeinen Regeln, die sich eine Gesellschaft gibt. Das aber ist nicht tolerant, sondern propagiert das Prius der Herkunft, der Ethnizität, der unveränderbaren »Kultur« vor der Zustimmung zum politischen Vertrag. Es ist in der Tat nichts anderes als eine gefährliche »Konzession der Politik an Ethnizität«, so Sonja Margolina (*taz* vom 2. Januar 1995).

Sich vor den Frösten der Freiheit auf »Kultur« und »Tradition« zurückzuziehen, auf allerhand Zwangsverbände namens »Gemeinschaft« (gern mit dem Attribut »warm« versehen), offenbart ein nicht mehr ausschließlich deutsches Mißtrauen in die »offene Gesellschaft« des Westens. Ist es aber nicht, umgekehrt, just das »›spirituelle‹ Vakuum des Westens, das dem Individuum die Luft zum Atmen verschafft«? Es ist, schreiben Hannes Stein und Richard Herzinger, »ja gerade diese Leerstelle das Kostbare am Westen«.[6] Es ist just der Rückgriff auf Kultur, der die »Errungenschaften des Westens« riskiert. Diesen Kulturkampf gegen den Westen aber schaffen wir auch ganz allein.

6 Richard Herzinger/Hannes Stein, *Endzeit-Propheten oder Die Offensive der Antiwestler.* Reinbek: Rowohlt 1995.

Siegfried Kohlhammer

Die Feinde und die Freunde des Islam

Mais qui a peur de la Terreur?
Robespierre

Die Behauptung des Feindbildes

Seit Beginn der neunziger Jahre wird in der Bundesrepublik die Existenz eines neuen Feindbilds im Westen konstatiert und beklagt – der Islam. In der *SZ* vom 16. Februar 1991 berichtet der Ordinarius für Orientalistik an der Universität Tübingen, Heinz Halm, »Wie im Westen der Islam zum neuen Feindbild aufgebaut wird«. Als Beleg dafür werden zwei Autoren angeführt: Gerhard Konzelmann und Peter Scholl-Latour. An den »Sachbüchern« des »Laien« Konzelmann werden Fehler kritisiert und vor allem seine Ansicht, daß es von jeher das Ziel des Islam sei, die ganze Welt zu islamisieren. Dieser Punkt wird auch gegen Scholl-Latour vorgebracht, bei dem aber die »historischen Fakten im allgemeinen sorgfältig recherchiert (sind)«. Aus anderen westlichen Ländern führt Halm keine Belege für seine These an. Und warum wird »ein neues Feindbild an die Wand gemalt«? Laut Halm besteht dafür »offenbar ein Bedarf ..., seitdem das alte des Kalten Krieges nicht mehr schreckt«.

In den folgenden Jahren findet sich diese Argumentation oder auch einfach nur die Behauptung eines weit verbreiteten Feindbilds Islam wiederholt in deutschen Zeitungs- und Zeitschriftenartikeln und Büchern. Auf einer Münchner Tagung von NATO-Ländern im Februar 1992 warnt der außenpolitische Sprecher der SPD, Norbert Gansel, davor, den islamischen Fundamentalismus zum neuen Feind aufzubauen, und Willy Wimmer vom Verteidigungsministerium wirft dem Westen vor, auf die algerische FIS ebenso nervös reagiert zu haben wie auf die Aufstellung der sowjetischen SS-20 Raketen in den achtziger Jahren. In einem Artikel in der *Zeit* (20. November 1992) erklärt Fritz Steppat, Islamwissenschaftler an der FU Berlin, daß viele Muslime aus einem Gefühl der Abhängigkeit und Bedrohung dazu neigen, »sich von Feinden umringt zu sehen, die ihnen wegen ihrer Religion Böses antun wollen – ganz ähnlich wie im Westen bisweilen der Islam pauschal als Feind hingestellt wird. Solche Feindbilder sind gefährlich.« In der Ausgabe vom 18. Juni 1993 wirbt die *Zeit* für ihr Magazin *Der Islam – Feind des Westens?:* »Nach dem Ende des Kalten Krieges halten viele nach einem neuen Feind Ausschau – mindestens nach einem neuen Feindbild. Der Islam bietet sich an ... Doch gruselige Panikmache und schreckliche Vereinfachung sind«, so erfährt der Leser zu seiner Überraschung – »fehl am Platze.« Am 29. April 1994 warnt Helmut Schmidt in seiner Zeitung vor der »Gefahr, daß – nach dem Fortfall des sowjetischen Imperiums – der Westen sich ein neues, antiislamisches Feindbild schafft«. Einen Grund dafür sieht Schmidt in folgendem: »Mit wenigen Ausnahmen wissen wir Europäer fast nichts vom Islam, wir verstehen ihn kaum.«

Einen Monat später warnen Bundesaußenminister Kinkel und sein niederländischer Kollege Kooijmans davor, »nach dem Wegfall des Ost-West-Gegensatzes den Islam zum neuen Feindbild in Europa aufzubauen«. Der Islam dürfe nicht mit Extremismus und Fundamentalismus gleichgesetzt werden. Mit der islamischen Welt müsse man sich beschäftigen. »Wir wissen noch zu wenig darüber«, so Kinkel.[1] Soviel ist jedoch klar, »wir Westeuropäer müssen dem ›Feindbild Islam‹ in Europa entgegentreten«, so Thomas Hartmann in der *taz* (7. März 1995); Das »gegenwärtig gepflegte Feindbild Islam« sei gefährlich, heißt es bei Gernot Rotter in der *Zeit* (12. Mai 1995). Die Überzeugung, daß dieses Feindbild eine Gefahr darstellt, scheint mittlerweile soweit verbreitet zu sein, daß es als wissenschaftspolitisches Druckmittel zur Einrichtung eines Lehrstuhls für islamische Kunstgeschichte eingesetzt werden kann: »Dabei erscheint es gerade heute dringend geboten, dem sich in der Öffentlichkeit zu einem Feindbild Islam entwickelnden Verhältnis zur islamischen Welt eine historische Korrektur angedeihen zu lassen – in welchem Bereich wäre dies leichter verständlich zu machen und überzeugender als in der Kunst?« (Claus-Peter Haase in der *SZ* vom 18. Februar 1995)

»Den Islam nicht verteufeln« betitelt Wolfgang Günter Lerch (*FAZ*, 28. Dezember 1994) seinen Kommentar zu der Flugzeugentführung durch algerische Islamisten[2], bei der diese drei Geiseln ermordet und die Sprengung der Maschine über Paris geplant hatten. Einen der besten deutschsprachigen Nahost-Korrespondenten beschäftigt angesichts des gegen Europa gerichteten Terrors in erster Linie die Sorge, daß eine negative Sicht des Islam bei seinen Landsleuten verstärkt wird – wofür es während des gesamten Zeitraums der Entführung keine Anzeichen gab. Ein möglicherweise als Reaktion auf das Morden entstehendes Feindbild in den westlichen Köpfen scheint den Gesinnungswächtern bedrohlicher als das Morden selbst: »In Algerien wird gemordet«, stellt Elisabeth Endres wahrheitsgemäß fest (*SZ*, 20. Juli 1994); »niemand wird die Überfälle in Algier beschönigen wollen. Aber die größere Gefahr für die europäische Mentalität stellt der altneue

---

1 Daß man im Westen nichts vom Islam, den islamischen Kulturen und Ländern wisse, ist ein in Orient wie Okzident ad nauseam wiederholtes Klischee, das vor allem eines beweist: daß man nichts weiß über die einschlägigen Institute und Fachbereiche im Westen, die ungeheure und nicht zu bewältigende Zahl von Publikationen – von der Fachliteratur über die Sachbücher kompetenter Autoren wie Lerch oder Hottinger bis zu den oft sorgfältig recherchierten Berichten und Analysen in den Medien. Siehe dazu Daniel Easterman, *New Jerusalems. Reflections on Islam, Fundamentalism and the Rushdie Affair.* London: Grafton 1992: »The output of serious academic publications about Islam has grown in the West to the dimensions of a small industry. The same cannot be said for serious work on Western religion within Islam.« – Daß das Verhältnis des christlichen Europa zur islamischen Welt nur von Haß, Mißverständnis und Unkenntnis bestimmt gewesen sei, ist falsch. Diese Ansicht beruht eher auf Selbsthaß und Unkenntnis der eigenen Geschichte. Siehe dazu Maxime Rodinson, *Die Faszination des Islam.* München: Beck 1991.

2 Ich benutze die Wörter (islamische) Fundamentalisten und Islamisten synonym. Die Unterschiede zwischen traditionellen islamischen Fundamentalisten (z.B. Saudi-Arabien), Neofundamentalisten (z.B. Sudan, algerische FIS) und Islamisten (z.B. Iran) sind für meine Überlegungen nicht wichtig.

Anti-Islamismus dar, der verzerrte Realität verinnerlicht und ein irreales Teufelsbild produziert.«

Einen »nahtlosen Feindbildwechsel« konstatiert Jakob Augstein in der *SZ* (21. Januar 1995). »Kaum ist der Kommunismus ausgetrieben, hat der Westen mit dem Islam seinen neuen Dämon. Im World Trade Center fliegt die Tiefgarage in die Luft, algerische Terroristen planen zu Weihnachten die Explosion einer Air France Maschine über Paris«. Von Lappalien wie einer beschädigten Tiefgarage und einem mißlungenen Anschlag irgendwelcher algerischer Terroristen läßt sich der Westen zur Dämonisierung des *Islam* verleiten. Aber im World Trade Center nahm nicht nur die Tiefgarage Schaden: 1042 Menschen wurden verletzt, sechs starben (und daß es nicht mehr waren, lag nicht am guten Willen der *islamistischen* Terroristen). Die algerischen Fundamentalisten scheiterten nicht nur mit ihrem Plan; mit ihrem Mord an drei Menschen waren sie erfolgreich. Aussagen von Bonner Sicherheitsexperten, daß die *islamistischen Terroristen* inzwischen für Deutschland gefährlicher seien als die Rote Armee Fraktion, werden von Augstein umstandslos als Beleg für das Feindbild *Islam* angeführt.

Die Dürftigkeit der Belege

Auffällig an den Artikeln und öffentlichen Äußerungen in Deutschland, die vor dem »Feindbild Islam« warnen, ist die Dürftigkeit ihrer Belege dafür, daß dieses Feindbild überhaupt verbreitet ist. Der Verdacht, daß die Existenz des Feindbildes Islam im wesentlichen mit der Rede über das Feindbild Islam bewiesen wird, verstärkt sich, wenn man die Belege in Andrea Luegs Aufsatz *Das Feindbild Islam in der westlichen Öffentlichkeit*[3] überprüft. Lueg zitiert immerhin 41 Artikel und Bücher sowie einen Vortrag, von denen aber nur ein Drittel als direktes Belegmaterial für ihre These dienen kann, die restlichen zwei Drittel sind Arbeiten, die ihrerseits die These vom Feindbild Islam vertreten. Aber auch jenes eine Drittel erweist sich bei näherem Hinsehen als nicht beweiskräftig. So wird aus dem *Spiegel*-Artikel *»Unser Marsch hat begonnen«* (1. Februar 1993) der Satz zitiert »Schon bald könnte Europa einen fanatischen Gottesstaat vor der Haustür haben«, weil, wie Lueg schreibt, »Moslems aus aller Welt ihren Glaubensbrüdern auf dem Balkan zu Hilfe eilen würden«. Im *Spiegel*-Artikel ist aber Algerien gemeint: Falls der FIS die Unterwanderung der algerischen Streitkräfte gelinge, so ein westlicher Diplomat, »›dann sind die Tage der Regierung gezählt – und die Europäische Gemeinschaft hat eine islamische Republik vor der Haustür‹.« Der Spiegel spricht von islamischen »Fundamentalisten«, nicht vom Islam; Lueg macht daraus die Behauptung einer »›islamischen Bedrohung‹« seitens des *Spiegels*. Dieselbe Art von Verdrehung und Verfälschung widerfährt dem Aufsatz von Jürgen Liminski *Europas Bedrohung durch den islamischen Radikalismus* (*Das Parlament,* 10.–17. Januar 1992). Während die Feindbild-Islam-Kritiker

[3] Jochen Hippler / Andrea Lueg (Hrsg.), *Feindbild Islam.* Hamburg: Konkret Literatur Verlag 1993.

dringend davor warnen, die Fundamentalisten/Islamisten mit dem Islam gleichzusetzen, gilt ihnen immer wieder Kritik am islamischen *Fundamentalismus* als Beleg für ein Feindbild *Islam.* In dem genannten *Spiegel*-Artikel kommen nicht nur international anerkannte Islamwissenschaftler wie Ernest Gellner und Bassam Tibi zu Wort, sondern auch Feindbild-Islam-Kritiker wie John L. Esposito, Heinz Halm und Udo Steinbach. Ob der Islamismus wirklich eine Bedrohung des Westens darstellt, läßt der Artikel offen – von einem Feindbild Islam kann keine Rede sein.

Verhetzte Brut ist ein weiterer *Spiegel*-Artikel betitelt (23. November 1992), den Lueg als Beleg dafür anführt, daß im Westen »mit Vorliebe von ›militanten Moslems‹, ›frommen Eiferern‹ oder einer ›religiös verhetzten Brut‹ die Rede (ist)«. Aber dieses Zitat hat der *Spiegel* – es wird über Ägypten berichtet – der linken Wochenzeitung *El-Ahali* entnommen, worin die ägyptische Regierung kritisiert wird, weil sie jahrelang nicht wahrhaben wollte, »daß die religiös verhetzte Brut eine ernste Gefahr nicht nur für das Leben einzelner, sondern für die Existenz unserer ganzen Gesellschaft darstellte«. Eine Kritik des Islamismus in einem islamischen Land dient als Beweis für ein Feindbild Islam im Westen. Die Subsumierung der Kritik an Mißständen in islamischen Ländern und Kulturen unter den Feindbild-Islam-Vorwurf führt auch bei Lueg zu peinlicher Apologetik; so etwa in dem Abschnitt »Frauen im Islam«. Einer ihrer Belege ist der *Spiegel*-Artikel *Knüppel im Kreuz, Kind im Bauch* (29. Oktober 1990), in dem es vor allem um die Probleme der Türkinnen in der Bundesrepublik geht. Auch hier wird nur zitiert, in diesem Fall ein türkisches Sprichwort, wonach eine Frau »einen Knüppel im Kreuz und ein Kind im Bauch« brauche. Dann fährt der *Spiegel* fort: »Dabei ist der Islam in seinem Ursprung keineswegs frauenfeindlich ... Eigentlich sei der Islam eine Religion gewesen, die sich ›in überraschend zeitgemäßer Weise mit den Rechten der Frau beschäftigte‹, schreibt die Türkin Naila Minai.« Lueg bringt keinen einzigen spezifischen Einwand gegen die ausführliche Dokumentation zur Gewalt türkischer Männer gegen türkische Frauen und gegen die Argumentation des Artikels vor – statt dessen verweist sie auf die »Gewalt deutscher Männer«. »Offenbar dient das Klischee von der unterdrückten islamischen Frau dazu, von Mißständen in unserer eigenen Gesellschaft abzulenken.«

Nicht mehr als drei Texte müssen die schwere Beweislast für ein Feindbild Islam in der nichtdeutschen »westlichen Öffentlichkeit« tragen: ein Artikel im *Economist,* ein Buch des Franzosen Jean-Claude Barreau und das eines amerikanischen Autors, dessen Titel ohne bibliographische Angaben erwähnt wird – das hat Lueg offenbar nicht gelesen. Aber Hippler/Lueg geht es auch gar nicht um die präzise empirische Beschreibung, Analyse und Kritik eines nichtexistenten Problems, es geht um den Exhibitionismus der Tugend. Mit der These vom Feindbild Islam wird Böses imaginiert, von dem man sich zur Vermehrung des eigenen moralischen Kapitals entrüstet distanzieren kann. Auch ein Gefühl der Kollektivschuld an Kreuzzügen, Kolonialismus, neokolonialer Ausbeutung und antiarabischem Rassismus mag dabei eine Rolle spielen: Mit der Warnung vor dem Feindbild Islam bekundet man öffentlich, daß man an den bösartigen Umtrieben und Vorurteilen seines Kollektivs nicht beteiligt ist. Und indem sie alle Westler in welthistorische Sippenhaft nehmen, können die Feindbild-Islam-Mahner die vorteilhafte Rolle des Wachpersonals spielen.

Für den empirischen Beweis der Feindbild-These wäre nicht nur eine sehr viel breitere Datenbasis nötig – mit den »Boulevardblättern«, also den auflagenstärksten, und ihrer »ohnehin erwarteten Hetze« werde man sich nicht aufhalten, erklärt Hippler; das erleichtert gewiß die Arbeit, verstärkt aber nicht die Überzeugungskraft. Es wären zudem Meinungsumfragen und andere Untersuchungen nach den Methoden der empirischen Sozialforschung vorzunehmen – nichts davon bei Hippler/Lueg. Dennoch wird mit dem Gestus einer umsichtigen Zusammenfassung umfangreichen wissenschaftlichen Datenmaterials behauptet: »Insgesamt läßt sich feststellen, daß das Feindbild Islam in den Köpfen der bundesdeutschen Bevölkerung und ihrer öffentlichen Meinung tief verankert ist.« Das Feindbild sei »voll entwikkelt«. Auffälligerweise gibt es keine Belege aus Parlamentsdebatten, Parteiprogrammen, Parteitags- und Wahlkampfreden – offenbar sind keine zu finden. Schulbücher werden ebenfalls nicht untersucht, trotz ihrer wichtigen Rolle bei der Verbreitung und Durchsetzung gesellschaftlicher Feindbilder.[4]

Es wäre zudem sicher ratsam, den Begriff »Feindbild« zu unterscheiden von Begriffen wie Vorurteil, Stereotyp, Klischee und Kritik. Daß es im Verhältnis zum Islam – wie zum Buddhismus oder Vatikan – Vorurteile und Stereotypen gibt, davon kann man auch ohne irgendwelche Realkenntnisse ausgehen. Das ist unser intellektueller Normalzustand, solange wir uns nicht intensiv mit einer Sache beschäftigen. Aber das konstituiert noch kein Feindbild.

Weiterhin scheint es mir empfehlenswert, ein »Feindbild Islam« von Xenophobie und Rassismus zu unterscheiden, die allerdings ein sehr reales Problem in den westlichen Ländern darstellen. Die Feindseligkeit und die gewaltsamen Übergriffe bis zum Mord, denen Menschen islamischen Glaubens seitens vieler Menschen im Westen ausgesetzt sind, sind im allgemeinen nicht religiös, antiislamisch, motiviert, sondern durch Fremdenfeindlichkeit und Rassismus. Ein christlicher Araber (oder Vietnamese oder Schwarzafrikaner), der Neonazis durch den Hinweis auf seinen christlichen Glauben von Gewalttätigkeiten abzubringen hoffte, würde wohl nur Hohngelächter auslösen. Das macht die Sache wahrlich nicht besser – will man jedoch etwas ändern, geht man vorzugsweise von den wirklichen Ursachen aus. Das Gerede vom Feindbild Islam verundeutlicht sie aber und lenkt davon ab.

Anders als in den islamischen Ländern ist die Religionszugehörigkeit im Westen keine der primären Wahrnehmungs-, Bewertungs- und Unterscheidungskategorien mehr: Die von (muslimischen) indonesischen Truppen an der (christlichen) Bevölkerung Osttimors verübten Massaker (etwa 200 000 Tote) werden nicht als ein Kampf von Muslimen gegen Christen wahrge-

---

4 Vgl. dagegen die Untersuchung arabischer und israelischer Schulbücher in David K. Shipler, *Arab and Jew. Wounded Spirits in a Promised Land.* Harmondsworth: Penguin Books 1987.

nommen und verurteilt, sondern als Menschenrechtsverletzungen. Sowohl im Fall des christlichen Äthiopien wie dem des muslimischen Somalia löste das Elend der Bevölkerung eine enorme Welle von Hilfsbereitschaft aus, und unter dem Druck der Öffentlichkeit wurden schließlich auch UNO-Truppen – vor allem aus dem Westen – in Somalia eingesetzt. Im Krieg im ehemaligen Jugoslawien steht die »westliche Öffentlichkeit« ganz eindeutig auf Seiten des überwiegend muslimischen bosnischen Staates – gegen die christlichen Serben; die Hilfsbereitschaft gerade der Deutschen gegenüber den bosnischen Muslimen wird von Muslimen gelobt. Die Massaker an Christen im Südsudan durch die muslimischen Truppen der Zentralregierung wurden und werden als Bürgerkrieg oder Menschenrechtsverletzungen wahrgenommen (wenn überhaupt), nicht als Religionskrieg. Die Diskriminierung der christlichen Kopten in Ägypten und deren gewaltsame Verfolgung durch fundamentalistische Muslime löst im Westen keine besondere oder gar antiislamische Empörung aus.

Daß die Politik der westlichen Länder vom »voll entwickelten« Feindbild Islam bestimmt sei, behaupten aber auch Hippler/Lueg nicht. In dem letzten Aufsatz des Buches und den *Schlußfolgerungen* stellen sie vielmehr ausdrücklich fest, daß dem nicht so ist. »Es ist seltsam: In der praktischen Politik der westlichen Staaten hat es oft den Anschein, als ob das Feindbild Islam keine oder nur eine untergeordnete Rolle spielte.« Es ist in der Tat seltsam. Heißt es auf Seite 184: »Eher erfreulich ist der Schluß, daß die westliche Außenpolitik gegenüber dem Nahen und Mittleren Osten rational ist«, erfährt der Leser auf der folgenden Seite, »daß die westlichen Medien, Publizisten und Politiker zu einem irrationalen Umgang mit dem Islam oder dem Islamismus neigen«. Die Welt ist kompliziert genug, muß man sie da noch durch Feindbild-Erfindungen zusätzlich komplizieren? »Selbstkonstruierte Feindbilder zu attackieren ist keine Kritik, sondern Demagogie«, erklären Hippler/Lueg. »Schließlich kommt es ja darauf an, die Realität zu verändern, und nicht Hirngespinste.« Wo sie recht haben, haben sie recht.

Braucht der Westen ein Feindbild?

Die These vom neuen Feindbild Islam, das das alte Feindbild Kommunismus abgelöst habe, klingt plausibel, ist aber falsch. Die westlichen Gesellschaften sind prinzipiell säkulare und unheroische Gesellschaften des Kompromisses, die lieber ehrlos auf den Knien leben als sterben wollen. »Hier stehe ich, ich kann auch anders.« Es ist eine von Interessen, nicht von Tugend und Glauben bestimmte, eine a-moralische Gesellschaft, wie Gellner sie genannt hat, deren Ziel nicht »vollkommene Tugend« ist, sondern »die Verminderung von Unannehmlichkeit«.[5] Einer solchen Gesellschaft sind Feinde zuwider: sie stören. Sie sind nicht nur als gesellschaftlicher Kitt entbehrlich, sondern innen- wie außenpolitisch dysfunktional, systemwidrig. Als aus dem Prinzip

[5] Ernest Gellner, *Conditions of Liberty. Civil Society and Its Rivals.* London: Hamish Hamilton 1994.

des permanenten Kompromisses sich ergebend wäre Appeasement insofern nicht ein gelegentlicher bedauerlicher Irrtum der westlichen Gesellschaften, sondern eine ihrer inhärenten Eigenschaften, ein Systemmerkmal. Bekanntlich hat es ja auch unter den westlichen Zivilgesellschaften, seit sie sich im 19. Jahrhundert entwickelten, keine Kriege gegeben, obwohl genug Konfliktstoff vorhanden war, der für andere Gesellschaften ein Grund zu kriegerischen Auseinandersetzungen gewesen wäre. Die westliche Gesellschaft wäre demnach zweifach gefährdet: indem sie sich ihren Feinden angleicht in der Verteidigung gegen die von diesen ausgehende Bedrohung (McCarthyismus), oder indem sie ihre Feinde sich selber angleicht, irrtümlicherweise davon ausgeht, daß diese ebenfalls dem Prinzip verhandelbarer Interessen, der Verminderung von Unannehmlichkeit, des permanenten Kompromisses folgen, und ihnen so bis zur Selbstaufgabe nachgibt, eben Appeasementpolitik betreibt.

Die wirtschaftliche und politische Interessenlage der westlichen Länder macht ein Feindbild Islam nicht notwendig oder empfehlenswert, weder außen- noch innenpolitisch. In vielen westlichen Ländern – vor allem Frankreich, Großbritannien und Deutschland – gibt es große und wachsende muslimische Minderheiten, von denen wiederum eine erhebliche Zahl die Staatsbürgerschaft dieser Länder hat. Will die westliche säkulare Zivilgesellschaft sich nicht als solche aufgeben, muß sie an einer Integration dieser Muslime interessiert sein, sei es nun nach dem Modell der Assimilation, der multikulturellen Gesellschaft oder welchem auch immer. Die Produktion und Propagierung eines antiislamischen Feindbildes sind dazu offenbar nicht geeignet und würden möglicherweise bürgerkriegsähnliche Zustände heraufbeschwören, woran keine der relevanten gesellschaftlichen Gruppen interessiert ist. Die Regierungen der westlichen Länder tolerieren auch islamistische Organisationen und Individuen, die offen antiwestliche und verfassungs- beziehungsweise rechtsfeindliche Ziele propagieren und aktiv verfolgen. Auch innenpolitisch wird also in der Regel selbst in diesen Fällen die Appeasement-Strategie einer Konfrontation vorgezogen.

Der real existierende Islam

»Alle Regime in der Welt des Islam sind in unterschiedlichem Maße autoritär und despotisch«, schreibt Bassam Tibi.[6] »In der gesamten arabischen Welt gibt es nicht ein einziges demokratisches Regime, nicht einen Rechtsstaat«, leitet die *taz* einen Aufsatz von Hischam Ben Abdallah al-Alawi ein (*Le Monde diplomatique,* 14. Juli 1995). »Only the Arab world – which doesn't even have a single elected mayor – has remained immune from serious democratic experiments«, heißt es in David Lambs *The Arabs.*[7] Im linksliberalen *New Statesman & Society* (23. Februar 1991) schreibt Stephen Howe: »Ist

[6] Bassam Tibi, *Krieg der Zivilisationen. Politik und Religion zwischen Vernunft und Fundamentalismus.* Hamburg: Hoffmann und Campe 1995.

[7] David Lamb, *The Arabs. Journeys Beyond the Mirage.* New York: Vintage Books 1988.

denn nicht die ganze Region eine kulturelle Wüste, sind nicht ihre kreativsten Geister ins Exil, in die Speichelleckerei oder ins Schweigen getrieben worden? Ist die Diktatur nicht fast allgegenwärtig, und beruht die Massenopposition nicht statt auf demokratischen Werten auf religiösem Archaismus, ethnischer Ausschließung und Rachephantasien? Legt nicht all das Herumreiten auf vergangener Größe ... nur die Tatsache offen, daß es seit Jahrhunderten bergab geht? Und ist Saddams Irak das Ergebnis einer spezifisch irakischen Misere oder nur der symptomatische Tiefpunkt einer umfassenden arabischen Pathologie?«

Ende 1994 veröffentlichte die New Yorker Menschenrechtsorganisation Freedom House eine Bilanz zum Stand demokratischer Freiheiten und der Menschenrechte in der Welt im Jahre 1994. Nicht ein einziges der islamischen Länder gehörte zu den »freien« Ländern, die Mehrzahl zu den »nicht freien«, der Rest zu den »teilweise freien«. (Subsahara-Afrika weist immerhin fünf »freie Länder« auf, Ostasien mit Japan und Südkorea zwei, Mittel- und Südamerika elf). »Despotism tempered by assassination« – die Formel G. Robinsons gilt auch heute noch für die Regierungsformen der islamischen Welt. Dabei scheint es keinen Unterschied zu machen, ob das betreffende Land säkular oder fundamentalistisch/islamistisch, Republik oder Monarchie ist. Der Irak wendet ebenso wie fundamentalistische Regime die barbarische Strafe der Scharia bei Diebstahl an und fügt ihr noch die Brandmarkung sowie für Deserteure die Amputation der Ohren hinzu. Öffentliche Hinrichtungen fanden und finden im Iran wie in Saudi-Arabien statt, in Syrien wie im Irak. Und wie der Islam dem Apostaten die Todesstrafe androht, so das Baath-Regime Saddam Husseins demjenigen, der die Baath-Partei verläßt und in eine andere Organisation eintreten will. Wie die Fundamentalisten zur Ermordung der ihren Forderungen nicht nachkommenden Regierenden aufrufen, so Gaddafi zum Mord an den Fundamentalisten, und Syriens Präsident Assad reagierte auf die Gewalttaten und Morde der dortigen Muslimbruderschaft mit dem Massaker von Hama im Februar 1982, dem mindestens zehntausend Menschen zum Opfer fielen.

Ethnische und religiöse Minoritäten werden fast überall in der islamischen Welt diskriminiert oder gar verfolgt. Den Jahresberichten von Amnesty International zufolge werden in »keinem einzigen der 46 islamischen Länder ... die in der Deklaration der Menschenrechte von 1948 angeführten Rechte« respektiert.«[8] Das dürfe man nicht mit dem Islam gleichsetzen, wird uns eingebleut, ohnehin gebe es *den* Islam nicht. *Der* Islam zeichne sich nämlich an sich und historisch durch Toleranz aus. Nun ist Toleranz im neuzeitlichen Sinne als die Anerkennung gleichberechtigter und vor dem Gesetz gleicher (religiös, politisch, ethnisch-kulturell, rassisch) Anderer weder im Islam noch in der Geschichte der islamischen – oder der meisten anderen, auch der vormodernen christlichen[9] – Länder zu finden. Gegenwärtig von

---

[8] Bassam Tibi, *Im Schatten Allahs. Der Islam und die Menschenrechte.* München: Piper 1994.

[9] Die katholische Kirche hat sich erst in der zweiten Hälfte des 20. Jahrhunderts mit diesem Toleranzkonzept abgefunden.

Interesse und wichtiger ist aber die Frage: Wie tolerant sind die islamischen Länder heute gegenüber religiösen und ethnischen Minoritäten? *Wie tolerant ist der real existierende Islam?* In welchem Maße respektiert er die Menschenrechte? Die drei Beispiele, anhand deren ich diese Frage beantworten möchte, mögen immerhin Zweifel wecken an dem unerträglich geschönten Bild, das uns die Apologeten des *Islam à l'eau de rose* verkaufen wollen.[10] Und die bange Frage aufwerfen, ob der real existierende Islam nicht eigentlich ein Feind des Westens ist und in *diesem* Sinne ein Feindbild Islam realistisch und also wünschenswert wäre.

Daß auch ein unter dem Ausnahmezustand regiertes Land wie Ägypten noch als relativ liberal gilt, ist, blickt man auf seine islamischen Nachbarn – Libyen, Sudan, Saudi-Arabien – nicht so verwunderlich. Die Vielzahl der fundamentalistischen Gruppen in Ägypten und ihr Einfluß auf Staat und Gesellschaft sind bekannt. Weniger bekannt ist, daß sich die Gewalttätigkeiten vieler dieser Gruppen nicht nur gegen die bescheidenen Reste des säkularen ägyptischen Staates und der liberalen Intelligenzia richten, sondern auch gegen die christliche Minderheit: die Kopten. Wie viele Kopten in Ägypten leben, ist umstritten – der ägyptische Staat gibt sehr viel niedrigere Zahlen an als die Kopten selbst und weigert sich, eine Zählung vorzunehmen. Sicher ist jedenfalls, daß in Ägypten die größte christliche Minderheit in einem muslimischen Land lebt, circa fünf bis sieben Millionen, vielleicht gar zehn. Sie sind eine de jure wie de facto diskriminierte Minderheit, die zudem der gewaltsamen Verfolgung durch islamische Fundamentalisten und einen Teil der muslimischen Bevölkerung ausgesetzt ist, wogegen ihr der ägyptische Staat nicht nur unzureichenden Schutz gewährt, sondern in vielen Fällen Komplize dieser Verfolgung ist.

Die Atmosphäre von Angst, Bedrohung und mörderischer Gewalttätigkeit, in der die Kopten in Ägypten leben, ist eindringlich in einem Bericht Shyam Bhatias im *Observer* (5. Juni 1994) geschildert, in dem es um die gewaltsame Entführung junger Frauen und Mädchen und deren erzwungene Bekehrung zum Islam durch muslimische Fundamentalisten und die Untätigkeit oder Komplizität staatlicher Stellen geht. Nach Auskunft einer britischen Menschenrechtsgruppe und koptischer Christen spielt dabei auch Vergewaltigung zunehmend eine Rolle. In dem Punkt, daß mit dem vorehelichen Verlust der Jungfräulichkeit – ob erzwungen oder nicht – der Verlust der Ehre der Familie einhergeht, und dies nur durch den Tod der Frau wiedergutzumachen sei, sind sich Kopten und Muslime anscheinend einig. Im Kontext dieses im Körper und Verhalten der Frau zentrierten Ehrbegriffs wird auch von Saddam Hussein Vergewaltigung planvoll und systematisch als ein Instrument seiner Terrorherrschaft eingesetzt.[11] Ein koptisches Gemeindeoberhaupt schätzt die Zahl der erzwungenen Bekehrungen zum

---

[10] Die Formulierung stammt von Jean-Pierre Péroncel-Hugoz, *Le radeau de Mahomet.* Paris: Flammarion 1984. Dieses Buch sollte endlich ins Deutsche übersetzt werden.

[11] Siehe dazu Kanan Makiya, *Cruelty and Silence. War, Tyranny, Uprising and the Arab World.* Harmondsworth: Penguin 1994.

Islam auf 7000 bis 10000. Hunderte davon, so Shyam Bhatia, »after sexual abuse at the hands of Muslim men«. Shireen Farid Mikhail wird im Alter von zwölf Jahren von muslimischen Fundamentalisten entführt, die ihrem Vater einige Tage später telefonisch mitteilen, daß seine Tochter zum Islam übergetreten sei. Die Polizei weigert sich, sich mit dem Fall überhaupt zu beschäftigen; das Gericht, das sich schließlich dazu bereit findet, ordnet nach einer Farce von Verhandlung die Registrierung von Shireen als Muslimin bei den lokalen Behörden an: Ein klarer Gesetzesverstoß, denn in Ägypten können Minderjährige ihre Religion nicht wechseln. Die britische Menschenrechtsgruppe registrierte Vorwürfe der Kopten gegen die ägyptischen Behörden, diese weigerten sich, in den Fällen erzwungener – auch durch Vergewaltigung – Konversion zum Islam für die Opfer und deren Familien tätig zu werden.

Die Zahl der Christen in Pakistan beträgt nur vier Prozent, was den dortigen Islamisten aber anscheinend dennoch zuviel ist. Pakistanische Christen klagen »über die Zerstörung von Kirchen und Dörfern durch islamische Extremisten«, so Eberhard Haubold in der *FAZ* (20. Februar 1995). Amnesty International kritisiert Pakistan im Juli 1994 wegen »Mißbrauchs des Blasphemie-Gesetzes zur Verfolgung religiöser Minderheiten« und dafür, daß »extremistische Gruppen das Gesetz in die eigenen Hände nehmen und Angehörige der religiösen Minderheiten (oder ihre Verteidiger) angreifen, verletzen oder töten«. In der Verschärfung des Blasphemie-Gesetzes und seiner zunehmenden Anwendung kommt der wachsende Einfluß der Islamisten auf die muslimische Bevölkerung und die Regierung zum Ausdruck. Ein christlicher Parlamentarier, der Jesus den Sohn Gottes genannt hatte, sieht sich heute wegen dieser Blasphemie mit der Todesstrafe bedroht. 1927 wurde dasselbe Vergehen – nach einem Gesetz der Kolonialzeit, das die Verletzung religiöser Gefühle unter Strafe stellte – mit höchstens zwei Jahren Gefängnis bestraft. Goldene Zeiten! 1986 wurde das Strafmaß von Zia ul-Haq auf zehn Jahre heraufgesetzt, woraus dann lebenslänglich wurde und schließlich auf Empfehlung des obersten islamischen Gerichts die Todesstrafe. Es ist eben nicht so, daß einige Extremisten die tolerante Islamische Republik Pakistan in Mißkredit bringen, der Islam und die Muslime selber sind in Pakistan, wie Haubold schreibt, »militanter und fundamentalistischer« geworden. Die religiöse Intoleranz richtet sich jedoch keineswegs nur gegen die Christen, sondern vor allem gegen andere Muslime wie die Schiiten oder muslimische Sekten, die als häretisch betrachtet werden wie die Ahmediyas, die 1974 zu Nicht-Muslimen erklärt und zunehmend entrechtet wurden. Ihnen ist gesetzlich verboten worden, sich Muslime zu nennen. 2432 Ahmadis wurden 1993 nach diesem Gesetz angeklagt, in sechs Fällen der Blasphemie.

Bei einem Treffen der UN-Menschenrechtskommission Anfang März 1994 kam es zu einer heftigen Konfrontation: Der Sudan klagte den UN-Beobachter Professor Gaspar Biro, einen ungarischen Juristen, der Blasphemie an. Biro war zu dem Schluß gekommen, daß die von der fundamentalistischen Regierung des Präsidenten Omar Hassan Ahmad El-Bashir nach dem islamischen Recht des Sudan konzipierten Strafen die – auch vom Sudan unterzeichneten – Menschenrechtsabkommen verletzten. Das sudanesische Gesetz, wonach »ein Individuum für eine Gruppe hingerichtet werden soll und eine Gruppe für ein Individuum«, hatte vor allem Biros Mißfallen erregt. Die Anklage der Blasphemie hatte er sich eingehandelt, weil er die Ansicht vertrat, der Umstand, daß dieses oder jenes Gesetz aus dem Koran abgeleitet wurde, sei irrelevant, es gehe einzig um die Vereinbarkeit mit den auch vom Sudan unterzeichneten internationalen Abkommen. Der sudanesische Justizminister und Generalstaatsanwalt Abdulaziz Shiddo sah das anders. Er beschrieb Biros Bericht als »satanisch« und diesen selbst als »einen Feind des Islam«, der sich der »Blasphemie« schuldig mache, da er aus dem Koran, dem Wort Gottes, abgeleitete Gesetze kritisiere. Biros Bericht »reflects a vicious attack on fundamental principles of Islamic penal legislation and against Islamic faith in general«. Die von der Regierung kontrollierte sudanesische Presse stellte Biro auf eine Stufe mit Salman Rushdie.

Feindbild-Islam-Propagandist Biro hatte in seinem ersten Bericht über die Menschenrechtssituation im Sudan »ein düsteres Bild« eines von einem jahrzehntelangen Bürgerkrieg zwischen dem islamischen Norden und dem animistischen Süden zerrissenen Landes gezeichnet, bei dem beide Seiten sich in großem Umfang Menschenrechtsverletzungen schuldig gemacht hatten. Ein halbes Jahr zuvor hatte ein Komitee des US-Kongresses den UN-Sicherheitsrat aufgefordert, ein Waffenembargo über den Sudan zu verhängen und die (fundamentalistische) sudanesische Militärregierung wegen schwerer Menschenrechtsverletzungen angeklagt. Die von dem Komitee gehörten Zeugen erklärten, daß im Sudan mehr Menschen leiden und sterben als in Bosnien oder in Somalia. Dem Vorsitzenden des Komitees zufolge werde eine ganze Generation von Südsudanesen in einem der am wenigsten beachteten Bürgerkriege der Welt ausgelöscht. In den vergangenen Jahren seien dort mehr als 500 000 Menschen allein an Krankheiten und Hunger gestorben.[12]

Die Menschenrechtsgruppe African Rights legte im Juli 1995 einen 350seitigen Bericht vor, *Facing Genocide: the Nuba of Sudan.* Darin wird die sudanesische Regierung schwerer Menschenrechtsverletzungen angeklagt, auch der, Vergewaltigung als Mittel ihrer Arabisierungspolitik zu benutzen. Die siebzehnjährige Fawzia Jibreel war mit fünfzehn Mitgliedern ihrer Familie gefangengenommen worden, konnte aber nach drei Monaten fliehen. Sie berichtet: »Nach Einbruch der Dunkelheit kamen die Soldaten und holten die Mädchen auf ihre Zimmer und vergewaltigten sie. Ich wurde geholt und vergewaltigt, aber ich habe mich geweigert, einen von ihnen zu ›heiraten‹ ... Wenn eine Frau von vier oder fünf Männern vergewaltigt wird, schreit sie vor Schmerzen. Dann lassen die Soldaten sie in Ruhe, wenn sie gutmütig sind. Aber andere schlagen zu, damit sie ruhig ist, und machen

12 Zum Sudan unter den Fundamentalisten siehe insbesondere Bassam Tibi, *Die Verschwörung. Das Trauma arabischer Politik.* München: dtv 1994: »Der staatliche Zerfall des Sudan ähnelt der Situation im ehemaligen Jugoslawien, zumal die nordsudanesischen islamischen Fundamentalisten mit ihren Feinden ähnlich umgehen wie die Serben mit Muslimen und Kroaten in Bosnien-Herzegowina.«

weiter. Es war unmöglich, die Männer zu zählen, die mich vergewaltigt haben.«[13] Diese Berichte ähneln teilweise bis ins Detail denen der Opfer der »ethnischen Säuberungen« in Bosnien. In den Menschenrechtsverletzungen in Ägypten, Pakistan, dem Sudan und Bosnien realisiert sich das Prinzip der Subsumierung des Individuums unter das ethnische und/oder religiöse Kollektiv und das Prinzip der über alle Rechte erhabenen Superiorität des eigenen Kollektivs über die anderen – der Araber oder Serben über die Nubier oder muslimischen Bosnier, der Muslime oder Orthodoxen über die Ungläubigen und Andersgläubigen. »An individual shall be executed for a group and a group for an individual.« Professor Biro hatte wohl nicht ganz unrecht, wenn er das als nicht mit dem Prinzip der Menschenrechte vereinbar ansah. »In den Augen der Muslime besteht die Menschheit aus Kollektiven ... Nur in dieser Kategorie denken zu können ist ein Zeichen einer vormodernen Kultur« (Tibi, *Im Schatten Allahs*). Auch in der islamischen Welt hat sich anscheinend in weiten Teilen nie ein Denken durchsetzten können, das allen Menschen unveräußerliche Rechte zusprach. Gleich können alle Menschen nur als Muslime sein – und wenn sie Männer sind. Die prinzipielle und gottgewollte Superiorität der Muslime ist von Muslimen nie ernsthaft und folgenreich in Frage gestellt worden – im Gegensatz zu den Christen, auch wenn diese historisch ein umfangreicheres Sündenregister vorweisen mögen. Die in den islamischen Ländern geübte Toleranz galt nie prinzipiell gleichberechtigten Anderen, sondern gewährte nur bestimmten Gruppen ein Existenzrecht in einem inferioren Status. Das war gewiß besser, als sie totzuschlagen oder zu versklaven, aber keine Toleranz im neuzeitlichen Sinne. »Der Islam herrscht, er wird nicht beherrscht« (so ein Hadit) – *tertium non datur.*

Muslime als Opfer

Das von Muslimen anderen angetane Unrecht entschuldigt oder mindert das den bosnischen Muslimen angetane Unrecht nicht im geringsten. Aber die Empörung der islamischen Welt scheint eben nicht darauf zu beruhen, daß in Bosnien gegen die Menschenrechte verstoßen wird – ganz gleichgültig, ob es sich dabei um Muslime oder Christen, Bosnier oder Serben, Männer oder Frauen handelt –, sondern darauf, daß dort Muslimen von Nicht-Muslimen Unrecht angetan wird.

Auf einer Pressekonferenz Weihnachten 1992 in Sarajewo wies der UN-Generalsekretär Boutros-Ghali darauf hin, daß es vierzehn Orte in der Welt gebe, in der die Lage schlimmer sei als in Sarajewo. Das war, wie John Simpson im *Spectator* (23. Juli 1994) bemerkt, »nicht taktvoll, aber wahr«. (Simpson begab sich anschließend an einen dieser vierzehn Orte – Cuito in Angola – und konnte feststellen, daß es dort in der Tat erheblich schlimmer war als in Sarajewo.) Boutros-Ghali habe damit die westlichen Journalisten kritisieren wollen, so Simpson, deren Obsession mit Sarajewo einzig darauf beruhe,

[13] Alle Zitate nach Julie Flint, *The Independent on Sunday,* 23. Juli 1995.

daß es eine europäische Stadt sei. Was aber erklärt die Obsession der islamischen Welt mit Sarajewo beziehungsweise Bosnien? Die Zahl der Opfer, die Abscheulichkeit der Verbrechen, die Hilfsbedürftigkeit der Menschen können es, wie gesagt, nicht sein. Da wären in der islamischen Welt genug Objekte der Fürsorge gegeben – von Algerien und Mauretanien oder Somalia über den Sudan bis Afghanistan und Osttimor. Daß die Muslime in aller Welt sich *natürlich* vor allem um das Leiden von Muslimen kümmern, ist so natürlich nicht (*natürlich* ist es im Kontext religiösen oder ethnischen Kollektivdenkens und -fühlens); im Westen würde das Argument, daß wir uns als Christen oder Atheisten in erster Linie um das Leiden von Christen und Atheisten oder von Menschen, die unsere Werte teilen, kümmern sollten, kaum akzeptiert werden. Es wird auch kaum vorgebracht, auch und gerade von den meisten Christen nicht. Vor allem aber zeigen die realen Hilfeleistungen der westlichen Länder, daß sie sich im wesentlichen nach dem Grad der Hilfsbedürftigkeit und der Menschenrechtsverletzungen richten, nicht nach religiösen, rassischen, ethnischen oder zivilisatorischen Kriterien. Den muslimischen Erdbebenopfern in der islamischen Republik Iran oder in Kairo wird ebenso geholfen wie den schwarzen Christen in Ruanda oder im stalinistischen Äthiopien.

Was im Fall Bosniens die leidenschaftliche Empörung der Muslime hervorruft, ist aber auch nicht allein die Tatsache, daß dort Muslime vertrieben, vergewaltigt und getötet werden – das hatte ja zum Beispiel nicht genügt, um eine breite Sympathiewelle für die Kurden oder Kuwait auszulösen oder, noch verwunderlicher, für Afghanistan. Warum wird überall in der islamischen Welt für Sarajewo, aber nicht für Kabul gesammelt? In demselben Zeitraum, in dem in Sarajewo 10 000 Menschen getötet wurden, waren es in Kabul 12 000. Der nominelle Premierminister und Fundamentalist Hekmatyar blockiert die Nahrungsmittellieferungen und zwingt die Hilfsorganisationen, über jeden Transport mit ihm zu verhandeln – wie der Führer der bosnischen Serben Karadžić.

Der Grund für die weitgehende Indifferenz in der islamischen Welt gegenüber dem Leiden der Muslime in Afghanistan scheint mir in folgendem zu liegen: Es läßt sich nicht in das Schema vom kreuzzüglerischen Westen und den von ihm verfolgten Muslimen einordnen, in das paranoide Verschwörungsdenken eines vom Westen veranstalteten Kreuzzugs zur Auslöschung des Islam. Dieses Schema erklärt wohl auch das sonderbare Phänomen, daß nicht die für die an den Muslimen begangenen Untaten verantwortlichen bosnischen Serben und deren Helfer, Miloševićs Rumpfjugoslawien und Rußland, das Hauptobjekt der Empörung sind, sondern der Westen, der auch finanziell die Hauptlast des UNO-Einsatzes zum Schutz der Menschen in Bosnien trägt. Dem Westen, so der Vorwurf, gehe es vor allem darum, die Etablierung eines muslimischen Staates in Europa zu verhindern.

Der Krieg in Bosnien ermöglicht es so den Muslimen in aller Welt, sich als verfolgte Unschuld, als Opfer zu sehen – was wiederum der beste Grund ist, sich mit aller Kraft gegen seine Verfolger zu wehren und sie zu vernichten, bevor sie einen vernichten können: Nach der Rushdie-Affäre, schreibt der englische Fundamentalist Shabbir Akhtar im *Guardian* (5. März 1989), hätten die Muslime Grund zu der Annahme, daß die Kreuzzüge noch nicht beendet seien. Es scheine immer noch eine »Verschwörung des Westens« zu geben. »Aber wie immer es sich damit verhält, wer sich das nächste Mal, wenn es Gaskammern in Europa gibt, darin befinden wird, steht außer Zweifel.« In einem vom Rushdie-Virus verseuchten Europa müßten die Muslime dort ernsthaft entweder Emigration oder den Heiligen Krieg erwägen. Je heimtückischer und grausamer man sich die Verschwörung des Feindes denkt, desto legitimer, ja zwingend geboten erscheinen die entsprechenden Gegenmaßnahmen. Am 14. Februar 1994 trägt Yasmin Alibhai-Brown im *Independent* ihre Gedanken zur Lage der britischen Muslime fünf Jahre nach der Rushdie-Fatwa vor: »Überall in Europa sind mit der Verbreitung des weißen Tribalismus und Nationalismus die Muslime das Hauptobjekt von Haß und Gewalt geworden. Und dann noch die Schrecken von Bosnien! Selbst der bedächtigste Muslim durchschaut nun die Sophisterei und Heuchelei der ›Neuen Weltordnung‹ und stellt Verbindungen zwischen Bradford und Bosnien her. Was damals, als der Akademiker Shabbir Akhtar von den Muslimen als potentiellen Holocaust-Opfern sprach, eine absurd apokalyptische Äußerung zu sein schien, ist innerhalb von vier Jahren zu einer realen Möglichkeit geworden.« Es scheint nicht überflüssig darauf hinzuweisen, daß in Bradford – Ort der öffentlichen Verbrennung der *Satanischen Verse,* der neben Birmingham den höchsten Anteil von Muslimen an der Bevölkerung aufweist – weder die britische Armee noch sonst jemand die Muslime vertreibt, vergewaltigt, ermordet. Anders als die Minoritäten in fast allen islamischen Ländern genießen sie Religionsfreiheit und den Schutz der (englischen) Gesetze.[14] Obwohl Muslime auch in England unter Xenophobie und Rassismus zu leiden haben, ist ein Vergleich mit der Lage der Juden im Dritten Reich völlig unangemessen.

In den Phantasmen von der westlichen Verschwörung kommt aber auch ein geradezu kindlicher Narzißmus zum Ausdruck. Alles dreht sich um den Islam, um die Muslime, ihn auszulöschen, sie in die Gaskammern zu stecken. Der Westen denkt immer nur an mich, den Muslim. So herrscht der Islam, wenn auch noch nicht in England oder Frankreich, so doch in den Köpfen der Engländer oder Franzosen: »›The British establishment … will never be satisfied until they take us away from our religion‹«, zitiert Alibhai-Brown militante antisemitische Fundamentalisten – die Haltung des englischen Establishments wie der überwältigenden Mehrheit im Westen zu dieser Frage ließe sich wohl eher mit dem geflügelten Wort »Frankly, my dear, I don't give a damn!« beschreiben. Das Phantasma eines vom Feindbild Islam be-

[14] Zu einer realistischen Einschätzung siehe Philip Lewis, *Islamic Britain. Religion, Politics and Identity among British Muslims.* London: I. B. Tauris 1994. – Schon beim arabischen Nationalismus stellte Maxime Rodinson (*Die Araber.* Frankfurt: Suhrkamp 1981) fest: »Die arabische Nation … hat immer das Gute gewollt und ist stets das unschuldige Opfer der Bösartigkeit anderer Völker gewesen.« »Das arabische Volk betrachtete sich selbst im wesentlichen als Opfer – und wurde vom ›kritischen Westen‹ … als solches angesehen.«

herrschten Westens löst bei der verfolgten Unschuld immer neue Verbitterung, heftigere Aggressionen, größere Militanz aus.

Der Westen ist schuld

In dem von ihnen herausgegebenen *Feindbild Islam* schreiben Hippler/Lueg einleitend: »In der halbamtlichen Wochenzeitung *Das Parlament* war man kürzlich schon so weit, den islamischen Ländern ›die freie Welt‹ gegenüberzustellen. ›Die freie Welt‹ – das sind wir.« Diese Denkweise zu kritisieren, sei das Thema ihres Buches. Zwar konstatiert auch Hippler, daß der Nahe Osten »ja fast demokratiefrei (ist)« – das »fast« bezieht sich vermutlich auf Israel –, aber das scheint für ihn kein Grund, ihn der freien Welt gegenüberzustellen. Demokratie sei kein Synonym für Freiheit, heißt es bei einem anderen Feindbild-Islam-Kritiker, Richard Webster. Denn sie beruhe »auf einem Gesetzeskodex, der seinerseits aus dem selektiven Entzug von Freiheit besteht. Es wäre völlig falsch, in dieser Hinsicht einen absoluten Unterschied zwischen einer totalitären Gesellschaft und einer Demokratie zu sehen.«[15] In zahlreichen Artikeln und Büchern zur islamischen Welt und zum Feindbild Islam verbindet sich so Apologetik mit antiwestlicher Haltung oder auch der Indifferenz oder Unkenntnis gegenüber wesentlichen Unterschieden zwischen den beiden Welten.

Den Irak Saddam Husseins kann man als typisches Produkt traditioneller, auf Klan und Familie und Patron-Klienten-Beziehung beruhender arabischer Machtpolitik betrachten, wobei der ideologische und staatliche Apparat (Baath-Partei, Parlament, Justiz etc.) nur eine pseudomoderne Fassade darstellt, als ein radikal prätorisches System oder eine Version des orientalischen Despotismus... Aber als »ein Bild vom Westen«, wie Udo Steinbach, Direktor des Deutschen Orient Instituts in Hamburg, im *Spiegel* (20. Januar 1992) schreibt, als »blinde entwicklungspolitische Imitation« des Westens? Und der Westen ist für Steinbach nicht nur am Irak Saddam Husseins schuld, sondern auch gleich noch an »200 Jahren Stagnation« in den islamischen Ländern seit 1798. Wenn dort (Napoleon in Ägypten) von Stagnation die Rede sein kann, dann laut Roger Owen in erster Linie für die Zeit von 1500 bis 1800. Owen nennt die Zeit von 1800 bis 1850 »das Zeitalter der Reformen«: politisch, militärisch, ökonomisch.[16] Das Mißverständnis, stellt

---

[15] Richard Webster, *Erben des Hasses. Die Rushdie-Affäre und ihre Folgen.* München: Knesebeck 1992. Websters Anarcho-Sponti-Ideologie – daß man nicht von wirklicher Freiheit sprechen könne, wo nicht alle alles machen dürfen – paßt auch zum Einebnen wesentlicher Unterschiede zwischen den Angehörigen verschiedener Gesellschaftssysteme oder Kulturen bei den Feindbild-Islam-Kritikern. Der Anarcho-Sponti-Ideologie zufolge sind ja alle Menschen im Grunde ein Herz und eine Seele und werden nur von äußerlichem Plunder und den Umtrieben der Herrschenden (Grenzen, Staaten, juristischem Formelkram, Pfaffenbetrug oder Medienhetze) von einem harmonischen selbstbestimmten, multikulturellen Zusammenleben abgehalten. – Plausibler erscheint mir, daß es im Fall von Konflikten zwischen Zivilisationen nicht dadurch zu Kompromissen und einer Verständigung kommt, daß man die Differenzen leugnet oder trivialisiert.

[16] Roger Owen, *The Middle East in the World Economy. 1800–1914.* London: Methuen 1981.

resigniert Dieter Senghaas fest, daß die Entwicklungskrise in den Entwicklungsländern vom Westen verursacht sei, »ist irgendwie unüberwindbar; in ihm dokumentiert sich eine erstaunliche wirtschaftshistorische Ignoranz.«[17]

Ähnlich wie Steinbach macht auch Robert Fisk den Westen für die Probleme der islamischen Länder verantwortlich. Auf die Frage nach den Gründen für die Grausamkeit im algerischen Bürgerkrieg beruft er sich auf die Ansicht eines Kollegen: wahrscheinlich hätten »132 Jahre brutaler französischer Unterdrückung und der fürchterliche Befreiungskrieg eine unaustilgbare Kultur der Gewalt« hervorgebracht. Damit ist das beunruhigende Phänomen, daß Nicht-Westler so grausam wie Westler sein können, in das gängige Erklärungsschema eingeordnet: Der kolonialistische Westen ist schuld.

Fisk führt auch vor, wie man selbst für die inferiore Stellung der Frau in den islamischen Ländern den Westen verantwortlich machen kann: Der Gewalt von Despoten unterworfen, ist der muslimische Mann nur im Hause Herr und Meister; er hält sich für seine Unterdrückung und Demütigung an den Frauen schadlos. Freiheit der Frau hieße also Freiheit aller durch Abschaffung der Despotie. Das aber verhindere der Westen: »We need these dictators, as friends and as enemies, largely because they do our bidding« (*Independent,* 13. September 1994): Über die Gleichberechtigung der muslimischen Frau wird also in den Hauptstädten des Westens entschieden. Vielleicht müssen wir uns aber gar keine Sorgen über die Unterdrückung der Frau in der islamischen Welt machen. Vittora Alliatas *Harem. Die Freiheit hinter dem Schleier* liegt nun in 9. Auflage vor und schildert, so der Verlag, den Harem als »Ort weiblicher Würde und Selbsterfahrung«, der Schutz biete gegen die Bedrohung »durch die moderne Zivilisation« des Westens. Malise Ruthven ist der Meinung, daß die Reislamisierung »paradoxerweise« auch den Frauen größere persönliche Freiheit bringen könne. Die von den Islamisten vorgeschriebene Kleidung stelle eine »new maturity« dar.[18]

Die Apologie des Islamismus

Als die islamischen Fundamentalisten Anfang 1995 in Algier als Rache für die vier von den französischen Spezialeinheiten bei der Flugzeugentführung getöteten Terroristen vier katholische Priester ermordeten, erklärte der Kardinal von Paris, Jean-Marie Lustiger, daß dies »ein Drama für das Gleichgewicht unserer beiden Zivilisationen« sei. Keine sehr militante Reaktion: vier ermordete Menschen darf man getrost als Grenzwert des herrschaftsfreien Dialogs ansetzen. In der *Zeit* (6. Januar 1995) empörte sich jedoch Joachim Fritz-Vannahme – nicht über die vier Morde, sondern über Kardinal Lustiger: »Die Mörder erhielten von Lustiger die ersehnte Antwort: Mord ist nun mehr als Mord, ein Bürgerkrieg wird von der ›Gegenseite‹ als Religionskrieg gedeutet.« Keine abwegige Interpretation, da sich die algerischen Islamisten

[17] Dieter Senghaas, *Die Wirklichkeit der Kulturkämpfe.* In: *Leviathan,* Nr. 2, 1995.
[18] Malise Ruthven, *Islam in the World.* Harmondsworth: Penguin 1991.

in ihrem Bürgerkrieg auf vier ausländische Christen kapriziert hatten, nicht auf muslimische algerische Bürger. (Laut *Time* vom 9. Januar 1995 haben die extremistischen Islamisten in Algerien geschworen, das Land von »Juden, Christen und Ausländern, die Teil eines kolonialistischen Komplotts sind«, zu reinigen.) Lustiger wird so als Religionskrieger zum Komplizen der islamischen Fundamentalisten, die keine Religionskrieger sind, obwohl sie ersehnen, daß der Bürgerkrieg als Religionskrieg... Eines ist aber zumindest auch dem *Zeit*-Kommentator klar: »Gegenseite« ist nicht gut. Keine Feindbilder! Als wäre es nicht Ausdruck eines betrüblichen intellektuellen und politischen Versagens, in der GIA nicht den Feind alles dessen zu sehen, was am Westen verteidigenswert ist.

Eine umfassende Apologie der fundamentalistischen islamischen Bewegungen hat John L. Esposito vorgelegt, Professor für Middle East Studies am College of the Holy Cross.[19] »In den letzten Jahren vertreten die meisten islamischen Bewegungen eine populistische, partizipatorische, pluralistische politische Position und engagieren sich für Demokratisierung, Menschenrechte und Wirtschaftsreformen.« Als Beispiel nennt Esposito unter anderem die algerische FIS. Espositos Weißwäscherei beruht vor allem auf fünf Argumenten, die auch bei den meisten anderen Feindbild-Islamismus-Kritikern auftauchen. Erstens: Die Fundamentalisten stellen eine »rich diversity« zahlreicher Gruppen dar, keine einheitliche Bewegung (*den* Fundamentalismus gibt es nicht). Zweitens: Sie sind »authentic populist movements«, die kulturelle Identität und Wurzeln bewahren helfen. Drittens: Sie sind nicht antimodern. Viertens: Unter ihren Mitgliedern, insbesondere der Führungsschicht, gibt es zahlreiche vor allem technisch und naturwissenschaftlich Gebildete. Fünftens: Sie lehnen fast ausnahmslos Gewalt ab.

»Diversity« und »variety« gehören sicher zu den am häufigsten benutzten Wörtern in Espositos Buch. Sowenig es *einen* Islam gebe, sowenig gebe es eine fundamentalistische Bewegung. Islamische Politik sei eben nicht »monolithisch«, sondern habe »a rich diversity« von Führern und Formen hervorgebracht. Aber was beweist das für diese Bewegungen? Jeder, der einen Blick auf die Geschichte des Faschismus geworfen hat, weiß, daß es *den* Faschismus nicht gibt, sondern eine »rich diversity« faschistischer Bewegungen. Aber sie sind alle, in unterschiedlicher Gestalt und unterschiedlichem Maße, von Übel. Und es ist ja auch – etwa von Bassam Tibi oder Aziz Al-Azmeh (*Merkur*, Nr. 556, Juli 1995) – darauf hingewiesen worden, daß alle diese verschiedenen Bewegungen doch wesentliche Gemeinsamkeiten haben, die nicht auf eine Vorliebe für den säkularen Staat, die Demokratie, den Pluralismus und die Menschenrechte schließen lassen.[20]

---

19 John L. Esposito, *The Islamic Threat. Myth or Reality?* New York: Oxford University Press 1992. Inzwischen auch als Taschenbuchausgabe (1994).

20 »The ideologies of contemporary Islamist movements are substantially similar in content and objectives.« R. Hrair Dekmejian, *Islam in Revolution. Fundamentalism in the Arab World.* Syracuse: Syracuse University Press 1995. Siehe auch Rolf Stolz, *Die Mullahs am Rhein. Der Vormarsch des Islam in Europa.* München: Herbig 1994.

»Islamische Bewegungen mögen manchmal ausländerfeindlich sein, sind aber selten antimodern«, stellt Esposito fest. Er geht – wie die Fundamentalisten auch – offenbar von einem arg reduzierten Begriff von Modernität aus. Gewiß wollen die Fundamentalisten nicht in dem Sinne ins Mittelalter zurück, daß sie auf Computer und die moderne Medizin verzichten (auch die Internationale der Neonazis treibt sich im Internet herum) oder auf die moderne Naturwissenschaft und Technik. Dabei geht es aber um eine Auffassung von (Natur-)Wissenschaft als Lieferant fertiger und fester Wahrheiten – das der modernen Wissenschaft zugrundeliegende Prinzip der Skepsis, der ständigen Infragestellung und Anzweifelung aller Ergebnisse, Theorien und Methoden muß ihnen fremd sein.[21] Daß die islamischen Fundamentalisten keine Gegner der Moderne sein können, ergibt sich für Esposito auch daraus, daß viele ihrer Mitglieder eine moderne Erziehung genossen haben. Daß Menschen mit hohem Bildungsgrad so böse nicht sein können, ist eine vor allem bei Menschen mit hohem Bildungsgrad verbreitete Vorstellung. Das Dritte Reich oder der Stalinismus sollten uns da eines Besseren belehren.

Die Meinung Espositos, die Mehrzahl der Islamisten lehne Gewalt ab, wird auch von Udo Steinbach geteilt. »Der Hauptstrom der Islamisten«, erklärt er in einem Interview mit der *Woche* (6. Januar 1995), »ich würde sagen, etwa 90 Prozent«, wollten das Ziel einer »›islamischen Ordnung‹« »auf friedlichem Wege erreichen. Zum Beispiel die islamische Wohlfahrtspartei in der Türkei. Auch ein Teil der algerischen FIS dürfte in diesem Sinne demokratisch sein.« (Sie wäre insofern demokratisch, als sie die Demokratie auf friedlichem Wege abschaffen möchte.) In *Islam in Revolution,* seiner Untersuchung des Fundamentalismus in der arabischen Welt, gibt Dekmejian im Anhang eine Liste der »Islamist Societies in the Arab World (1970s–1990s)« und stuft sie unter anderem auch nach dem Grad ihrer Militanz ein (high – medium – low). Von den 175 Gruppen, die Dekmejian anführt, zeichnen sich 119 Gruppen durch hohe Militanz aus. Obwohl Steinbach einräumt, daß die angestrebte islamische Ordnung »am Ende ... möglicherweise auf etwas Totalitäres hinausläuft«, erklärt er: »Nicht der Islamismus als solcher ist unser Gegner«, sondern einer, der mit Militanz und Terror »die Umwandlung der bestehenden Ordnung anstrebt«. Die islamische Ordnung ist bereits in einigen Staaten realisiert worden, und sie hat ganz entschieden in allen Fällen etwas Totalitäres an sich. Daß die auf friedlichem Wege errichtete islamische Ordnung sich davon wesentlich unterscheiden wird, ist eher

---

[21] Zur Haltung der Islamisten gegenüber Wissen und Wissenserwerb, Natur- und Sozial-/Geisteswissenschaften siehe Sadik Al-Azm, *Unbehagen in der Moderne. Aufklärung im Islam.* Frankfurt: Fischer 1993. Unabhängig vom Islamismus und der Frage des Wissenschaftsverständnisses stellt sich in der gesamten islamischen Welt das dringende Problem des Analphabetismus. Die Mehrheit der Muslime in der Welt sind Analphabeten, in der Islamischen Republik Pakistan zwischen 70 und 80 Prozent. Anfang der achtziger Jahre schrieb Raphael Patai: »The Arab world as a whole is still one of the most illiterate areas in the world, and the illiteracy of women is, roughly, twice as high as that of men.« (*The Arab Mind.* New York: Charles Scribner's Sons 1983, Revised Edition). Siehe auch den Artikel von Dieter Weiss *Weshalb sind die Muslime zurückgeblieben?* in der *Zeit* (13. Mai 1994.)

unwahrscheinlich. Wichtiger aber vielleicht noch als die Frage, wann wir wen als Gegner ansehen sollen, ist die, wie wir uns zu Bewegungen und Staaten verhalten, die uns als Gegner ansehen, und zwar ganz unabhängig davon, ob wir ihre Gefühle erwidern oder nicht.

»The vast majority of islamic organizations are moderate and work within the system«, versichert Esposito. Scheich Mohammed Al-Gazzali ist einer der zahlreichen islamistischen Schreibtischtäter innerhalb des Systems. Er ist Träger des saudi-arabischen Feisal-Preises für Verdienste um den Islam und einer Auszeichnung des pakistanischen Staates; die algerische Regierung, die ihn im Rahmen ihrer Arabisierungs- und Islamisierungspolitik an die große Moschee von Constantine geholt hatte, wirft ihm heute vor, während seines Aufenthaltes in Algerien am Aufbau der FIS beteiligt gewesen zu sein. Al-Gazzali ist Theologe an der Al-Azhar, also Regierungsbeamter. Im Prozeß gegen die Mörder Farag Fodas[22] Ende Juni 1993 in Kairo trat er als Zeuge der Verteidigung auf. Er erklärte, daß jeder, der sich – wie Farag Foda – der Einführung des islamischen Rechts widersetze, ein Häretiker sei, der, wenn er nicht bereue und sein Handeln ändere, getötet werde. Für diejenigen, die Häretiker töteten, sei ihm aus dem islamischen Recht keine Strafe bekannt. Er klagte die ägyptischen Gerichte an, das islamische Recht nicht anzuwenden. Die Vollstreckung der nach islamischem Recht geltenden Todesstrafe stelle eine religiöse Pflicht dar, auch wenn die Gerichte sie nicht verhängt haben. Al-Gazzali, der als Autor eines autoritativen Buches über »islamische Menschenrechte« gerühmt wird, kann sich der Sympathie und der Unterstützung von Parlamentariern und der konservativen Kreise des ägyptischen Establishments sicher sein. Warum sollte er seinen Islamismus und die von ihm geforderte Lynchjustiz selber in die Tat umsetzen und sich den Gefahren der Illegalität aussetzen? Dort gibt es genug militante Gruppen, die wissen, was zu tun ist, wenn Al-Gazzali spricht.

Nach all den von Islamisten begangenen oder angedrohten Morden und Gewalttaten an Schriftstellern, Intellektuellen, Künstlern in der islamischen Welt von Algerien bis Bangladesh schreibt Malise Ruthven in der *London Review of Books* (6. Juli 1995), daß der Islamismus kein »totalitarian onslaught comparable to attacks on intellectuals in Nazi Germany or the former Soviet bloc« sei. Es ist nicht recht einzusehen, warum das nicht vergleichbar sein soll: In allen drei Fällen sind die nicht anpassungsbereiten Intellektuellen zu guter Letzt zum Schweigen gebracht worden, im Exil oder tot. – Weiter heißt es bei Ruthven, daß die Familie und der »private family space« auch unter islamistischer Herrschaft sakrosankt bleibe, da sie durch die Scharia geschützt seien. Dagegen sprechen die Aktivitäten der Islamischen Revolu-

---

[22] »Foda hatte seinen Gegnern, den moslemischen Fundamentalisten, vorgeschlagen, ihm anläßlich einer Diskussionsreihe an der Kairoer Universität Ain al-Schams gegenüberzutreten. An einem Junitag 1991 erhielt Foda einen Brief: ›Wir sind zur Diskussion bereit!‹ Am Tag darauf wurde er ermordet. Die Organisation Islamischer Dschihad (Heiliger Krieg), die ihn getötet hatte, erklärte: ›Die Diskussion hat stattgefunden, das Urteil wurde gefällt.‹« Zitiert nach Amir Taheri, *Morden für Allah. Terrorismus im Auftrag der Mullahs.* München: Knaur 1993.

tionären Komitees im islamistischen Iran und der Religionspolizei (muttawin) im fundamentalistischen Saudi-Arabien sowie der Fall des Professors an der Universität Kairo, Nasser Hamed Abuzaid, der wegen seiner Bücher über das islamische Recht der Häresie angeklagt wurde und dessen Scheidung von seiner Frau, Ibthial Yunis-Abuzaid, ein ägyptisches Gericht – gegen beider Willen – am 14. Juni 1995 verfügte. Er sei ein Apostat, dessen Veröffentlichungen den Islam attackierten, und könne so nicht weiterhin mit seiner muslimischen Frau verheiratet bleiben.

Olivier Roys *The Failure of Political Islam* ist eine brillante Analyse des islamischen Fundamentalismus.[23] Die zentrale These Roys – der Titel deutet es an – besagt, daß der Islamismus auch dort, wo er an die Macht kam, historisch versagt habe, insofern er keine »neue Gesellschaft«, keine »neuen politischen Formen« geschaffen habe. Er diene heute nurmehr als Fassade einer politischen Logik, die sich ihm entziehe, nämlich der Logik der traditionellen ethnischen, tribalen und kommunalen Spaltungen und Machtkämpfe. »Es ist nicht so, daß der Islamismus von der politischen Szene verschwindet. Im Gegenteil – von Pakistan bis Algerien breitet er sich aus, wird zu etwas Alltäglichem und in die Politik integriert und wirkt sich auf Sitten und Konflikte aus.« Roy interpretiert das jedoch als eine Integrierung der Islamisten ins Bestehende, ihre »Sozialdemokratisierung«, wie er sich ausdrückt. Genau das aber ist meiner Ansicht nach falsch, es findet nämlich das Gegenteil von Sozialdemokratisierung statt: nicht die sozialistische Revolution wird bürgerlich, sondern das Bürgertums sozialistisch, um in Roys Bild zu bleiben. In *La revanche de Dieu* erklärt Gilles Kepel, »es wäre falsch anzunehmen, daß die Reislamisierung ›von unten‹ in ihrer Ablehnung der säkularen und demokratischen Gesellschaftsform weniger radikal wäre als die Hizbollahs und andere Soldaten des Dschihad«.[24] Laut Tibi ist »die fundamentalistische Weltsicht die heute vorherrschende unter den Muslimen«.[25] Es ist keineswegs sicher, daß der Versuch der etablierten Eliten in Ländern wie Ägypten oder Pakistan, den Islamismus populistisch zur Herrschaftssicherung zu benutzen und ihm immer mehr Konzessionen zu machen, Erfolg hat. David Lamb: »Schritt für Schritt sind die Regierungen vor den Fundamentalisten zurückgewichen, so daß ihnen kaum noch Spielraum geblieben ist.«

Die Geschichte der iranischen Revolution zeigt, wie sehr sich die irren, die glauben, den Islamismus für ihre Zwecke benutzen zu können (man könnte es den Papen-Schleicher-Irrtum nennen). Sie sind im Exil, im Untergrund oder mausetot. Algerien, wo bereits fünf Jahre nach der Unabhängigkeit mit der Politik der Reislamisierung und Arabisierung begonnen worden war und

---

[23] Olivier Roy, *The Failure of Political Islam.* Cambridge (Mass.): Harvard University Press 1994.

[24] Gilles Kepel, *La revanche de Dieu. Chrétiens, juifs et musulmans à la reconquête du monde.* Paris: Éditions du Seuil 1991.

[25] Bassam Tibi, *Die fundamentalistische Herausforderung. Der Islam in der Weltpolitik.* München: Beck 1992.

das schließlich die – vor allem aus Ägypten – gerufenen fundamentalistischen Geister buchstäblich nicht mehr los wurde, stellt ein weiteres Beispiel für diesen Irrtum dar. Wie Roy spricht auch Dekmejian im Hinblick auf den politischen Islam von einem Scheitern – aber von einem Scheitern der arabischen Regime bei ihren Versuchen, »den Islamismus durch eine Mischung von kooptierenden und Zwangsmaßnahmen unter Kontrolle zu halten«, und führt dafür eine lange Liste von Beispielen an. Ein Überblick über die Geschichte der islamistischen Bewegungen im 20. Jahrhundert lasse »im Verlauf des Jahrhunderts eine unaufhaltsame Bewegung zum Radikalismus hin« erkennen.

Es stimmt sicher, daß die Islamisten keine neue Gesellschaft errichtet haben, was immer die Kriterien für eine neue Gesellschaft wären. Aber man wird auch nicht bezweifeln können, daß sich der heutige Iran erheblich von dem des Schah-Regimes unterscheidet. (Die Faschisten haben auch keine neue Gesellschaft geschaffen und doch wesentliche und auch sehr unerfreuliche Veränderungen durchgesetzt.) Daß die Islamisten keine Lösungen für die zentralen Probleme der islamischen Länder vorzuweisen haben, ist evident. Aber daraus folgt keineswegs, daß sie machtpolitisch erfolglos sein müssen. Pol Pots Gesellschaftsmodell war sicher ungeeignet für die Lösung der realen Probleme Kambodschas, aber die Folgen der Anwendung dieses Modells waren sehr real und fürchterlich. Angesichts der Folgen der antimodernen, antiwestlichen faschistischen und kommunistischen Gesellschaftsmodelle scheint es zumal im Interesse der davon Betroffenen angeraten, dem antimodernen und antiwestlichen islamistischen Gesellschaftsmodell diese Gelegenheit, »sich selber zu diskreditieren«, wie Esposito aus sicherer Entfernung vorschlägt, nicht zu geben. Zumindest sollte man es nicht unterstützen.

Nach der Ermordung des Japaners Igarashi, des Übersetzers von Rushdies *The Satanic Verses,* erklärte der Sprecher der Pakistan Association of Japan: »Da Japan kein islamisches Land ist, verstößt dieser Mord gegen das japanische Recht, aber nach islamischem Recht geht das durchaus in Ordnung. Wir haben uns heute beglückwünscht. Wir waren alle wirklich sehr froh.« Japan ist ein säkularer Staat. Die Muslime dort genießen Religionsfreiheit. Der Islam sieht aufgrund ihrer Vielgötterei für die japanischen Schintoisten nur die Bekehrung zum Islam, die Hinrichtung oder die Versklavung vor. Der Sprecher der Pakistan Association of Japan beklagte, daß die Japaner »wie die Tiere« seien. »Sie achten die Religion anderer Menschen nicht. Man muß ihnen eine Lektion erteilen.«[26] Wie gesagt, wir wissen noch zuwenig.

---

[26] Zitiert nach Daniel Easterman.

Christian Meier

Gleichheit und Grenzen

Aristoteles, die Griechen, die Barbaren, die Sklaven

Aristoteles' *Politika,* dieses klassische Werk des europäischen politischen Denkens, muß den heutigen Leser streckenweise skandalös anmuten. Da hört man nicht nur davon, daß der Mann – wenn auch in der Weise eines Königs, nicht eines Herrn – über die Frau regieren soll, sondern es ist auch von Menschen die Rede, die »von Natur Sklaven« sind. Sie bilden sogar die weit überwiegende Mehrheit. Denn Aristoteles meint, Barbar und Sklave sei von Natur dasselbe. Barbaren aber sind alle außer den Griechen; im Osten, im Norden, im Westen und im Süden.

Gewiß, Aristoteles' *Politik* handelt vor allem von der Polis, von dem, was ein Bürger, was ein Gemeinwesen ist und sein soll, von den verschiedenen Verfassungen, der Gerechtigkeit, den Einrichtungen der Stadt und ihrer möglichen Verbesserung, von der idealen Ordnung. Man kann sich darauf konzentrieren, kann die für uns anstößig klingenden Teile beiseite lassen. Aber man hat dann nurmehr einen Teil des Aristoteles in der Hand, man läßt etwas aus, was wichtig ist. Diese politische Philosophie hat zweifellos sehr viel mehr in sich, als im Politikunterricht unserer Tage vorkommt. Sie fußt vor allem auf tiefen Unterschieden, ja Entgegensetzungen, auf der Eingrenzung der griechischen Bürgerschaften und vielerlei Ausgrenzungen, mit denen zusammen diese ein Ganzes bildete.

»Barbaren« nannte man die Nicht-Griechen insgesamt zunächst nach dem Kriterium der Unverständlichkeit ihrer Sprachen. Es wurden unter diesem Titel zum einen die Angehörigen ganz alter Kulturen wie Ägypten und Mesopotamien bezeichnet, die den Griechen ursprünglich kulturell weit überlegen gewesen waren und von denen die Griechen sehr viel gelernt hatten; zum anderen umfaßte der Begriff alle möglichen Völker mit sehr viel geringer ausgeprägter Zivilisation.

Natürlich konnten die Griechen die anderen Völker recht gut voneinander unterscheiden, und die Konnotation des Barbarischen schwang für sie in deren Wahrnehmung nicht unbedingt mit. Schließlich hebt Aristoteles selbst die Völker Asiens von denen im Norden Griechenlands deutlich ab. Die in den kalten Gegenden Europas Wohnenden besäßen zwar viel Mut und Leidenschaft, seien aber nicht mit Denkvermögen und Kunstfertigkeit begabt. Die wären vielmehr denen aus Asien eigen. Jene vermöchten daher eher ihre Freiheit zu bewahren, doch verstünden sie sich nicht auf politische Organisation und könnten ihre Nachbarn nicht beherrschen. Diese dagegen lebten in dauernder Sklaverei. Einzig die Griechen vereinten die Vorzüge der einen und der anderen (wie sie ja auch in der Mitte zwischen ihnen lebten).

Trotzdem spielten diese »asymmetrischen Gegenbegriffe« (Reinhart Koselleck) bei den Griechen, wie übrigens in andern Kulturen auch, eine große Rolle. Zumindest seit den Perserkriegen läßt sich das beobachten, in denen sich die Griechen empfindlich bedroht fühlten, in denen sie aber auch durch ihren Sieg den Eindruck der eigenen Überlegenheit gewinnen konnten. Nach Aristoteles waren sie »nicht nur fortwährend frei, sondern auch politisch aufs beste verfaßt«, man könnte auch sagen: sie vermochten sich am besten zu regieren, ein politisches Leben zu führen, in dem sie miteinander Freie und Gleiche und so auch bereit waren, sich für ihre Stadt im Krieg zu schlagen. Sie wären, fügt Aristoteles hinzu, »imstande, die Herrschaft über alle anderen Völker zu gewinnen, wenn sie sich insgesamt zu einer einzigen politischen Einheit zusammenfinden könnten«.

Insoweit ist zunächst deutlich, daß für Aristoteles nicht alle Barbaren von Natur Sklaven sind, vielmehr nur die, die in den asiatischen Königreichen lebten. Fraglich ist allerdings, ob der Zusammenschluß der Griechen in einem einzigen Gemeinwesen Aristoteles als eine reale Möglichkeit erschien. Zwar war er Lehrer Alexanders des Großen gewesen, und wann immer er diesen Passus abgefaßt hat, zumindest der Gedanke einer Eroberung großer Teile Asiens war den damaligen Griechen nicht fremd. Allein, da Aristoteles für die Griechen nirgends sonst etwas anderes als die (kleine) Polis in Erwägung zieht, spricht alle Wahrscheinlichkeit dafür, daß er einen solchen Zusammenschluß nicht für möglich hielt. Was immer Alexander dann ins Werk setzte, er tat es als König der Makedonen, eines Stammes, dessen Mitglieder nicht zu den Griechen gerechnet (und folglich, mit Ausnahme des Königshauses, nicht zu den Olympischen Spielen zugelassen) wurden. Die Griechenstädte stellten nur ein verhältnismäßig kleines Kontingent.

Es gibt noch eine zweite Stelle, an der Aristoteles eine Eigenart der von ihm beobachteten und begriffenen griechischen Welt von einer denkbaren, aber irrealen anderen Möglichkeit abgrenzt. Wenn es, wie es im Mythos von den Dreifüßen des Hephaistos und den Bildsäulen des Daidalos heißt, unbelebte Werkzeuge gäbe, die selbst sich bewegen und arbeiten könnten, also etwa Weberschiffe, die von allein, automatisch, webten, dann bedürfte man keiner Sklaven.

Man könnte meinen, hier läge der Grund der Sklaverei: Die Griechen brauchten diese lebendigen Werkzeuge. Doch Aristoteles leitet die Tatsache, daß es Sklaven – und entsprechend: Herren – von Natur gäbe, davon ab, daß die menschlichen Körper und Seelen unterschiedlich beschaffen seien: die der Sklaven kräftig (für körperliche Arbeit), die der Herren aufrecht und für solche Arbeit ungeeignet. Entsprechend muß er die Natur der Barbaren aus der Tatsache, daß sie wie Sklaven beherrscht wurden, abgeleitet haben. Ausnahmen kamen immer vor, das bringt das Leben, in diesem Fall vor allem der Krieg, mit sich, aber die Tatsache, daß, wie er meint, die Natur die Unterschiede so stark ausgeprägt hat, ist gleichwohl klar. Sehr eigenartig, denn die Sklaven waren sehr verschiedener Herkunft, und sie hatten sehr verschiedene Arbeiten zu verrichten. Trotzdem soll man die These nicht einfach von der Hand weisen: im Körperlichen, in der Art, sich zu bewegen, ja schon aus den

Augen zu gucken, können sich, noch dazu wenn menschliche Wahrnehmung auf solche Unterschiede geeicht ist, die Sklaven von den Herren erheblich absetzen. Die tiefe Kluft, die die beiden Gruppen nach Eigenart und Anschein voneinander trennte, findet hier also ihren ideologischen Ausdruck.

Die griechischen Herren dagegen, seien sie – innerhalb der Bürgerschaft – hoch oder niedrig, sind von Natur für das politische Leben geeignet, das sich, wie es heißt, in Krieg und Frieden aufteilt. »Die Natur und die Erziehung sind etwas Ähnliches. Denn die Erziehung formt zwar den Menschen um, aber durch diese Umformung schafft sie Natur«, fand Demokrit.

Die Absetzung der Griechen einerseits gegen die Barbaren, andererseits, als Freie, gegen die Sklaven, ist also klar. Wohl hatte es bei ihnen Stimmen gegeben, welche behaupteten, die Unterscheidungen zwischen Griechen und Barbaren und zwischen Freien und Sklaven entsprängen bloß der Konvention, seien also willkürlich, nicht von Natur gegeben. Doch solche Äußerungen scheinen vereinzelt geblieben zu sein; jedenfalls haben wir keinerlei Anhaltspunkte dafür, daß daraus irgendwelche praktischen Folgerungen gezogen worden wären. Die Scheidung zwischen freien Griechen einerseits und Barbaren und Sklaven andererseits war von Aristoteles also nur auf besondere Weise begründet worden: als Tatsache war sie ein konstitutiver Teil der griechischen Welt.

Der Abgrenzung von den Barbaren entsprach das Empfinden griechischer Gemeinsamkeit. Das war schon alt. Ja, man muß annehmen, daß es sich in der Diaspora-Situation, in der die Griechen, aufs Ganze gesehen, lebten, in besonderer Weise entwickelt hat. Seit der Kolonisation fanden sich Griechenstädte zwischen Marseille und der Krim, zwischen Odessa und Nordafrika. Sie lebten neben ganz verschiedenen Nachbarn, denen sie in der Regel zivilisatorisch überlegen waren. Sie müssen Wert darauf gelegt haben, sich als Griechen zu behaupten (bei allen Unterschieden im einzelnen).

Da dieser Gemeinsamkeit der Herkunft keinerlei politische Einheit entsprach, müssen es neben der gemeinsamen Religion, der Sprache und Dichtung vor allem die Lebensformen gewesen sein, in denen sie sich ihrer bewußt wurden: beginnend damit, daß sie in selbständigen Poleis lebten, mit einem Marktplatz in der Mitte, mit Tempeln, bald auch mit Sportplätzen; sich fortsetzend in den bestimmten Arten ihrer Feste, ihrer Symposien bis hin zur Kleidung und zum Menschenbild, in dem sie sich darstellten und erkannten. Darin unterschieden sie sich von allen anderen. Der Unterschied wurde um so deutlicher empfunden, je mehr sich das Leben in der Polis ausprägte, je stärker sich deren Angehörige als Bürger, als Freie ihrer selbst vergewisserten. Wie die Diaspora aber gehörte die Abgrenzung von den Barbaren zur Vorgeschichte der Demokratie.

Je stärker Gruppen sich ausprägen, um so deutlicher müssen sie sich von anderen unterscheiden. Das gilt im Politischen, aber wohl auch in der Kultur. Im Extremfall sind sie nur zu brechen, nicht zu biegen. Das aber bedeutet, daß die Griechen, und besonders die Athener, vermutlich auch insofern ein besonders gutes Studienobjekt darstellen, als sich bei ihnen das Wechselverhältnis zwischen Inklusion und Exklusion besonders stark ausgebildet hat. Hier waren es ja nicht Staaten, sondern Bürgerschaften, nicht »Anstalten«, sondern ganz konkrete Gruppen, die sich und die Bereiche ihres Lebens gegen andere scharf absetzten – und zwar im Rahmen einer umfassenden, durchaus sich als zusammengehörig empfindenden griechischen Gesellschaft.

Warum die Griechen ihre politische Form in den unendlich vielen, kleinen selbständigen Poleis fanden, dafür sind manche Erklärungen vorgebracht worden. Aber es läßt sich letzten Endes nichts anderes dafür vorbringen, als daß es sich eben so gefügt hat, wobei mit der Zeit offenbar ein Gefühl, daß es so, wie es war, auch sein müsse, bestärkend hinzukam. Geographische und andere Gründe können höchstens begünstigend mitgewirkt haben.

Bemerkenswert ist die Erhaltung dieser Welt der kleinen Poleis insbesondere dann, wenn man sich fragt, warum nicht hier und da die eine die andere nicht nur besiegt, sondern auch erobert (und eventuell sich einverleibt) hat. Das hätte dann gleichsam vom kleinen zum größeren Rahmen hin zu Ausscheidungskämpfen führen können – und am Ende zu sehr viel größeren politischen Einheiten, wie sie im gleichen Raum die mykenische Epoche schon gekannt hatte.

Wenn das nicht geschehen ist, so kann dies doch wohl kaum darauf zurückgeführt werden, daß die Griechen kein Bedürfnis nach Macht und Machterweiterung entwickelt hätten. Jedenfalls gibt es genügend Zeugnisse dafür, daß sie in dieser Hinsicht zumindest nicht weit hinter anderen zurückgestanden haben. Allerdings ist es richtig, daß die Monarchen bei ihnen im ganzen schwach waren. Und vor allem scheint es in der Regel nicht möglich gewesen zu sein, die Kräfte von Gemeinwesen nicht nur zum Krieg, sondern auch zur Eroberung und vor allem: zur Behauptung von Eroberungen dauerhaft zusammenzufassen.

Anders gesagt: Diese Gemeinwesen wollten in der Regel für sich bleiben. Und – was die andere Seite derselben Sache ist – ihre Mitglieder (vor allem die führenden) wollten es auch. Sie liebten, bezeugtermaßen, ihre Eigenständigkeit, sie wollten nicht in großen Einheiten »aufgehoben« werden. Was sie waren, wollten sie sein. Das schloß gemeinsame Unternehmungen, auch ehrgeizige, nicht aus, die Bildung größerer Gemeinwesen aber sehr wohl. Selbständig, wie sie sein wollten, standen sie sich dabei gegenseitig im Weg.

Natürlich hätte das nicht so bleiben müssen. Aber diese Herren fanden so viel Gelegenheit zu eigenen (oder vorübergehend gemeinsamen) Unternehmungen, daß fast alle Energien anders abgelenkt werden konnten, insbesondere in die Gründung der vielen Kolonien. Und weithin suchten sie eher im Wettbewerb als in der Beherrschung anderer ihre Erfüllung.

Das aber war nicht alles, vielmehr kam es zugleich dazu, daß die Gemeinden sich (weiterhin) als Kultverbände verstanden, sich selbst und auch ihre Unterabteilungen. Die Zugehörigkeit dazu war in der Regel durch Abstammung von einem Mitglied vermacht. Aber in irgendeiner Weise mögen die – oder einige – Unterabteilungen auch für andere, für hinzukommende

Fremde offen gewesen sein. Vermutlich in geringem Ausmaß. Das bedeutete aber nur, daß die Grenzen der Bürgerschaft zunächst an den Rändern ein wenig durchlässig waren, nicht dagegen, daß die Bürger nicht Wert darauf gelegt hätten, unter sich zu bleiben. Was zumal die Einverleibung anderer Bürgerschaften erschwerte oder unmöglich machte.

Gewiß, keine Regel ist absolut. Hier und dort kam es zu Zusammenschlüssen verschiedener Gemeinden, auch zu Eroberungen. Aber das blieben eher Ausnahmen. Die spezifisch griechische Form des Krieges, eine Phalanx gegen die andere, auf offenem Feld, das Ganze auf eine Schlacht beschränkt, ohne Verfolgung außerhalb des Schlachtfeldes, paßte genau dazu: Diese Kriege waren im Grunde blutige Turniere; damit konnte man in größerem Stile (und zum Zweck der Eroberung) wenig bewirken.

Mit der Zeit wurde zudem der Bürgerstatus wichtiger. Und je mehr das der Fall war, um so weniger konnte man ihn offenbar mit anderen teilen. Aufs Ganze gesehen waren die Bürgerschaften der griechischen Poleis also exklusiv; und das nahm mit der Zeit zu. Die Exklusivität wurde vermutlich um so stärker, je demokratischer sie wurden. Aristokraten mochten in gewissem Umfang zur Großzügigkeit neigen, um ihre Anhängerschaft zu vergrößern. In der Regel werden sie sich dabei aber gegenseitig blockiert haben, nur als Tyrannen hatten sie mehr Freiheit. Der Demos jedoch war dagegen. Politische Gleichheit - und Freiheit - setzte die Abgeschlossenheit eines Kreises Zusammengehöriger voraus und bestärkte sie.

Besonders auffällig ist, daß Perikles zur Zeit der »extremen Demokratie« ein Bürgerrechtsgesetz durchsetzte, wonach künftig attischer Bürger nur noch sein sollte, wer von Vater- und Mutterseite her Athener war. Das ist nicht leicht zu verstehen, denn Athen beherrschte damals die ganze Ägäis und hätte eigentlich, nach unseren (übrigens auch nach römischen) Maßstäben, alle Kräfte gebraucht, um diese Herrschaft zu behaupten und nach außen gewappnet zu sein.

In dieser Zeit hatte es sich längst, vor allem in Athen, eingespielt, daß neben den Bürgern und ihren Sklaven eine große Zahl Nicht-Bürger in den Städten wohnte, um dort verschiedenen Geschäften nachzugehen.

Eigenartigerweise hat Aristoteles über die Exklusivität der griechischen Polis nicht reflektiert. Wohl war ihm bewußt, und er handelt auch davon, daß die Städte sehr verschiedene Regeln hatten, nach denen sie ihr Bürgerrecht zuteilten; gelegentlich verlangten sie sogar, daß mehrere Ahnen nachgewiesen wurden, die schon Bürger gewesen waren. Aber Aristoteles stellt das nur fest. Was ihn interessiert, ist die Verteilung der politischen Rechte unter den (jeweils vorgegebenen) Bürgern, genauer die Frage, wer unter ihnen im politischen Sinn als Bürger zu gelten hat und nach welchen Kriterien.

Während Aristoteles die Sklaverei (und auch den Unterschied zwischen Griechen und Barbaren) für legitimierungsbedürftig hielt, war es ihm offenbar nicht darum zu tun, die Tatsache zu rechtfertigen oder in Frage zu stellen, daß an manchen Orten Nicht-Bürger seit Generationen wohnten, ohne für sich oder ihre Nachkommen die Chance zu erhalten, Bürger zu werden. Vermutlich weil Sklaven und Barbaren keine Wahl hatten, zu sein, was sie waren, während die Nicht-Bürger sich freiwillig in fremden Städten aufhielten.

Aristoteles führt verschiedene Gründe dafür an, warum die Städte überschaubar sein müssen. Aber vor allem hielt er es wohl für selbstverständlich, daß Städte (wenn sie nicht neu gegründet wurden) aus denen bestanden, die in ihnen als Bürger geboren waren.

Aus der athenischen Praxis wissen wir, daß es dort von Zeit zu Zeit Pläne gab, gewisse Gruppen von Nicht-Bürgern in die Bürgerschaft aufzunehmen. Doch war die Sache regelmäßig so strittig, daß man selbst in Fällen, wo es nur allzu gut begründet gewesen wäre, wieder davon abkam. Es sprach sehr vieles dafür, an den Status quo nicht zu rühren.

Die selbstverständliche Exklusivität griechischer Bürgerschaften aber wurde speziell dadurch bedingt, daß sich relativ früh eine männerbündische Öffentlichkeit herausbildete. Der Bereich des Hauses wurde deutlich von dem der Öffentlichkeit geschieden. In das Haus gehörten die Frauen, in die Öffentlichkeit die Männer. Im Haus wurde die Arbeit, das Notwendige besorgt, in der Öffentlichkeit gab man sich frei. Und je ausgeprägter die Freiheit der Bürger (zunächst nur eines gewissen Kreises von ihnen) war, um so deutlicher schieden sich Freie von Sklaven.

Vermutlich gehörte es so zu den Vorbedingungen der Demokratie. Denn bei allen Unterschieden zwischen hoch und niedrig, reich und arm stellte die Gemeinsamkeit der Zugehörigkeit zum Kreis der männlichen Bürger zumindest dem Ansatz nach eine Art Gleichheit her. Darauf konnte man später aufbauen. In der Entgegensetzung zu den Frauen, die eher als irrational und unbeherrscht betrachtet wurden, mußten die Männer auch einem gewissen Druck unterliegen, sich rational zu verhalten und Disziplin zu üben.

Die deutliche Abgrenzung vom Haus und die Aufwertung, die die Öffentlichkeit dadurch erfuhr, führte aber auch dazu, daß sie für die nicht-adligen Männer eine besondere Anziehungskraft gewann: ein Motiv für das regelmäßige politische Engagement, ohne das eine direkte Demokratie, einschließlich ihrer Vorformen, kaum herstellbar gewesen wäre. Weiterhin führte die Scheidung zwischen Öffentlichkeit und Haus dazu, daß die Bürger der Mittel- und dann auch der Unterschichten sich in der Politik so sehr als Bürger und so wenig als Hausherren fühlten, daß sie ihre häuslichen Probleme nicht in die Politik einbrachten. Das hätte sie zudem, bei ihren verschiedenen Interessen, zersplittert. So politisierten sie vielmehr sich selbst und erlangten jene von verschiedenen Quellen betonte Geschlossenheit des politischen Willens, die es ihnen ermöglichte, gegen die als Einzelne weiterhin überlegenen Adligen zusammenzuhalten. Jedenfalls in der Regel. Weit genauer noch als die Adligen haben sie zwischen privat und öffentlich unterschieden.

Das bedeutete schließlich, daß in der Demokratie, zumal in Athen, wirklich eine andere Ordnung galt als in der Gesellschaft. Die politische Gleichheit zwischen reich und arm wurde so wichtig, daß man sie bei fortbestehenden Ungleichheiten als entscheidend empfinden konnte. Summa summarum also beobachten wir in diesen Poleis, zumal in der Demokratie ungewöhnlich scharfe Grenzziehungen, von Polis zu Polis, zwischen Haus und Öffentlichkeit, zwischen den Geschlechtern, nicht zuletzt zwischen Freien und Unfreien. Mit der Folge, daß die Gruppe der männlichen Bürger sich deutlich aus allen anderen heraushob.

So entstand gerade in der Demokratie eine sehr weit getriebene »Homogenität«, vor allem in den mittleren und unteren Schichten. Und offenbar hat man das gebraucht. Denn es gab ja nicht, wie in der Neuzeit, die Staaten, deren Rahmen bereits vorgegeben war, als Demokratien in ihnen installiert wurden. Vielmehr waren es die Bürger, unter denen der Zusammenhalt hergestellt und gesichert werden mußte, auf dem die Polis dann beruhte.

Aristoteles definierte die Bürger durch die Teilhabe an der Politik. »Politische Regierung« war für ihn die Regierung über Freie und Gleiche. In der Demokratie wurde sie dadurch ausgeübt, daß die Bürger abwechselnd regierten und regiert wurden; ihre Gleichheit mußte sich also unmittelbar in politischer Beteiligung dokumentieren.

So ergab es sich ihm nach dem Studium zahlreicher griechischer Städte, die er durch seine Schüler hatte untersuchen lassen. Sie waren unter Umständen sehr verschieden verfaßt. Auf dieser Empirie beruhte seine *Politik.* Eine besondere Rolle unter diesen Städten aber spielte Athen. Aristoteles ist vor allem an dem des 4. Jahrhunderts interessiert. Aber wir müssen ihm darin nicht folgen. Bleiben wir also einen Moment lang bei dem des 5., das die ganze Ägäis beherrschte und als erste eine konsequente Demokratie einführte, zum Zentrum der klassischen griechischen Kultur wurde und – seine Bürgerschaft dann noch enger nach außen abschloß als zuvor.

Als die Athener 462/461 den Adelsrat auf dem Areopag entmachteten und damit die Stadt ganz in die Hand von Volksversammlung und Volksrat gaben, dichtete Aischylos seine *Orestie.* Er suchte, zur Entspannung der konfliktgeladenen, äußerst gefährlichen Situation, in der man mit Mord und Totschlag rechnete, beizutragen, indem er eine überaus heftige Auseinandersetzung zwischen neuen Göttern – Apollo vertrat die olympische Dynastie des Zeus – und alten Gewalten auf die Bühne brachte. Alle elementaren Gegensätze ließ er in diesem Kampf aufeinanderprallen; jung und alt, neues und altes Recht, Ehe und Blutsverwandtschaft, Griechen und Barbaren, hell und dunkel.

Nachdem die Entscheidung gefallen war, mußte die Göttin Athene die Unterlegenen versöhnen. Dann wurden Segenswünsche auf die Stadt gesungen. Dort hieß es: »Freude möge man sich wechselseitig geben, in gemeinfreundschaftlichem/das Allgemeine liebendem Geiste und hassen mit einem Sinn. Vieler Übel unter den Sterblichen ist das das Heilmittel«. Der innere Friede sollte gesichert werden, indem man sich geschlossen gegen außen wandte. Freundschaft war nicht ohne Feindschaft zu haben; nur sollte der Feind außerhalb der Stadt sein.

Im ausgeklügelten Bildprogramm des Parthenon fand – unterhalb der Giebel, die sich mit Athenes Geburt und dem Wettstreit befaßten, den sie mit Poseidon um die Stadt Athen ausgefochten hatte – auf den Metopen der Kampf gegen die (asiatischen) Trojaner und allerhand Ungetüme statt. Im

Innern war zum einen wieder Athen präsent, diesmal im Fries mit dem Panathenäenzug, zum anderen auf dem Schild der Göttin der Kampf gegen die (barbarischen) Amazonen; schließlich zu Füßen der Göttin der Mythos der von den Göttern so verführerisch ausgestatteten Frau Pandora, der die Ausbreitung der Übel unter den Menschen zum Thema hatte: Wohl ein Hinweis darauf, daß die Jungfrau Athene, die von keiner Mutter geboren war, zusammen mit ihrer Stadt diesen und anderen Übeln zu steuern wußte. Überall also Gegensätze, überall Sieg. Eben darin hatte sich Athen bewährt.

Die Großen Dionysien, das Fest, auf dem die Tragödien aufgeführt wurden, fanden Ende März statt, wenn die Schiffahrt in der Ägäis gerade wieder begonnen hatte. Zu dieser Zeit kamen die Gesandtschaften aus den verbündeten (und zunehmend: unterworfenen) Städten, um ihre Beiträge zu bringen. Bevor die Aufführung begann, wurden die Gelder, genau abgepackt, auf die Bühne gebracht: Athen demonstrierte Macht und Reichtum, gerade auch vor denen, die dafür zu zahlen hatten.

Auch den eigenen »Bundesgenossen« gegenüber legte diese Stadt also großen Wert darauf, sich abzuheben und abzugrenzen. Und die Klarheit dieser Abgrenzungen, dieser Gegensätze, dieser Freund- und Feindschaften, die sich verlängerte in die Klarheit des Gegensatzes von schön und häßlich, rational und irrational, Heiterkeit und Ernst, Fest und Alltag, Gesetz und Chaos (um nur weniges zu nennen), drückte sich überall in der klassischen Kultur aus. Man betonte zudem den Zusammenhang von Freiheit und Herrschaft.

Freilich war Athen für Fremde offen, und von überall her kamen sie. Händler und Handwerker, Schaulustige, Künstler, Intellektuelle, Politiker. Man begegnete ihnen mit großem Interesse, zum Teil gar mit Verehrung. Sie trugen nicht wenig dazu bei, daß Athen die »Schule von Hellas« werden konnte. Manche scheinen dort auf längere Zeit Wohnsitz genommen zu haben. Aber – sie blieben Fremde; wenn ihre Gedanken sehr unbequem wurden, konnte man sie vertreiben. Bei aller Herzlichkeit des Umgangs muß die Linie stets deutlich und spürbar gewesen sein, die die Bürger von den Nicht-Bürgern trennte.

Wir haben unsere Schwierigkeiten damit, aber man muß wohl anerkennen, daß die griechische Polis und gerade das mächtige Athen darauf angewiesen war, eine relativ abgeschlossene, exklusive, homogene Bürgerschaft zu sein.

Wo Gemeinwesen derart konkret aus ihren Mitglieder bestehen, ist ihr Zusammenhalt notwendig prekär, zumal Konflikte kaum ausbleiben können. Immer wieder kam es zur Verbannung Einzelner oder ganzer Gruppen, mit denen es die anderen nicht aushielten. Da war das Gegenteil kaum oder nur ausnahmsweise denkbar: daß man andere in großer Zahl in die eigene Bürgerschaft aufnahm.

Es ist interessant, den griechischen Umgang mit dem Bürgerrecht mit dem römischen zu vergleichen. Das römische war vor allem als Freiheitsrecht bestimmt; die Bürger durften *in politicis* zwar mitsprechen, taten es aber in der Regel in Abhängigkeit von Adligen. In dieser Gesellschaft herrschte die vertikale Solidarität zwischen hoch und niedrig vor. Und weil die Adligen mächtig waren, konnten sie mit dem Bürgerrecht relativ großzügig umgehen, die Bürgerschaft vermehren. Je größer ihr Machtbereich wurde, um so größer wurden auch ihre Kräfte, um ihn zu beherrschen.

Das griechische Bürgerrecht dagegen war partizipatorisch; es dokumentierte sich ganz konkret in der Teilhabe am Gemeinwesen, auch an seinen Erträgen, die verteilt wurden, nicht zuletzt aber an seinen Funktionen. Sobald die Vorstufen der Demokratie erreicht waren, bildete sich dort eine horizontale Solidarität heraus, das heißt der Zusammenhalt der Gleichen, vor allem in den Mittel- und Unterschichten, in einem gewissen Gegensatz zu den Adligen. Diese Bürger waren im wesentlichen frei in ihren Abstimmungen. Sie gingen äußerst geizig mit ihrem Bürgerrecht um. Da ihre Teilhabe unmittelbar sein mußte, konnten sie sich nicht von anderen vertreten lassen.

So kam es hier zu einer ausgeprägten Bürger-Identität. So schälte sich der politische Bürgerbegriff aus dem allgemeinen der Zugehörigkeit zur Stadt heraus. Und so wird auch das Bürgerrechtsgesetz des Perikles verständlich. In der Situation äußerster Beanspruchung nach außen ging Athen den einzigen Weg, auf dem unter griechischen Umständen das Höchstmaß der Machtentfaltung möglich war: Es setzte auf größtmögliche Homogenität und Geschlossenheit. Darin zeigte sich die Größe, aber auch die Grenze seiner Möglichkeiten.

Diese griechische Welt mit der – zuletzt erreichten – Gleichheit unter den Bürgern, von reich und arm, mit all den Scheidungen und Entgegensetzungen, die damit verbunden waren, war die Voraussetzung der Philosophie Platons. Und samt der platonischen Philosophie, von der er sich so deutlich absetzte, bildete sie den Anlaß, den Stoff und eine ganze Reihe von selbstverständlichen Implikationen des politischen Denkens des Aristoteles.

Hier wurde die Stadt der Freien und Gleichen geboren, hier die »politische Regierung«, die eben eine Regierung von Freien und Gleichen war, hier der politische Begriff des Bürgers und vieles andere. Hier wurden aber auch die Sklaven nicht nur gebraucht, sondern in genauestem Unterschied zu den Freien gebracht. Hier war die Entgegensetzung zu den Barbaren (und deren nicht durchgängige, aber weitgehende Geringschätzung) Conditio sine qua non des Selbstverständnisses der Griechen. Zuletzt sprach Platon davon, daß die Barbaren Feinde der Griechen von Natur aus seien, die Griechen untereinander dagegen Freunde; nicht zufällig propagierte Isokrates um die gleiche Zeit einen gemeinsamen Krieg gegen die Perser, zum Zweck großer Eroberungen, weil man anders der sozialen Probleme nicht mehr Herr werden könne.

Daher sind die skandalösen Partien nicht nur Zutat, sondern wesentlicher, integrierender Teil der aristotelischen Politik.

Freilich kann man die Partien der *Politika,* die direkt von der Polis handeln, für sich nehmen. Und sie sind es fraglos, die ihre großen Nachwirkungen in der Vorgeschichte und Geschichte unserer »Verfassungsstaaten« gehabt haben.

Unsere politischen Einheiten sind ganz anders konstituiert, als Staaten. Sie sind im Schnitt viel größer. In unseren Demokratien betreiben vor allem Vertreter die Politik. Für eine gewisse Homogenität wird vermittels der Nationen gesorgt; manch einer meint sogar schon, auch die entbehren zu können, so daß nurmehr die Verfassung Gegenstand und Bindeglied des Patriotismus sei.

Unsere Technik bedarf nicht mehr der Sklaven, nur in geringem Maß noch der Arbeiter. Die Trennung zwischen Zivilisierten und Barbaren hat längst einer gegenseitigen Durchdringung Platz gemacht. Öffentlich und privat sind kaum mehr auseinanderzuhalten. Von Kultur und ihren Abgrenzungen wagt schon keiner mehr zu sprechen. Im intellektuellen wie im politischen Diskurs läuft das meiste auf Wischiwaschi hinaus, die Wahrnehmungsverweigerung beherrscht die Tagesordnung. Die dynamischen »asymmetrischen Gegensatzpaare«, die auf das eher statische zwischen Griechen und Barbaren folgten – Christen/Heiden, Herrenrasse/Sklavenrasse, Mensch/Unmensch –, scheinen ausgespielt zu haben. Nicht einmal der Ost-West-Gegensatz ist noch da. Daß Freundschaft im Innern Feindschaft nach außen voraussetzt, ist uns ein unerträglicher Zusammenhang. Mit dem Bürgerrecht sind wir längst dabei, herumzuspielen, denken an ein »Schnupperbürgerrecht« oder an ein »Doppelbürgerrecht«. Und wo die Griechen, für Platon, Freunde von Natur waren, meinen die Europäer, eine europäische Union oder gar einen »Bundesstaat« herstellen zu können.

Daß sich Aristoteles' *Politik* in vielem als unzulänglich erweist, ist nichts Neues. So könnte man meinen, man brauche sich nicht weiter Gedanken darüber zu machen, daß nun auch der Unterschied zwischen einem Gemeinwesen (Polis) und einer Bundesgenossenschaft (Symmachie), auf den Aristoteles so großen Wert legt, sich einzuebnen scheint. Aber es fragt sich, ob es da nicht eine Grenze gibt. Wenn Aristoteles' Lehre ein Stück weit von ihren Voraussetzungen abzulösen war, um auf den Staat angewendet werden zu können, hatte dann nicht auch der bestimmte Voraussetzungen, die eben diese Übertragung ermöglichten? Wenn sie nun dahinschwinden, könnte Aristoteles' *Politik* ihre Aktualität verlieren.

Die Frage ist keineswegs müßig – im Gegenteil, wenn man aus dem Hineinschlittern in immer neue Zustände einen Moment lang herauszutreten sucht, drängt sie sich auf –, ob nicht mit den Staaten auch entscheidende Voraussetzungen der Demokratien ins Rutschen kommen; ob Europa, das sich nicht ohne Grund auf das lateinische Recht zu berufen beliebt, das partizipatorische Bürgerrecht, das Aristoteles verficht, endgültig hinter sich lassen wird; wieweit überhaupt noch Gemeinwesen von Freien und Gleichen – und nicht nur das von Patronageverhältnissen durchwirkte Europa im großen und gewaltbereite Schutzverbände im kleinen – künftig die Bühne beherrschen; was der Verlust an Homogenität auf Dauer ausmacht; und ob wir uns nicht mit unseren universalistischen Vorstellungen weiter von den Möglichkeiten universalen Denkens entfernen, als wenn wir sie etwas zurückhaltender, kritischer, vielleicht gar etwas mehr im Sinne der *Politik* des Aristoteles verfechten würden.

Im elften Kapitel des Propheten Jesaia wird das berühmte Bild vom Friedensreich gezeichnet, das auch die christliche Malerei so stark beschäftigt hat: »Die Wölfe werden bei den Lämmern wohnen und die Parder bei den Böcken liegen ... Kühe und Bären werden auf der Weide gehen, daß ihre Jungen beieinanderliegen, und Löwen werden Stroh essen wie die Ochsen.« Aber dann heißt es gleich darauf eben auch, daß der Herr sein Volk versammelt und »der Neid wider Ephraim wird aufhören, und die Feinde Judas werden ausgerottet werden«. Man kommt also aus den Abschließungen, den Entgegensetzungen nicht heraus. Vielleicht sollte man sich dessen besser bewußt werden, um die bestehenden vernünftiger einrichten, sie hegen zu können, weil sich sonst andere bilden (oder verstärken) könnten, die wir partout nicht wollen.

Werner Schiffauer

Drei Metropolen. Und Berlin

Zur Logik kultureller Strömungen

Städte zeichnen sich weniger durch die Tatsache aus, daß in ihnen eine große Zahl von Personen auf dichtem Raum lebt, als dadurch, daß sie Zentren sind: in politischer Hinsicht Herrschafts- beziehungsweise Verwaltungszentrum; in ökonomischer Hinsicht Markt- beziehungsweise Produktionszentrum; in kultureller Hinsicht sakrales oder akademisches Zentrum. Es ist unmittelbar einsichtig, daß eine große Ansiedlung, die nicht zumindest in zweifacher Hinsicht als Zentrum gilt, nicht mehr ist als ein »großes Dorf«. Diese entscheidende Bedeutung der Funktion der Stadt schlägt sich nieder in den Klassifikationen der Städte: etwa in der Weberschen Gegenüberstellung von Handelsstadt und Herrschaftsstadt, zu der sich noch die Industriestadt dazugesellen läßt.[1]

Genauso wichtig wie die Funktion, die eine Stadt als Zentrum erfüllt, ist die Struktur der Vernetzung. Ohne Anspruch auf Vollständigkeit (dies wäre die Aufgabe des Stadthistorikers) nenne ich drei Typen: Die mittelalterlichen und frühneuzeitlichen Städte waren in starkem Ausmaß Zentren für ihr jeweiliges Hinterland und, insofern sie Handelszentren waren, in einem sehr losen und wenig hierarchischen Netz untereinander verknüpft – was jedoch keineswegs bedeutet, daß es sich um statische Verhältnisse handelt, denn die jeweilige Stadt- und Ordnungspolitik hat maßgeblichen Einfluß auf den Aufbau und Verlust zentraler Funktionen gehabt.[2] Nürnberg beispielsweise konnte sich als autonome Stadt zu einem Fernhandelszentrum entwickeln, während Würzburg und Bamberg – als Bischofssitze Herrschafts- und Administrationszentren – ihre ursprüngliche ökonomisch zentrale Rolle einbüßten.

Im Laufe des 19. und der ersten Hälfte des 20. Jahrhunderts transformiert sich dieses multipolare und weitgehend egalitäre Netz in ein hierarchisch gegliedertes: Die relative Bedeutung des Hinterlandes tritt immer mehr zurück, die Funktionen, die die Städte füreinander ausüben, werden immer wichtiger. Es entfaltet sich eine Struktur der Zentralität: Es entstehen Zentren von Zentren (oft die jeweiligen Hauptstädte), und es gibt *das* Zentrum – Paris wird zur Hauptstadt des 19., New York zu der des 20. Jahrhunderts. Dieser Prozeß findet auf der politischen Ebene statt – im Zug der Nationalstaatsentwicklung werden die einzelnen lokalen Zentren immer stärker eingebunden –, auf der ökonomischen – neben Handelszentren werden zunehmend Industriezentren wichtig – und auf der kulturellen Ebene. Im gleichen

---

1 Vgl. Ulf Hannerz, *Exploring the City.* New York: Columbia University Press 1980.

2 Ulrich Knefelkamp, *Die Städte Würzburg, Bamberg und Nürnberg.* In: *Historischer Verein Bamberg, 120. Bericht* (1984).

Zug entsteht das Gegenteil des Zentrums: die Provinz. Es entfaltet sich eine Rangordnung, nach der die Städte entsprechend ihrer jeweiligen Zentralität respektive Provinzialität eingeordnet sind.

Eine weitere Form der Vernetzung beginnt sich seit der Mitte des 20. Jahrhunderts durchzusetzen: Die postfordistische Stadt zeichnet sich zum einen durch den Verlust der klaren Grenze zum Umland aus (Einkaufszentren entstehen oft *zwischen* den Städten; Suburbanisierung und die zunehmende Bedeutung des Pendelns verwischt den klaren Unterschied von Stadt und Dorf). Aber auch die Struktur der Vernetzung wird unübersichtlicher. Neue Zentren entstehen – gerade die fortschrittlichsten Technologien werden in Gebieten außerhalb der klassischen Zentren angesiedelt und transformieren bisherige Provinzen zu Zentren eigener Art (»Silicon Valleys«). Dies geht Hand in Hand mit dem Niedergang von Zentren (vor allem der Schwerindustrie) sowie der Auslagerung von Zentren (vor allem der Leichtindustrie) in Drittwelt-Länder. Die relativ stabile Struktur von Zentralität löst sich auf, und es entsteht ein multipolares Netz, das das bisherige Hinterland mit einbezieht und daher sehr unüberschaulich wird. Die Kehrseite dieses Prozesses ist das zunehmende Selbstbewußtsein der Provinz, die nun den Anschluß gefunden hat und sich deshalb selbstbewußt als »Region« definieren kann. Der Aufschwung des Lokalen ist also ein Prozeß, der dem Globalen korrespondiert. Freilich sollte dieser Prozeß nicht überzeichnet werden: Längst nicht jede Provinz hat sich zur Region gemausert, und auch das Lebensgefühl, in der Metropole im Zentrum zu leben, ist nicht ganz abhanden gekommen.

Die globale Hierarchisierung der Vernetzung führte im 19. und der ersten Hälfte des 20. Jahrhunderts dazu, daß man sich der verschiedenen Geschwindigkeiten des kulturellen Flusses bewußt wurde. Zeit wurde für die urbane Selbstreflexion ein zentrales Thema, die pulsierende, hektische, kurzlebige Stadt wurde zum Topos; ihr wurde die Provinz, in der die Zeit angeblich stehenbleibt, gegenübergestellt.

Der Zusammenhang von Vernetzung und Zeitgefühl teilt sich besonders deutlich in depossedierten Zentren mit – in ehemaligen Zentren, die auf Grund einer Umstrukturierung des interurbanen Netzes an den Rand gerückt sind. Meist lagen sie in enger Nachbarschaft zu einem sich mit großer Dynamik entwickelnden Zentrum. Es sind dies oft historisch reizvolle Städte, die in einen Dornröschenschlaf verfallen – bis sie durch den Tourismus wieder zu Zentren neuer Art erweckt wurden.

Solange Zentrum und Provinz säuberlich geschieden waren, blieb auf Grund der unterschiedlichen Umschlaggeschwindigkeiten von Moden und Gedanken die Vorstellung von Fortschritt virulent: Wenn die Kultur an einem Ort sich schneller fortentwickelt als an einem anderen (und dadurch die anderen Orte fortreißt), dann scheint die Zeit sozusagen vektoriell gerichtet: Sie wird analog zu einem Fluß wahrgenommen, der in seiner Mitte rascher fließt als an den Rändern. Es gibt also einen Mainstream und eine Peripherie.

Anders scheint das Zeitgefühl in einem dezentrierten Netz: Hier hat man eher den Eindruck, daß aus verschiedenen Richtungen und auf verschiedenen Ebenen etwas »zusammenströmt«; während der kulturelle Umschlag immer schneller stattfindet, läßt sich die Veränderung nicht mehr in ein Vorher und Nachher bannen. Die Zeit hat ihre vektorielle Qualität verloren, sie wird eher als ein kaleidoskopartiges Umstrukturieren erlebt, aber nicht mehr als Entwicklung und Fortschritt. Das in den fünfziger und sechziger Jahren verbreitete Gefühl, eine Reise nach New York konfrontiere einen Europäer mit der eigenen Zukunft, gibt es kaum noch. Statt dessen prägt das Netz den Charakter der Städte: »Berlin, die zwischen Ost und West hin und hergerissene, die zerrissene Stadt; Stockholm, die von der europäischen Banane (EG-Jargon) angezogene, Brüssel, die verkannte Stadt; Warschau, die Ambitionierte, die Buhlerin; Rom, die Abgeschriebene, die gen Süden abdriftende Stadt«.[3]

Der Ort einer Stadt im interurbanen Netz prägt aber nicht nur das Zeit- und Lebensgefühl in bezug auf die Stadt als Ganzes, sondern er hat auch Implikationen für das Zeitgefühl verschiedener urbaner Gruppen. Es gibt in jeder Stadt Kreise, die sich an den Zentren höherer Ordnung orientieren – sozusagen kosmopolitische Brückenköpfe. Es sind dies mit Wahrscheinlichkeit (aber nicht ausschließlich) Gruppen, die über ihre Berufstätigkeit in Austauschprozesse mit Zentren höherer Ordnung involviert sind. Diese Gruppen dürften dazu tendieren, sich als progressive Fraktion in der eigenen Stadt zu sehen – und mit einer gewissen Distanz auf sie zu blicken: Großhändler scheinen immer schon eine andere Kultur gehabt zu haben als Kleinhändler. Umgekehrt scheinen Gruppen, die ökonomisch mit Zentren niedrigerer Ordnung (beziehungsweise dem Hinterland im engsten Sinn) zu tun haben, eher zum Konservativismus zu neigen: Bei ihnen dürfte man eine Bejahung der Provinz vorfinden, die als solide (im Gegensatz zur oberflächlichen, modischen großstädtischen Kultur) gesehen wird. Eine Unterscheidung zwischen zwei Fraktionen der Intelligenz, zwischen *literati* und Intellektuellen, läßt sich auf diesem Hintergrund treffen. Die *literati* sind die klassischen Schriftgelehrten, die Dienste für die eigene Stadt und für das Hinterland erbringen. Die Intellektuellen dagegen orientieren sich an den übergeordneten Zentren; sie sind tendenziell kosmopolitisch und zeichnen sich in der Regel durch eine gewisse Distanz zur lokalen Tradition aus. Sie bilden damit ein unruhiges – und oft von lokalen Eliten mit Mißtrauen betrachtetes – Element in der Stadt.

Dieser Gegensatz in der Orientierung von unterschiedlichen urbanen Fraktionen ist dann besonders auffallend, wenn die Zentren, an denen sich einflußreiche Gruppen der Bevölkerung orientieren, außerhalb der eigenen Kultur liegen. Dies gilt etwa für die kosmopolitischen Eliten der Dritten Welt – man denke an die frankophone Elite Algeriens oder die angelsächsisch geprägte Elite Pakistans. In diesen Fällen radikalisiert sich der Gegensatz von progressiv und konservativ leicht zu einem Gegensatz von »westlichen« und »indigenen« Eliten. Das Gegeneinanderwirken kultureller Strömungen nimmt in Krisensituationen dann leicht die explosiven und bitteren

---

[3] Bernward Joerges, *Überlegungen zu einer WZB Forschungsgruppe »Metropolen« und Entwurf eines Programmvorschlags.* Wissenschaftszentrum Berlin für Sozialforschung, Dezember 1993.

Formen eines Kulturkampfes an, bei dem beide Seiten sich wechselseitig »reaktionärer Tendenzen« oder des Verrats an Authentizität beschuldigen. Das vielleicht beste Beispiel jüngerer Zeit bieten die fundamentalistischen Bewegungen in der arabischen Welt oder auch manche neonationalistischen Bewegungen wie der Leuchtende Pfad in Peru oder die Tamil Tigers in Sri Lanka.[4]

*

Neben der Struktur der Vernetzung ist die Ausprägung der Arbeitsteilung entscheidend für die Strukturierung des kulturellen Flusses. Die Hinsicht, in welcher eine Stadt Zentrum ist, definiert die dominante Gruppe in ihr. Wir wissen aus der Alltagserfahrung, daß in einer Handels- und Messestadt ein anderer »Geist« herrscht als in einer Industriestadt oder in einer Verwaltungsstadt. Dies gilt es genauer und analytischer zu fassen.

Die Berufskultur des Kollektivs

In dieser Kultur bewegt sich der einzelne in einer starken und stabilen sekundären Berufsgruppe, in der er typischerweise langdauernde, egalitäre und multideterminierte Beziehungen zu anderen hat. Berufsgruppen dieser Art bildeten sich häufig in den klassischen Zentren der Schwerindustrie. Ein Beispiel wäre die in Bergbau und Schwerindustrie beschäftigte Arbeiterschaft des Ruhrgebiets: Ein egalitäres Grundgefühl steht hier im Zusammenhang mit der Tatsache, daß sich diese Arbeiterschaft aus Arbeitsmigranten rekrutierte, also aus Personen, die sich von den Statussystemen ihrer Herkunftsregionen gelöst hatten (was das Ruhrgebiet vom Stuttgarter Raum unterschied, in dem die meisten Arbeiter Pendler aus der Region waren). Die vergleichsweise große Homogenität der Arbeitsbedingungen unterstrich dies noch. Die strukturbedingte schwache Lage des einzelnen konnte durch Solidarität, also durch Organisation in Gewerkschaften oder linken Parteien, ausgeglichen werden.

Dies sind ideale Voraussetzungen für die Entfaltung einer in sich verkapselten Kultur. Sie läßt sich idealtypisch folgendermaßen charakterisieren: Das hohe Maß an Binneninteraktion führt dazu, daß ein relativ stabiles, manchmal starr anmutendes Weltbild entsteht. Die Redundanz der Austauschprozesse läßt den Eindruck entstehen, daß »die Dinge so sind, wie sie sind«. Die relative Festigkeit der Orientierung äußert sich in einer Betonung der Grenzen zwischen »uns« und »denen«: *Ihr da oben – wir da unten,* wie es Wallraffs und Engelmanns Sozialkritik auf den Punkt brachte. Die Welt wird tendenziell eingeteilt in Personen, denen man vertrauen kann, und andere. Die ersteren »werden schon wissen, was sie machen«. Die Betonung des

---

4 Auch die Geschichte des osteuropäischen Nationalismus ist ein Beispiel und nur vor dem Hintergrund zu verstehen, daß das Großbürgertum deutsch oder jüdisch orientiert war, was die Herausbildung eines spezifisch antibürgerlichen Nationalismus zur Folge hatte. Vgl. Jürgen Kocka (Hrsg.), *Bürgertum im 19. Jahrhundert.* München: dtv 1988; Sonja Margolina, *Das Ende der Lügen.* Berlin: Siedler 1992.

Kollektivs führt zu einer Ethik der Selbstbescheidung, was die eigene Meinung betrifft. Man bekennt sich zu den eigenen Grenzen und delegiert vieles an die Personen, die es »einfach besser wissen«. Kurz: Es ist dies der soziale Hintergrund, auf dem die Kultur der Gewerkschaft und der sozialistischen Parteien erwachsen konnte.

Der Boden für die Dynamik von Aspiration und Abgrenzung, von Vermischung und Trennung, scheint in dieser Kultur schlecht bestellt zu sein. Auffallend ist ein Mißtrauen gegenüber Aufsteigern – sie werden leicht als diejenigen gesehen, die die Solidargemeinschaft verlassen wollen. Die Übernahme von Lebensstilelementen aus oberen Schichten erscheint auf dem Hintergrund dieser Wertungen schnell als prätentiös, als der Versuch, »etwas Besseres sein zu wollen«, »höher hinaus zu wollen« usw.

Im Ruhrgebiet gab die Arbeiterkultur den Ton vor, und sowohl die Beamten wie auch die Kleingewerbetreibenden mußten sich ihr zuordnen. »Den bildungsbürgerlichen Kreisen – Lehrern, Richtern, Verwaltungsbeamten – erschien eine Versetzung in das Ruhrgebiet lange Zeit als Strafversetzung ... Ihnen blieb nur die Wahl zwischen sozialer Distanzierung in Form der gesellschaftlichen Abkapselung oder der Einlassung, d. h. der Versuch, sich in die Gedanken- und Handlungswelt der Arbeiterbevölkerung zu versetzen. Der Typus des ›handfesten‹, ›patenten‹ Lehrers oder Priesters, der zuzupacken versteht und mit dem man reden kann, ist eine Sozialfigur, die der kulturellen Wirklichkeit Rechnung zu tragen versucht.«[5]

Im übrigen führt diese Binnenorientierung, gepaart mit der schwachen Ausprägung bürgerlicher Kultur dazu, daß Industriestädte nicht selten wie große Dörfer wirkten. Dies war der Eindruck, den das Ruhrgebiet um 1900 erweckte, dies war aber auch der Eindruck, den ein schwedischer Ethnologe vor einigen Jahren von Kanpur in Nordindien erhielt. Das folgende Zitat läßt erkennen, wie prägend eine Berufskultur unabhängig vom jeweiligen nationalkulturellen Kontext ist: »Obwohl sie eine große Bevölkerung hat und oft als eine von Indiens Metropolen beschrieben wird, wirkt Kanpur eher wie eine aufgeblähte Kleinstadt als wie eine Großstadt. Ihr fehlen viele der Charakteristiken, die man mit der Idee einer Metropole verbindet ... Das Leben ist definitiv provinziell ... Auffällig ist das Fehlen von Leuten, die in bezug auf Lebensstil und Konsumption in Orten wie Delhi, Bombay und Kalkutta das Tempo setzen: der im Überfluß lebende Jet-set von Andies, Freddies, Dannies, Jimmies und Bunnies, die V. S. Naipaul mit so beißender Ironie beschrieben hat.«[6]

Die hierarchische Berufskultur

Auch in dieser Kultur ist der einzelne stark in eine sekundäre Gruppe integriert, diese ist jedoch hierarchisch strukturiert und selber wieder in andere sekundäre Gruppen hierarchisch verschalt.

---

[5] Rolf Lindner, *Das Ethos der Region.* In: *Zeitschrift für Volkskunde,* Nr. 2, 1993.

[6] Stefan Molund, *First We Are People.* In: *Stockholm Studies in Social Anthropology* (1988).

Hierarchische Kulturen dieser Art dürften primär im administrativen Sektor entstehen, mithin typisch für die Kultur der Verwaltungsstadt sein. Der einzelne gehört einer Abteilung an, mit der er (für Außenstehende oft bemerkenswert) solidarisch ist, diese Abteilung ist jedoch gleichzeitig Teil einer Behörde und damit des Staatsapparats insgesamt. Es gibt deshalb hier eine Tendenz, sich anders als in der Kultur des Kollektivs mit dem Ganzen zu identifizieren - sei es (in der liberalen Version) mit dem Gemeinwohl oder (in der konservativen Version) mit der Würde des Staates. Weit mehr als in der egalitären Kultur gibt es in der hierarchischen Kultur *diversity of access* und *access to diversity:*[7] Neue Deutungen, Entwürfe werden entwickelt und fließen weiter. Was die Beamtenkultur indes auszuzeichnen scheint, ist der kontrollierte, sozusagen gemäßigte Charakter dieses Flusses. Vieles bewegt sich in einem vorgegebenen Rahmen - das Ideal der Vernunft (das oft die Form des Ausgleichs und der Synthese annimmt) scheint wichtiger als das Ideal der Innovation. Eine Neuerung ist nicht schon »per se gut«. Veränderungen sind durchaus erlaubt, aber doch »innerhalb von Grenzen«. Diese Kunst des Umgang mit Grenzen ist insbesondere bei guten Verwaltungsbeamten zu sehen. Sie zeichnen sich durch Findigkeit aus - sie können sehr viel durchsetzen, indem sie mit Haushaltstiteln jonglieren.

Der feste Rahmen, in dem sich diese Kultur entfaltet, macht sie weniger anfällig für extreme Pendelschläge als die anderen Berufskulturen. Der einzelne ist eingebunden - synchron in die Aufschichtung der Institution, vor allem aber diachron auf Grund einer festen Laufbahnerwartung.

Da Aufstieg positiv bewertet wird, kommt es nicht zu einer Verkapselung, sondern zur Entfaltung der Dynamik von Aspiration und Abgrenzung. Auch diese scheint sich jedoch nur gebremst zu vollziehen - die Übernahme von Moden wird offenbar eingehegt durch eine Kultur des Angemessenen, die eher mit den vorhandenen Differenzen spielt, als daß sie sie in Frage stellt. All dies dürfte zu der fast sprichwörtlichen kulturellen Ausstrahlung von Beamten- und Verwaltungsstädten geführt haben: zu der gepflegten Ordnung, der Ruhe, aber auch der Langeweile, die sie charakterisieren.

Die individualistische Berufskultur

In der individualistischen Berufskultur betont der einzelne Freiheit gegenüber sekundären Gruppen - sprich den Kollegen; in der Regel gehört er mehreren Gruppen an, die er in seinem Leben wiederholt wechselt. Eine langdauernde Bindung wird tendenziell eher abgelehnt; dagegen gibt es eine hohe Wertschätzung von individueller Freiheit. Da die Laufbahn relativ wenig festgelegt ist, sieht sich in diesem Sektor der einzelne als Schmied seines Glückes.

---

[7] Die Begriffe stammen von Hannerz: *diversity of access* (Vielfalt des Zugangs) meint, daß in der Stadt die Relevanzbereiche - Arbeit, Wohnen, Verkehr, Freizeit, Verwandtschaft - auseinanderfallen, daß das Individuum an mehreren kulturellen Sphären partizipiert und dort mit jeweils anderen Personen zusammenkommt; *access to diversity* (Zugang zu Vielfalt) meint, daß es in der Stadt für den einzelnen einfacher ist, Gleichgesinnte zu finden und mit ihnen eine Gruppe zu bilden - erst in der Stadt kann sich eine Subkultur entwickeln.

Der Ort, an dem sich diese Kultur entfaltet, ist der freie Markt, auf dem die einzelnen untereinander konkurrieren. Dies geht deshalb mit der Bejahung des gesellschaftlichen Ganzen Hand in Hand, weil dieses sozusagen die Regeln garantiert, die den Wettbewerb erst ermöglichen. Am deutlichsten dürfte sich die individualistische Kultur in innovativen Wachstumsbereichen entfalten, in denen relativ wenig festgelegt ist.

In diesem Feld dürften *access to diversity* wie auch *diversity of access* sehr entfaltet sein. Der »Individualist« ist derjenige, der sich mit Behagen in der Vielfalt bewegt, der die Stadt als Kulisse, auch als Stätte der Selbstinszenierung benutzt. Innovation – und damit Kreativität – ist positiv besetzt. In dieser Berufskultur gilt es als positives Merkmal, eine eigene Meinung zu haben, einen eigenen Stil. Daran liegt es nicht zuletzt, daß sich diese Gruppe schwer organisieren läßt: Sie ist ein Sorgenkind der Gewerkschaften. Die Bedeutung dieser Gruppen hat durch die Entfaltung des tertiären Sektors sehr zugenommen.

Besondere Strukturen ergeben sich in bezug auf die Dynamik von Aspiration und Abgrenzung. Wegen der offenen Wettbewerbsstruktur ist die Kunst der Selbstinszenierung wichtiger als in den anderen Berufskulturen. Der Zwang zur Anpassung mag sublimer sein als in der hierarchischen Kultur, er ist aber mit Sicherheit nicht weniger stark.[8]

Der Gegensatz der Arbeiterkultur und der individualistischen Angestelltenkultur zeigt sich im Vergleich der Arbeiterstadt Offenbach mit der Angestelltenstadt Frankfurt am Main. Ein kleines, aber sprechendes Beispiel für die Unterschiedlichkeit der Alltagskulturen liefern die Fußballvereine, Kickers Offenbach und Eintracht Frankfurt. Kickers Offenbach ist (noch) ein traditionaler Anhängerverein: Die Zuschauer identifizieren sich mit »ihrem« Verein auch dann noch, wenn er Niederlagen erleidet. Der Verein dient der Identität der kollektiven Kultur: Es sind »ihre« Spieler, die für Offenbach kämpfen. Eintracht Frankfurt dagegen ist primär ein Kundenverein. Die Zuschauer haben individualistische Interessen: Sie sind hauptsächlich an einem guten Spiel interessiert und erwarten vom Verein, daß er es bietet. Versagt er in dieser Hinsicht, wenden sie sich anderen Vereinen zu.

Die Kultur der Randseiter

Personen dieser Gruppe zeichnen sich dadurch aus, daß sie – wie die Individualisten – wenig in feste Berufsgruppen integriert sind, daß sie gleichzeitig aber auch wenig Integration in der Stadt beziehungsweise Gesellschaft als ganzer genießen. Diese Position der Randseiter erlaubt eine relative Vielzahl von Organisationsformen, die nur darin etwas Gemeinsames haben, daß sie von der Norm entfernt sind. Die Gruppe der Randseiter umfaßt die klassischen Außenseiter (also Depossedierte in allen Formen) wie auch temporäre

---

8 In *Die feinen Unterschiede* (Frankfurt: Suhrkamp 1982) montiert Pierre Bourdieu aus Zitaten das Porträt eines jungen »Cadre«, der »zu leben versteht«: »In der Bank muß das Hemd uni sein, die Bank ist nicht auf Show aus, während in der Werbebranche jeder ausgibt, was er hat ... Wenn ein Neuer in die Agentur kommt, ist er mit einem Blick durchgecheckt.«

Außenseiter – zum Beispiel Studenten, insbesondere brotloser Fächer (wie Kulturanthropologie).

Die Gemeinsamkeit der Position liegt darin, daß sowohl *access to diversity* wie *diversity of access* eine sehr große Rolle spielen; die relativ geringe Einbindung dieser Gruppe läßt die Prozesse kultureller Deutungen schneller und radikaler ablaufen als in den anderen Gruppen. Die retardierenden Momente, die bei den anderen Berufskulturen eine Rolle spielen, fallen weg: Randseiter müssen weder auf den Markt noch auf das Kollektiv, noch auf die Hierarchie Rücksicht nehmen. Diese Gruppen zeichnet kurzum eine gewisse Tendenz zur Radikalität aus – zur grundsätzlichen Infragestellung der Gesellschaft (oder auch zu ihrer Verachtung). Dies führt dazu, daß die Organisationsformen in diesem Sektor eine große Spannbreite aufweisen: Bemerkenswert scheint mir ein Oszillieren zwischen extrem autoritären Gruppen, die den Angehörigen dieser Gruppe sozusagen ein Korsett verpassen – die Zeugen Jehovas beispielsweise – und extrem anarchistischen Gruppen.

Hinzu tritt die Opposition zur Gesamtgesellschaft, die diese Berufskultur mit der Arbeiterkultur teilt. Sie zeigt sich in einer Tendenz zur Ablehnung der Dynamik von Aspiration und Abgrenzung aus, was symbolisch meist in einem antibürgerlichen Stil artikuliert wird, der sich sowohl in Opposition zur Beamtenkultur wie zur als anpaßlerisch empfunden Yuppiekultur setzt und sich nicht zuletzt im Gegensatz zur als kleinbürgerlich empfundenen Arbeiterkultur begreift.

Versteht sich, daß diese vier Idealtypen nur in Ausnahmefällen rein realisiert sind: Die weitaus größte Zahl von Berufskulturen dürfte zwischen ihnen angesiedelt sein, was Synthesen aller Art möglich macht.

*

Ein wichtiger Faktor, der strukturierend auf den kulturellen Fluß in Großstädten einwirkt, sind die Vorstellungen und Konzepte urbaner Ordnung. Diese Ordnungsvorstellungen lassen sich aus der kulturspezifischen Art ablesen, wie der städtische Raum gegliedert und bewertet wird. An den Beispielen von Paris, London, Chicago und Berlin soll gezeigt werden, daß dies immense Implikationen für die Art und Weise des kulturellen Flusses hat.

Der Grundriß von Paris läßt sich als ein von einem Straßenkreuz durchschnittener Kreis wiedergeben; diesem Grundriß entspricht ein Ordnungs- und Bewertungsschema. Paris, das ist das von der Ringautobahn, dem *périphérique,* umschlossene Zentrum, klar gegliedert durch die Achsen der Boulevards. Der *périphérique* trennt die Welt der Innenstadt von den Vororten. Das Ideal der Urbanität ist verknüpft mit der Innenstadt, das Leben in den *banlieues* wird dagegen mit halber und defizitärer Urbanität assoziiert. In den wohlhabenderen *banlieues* zu leben, den *banlieues vertes,* gebietet die Notwendigkeit (was in der Regel Kinder bedeutet); in den ärmeren *banlieues* zu leben, gebietet die Not (früher wurden die *banlieues rouges* und die *banlieues noires* mit Industriearbeiterschaft und politischem Radikalismus assoziiert; heute ist das primäre Assoziationsfeld die Triade von Armut, Ausländern und Kriminalität).

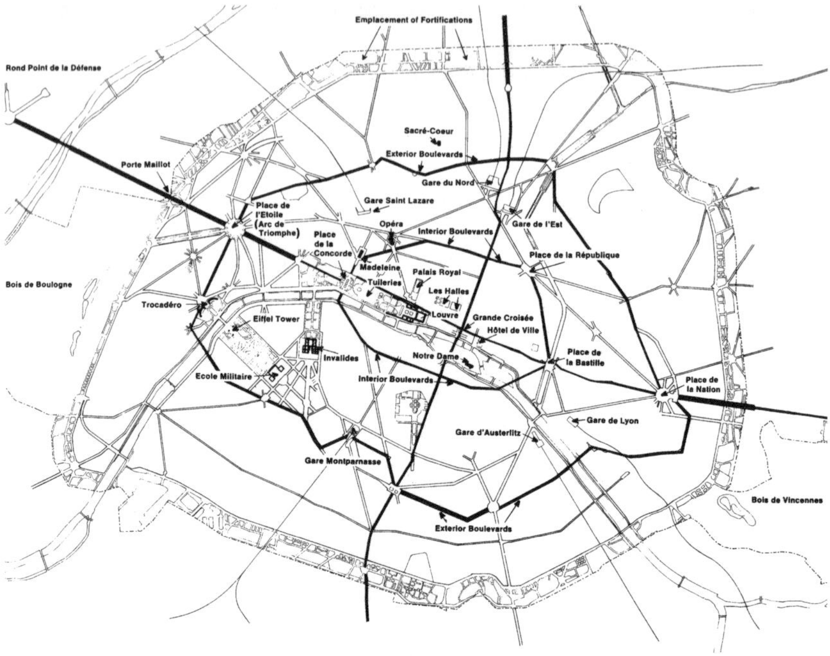

Nur auf dem Hintergrund dieses Ordnungsschemas läßt sich eine bemerkenswerte stadtplanerische Initiative verstehen. Nanterre war bis 1960 ein klassischer Arbeitervorort; danach wurden im großen Stil Unterkünfte aus Mitteln des sozialen Wohnungsbaus (HLM - Habitation à Loyer Modéré) errichtet, um Immigranten aus dem Maghreb unterzubringen. In den siebziger Jahren wurde Nanterre durch die Vorortbahn RER an das Zentrum angebunden, und es wurden die gigantischen Wohntürme von La Defense errichtet, in die eine neue Mittelschicht (Angestellte, Manager) einzogen.[9] In Zusammenhang mit dieser faktischen Integration wurde nun eine Konzeption erarbeitet, mit der man Nanterre auch symbolisch zur Innenstadt machen würde. Durch die Verlängerung der *axe historique* (Triumphbogen, Champs-Elysées) bis Nanterre würde der Vorort zur Innenstadt. Wie nichts anderes verweist dieses Projekt auf Konzepte urbaner Ordnung: Nanterre wird nicht von selbst sozusagen zu einem Teil der Innenstadt - es bedarf des Aktes des Einbindens an das zentrale Achsenkreuz, um den Vorort zum Teil des Zentrums zu machen.

Wenn man die Implikationen dieser starken Stellung des Zentrums auf den kulturellen Fluß analysiert, erkennt man, daß die Metropole eine Zentrifugalkraft entwickelt, die beiläufig und selbstverständlich Rangordnungen im Wert- und Qualitätsgefühl liefert. Das Zentrum stellt ein Forum dar, auf

9 Vgl. Martine Segalen, *Memory, Kinship and Citizenship in an Urban Context.* In: *Anthropological Journal on European Cultures,* Nr. 2, 1993.

dem die verschiedenen Meinungen einander gegenübergestellt, miteinander konfrontiert und voneinander abgesetzt werden. Hier entfaltet sich eine Kultur, die von dem Bezug nach außen lebt und die sich als ein Spiel von Differenzen artikuliert. Zugespitzt könnte man sagen, daß zu einem gegebenen Zeitpunkt immer eine Mode dominiert, die durch einen Akt, der sich symbolisch als Inversion konzeptualisiert, abgelöst wird. Die Prozesse des symbolischen Kampfes, die Bourdieu analysiert hat, treten in einem solchen Kontext besonders scharf hervor – und das von ihm entwickelte Instrumentarium läßt sich wohl auch als der Versuch interpretieren, die Besonderheit von Paris begrifflich auf den Punkt zu bringen.[10]

Das englische Bild der Stadt ist in manchem dem französischen entgegengesetzt. Das drückt sich an einer fast umgekehrten Sicht von innen und außen aus: Urbane Problemzonen werden nicht mit Außenbezirken assoziiert, sondern gerade mit den Innenstädten. Dagegen scheinen die Außenbezirke relativ sichere (wenngleich unter Umständen etwas langweilige) Wohnviertel darzustellen. In vielem hat sich die Entwicklung von London und Paris im 19. Jahrhundert sehr unterschiedlich vollzogen: Während das Mehrfamilienhaus in Paris zum bevorzugten Wohntyp wurde, haben sich die Londoner lange geweigert, in Etagenwohnungen zu wohnen. »Der augenfälligste Unterschied zwischen den meisten englischen Städten und denen auf dem Kontinent war und ist jedenfalls, daß erstere aus kleinen Wohnhäusern, letztere aus großen Wohnblocks bestehen.«[11] Dem korrespondierte eine unterschiedliche Präferenz für Wohnlagen: Während die Pariser die Innenstadt vorzogen, bevorzugten die Engländer die *suburbs,* in denen das Ideal von Abgeschiedenheit und Individualität besser realisierbar erschien. Was London somit auszeichnete, war relativ früh ein äußerst rasches Wachstum der Vorstädte, die jeweils durch Bahnlinien erschlossen wurden. Eine wichtige Konsequenz der Suburbanisierung war eine im Vergleich zu Paris frühere und weitergehende soziale Abgrenzung der Viertel voneinander.[12] Somit entstand eine urbane Struktur, die man als Anordnung säuberlich verschachtelter Privatsphären charakterisieren könnte.

Das auf diesem Boden gewachsene Ideal von Urbanität ließe sich als der Austausch von Individuen und Gruppen charakterisieren, die gegeneinander

---

[10] Es ist verführerisch, Paris als Darstellung der französischen Ideologie zu lesen: Diese läßt sich als Kultur des öffentlichen Tausches bestimmen, die durch die assoziative Verknüpfung von Zentralität, Rationalität, Egalität und Universalität ausgezeichnet ist. Die Stärke des Zentrums, des Staates, ist der Garant für die Überwindung der geburtsrechtlichen und partikularistischen Bindungen, die durch Herkunft und Religion gesetzt sind. Er erlaubt dem einzelnen die Emanzipation von diesen Bindungen, setzt ihn sozusagen frei.

[11] Donald J. Olsen, *Die Stadt als Kunstwerk.* Frankfurt: Campus 1988.

[12] »Die Vororte, in welche die ehemaligen Bürger der City abwanderten und von wo aus sie ihre Arbeitsplätze in der City problemlos mit Omnibus und Bahn erreichen konnten, waren zumeist von Beginn an für eine ganz bestimmte Klasse von Bürgern gedacht, die ganz bestimmte Vorstellungen über die Art und Größe ihrer Häuser im Kopf hatten.« »Wer ein Haus für 200 Pfund Jahrespacht bewohnt, will keine 50-Pfund-Behausung zum Nachbarn haben; in dieser Hinsicht gibt es nun einmal strikte Gebote der Sittlichkeit«, zitiert Olsen eine 1896 gehaltene Rede vor der Architectural Association.

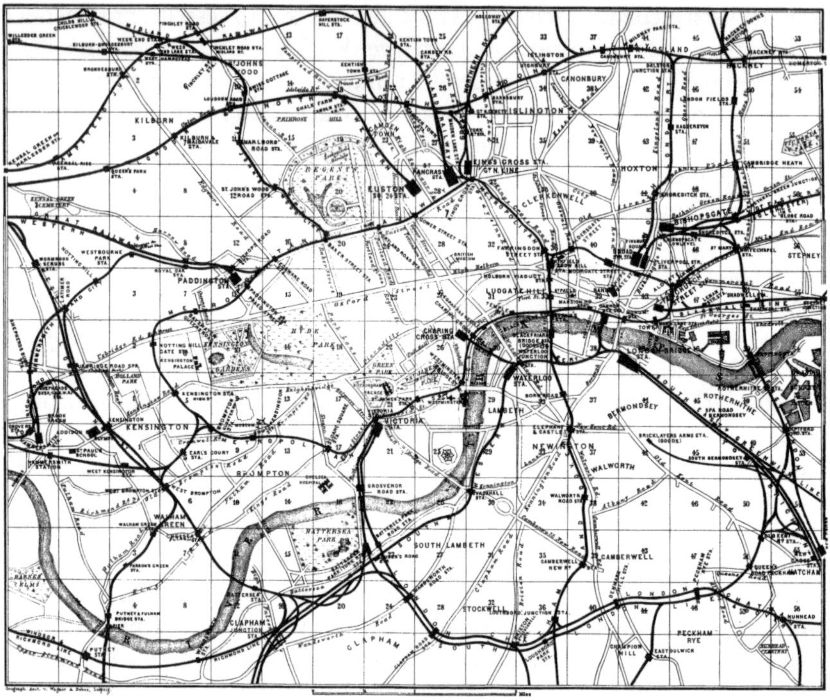

die Unantastbarkeit ihrer Privatsphäre wahren und in einen durch Regeln des Fair play organisierten Austausch treten. Die Behauptung des eigenen Raumes gegenüber anderen scheint auf diesem Hintergrund eine entscheidende Bedeutung gewonnen zu haben. Die »My home is my castle«-Ideologie ließ sich erweitern auf das Wohnviertel. Analysen des spezifisch britischen Rassismus haben gezeigt, daß die Abwehr des Fremden ihre Logik aus dieser Verteidigung des eigenen Raumes bezieht. »Solange die Einwanderer ›unter sich blieben‹, in ihren eigenen Wohngebieten und bei den ihnen zugewiesenen Tätigkeiten, sind sie unproblematisch. Sie haben ihre Wohnviertel und Verhaltensregeln, und wir haben unsere. Doch sowie deutlich wird, daß die Einwanderer nicht länger gewillt sind, die Beschränkungen hinzunehmen, sondern zum Beispiel ihren Anspruch auf soziale Gerechtigkeit anmelden, verwandeln sich die Gefühle ihnen gegenüber in einen sehr viel aggressiveren Rassismus.«[13]

Was auf diesem Hintergrund sich entfaltete, war eine eigene Dynamik von Klasse und Kultur. In Frankreich – und besonders in Paris – entwickelte das Zentrum einen Sog, bei dem das Spiel von Macht und Kultur dazu führt, daß der »Unterschied der Klassen in die Nachfolge, in die Ordnung des Nacheinander« verlegt wird (Bourdieu), so daß nicht differente Soziallagen

[13] Philip Cohen, *Gefährliche Erbschaften.* In: Anita Kalpaka / Nora Räthzel (Hrsg.), *Die Schwierigkeit, nicht rassistisch zu sein.* Leer: Mundo 1990.

verewigt werden, sondern die Differenz der Soziallagen. Nur noch die (freilich immer wichtiger werdende) Zeitdifferenz unterscheidet die kulturellen Stile der Mittelschicht von der Oberschicht. Dagegen entstehen in den stärker voneinander abgeschiedenen Vierteln der englischen Städte eine Vielzahl von auffallend dynamischen und vibrierenden Populärkulturen, die Widerstand gegen die Hegemonie des Zentrums und des Mainstream leisten - einen Widerstand, der sich als sozialer Protest lesen ließe. Hier entwickelt sich die besondere Dynamik von Protestkultur und etablierter Mittelschichtkultur; sie bildet ein Strömungsverhalten heraus, das geradezu invers zu demjenigen in Paris anmutet. In London rezipieren die Mittelschichten zu einem nicht unbedeutenden Teil die als faszinierend empfundene Protestkultur. Hier wird immer wieder der Protest integriert, kommerzialisiert, domestiziert - und die kulturelle Dynamik entsteht nicht selten aus dem Widerstand gegen die Einverleibung und aus dem Protest gegen die »Verwertungslogik«.

Läßt sich als das Ordnungsbild von Paris der Kreis bestimmen, dessen Zentrum durch ein Achsenkreuz markiert ist, und als Ordnungsbild von London die organisch gewachsene, nach Klassenlagen klar gegliederte Stadt, so ist das Ordnungsbild der amerikanischen Großstadt das Gitter. Hinter dem Gitter steht die Vision der Beherrschung der natürlichen und der sozialen Umwelt. Die Planung Chicagos ist hierfür beispielhaft. Am Gittermuster wurde trotz aller topographischen Gegebenheiten festgehalten: So enden beispielsweise die Straßen am Chicago River und finden am jenseitigen Ufer eine Fortsetzung. Hier wird ohne jede Konzession an die natürliche Landschaft am Aufbau einer zweiten Natur festgehalten. Das Gitter steht für Planbarkeit, Rationalität, Berechenbarkeit. In diesem Sinn ist das Gitter die perfekte symbolische Umsetzung der Vision der »New Nation of Mankind« - des Bruchs mit den organischen Ordnungen Europas, der Realisierung der neuen, egalitären und freien Welt jenseits des Ozeans.[14]

Das Gitter läßt sich als der calvinistische Gegenentwurf zum Kreis lesen. Der Kreis ist geschlossen, das Gitter offen: Quadrat schließt sich an Quadrat und verlängert sich potentiell ins Unendliche. Dadurch verfügt das Gitter eine prinzipielle Gleich-Gültigkeit aller Orte, und die extrem hohe Mobilität der amerikanischen Gesellschaft korrespondiert dem. In dem Verhältnis zur Stadtkultur bedeutet dies, daß man tendenziell eher den Ort wechseln als in einen gegebenen Ort Zeit und Mühe investieren wird.

In der Alltagswirklichkeit konkretisiert sich das Gitter im Wohnblock. Eine der bezeichnendsten Merkmale der amerikanischen Städte ist die exakte Klassifizierung fast eines jeden Viertels nach Ethnizität und Klasse (zum Beispiel Irish-German Lower Middleclass): Dies wirkt fast so, als könnte man auf der einen Koordinatenachse des Gitternetzes den Faktor »Klasse«,

---

[14] Vgl. Werner Sollors, *Beyond Ethnicity. Consent and Descent in American Culture.* New York: Oxford University Press 1986; Richard Sennett, *Civitas. Die Großstadt und die Kultur des Unterschieds.* Frankfurt: Fischer 1991.

auf der anderen den Faktor »Ethnizität« eintragen (was eine soziologische Konsequenz hatte, die das Ideal des Gitters in manchem konterkarierte). Die relative innere Homogenität des Blocks machte ihn sozusagen undurchlässig gegen die Nachbarblocks – Grenzen zwischen den Blocks wurden errichtet, die unglaublich viel schärfer trennen als die zwischen den Wohnvierteln europäischer Städte. So kam es zu der Entwicklung von *defendend neighborhoods* beziehungsweise *blockbusting:* Der Begriff benennt die Möglichkeit zur Spekulation, die sich dadurch eröffnet, daß man in einen bisher ethnisch geschlossenen (in der Regel weißen) Block einzelne aufsteigende afroamerikanische Familien ansiedelt. Die dann folgende Verkaufspanik – niemand will der letzte sein, der einen »kippenden Block« bewohnt – drückt die Verkaufspreise, während für eine bestimmte Frist die Aufsteigerfamilien einen relativ hohen Einkaufspreis zu zahlen bereit sind. Im Alltag zeigt sich die scharfe Grenze zwischen den Blocks unter anderem in sehr begrenzten Aktionsradien vor allem von Slumbewohnern; der Traum vom Verlassen des Ghettos, wenn er denn überhaupt wahr wird, wird oft genug von der amerikanischen Lebenswirklichkeit rückgängig gemacht.

In der urbanen Kultur der USA drückte diese Entwicklung das fluide und lebendige Oszillieren von *descent* (das Prinzip der Herkunft) und *consent* (das Prinzip der Integration in die amerikanische Gesellschaft) aus: Dabei steht die Lebenswirklichkeit des Gitters sozusagen für das Prinzip *descent,* der Traum des Gitters für das Prinzip *consent.* Die Blocks sind offenbar die Nischen in der Gesellschaft, in der sich eine Gruppe mit ähnlichen Ausblicken findet und Deutungen ihrer Lage entwickelt. Gleichzeitig läßt sich das Bemühen der amerikanischen Gesellschaft um die Wiedereinbindung dieser immer wieder entstehenden Bewegungen etwa an der Entwicklung einer Ethik von *political correctness* ablesen oder an den Versuchen, die Eurozentriertheit der amerikanischen Kultur zu überwinden. In einem derartigen Kontext kommt den Prinzipien von *diversity of access* und *access to diversity* besondere Bedeutung zu (und es ist kein Zufall, daß Ulf Hannerz, der die amerikanische Stadt vor Augen hatte, genau diese beiden Prinzipien so betonte): Das Prinzip *descent* steht für *access to diversity,* für die Entwicklung von Deutungen durch eine Gruppe, die eine Nische in der Gesellschaft okkupiert. Das Prinzip *consent* steht dagegen für den immer wieder erneuerten Versuch, die Offenheit der amerikanischen Gesellschaft, mithin *diversity of access,* herzustellen.

Die deutsche Stadtkonzeption enthält einen grundsätzlich anderen Entwurf. Sie könnte als Traum der gemäßigten Zentralität charakterisiert werden. Bejaht wird die Großstadt, während die Metropole abgelehnt wird. Dies hat mit dem Phänomen der Kontrolle zu tun. Die Metropole wird skeptisch betrachtet wegen ihrer Unregierbarkeit, auch wegen ihrer Unüberschaubarkeit – die Großstadt steht dagegen für die Vision der beherrschbaren Moderne. Deutschland ist charakterisiert durch eine Vielzahl von Großstädten – durch ein Netz von Zentren, die untereinander in einem Wettbewerb stehen und die selbstbewußt der einzigen Stadt, die mit einigem Recht als Metropole bezeichnet werden könnte (wenngleich als eine im Weltmaßstab sehr kleine), also Berlin, den Rang des Zentrums absprechen. Die deutsche Provinz, will »inkonsequent Metropole sein, sozusagen eine harmlose Metropole«.[15] Der Wunsch, eine Großstadt »mit Herz« zu sein, den München vertritt, bringt dies auf den Punkt.

Dieses Unbehagen an einem starken Zentrum erlebt man auch in Berlin – Berlin selbst ist, wie die deutsche Stadtlandschaft insgesamt, multipolar: Geschäfts- und Verwaltungszentrum fallen auseinander, und es gibt ein starkes Selbstbewußtsein der eingemeindeten Dörfer: Im »Kiez« entfaltet sich urbanes und gleichzeitig übersichtliches Leben: »Berlins Bevölkerung setzt sich aus dreieinhalb Millionen Kiezbewohnern zusammen, Ostkiezlern und Westkiezlern. Was bislang fehlte, das war der Stadtbürger selbst.«[16] Genauso wie ein starkes Zentrum abgelehnt wird, so auch eine starke Peripherie. Die Berliner Stadtpolitik zeichnet sich aus durch eine deutliche Angst vor Ghettos – und war bislang auch bemerkenswert erfolgreich darin, Ghetto- oder Slumbildung im größeren Maßstab zu vermeiden. Eine der Hauptsorgen der Berliner Politik besteht im »Ausgleich« von unregelmäßigen Entwicklungen.

Das kulturelle Strömungsverhalten ist von alldem maßgebend geprägt, es hat sich in viele Teilströme aufgelöst. Das Vibrierende, Vorwärtsdrängende, das die urbanen Kulturen von New York, Chicago, Paris oder London auszeichnet, fehlt: Eine bezeichnende Skepsis herrscht Moden gegenüber (die leicht mit Oberflächlichkeit assoziiert werden), vor allem aber auch eine Sehnsucht nach Normalität ist in den deutschen städtischen Kulturen weit

---

15 Karl Heinz Bohrer, *Über die Rettung der Ironie.* In: *taz,* 20. März 1993.

16 Klaus Hartung, *Laudatio auf eine Hülle.* In: *Zeit-Magazin,* 12. November 1993.

verbreitet. Abweichung und radikale Subkulturbildung – in der Inselzeit Berlins in den siebziger und achtziger Jahren stark entwickelt – wird anders als in England nicht genossen, sondern mit Mißtrauen betrachtet.

*

»Es soll also auf den Namen der Stadt kein besonderer Wert gelegt werden. Wie alle großen Städte bestand sie aus Unregelmäßigkeit, Wechsel, Vorgleiten, Nichtschritthalten, Zusammenstößen von Dingen und Angelegenheiten, bodenlosen Punkten der Stille dazwischen, aus Bahnen und Ungebahntem, aus einem großen rhythmischen Schlag und der ewigen Verstimmung und Verschiebung aller Rhythmen gegeneinander, und glich im Ganzen einer kochenden Blase, die in einem Gefäß ruht, das aus dem dauerhaften Stoff von Häusern, Gesetzen, Verordnungen und geschichtlichen Überlieferungen besteht.«

Mit diesen Worten fängt Robert Musil in *Der Mann ohne Eigenschaften* den dynamischen, den radikal verzeitlichten Charakter der Kultur der Großstadt ein: die Erfahrung des permanenten Wandels, der Unordnung, wenn nicht des Chaos. Dennoch bedeutet ständiger Wandel nicht Formlosigkeit – Musil spricht die materiellen Gegebenheiten, sozialen Strukturen und historischen Überlieferungen an, die das Gefäß bilden, in dem die »kochende Blase« ruht: Dieses Gefäß strukturiert den Wandel. Sozialanthropologisch formuliert: die interurbane Vernetzung, die Struktur der Arbeitsteilung und die kulturellen Ordnungsmuster sind einige der Faktoren, die den kulturellen Fluß organisieren, die bestimmen, wo und wie in der Stadt Neues entwickelt und rezipiert wird, über welche Kanäle es weitergereicht wird, wo Abwehr und Widerstand zu erwarten sind, wo abgeschwächt und wo verstärkt wird. Es ist diese Art und Weise der Organisation des kulturellen Wandels, die jeder Großstadt eine sie kennzeichnende Atmosphäre, ein spezifisches »Ethos« verleiht.

MICHAEL RUTSCHKY

Wie erst jetzt die DDR entsteht

Vermischte Erzählungen

Der Staat namens Deutsche Demokratische Republik ist seit dem 3. Oktober 1990 wieder verschwunden. Die DDR, denkt der Westler, war ein Kunstgebilde ohne Substanz, ohne eigene Identität, dessen Existenz sich einzig und allein den imperialen Interessen der Sowjetunion verdankte. Als diese Interessen sich änderten, konnte die DDR sich auflösen.

So sahen es zunächst auch die Bürger der DDR, als sie die erste Gelegenheit zur Abschaffung der DDR ergriffen. Aber seitdem ändert sich die Perspektive, manchmal dramatisch, manchmal unmerklich. Es gibt so viele Erinnerungen; auch unter dem verhaßten Sozialismus existierte ein Alltag, auf den nach der Vereinigung mit der BRD zu verzichten außerordentlich schwerfällt; manche verklären geradezu die untergegangene DDR (»Ostalgie«) – sie tritt ein in den Fundus der diversen Goldenen Zeitalter.

Nostalgie, denkt der Westler, tritt bevorzugt in Zeiten der Krise auf, wenn die Dinge sich nicht so entwickeln, wie wir es uns wünschen. Das geht vorüber. Bald ist die DDR eine flüchtige Erinnerung an einen schlechten Traum.

Frau Dr. Goyschke, Literaturwissenschaftlerin in Greifswald, ist anderer Ansicht. Im Lauf der Zeit verstärken sich die Erinnerungen an die DDR, weil man die DDR nicht mehr zu fürchten und zu hassen braucht. Dies alberne Verbot beispielsweise, den Text der DDR-Nationalhymne zu singen, weil er Gesamtdeutschland aufruft, während die SED sich auf eine sozialistische deutsche Nation kaprizierte – und wie sich im revolutionären Winter 1989 zeigte, kannten genug Leute den Text, Deutschland, einig Vaterland, um ihn als Kampfparole gegen die DDR verwenden zu können. Im Rückblick enthüllt sich die Maßnahme der SED als ein geradezu rührendes Ungeschick ...

– Was den Druck der SED-Herrschaft aber verharmlost! empört sich der Westler. Die Verwaltungsvorschriften und Gesetzesregelungen der Bundesrepublik, die jetzt auf dem Territorium der ehemaligen DDR gelten, müssen doch unvergleichlich viel leichter zu befolgen sein. Im Lauf der Zeit verschwinden auch die Sondervorschriften der Wiedervereinigung, und der Lebensraum der Deutschen vereinheitlicht sich.

Klar, Frau Dr. Goyschke hat es vermerkt, daß mit dem Jahresbeginn 1995 eine weitere Grenze zwischen Ost- und Westberlin gefallen ist, die Tarifgrenze der öffentlichen Verkehrsmittel. Bis dahin mußte der Westberliner für Fahrten im Gesamtsystem mehr berappen als seine Ostberliner Mitbürger. Freilich, erzählt Frau Dr. Goyschke, erscheint dem Ostberliner der Fahrpreis im Vergleich zu früher unbeschreiblich hoch – und es bleiben genug weitere Gelegenheiten zur Unterscheidung.

Auf jedem Formular, erzählt Frau Dr. Goyschke, das über ihren Schreibtisch läuft, ist anzugeben, ob die Antragstellerin, der Antragsteller, aus den *alten* oder den *neuen* Bundesländern stammt. Man wird ja dauernd darauf verwiesen, sagt Frau Dr. Goyschke, daß man Ostbürger ist – und das verbindet sich dann mit den Erinnerungen an die alte Zeit zu einer neuen Identität.

»Freunde von mir«, erzählt Hö., »eine Frau, die im Osten ist, und ein Typ aus dem Westen, die trennen sich jetzt wieder. Warum? Weil sie eine ganz bestimmte Spießigkeit, sage ich mal, für was ganz Normales hält. Sie kann stundenlang über den Staubsauger reden, die verschiedenen Modelle und was die alles schaffen. Gleichzeitig ist sie aber politisch ganz engagiert und interessiert, linksradikal engagiert. Das ist so eine Mischung, die man hier vollständig separiert hat, und dieser Freund von mir, aus dem Westen, irgendwann kam er damit nicht mehr klar.« Diese spezifische Mischung aus Linksradikalismus und kleinbürgerlichen Annehmlichkeiten ist mit westlichem Linksradikalismus inkompatibel. Und: Im Lauf der Zeit hat die linksradikale Ostdeutsche überhaupt erst gelernt, daß ihr die Lebensformen der westlichen Boheme zuwider sind.

Das linksradikale Zirkelwesen, interveniert der Westler, bietet vielleicht nicht das geeignete Milieu, um eine neue DDR-Identität im Entstehen zu beobachten?!

Auch die Tochter Frau Dr. Goyschkes, Tamara, begann gleich 1989 eine Liebschaft mit einem jungen Westmenschen. Die politische Aufregung steigerte die erotische: Anrührend konnte sie ihre Träumereien erzählen, ob er sich ganz anders anfühle? oder roch? – Aber auch diese Liebesgeschichte löste sich bald auf. Während sie das Arbeitsmilieu, die Theaterwelt, teilten, unterschieden sich ihre Lebensstile grundsätzlich. Er blieb der unregierbare Bohemien, mit dem nicht einmal eine gemeinsame Reise ins Ausland – Utopie aller DDR-Bürger! – auf die Beine zu stellen war; sie hatte Theaterregie in der DDR als ein beinahe staatstragendes Handwerk gelernt – bei aller Differenz zu Staat und Partei.

Klar, es gibt genug Liebespaare im Westen, die sich wegen Unvereinbarkeit der Lebensstile wieder trennen – aber Tamara Goyschke erklärt sich die Trennung selbst mit dem Unterschied zwischen Ost und West; sie wird sich als ostdeutsche Theaterfrau den Weststil nie und nimmer zu eigen machen: Das hat sie jetzt überhaupt erst gelernt bei dieser Trennung.

Trotzdem, beharrt der Westler. Vom Zirkelwesen der Linksradikalen zu den Differenzerfahrungen von Theaterleuten, das Milieu ist zu exquisit, um weiterreichende Beobachtungen zu erlauben.

Während im Westen, könnte Frau Dr. Goyschke erwidern, das Bildungsbürgertum sich zu seinem eigenen Leidwesen weitgehend aufgelöst, jedenfalls entscheidend an kultureller Macht eingebüßt hat, entstand in der DDR eine eigene, unverwechselbare Form von Bildungsbürgertum – zu dem Tamara Goyschke, Theaterregisseurin, sowie ihre Mutter, Literaturwissenschaftlerin, rechnen –, das nach der Wiedervereinigung überhaupt keinen Grund sieht, auf seine eingespielten Lebensformen zu verzichten. Im Gegenteil, erst jetzt, wo keine Mauer dies Bildungsbürgertum mehr vom freien

Austausch abhält, wird es dieser Lebensformen ansichtig und will sie gegen den Westen verteidigen (Stichworte »Konsumismus«, »Amerikanismus«).

*

Egal, wie steht es um die sog. einfachen Leute, die Dörfler in Mecklenburg-Vorpommern, die sich ihrer neuen Freiheit erfreuen und der DDR keine Träne nachweinen?

Viele haben höchst unangenehme Erfahrungen mit den Westlern gemacht, die sich wie Kolonisatoren aufführten und im Rückblick alle Warnungen der SED vor dem westlichen Kapitalismus rechtfertigten. Wir haben, pflegt Frau Dr. Goyschke ironisch zu bemerken, unserer eigenen Führung zu wenig geglaubt, was sie über den Kapitalismus sagte.

»Ein kleines Dorf in Mecklenburg-Vorpommern«, erzählt Hö., »da gab und gibt es eine gute LPG, und mit dem Dorf zusammen hat die in der Mitte ein LPG-Kulturhaus gebaut, Bürgermeisteramt, Post, Arztstation, Konsumladen, und dahinter noch eine Kläranlage. Aber für dieses Grundstück fehlte irgendwie eine Eintragung ins Grundbuch, und da hat der vorige Besitzer es verkauft, an einen Bad Schwartauer Immobilienhändler. Und der kam sofort mit dicken Mietforderungen, für Kläranlage, Bürgermeisteramt undsoweiter. Das hat sich immer weiter hochgeschaukelt. Er hat die rausgeklagt; der Bürgermeister hat zwei Wochen auf der Straße gearbeitet, er hatte Hausverbot, die Sekretärin mußte ihm immer die Akten rausreichen. Der Makler hat es sogar geschafft – mit einem ganz tollen Anwalt aus Lübeck –, daß er LPG-Vorsitzender wurde und die LPG sofort liquidieren konnte. Das hat der alte LPG-Vorsitzende dann wieder rückgängig gemacht, mit seinem Anwalt, der hier aus Berlin und auch nicht auf den Kopf gefallen ist. Allein aus diesem Coup, diesem kurzen Coup sind über hundert Verfahren anhängig. Eine heillose Geschichte.«

Auch dieser Erzähler stammt aus der westlichen Boheme; wiewohl um die fünfzig Jahre alt, hält er unverbrüchlich an ihren Lebensformen fest. Einer frühen Leidenschaft für das Bäuerliche folgend – in den siebziger Jahren entstanden bekanntlich neben städtischen Wohngemeinschaften alternative Landkommunen –, machte sich dieser Erzähler gleich nach der Maueröffnung in die DDR auf, ihre landwirtschaftlichen Produktionsgenossenschaften zu studieren und bei ihrer Transformation mitzutun. Als Zuhörer trug der Erzähler immer wieder dazu bei, daß die Ostbürger in den kriegerischen Auseinandersetzungen mit den westlichen Kolonisatoren den Kopf oben und im Auge behielten, wer sie sind und was sie wollen. In diversen LPGs wird es einst Gedenktafeln geben, die an seinen selbstlosen Einsatz erinnern – ginge es gerecht zu auf der Welt.

»Dieser Makler aus Bad Schwartau, der hat eine derart kriminelle Energie, der läßt nicht locker. Das sind so durch und durch amerikanische Typen, die trifft man im Osten, glaube ich, nicht. Die können noch so viel kriminelle Energie haben, solche Ostler – vor allem aus der mittleren Führungsebene –, aber freitags fahren die auf ihre Datsche, freitags wird die kriminelle Energie abgeschaltet, Feierabend!« Hö. lacht ausgiebig.

Künftige Bauerntheater in Mecklenburg-Vorpommern werden Schwänke aufzuführen haben, wie der Makler aus Bad Schwartau die Einheimischen übervorteilt. Wie der einheimische Gauner dem Westgauner schon deshalb unterlegen ist, weil er sich seinen Feierabend und das arbeitsfreie Wochenende gönnt, während der Westler rastlos weitermacht. Wie am Ende dann doch die Einheimischen siegen, kann man in manchen Fernsehproduktionen schon beobachten. Solche Geschichten handeln von nichts anderem als der neu entstehenden DDR-Identität - der kulturellen Identität derer, die auf dem Gelände der ehemaligen DDR überleben, indem sie eingespielte Lebensformen den neuen Gegebenheiten anpassen und sich dabei der eingespielten Lebensformen auch erst vergewissern.

Nicht nur die Opfer gewisser Makler aus Bad Schwartau, auch der Ostbürger, der die Einführung des eigenverantwortlich wirtschaftenden Homo oeconomicus dankbar begrüßt hat, erzählt von Krisen. Hierher gehören die Geschichten von Egon und Klaus und dessen Frau, Filialleiterin des Konsum in Saarmund.

»Egon war der, der am fleißigsten war und den alle für ein bißchen blöd hielten. Den besuche ich manchmal noch. Und seinen Nachbarn, mit dem er viel zu tun hatte - und ich auch -, Klaus. Nach der Wende dachte der: ›Jetzt wird alles prima!‹ Ein strammer Antikommunist, beinahe schon proletarischer Nazi. Er war ja Maurer - Maurer sind gefragt - und seine Frau eine gewiefte Verkäuferin, ausgebildete Filialleiterin. - Jetzt ist sie einfache Verkäuferin und muß unheimlich weit fahren, weil alle Läden in der Umgebung geschlossen sind, und er hat einen Fahrerjob und findet das natürlich gar nicht mehr so rosig.« Klaus und seine Frau, aufgrund der Wiedervereinigung deklassierter Maurer respektive deklassierte Konsum-Leiterin, schimpfen inzwischen auf den Westen wie früher auf die SED, eine oft beobachtete Übertragung.

»Während Egon einen Selbständigkeitsversuch nach dem anderen macht, mit völlig unzulänglichen intellektuellen und finanziellen und informationellen Mitteln. Weil er so grundlos optimistisch ist, ist das interessant. Er hat versucht, den Konsum anzumieten und daraus eine Verkaufsstelle mit Kneipe zu machen, und ist erstmal in Konkurs gegangen. Jetzt will er da noch einen Bockwurst-Laden dranhängen und es nochmal versuchen. Er muß aber erst mal die Schulden abbezahlen; er arbeitet auch als Lastwagenfahrer.«

Klar, solche erfolglosen Kleinunternehmer aus der Arbeiterklasse finden sich auch im Westen massenhaft. Man braucht nur die Konkursmeldungen im entsprechenden Teil der Zeitung zu studieren, um auf jede Menge Egons zu stoßen. Freilich bringen sie, um ihr Scheitern zu erklären, nicht das Ost-West-Schema in Anschlag.

»Er hat immer irgendwelche Existenzentwürfe, Selbständigkeitsentwürfe, die er dann auch in Angriff nimmt. Aber die sind nicht von Erfolg gekrönt; trotzdem läßt er sich nicht unterkriegen. Insofern ist es immer ganz schön, wenn man wieder zu ihm kommt, nach fünf Monaten, dann hat er wieder fünf neue Berufe ausprobiert, bis hin zu Visitenkarten. Und er schimpft mittlerweile aufs Arbeitsamt - das finde ich witzig, aber auch richtig –: Die machen ihm jetzt zum Vorwurf, daß er seit der Wende schon so ungeheuer viel gemacht hat – das ist ja in Deutschland, anders als in den USA, ein Zeichen von Unseriosität –, aber er sagt: Statt daß sie mir danken, daß ich es immer wieder versuche.«

Sie mußten eine spezifische Findigkeit ausbilden, die DDR-Bürger, weil im offiziellen Apparat der Produktion wie der Verwaltung so wenig klappte. Daraus erklärt sich auch Egons Findigkeit – bloß gründet man damit keine Unternehmen, auch keine kleinsten, so scheint es. Seine Identität als DDR-Bürger bildet sich auch gar nicht in diesem Punkt. Sondern in dem Vorwurf – den auch der Lastwagenfahrer Klaus und seine Frau, Verkäuferin, erheben –: daß der Westen seine eigenen Versprechen nicht hält. Käme es, wie die neuen Beamten aus dem Westen von Anfang an versichert haben, auf Eigeninitiative tatsächlich an, Egon wäre längst ein gemachter Mann. Auch Frau Dr. Goyschke, Literaturwissenschaftlerin in Greifswald, spricht immer wieder gern darüber, daß der Westen anders ist, als er sich präsentierte. Allein der Papierkram, die Formulare. Galt nicht der Sozialismus als Inbegriff sinn- und zeitraubender Bürokratie? Im Westen ist sie weit aufwendiger.

Damit kein falscher Eindruck entsteht: Nicht ausschließlich negative Erfahrungen hat unser Anarchist zu erzählen; viele Unternehmensgründungen im Osten eröffnen Perspektiven: Die Betriebsräte, die sich plötzlich als Geschäftsführer wiederfinden und ein kniffliges Know-how erwerben, wie man volkseigene Betriebe privatisiert; der ehemalige SED-Bürgermeister, der sich nach der Wiedervereinigung endlich seiner eigentlichen Leidenschaft widmen kann, alternative Energiequellen, und sein kleines Dorf in der Prignitz zu einem europäischen Zentrum für solche alternative Energiegewinnung ausgestaltet.

Auch sie sehen sich aber entschieden als Ostdeutsche, als DDR-Bürger: kein Wunder, daß sich noch kein gemeinsamer Name für die neuen Ostprovinzen gebildet hat. Am leichtesten kommt immer noch »DDR« über die Lippen. Auch diese erfolgreichen Neu-Unternehmer wählen übrigens bei regionalen wie bei den allgemeinen Wahlen – was dem Westler so unverständlich ist – gern PDS, die Nachfolgepartei der SED, und das nicht bloß aus Trotz. Die PDS – Hö. übersetzt das Kürzel ironisch mit »*P*artei *D*er *S*elbständigen« – hat eine gewisse Chance, für die »DDR« zu werden, was die CSU für Bayern ist.

In der PDS – so stellt es sich dem Westler dar – haben die alten Kader ein Plätzchen zum Überwintern gefunden; zweifelhaft, ob ihnen ein neuer Frühling blüht. Sie bilden, was man in der Kunst- und Architekturgeschichte »Spolien« nennt, Bauteile aus einem älteren Zusammenhang, die in toto in einen neuen eingesetzt werden. Frau Dr. Goyschke mutmaßt gern über die erstaunlichen Karrieren, die Stasioffiziere in der Versicherungsbranche machten; die Privatwirtschaft fragte nicht nach ihrer Vorgeschichte, und sie brachten interessante Adressenkarteien mit. Auch im Werkschutz soll der Stasioffizier untergekommen sein – eine Art Werkschutz war ja schon in der DDR sein Metier. Verständlicherweise fehlt unserem Anarchisten zu diesem

Milieu der Kontakt – dafür hat er eine andere schöne Geschichte zu erzählen, wie jemand mit speziellem DDR-Know-how unter den neuen Bedingungen überlebt, wie ein Stück DDR als Spolie neue Verwendung findet.

»Ich kenne eine Frau, die in so einem Dorf nach wie vor eine Verkaufsstelle betreibt, und das funktioniert, weil sie sich darauf einläßt. Sie weiß genau, von allen 250 Leuten im Dorf, was die genau brauchen. Daß Frau Schmidt die *Bravo* kauft für ihre Tochter am Donnerstag, daß sie also drei *Bravo* bestellen muß. Wenn dann Hinnerk reinkommt, dann sagt sie: ›Ach, Hinnerk, ich hatte mir schon gedacht, daß du vergessen hast, heute das Brot zu kaufen.‹ Sie weiß genau, der kommt am Freitag und kauft Brot. Und das wollen die Leute. Deswegen hält sich dieser kleine Konsum-Laden, entgegen jeder ökonomischen Vernunft: weil diese Frau, gelernte Verkaufsstellenleiterin, die jetzt selbständig ist mit so einem Zwanzigtausendmarkkredit, weil sie dieses System weiter verfeinert hat. Und die Dorfleute honorieren es.«

Der Verkaufsstellenleiterin ist als Selbständiger nach dem Untergang der DDR nichts weniger gelungen als der Aufbau eines perfekten Versorgungssystems nach dem Ideal der Planwirtschaft. Hätte die DDR so funktioniert wie der Konsum in dem kleinen mecklenburgischen Dorf heute, sie wäre nicht an ihren Versorgungsmängeln gescheitert.

Die DDR, die erst jetzt entsteht, das ist natürlich nicht die untergegangene, eingemauerte des real existierenden Sozialismus. Wie auch immer eine findige Konsum-Leiterin im Mecklenburgischen das Versorgungssystem der Planwirtschaft für ein winziges Dorf nachbaut und perfektioniert: als ökonomisches System ist die DDR zerfallen, ebenso als Staat. Was Frau Dr. Goyschke, Literaturwissenschaftlerin, samt ihrer Tochter Tamara, Theaterregie, was auch der erfolglose Unternehmer Egon samt seinen erfolgreichen Genossen empfinden, wenn sie sich – gegenüber dem Westen – als Bürger Ostdeutschlands darstellen, das ist die DDR als Kultur, als Erfahrungs- und Erzählgemeinschaft, in der sich überlieferte Elemente, Spolien der untergegangenen DDR erhalten und umbilden, in der neue Elemente entstehen, indem sie sich mit solchen Spolien verbinden. In diesem Sinne als Kultur hat die DDR zuvor nie entstehen können; dazu braucht es freien Austausch und Kommunikation, vor der die SED ihre Bürger ja schützen zu müssen glaubte. So hat es zu Zeiten der Mauer die DDR als Kultur eigentlich nie gegeben.

*

Warum erklären wir dies neu entstehende Ostdeutschland nicht einfach zu einem Teil der neu entstehenden Bundesrepublik? Warum soll es eine DDR-Identität sein, die sich nachträglich als kulturelle Identität bildet, warum keine gesamtdeutsche?

Weil diese Erfahrungs- und Erzählgemeinschaft sich selbst vom Westen abgrenzt. Sie besteht auch keineswegs nur aus altgedienten, aber wandlungsfähigen DDR-Elementen, wie unser nächster Erzähler beweist. Aus Westdeutschland zugereist, ist er seit mehreren Jahren Mitbewohner eines besetzten Hauses in Berlin-Mitte. Seit dem Fall der Mauer hat sich nämlich in Ostberlin eine eigene Hausbesetzerszene entwickelt: die aufgelassene DDR als Siedlungsgebiet der kritischen Stämme.

»Meine Perspektive«, erzählt Schm., »hat sich sehr stark verändert. Als ich 1991 – ich war nicht von Anfang an im Haus dabei – nach Berlin kam, wohnte ich erst in der Kantstraße, dann in der Monumentenstraße, also im Westen, und ich dachte, das ist das richtige Berlin. Heute ist für mich das richtige Berlin der Umkreis Mitte, Prenzlauer Berg bis Friedrichshain – nach Osten hin ist es Provinz, nach Westen ist es eine viel zu schicke, befremdliche westdeutsche Kleinstadt. Wenn ich durch Charlottenburg gehe, fühle ich mich an Freiburg im Breisgau erinnert.«

Klar, das braucht der junge Mensch für eine gewisse Zeit, eine Art Zwischenraum, in dem er sich für den Eintritt in die soziale Wirklichkeit präparieren oder sich darauf versteifen kann, nie und nimmer werde er eintreten, »rites de passage«. In unserem Fall bietet also die aufgelassene DDR diesen Zwischenraum. Hier kann sich eine eigene Jugendboheme ansiedeln – das sind die wahren Neunundachtziger, von denen, im Unterschied zu den Achtundsechzigern, im Westen soviel die Rede war. Unserem jungen Mann – aus gutem Hause, versteht sich – schwebt jedenfalls etwas ganz anderes vor als die Kolonisierung des Ostens. Eher schwebt ihm vor, was die englischen Kolonisatoren des 19. Jahrhunderts »going native« nannten und für eine große Gefahr hielten: Die Weißen unterwarfen sich lustvoll den Lebensformen der Eingeborenen.

»Die Sophienbäckerei hier um die Ecke ist wohl die einzige Ostbäckerei, die noch existiert, Familienbäckerei, macht früher auf als Thoben in der Rosenthaler Straße, nämlich um halb sieben Uhr morgens, und bietet halt diese herrlichen, berühmten, schwerverdaulichen Ostbrötchen an, kompakt, die so richtig schwer in der Hand liegen, ziemlich klein sind – und das gilt als ein Insignium des Ostgeschmacks, auf dem Frühstückstisch, das speziell. – Was anderes, das die anbieten, wie heißt das denn auf westdeutsch? Das heißt hier ›Liebesknochen‹, Gebäckstücke, mit Pudding gefüllt.« – »Eclair?« – »Eclair, genau, die heißen hier Liebesknochen. Das sind die kleinen Unterschiede, die man zu schätzen weiß.«

Der junge Mann aus gutem Hause versteht sich ironisch auf den demonstrativen Konsum, der in den Mittelklassen des Westens schon immer eine zentrale Lebenspraxis bildete; im Westen kam es unter seinesgleichen während der achtziger Jahre richtig in Mode, die Sache mit dem »Lifestyle«. In den Neunzigern erobert sich der demonstrative Konsum den Osten als Geltungsbereich. Und darüber entsteht der Osten als unverwechselbare Warenwelt überhaupt erst, eine Warenwelt, die jetzt nicht mehr, wie zu Zeiten der Mauer, von jeder Werbesendung des Westfernsehens vernichtet werden kann in ihrer Überzeugungskraft.

Man obliegt, keine Frage, diesem demonstrativen Konsum mit Ironie, als einer Kunstform, die die Objekte der DDR-Warenwelt gewissermaßen zitiert, die schweren Brötchen, die Liebesknochen, DDR-Zigarettenmarken, DDR-Filme, die Biersorten der Einheimischen, von denen viele nach dem ersten Dosenbierrausch wiederkehrten (»nur Flaschen trinken Dosenbier«, lautete die Kampfparole). »Es gibt«, erzählt Schm., »die überzeugten Caro- und Club-Raucher, die das auf jeden Fall augenzwinkernd tun, die auf ihre Marken schwören und meistens noch eine Erklärung nachschieben, wenn sie einem eine solche Zigarette anbieten. Ansonsten kommen Filme wie *Paul und Paula* immer wieder als Kultfilme bei Hinterhof-Festivals zum Vorschein. ›Berliner Pils‹ kommt gut an, da spielt es keine Rolle, welche Brauerei dann die Gewinne abführt. Hauptsache, daß es nach Osten schmeckt.«

Diese Ostberliner Hausbesetzerszene bildet samt Sympathisanten in sich selbst eine neue, imaginäre DDR, ein anderes Deutschland. Daß das Haus unseres jungen Mannes nur ein Viertel Ostler, aber drei Viertel Westler beherbergt, ändert daran nichts. Daß sich manche Sitten, wie er erzählt, angleichen, bekräftigt die Existenz dieser imaginären DDR als eines eigenen Soziotops: Während die Ostbewohner sich das strenge Händeschütteln bei Begrüßung und Abschied teilweise abgewöhnten, gewöhnte er es sich teilweise an; dasselbe gilt für gewisse Elemente des Jugendsprachgebrauchs in der alten DDR, daß dort die Kids statt »stark« (so im Westen) »schau« sagten, »der Film ist schau«, und als Steigerung dieses »schau« den seltsamen Laut »urst« verwandten: es finden sich, erzählt der junge Mann, westliche Siedler, die sich diese Worte angelernt haben.

Wir kommen nun zu einem der seltsamsten Kapitel aus der Geschichte der als Subkultur neu entstehenden DDR: daß unser junger Mann und seinesgleichen, die kritischen Stämme, zu den Anhängern der PDS zu rechnen sind. Die Spolien der Altkader werden von dieser Subkultur eingefügt in eine Jugendprotestpartei, ob sie's wollen oder nicht. »Die PDS in Mitte«, erzählt Schm., »hat einen großen Wahlerfolg erzielt, ich glaube das zweitbeste Ergebnis nach Pankow. Das Spektrum der PDS-Wähler war hier sicherlich einerseits: die alten SED-Wähler, Mitte war ja traditionell ein Wohnquartier der Kader, der Regierungsbezirk; andererseits war sicher Stefan Heym ein Grund für viele, PDS zu wählen, ein östlicher Dissident, ein Vertreter der dissidenten Intelligenz, der sich zur Wahl stellt und als Stachel im Fleisch seine dissidente Rolle weiter wahrnimmt im Westen. Insofern geht es nicht nur um die alten SED-Inhalte, sondern es ging auch um die neue Funktion der linken Opposition und natürlich auch ganz stark um ein Ostgefühl, das man hier hat.«

Das ist für den Westler schwer zu verstehen, wie die PDS gleichzeitig die Reste der alten DDR, die innere Opposition der alten DDR und die kritischen Jugendstämme von heute umgreift; so daß sich drei gründlich unterschiedene Fraktionen gleichzeitig freuten, als Stefan Heym als Alterspräsident den Bundestag eröffnete.

Daß sich die Regierungsparteien so zierten deswegen, das verstärkte die Loyalität der alten wie der neuen Ostbürger, das »Ostgefühl«, wie der junge Mann sich ausdrückt. So geht es mit vielen Maßnahmen der staatlichen und der anderen offiziellen Apparate, die eigentlich der Liquidierung der alten DDR dienen sollen: Sie bekräftigen die kulturelle Identität der neuen, sie stiften den Erfahrungs- und Erzählzusammenhang. Das »Gaucken«, wie dort der Terminus technicus lautet, zum Beispiel, das auch die Literaturwissenschaftlerin Frau Dr. Goyschke zu erleiden hatte: »Gaucken« heißt, jemanden daraufhin überprüfen, ob sich in den Akten der Gauck-Behörde Hinweise auf Stasimitarbeit finden. Besonders unglücklich funktionierte das »Gaucken« beim Umbau der ostdeutschen Universitäten; es erschien als sehr praktikables, zugleich hinterlistiges Verfahren der Personalplanung, wie der Anarchist erzählt: »Die wurden ja alle gegauckt, und gleichzeitig gab es vom Ministerium die Vorgabe, 250 Leute müssen abgebaut werden. Und dann kam das genau mit dem Gaucken hin, haargenau 250, die rausgegauckt wurden, da geht dann ein Rumoren durch die Scientific Community des Ostens!« Wieder lacht Hö. ausgiebig.

Die Community unseres jungen Mannes war Anfang 1995 betroffen vom Rausgaucken zweier gerade unter ihresgleichen höchst beliebter Radiomoderatoren, Lutz Bertram und Jürgen Kuttner, deren Shows zentrale »Insignien«, wie der junge Mann sagt, der neuen DDR darstellten. Gegen Kuttner hatte sich dann aber nichts gefunden; er ist wieder hinterm Mikrofon. Die Überprüfung auf Stasimitarbeit erscheint in der Community des jungen Mannes – und nicht nur dort – als staatliche Willkürmaßnahme statt als Wiedergutmachung von Unrecht. Mehr noch, in der Community des jungen Mannes scheint das »Gaucken« in der Tradition des Radikalenerlasses zu stehen, der staatlichen Überprüfung von Verfassungstreue, der sich die kritischen Stämme in den siebziger Jahren unterziehen mußten.

Die merkwürdigste Stasigeschichte stammt von einer dritten Erzählerin, Wissenschaftlerin aus dem Westen, die einmal die Woche ins Sächsische fährt, um ihren Lehrverpflichtungen nachzukommen. Ein Kollege, DDR-Bürger, mußte seinerzeit unter der Stasi schwer leiden, die Karriere wurde ramponiert, zurück in die Produktion, bis nach der Wende. »Und eines Abends«, erzählt Wie., »war vor dem Fabriktor der Offizier, der seinen Fall betreut hat, der dafür verantwortlich war. Und warum? Weil der in den Akten irgendeine Übereinstimmung gefunden hat zwischen der Geschichte seiner Mutter und der Geschichte der Mutter seines Opfers. Und das hat ihn dazu gebracht, ihn kennenlernen zu wollen. Und das ist dann ein eisernes Gesetz: Wenn man einmal mit so jemandem gesprochen hat, dann existiert diese Verbindung, und sie haben miteinander gesprochen und sind fürs Leben aneinander gebunden, weil nur sie beide diese Geschichte miteinander haben. Alle anderen, die da nicht drin waren, die weder Täter noch Opfer waren, die verachten sie. Das Opfer verachtet nicht den Täter, sondern alle anderen, die keins von beidem waren.« So ungefähr stellen sich konservative Theoretiker ja die Schicksalsgemeinschaft vor, die den Kern einer Nation bilde ...

Auch diese Konfiguration gehört jedenfalls in die Geschichte der neuen DDR, wie sie erst jetzt als Erfahrungs- und Erzählzusammenhang entsteht. Täter und Opfer der Stasi beziehen sich aufeinander, wobei der Westler nur stört. Der beliebte Radiomoderator Lutz Bertram, der den Politikern, auch den Westpolitikern, so tüchtig zusetzte, keineswegs hätte sein Intendant, ein Westler, ihn vom Dienst suspendieren dürfen. Am besten, Bertram und Opfer hätten einen »Runden Tisch« eingerichtet und diesem »Runden

Tisch« die Entscheidung überlassen, was aus Bertram werden soll – so ungefähr schaut das Verfahren aus, das sich die neue DDR für die Abwicklung solcher Fälle wünscht.

*

Was die Wissenschaftlerin aus dem Sächsischen zu erzählen hat, macht auf eine dritte Weise deutlich, wie erst jetzt die DDR entsteht: als eine feste, selbstbewußte Provinz. So lange die Mauer stand, war dies Provinzielle gezwungenermaßen selbstverständlich; jetzt aber, unter den Bedingungen freier Kommunikation, kann man sich dafür entscheiden, die in der alten DDR ausgebildeten provinziellen Lebensformen zwanglos als die eigenen, angemessenen erkennen. Der Westen erscheint – so hatte es ja auch die SED gelehrt – dekadent.

»Ich würde da nie hinfahren«, erzählt Wie., »wenn ich dort nicht arbeiten müßte. Die Studenten haben mir auch schon Prospekte gebracht, mal ins Erzgebirge fahren, aber das reizt mich nicht. Die Uni ist Plattenbau, man kann sich nicht orientieren. Das Studentenheim sieht genauso aus wie alle anderen Gebäude. Wenn ich dort übernachte, dann geht man da einen Flur lang, da gehen dann mit Lichtschranken die Lichter an, und dann schließen Sie auf, und dann kommen Sie in ein Zimmer, wo man sofort denkt, hier werde ich vergiftet heute nacht. Es ist alles dieses Plastik, die Möbel, der Fußboden; so ein kleiner Kühlschrank, in dem ist nichts, aber der ist auf Stufe sieben an. Der rattert wie verrückt. Dann gibt es diese Stockbetten, da legt man sich hin. Diese Lampe zum Lesen am Bett, die ist wie ein Scheinwerfer, wie man früher an der Grenze angeleuchtet wurde: ›Funk oder Waffen?‹ Nach einer halben Stunde Lesen schmerzen die Augen, und Sie müssen ausmachen. Das ist schwierig, denen klarzumachen, daß es für mich ein körperliches Problem ist, dort zu übernachten. So eine Nacht macht fertig.«

Das hören die Provinzbewohner natürlich gar nicht gern, daß sie der zugereisten Wissenschaftlerin nur eine Schlafstätte zu bieten haben, die an Knast gemahnt. Dabei ist es jetzt nicht mehr Knast – ein internatsartiger Schulbetrieb, dem das Studentenleben in der DDR tatsächlich glich –, jetzt ist es das Studenten- und Gästewohnheim einer sächsischen Universität. Wenn die Westler sich darüber beklagen, knirschen die Einheimischen mit den Zähnen – auch Frau Dr. Goyschke übrigens, die Literaturwissenschaftlerin aus Ostberlin, die regelmäßig nach Greifswald fährt, wird wütend, wenn sie ihre Westkollegen dergestalt klagen hört. Automatisch stellt sie sich dann innerlich wieder auf die Seite der DDR: der negative Patriotismus, der die Bürger der untergegangenen DDR rückwirkend an ihren Staat fesselt, die leichte Kränkbarkeit des Bewohners der »neuen Bundesländer«. Viel von dem, was die Wissenschaftlerin aus dem Sächsischen erzählt, entspricht einem solchen negativen Patriotismus. Er wird nicht so bald vergehen – das kann man auch in der Gesellschaft von Frau Dr. Goyschke erleben: Stundenlang können die Einheimischen von der DDR erzählen, auch ihren schwärzesten Anteilen, und eben dadurch die DDR als Erfahrungs- und Erzählgemeinschaft in der Gegenwart erst hervorbringen.

Bei ihren Exkursionen wird die Wissenschaftlerin auch mit ehemaligen Staatsbürgerkundelehrern konfrontiert, die in speziellen Kursen so zu instruieren sind, daß sie westliche Staatsbürgerkunde unterrichten können, in jeder Hinsicht eine qualvolle Arbeit. Gegenüber den westlichen Instrukteuren, gegenüber den eigenen Schülern, gegenüber der Vergangenheit. »Ich würde hier kein Kind auf die Schule schicken«, erzählt Wie. »Es gibt kein Fremdwort, das die von sich aus kennen, das muß alles erklärt werden. Die haben überhaupt keine Orientierung. – Klar, es gibt immer welche, die sind eifrig, die schreiben mit, aber die sagen: Wir sind unseren Schülern eine Stunde voraus. Die Schüler sind sehr wißbegierig – die Lehrer sind wie von der Meute gejagt. Die hecheln da von einer Stunde zur anderen und wollen es gut machen, die gibt es. Aber die sind hoffnungslos verloren. Wenn's schwieriger wird, kommen die sofort ins Schwimmen. – Dann haben wir diesen Russischlehrer, und das einzige Ereignis, das der von vorn bis hinten kann, ist die Russische Revolution, sonst nichts. Und sie wissen nichts über den Sozialismus, nichts. Ich glaube, unsere Schüler würden noch mehr zusammenbringen als die. Das einzige, was sie wissen, ist: Es hat nicht geklappt.«

Aber das stimmt doch auch! würde Frau Dr. Goyschke oder ihre Tochter Tamara dieser Erzählerin entgegenhalten, hilflos und nicht ohne Zorn. Muß man wirklich mehr wissen über den Sozialismus, ist das nicht nur das Hobby einer Westintellektuellen, daß der untergegangene Sozialismus auch noch detailliert gekannt sein muß als Ideologie? Was weiß denn die zugereiste Westlerin vom Sozialismus? Sie hat ihn ja nicht erlebt, sie kennt ihn nur aus Büchern – so kann die Erzählgemeinschaft der ehemaligen DDR, die sich als neue DDR herausbildet, auf der Unhintergehbarkeit der eigenen Erfahrung bestehen.

Bisher aber keine Spur von der neuen DDR als selbstbewußter Provinz. Negativer Patriotismus, Kränkbarkeit; auch jene ehemaligen Staatsbürgerkundelehrer müssen sich als unterworfene Eingeborene fühlen, die Wissenschaftlerin sagt es selbst, daß sie sich als Feind, als Besatzer erkennt, wenn sie dort einreist, und sogar von freundschaftlichen Ostkollegen wird sie darin bestärkt: dieser ehemalige Dissident, der jetzt mit seinem ehemaligen Stasiunterdrücker eine Art Bund fürs Leben geschlossen hat. »Das sind seltsame Dinge«, erzählt Wie., »da ist der Kollege, der mir beim Weihnachtsessen, als wir da alle saßen in dem guten Lokal, wo man eingeladen war, der gesamte Fachbereich, alles Westler außer ihm – die Sekretärinnen werden nicht eingeladen, die bleiben da außen vor –, da hat er mir ins Ohr geflüstert, er saß neben mir: ›Nur ein toter Wessi ist ein guter Wessi.‹ Und dann konnte die Weihnachtsfeier beginnen.«

Während ihre Mutter beim Kopfschütteln bleibt, merkt sich Tamara Goyschke, Theaterregisseurin, diesen Spruch nicht ohne Begeisterung, »nur ein toter Wessi ist ein guter Wessi«. Auch unseren jungen Mann aus der Hausbesetzerszene in Berlin-Mitte könnte der Spruch vermutlich begeistern, er selber wäre nicht gemeint. Die Sekretärinnen aber, die zum Weihnachtsessen nicht eingeladen werden, weil den DDR-Sitten zufolge Wissenschaftler beim Feiern unter sich bleiben, sie eröffnen endlich das Kapitel positiver Provinzialismus: »Wir haben sehr nette Sekretärinnen«, erzählt Wie., »die beide aus dem Osten sind. Die eine Frau ist Ende zwanzig, sehr aktiv, die zählt Stimmen aus bei Wahlen, ist sehr verwoben dort mit den politischen Verhältnissen. Unsere Sekretärin, die lange arbeitslos war, ist eine ältere Frau. Die sind sehr freundlich, die machen Kaffee, bringen den Kaffee, waschen die Tassen ab – alles, was hier undenkbar ist – und sind trotzdem nicht unterwürfig. Sie haben ein anderes Professionalitätsideal, daß sie eben was für die Wissenschaftler machen. Sie reden einen sofort mit ›Doktor‹ an, das ist ganz wichtig, Titel sind sehr, sehr wichtig, wenn sie die Titel gebrauchen, wertet das auch sie auf.«

Gewiß finden sich genug Universitäten in den westlichen Provinzen, wo der Titelkult noch blüht – bloß gilt das unter avancierten Wissenschaftlern als provinziell. Und wenn sich dies provinzielle Element im Osten mit dem Mütterlichkeitsideal mischt, das den Sekretärinnen vorschwebt, haben wir einen eigenen Stil, eben den östlichen, den der ehemaligen DDR: Dort schreiben die Sitten der Sekretärin eines Wissenschaftlers vor, daß sie freudig Kaffee kocht, daß sie zu ihren Vorgesetzten eine gewisse Distanz wahrt, daß sie dem Titelkult anhängt etc. Das Distanzhalten macht dann auch wieder Überschreitungen schön: »Es ist so«, erzählt Wie., »daß man diese enge Atmosphäre schaffen will. Man soll da dreimal am Tag zusammen Kaffee trinken, und als der Professor seine Antrittsvorlesung hatte, haben die beiden Sekretärinnen darauf bestanden, sechshundert Schnittchen selber zu schmieren, und zwar deshalb, weil sie das doch in ihrem Betrieb auch gemacht hätten. Und es war ihnen die absolute Freude, zwei Tage lang einzukaufen, um dann sechshundert Schnittchen zu belegen und Rotkäppchensekt zu besorgen, und dann haben sie das da aufgebaut, und die sechshundert Schnittchen waren in nullkommanix weg, und der Rotkäppchensekt wurde getrunken und das Radeberger, und sie waren glücklich, daß sie wieder was gemacht haben wie früher im Betrieb. Das war ihre große Stunde. Das würde man hier nie erleben.«

Radeberger und Rotkäppchensekt gab's schon in der alten DDR; mit letzterem pflegte der Staatsratsvorsitzende bei offiziellen Gelegenheiten anzustoßen. Das Radeberger Bier zählte – wie das Wernesgrüner – zu den wenigen Exportschlagern der alten DDR. Daß sich der Rotkäppchensekt – wie das Berliner Pils und die Zigarettenmarken Caro und Club – behauptet, gehört zur Geschichte der neuen. Frau Dr. Goyschke ist im Frühjahr gern über das Ausstellungsgelände auf dem Berliner Schloßplatz gewandert, die jährliche Verkaufsmesse mit dem Titel »Made von hier«. Die Warenwelt der neuen DDR, die der alten zitierend, keineswegs bloß ironisch. Frau Dr. Goyschke, in Poesie geschult, kann sich die Warennamen auf der Zunge zergehen lassen, Lawa-Hefeklöße, Wurzener Feingebäck, Spreewälder Gurken. Eine Dresdner Firma, las Frau Dr. Goyschke in der Zeitung, bringt auch die Zahncremes der alten DDR wieder auf den Markt in der neuen, Elkadent, Perlodont; besondere Erfolge verspricht man sich von der Kinderzahncreme Putzi, die nach Obst schmeckt.

Aber die westliche Wissenschaftlerin, die regelmäßig ins Sächsische reist, wird sich in ihrem plastikverkleideten Studentenwohnheim gewiß nicht die Zähne mit Elkadent oder Perlodont putzen. Schon was sie über die »Schnittchen« sagt, klingt appetitlos. Überhaupt hat die Wissenschaftlerin mit dem Essen die größten Schwierigkeiten. Zwar verfügt die Mensa über das modernste Abrechnungssystem, per Chipkarte. Aber die Gerichte sind altdeutsch; die Küche der alten DDR zitierte die des Deutschen Reiches, und die neue DDR sieht, als selbstbewußte Provinz, keinen Grund, die Eßgewohnheiten zu ändern.

»Essen kann man da nicht, das ist grausam. Knödel und irgendwas ganz Fettes, wahnsinnig Fettes, so richtig ganz nahrhaft. Das ist ein Essen, das sitzt so in einen rein, das will einen nimmer loslassen – wie krieg ich das wieder los? fragt man sich die ganze Zeit. Ich fahre wirklich mit Proviant hin, ich kaufe mir am Tag vorher irgendwas, was ich gern esse, mache hier dann Brote und fahre mit Broten hin. Ich habe mir schon überlegt, eine Thermoskanne zu kaufen, weil ich auch den Kaffee nicht trinken kann.«

Das klingt richtig feindselig. Schon gar, wenn man die mütterlichen Sekretärinnen vor Augen hat, die den Wissenschaftler so gern mit Kaffee und Schnittchen verwöhnen. Zum Training von Ethnologen, bevor sie sich auf ihre fernen Reisen zu fremden Völkern machen, gehört der Verzehr von deren fremden, womöglich widerwärtigen Speisen. Spinnen, Mistkäfer, Wasserwanzen, Grillen, Heuschrecken, Termiten, Zikaden. Die Ethnologen müssen das trainieren, weil eine Einladung zum Essen abzuweisen, überhaupt die einheimische Nahrung zu verweigern und das Mitgebrachte auszupacken, zu den schlimmsten Verletzungen der Anstandsregeln rechnet. Essen stiftet Identität; wenn du nicht essen willst, was ich esse, bist du mein Feind. So daß die mannigfaltige Feindseligkeit, auch nur das Befremden der Besucher aus dem Westen wesentlich beiträgt zum Aufbau der neuen DDR, zum Aufbau der neuen DDR als Ethnie, als Erfahrungs- und Erzählgemeinschaft.

Die Geschichte mit den Hausschuhen. »Da war diese eine Sekretärin, die war wahnsinnig dick und hatte dann noch diese Hausschuhe, die Comicfiguren sind, Plüschdinger, Micky Maus und so, die lugten aus ihrer Handtasche hervor, und ich fragte dann: Was haben denn Sie dabei? Und sie sagte: Ja, wir sind eingeladen. – Da nimmt man dort seine Hausschuhe mit, und man zieht dann seine Hausschuhe an, und dann ist es gemütlich. Und als ich dann sagte, ja, wenn zu mir jemand zu Besuch kommt, dann ziehe ich meine Straßenschuhe an, das konnte sie nicht fassen. Es ist unmöglich, daß man daheim Straßenschuhe trägt und die Gäste in Straßenschuhen empfängt, nein, alle haben Hausschuhe an. Das könnte ich mir nie angewöhnen.«

Die Sache mit den Hausschuhen ist eine Sitte der alten DDR, aber da gab's diese grotesken Plüschtierschuhe noch nicht. Die gibt's erst jetzt. So daß sich aus den Sitten der alten DDR und dem westlichen Warenangebot wieder ein Stück der neuen DDR bilden kann.

»Going native«, wirklich dort ankommen und sich einleben, bis die Differenzen gelöscht sind: das ist dem Westler bis auf weiteres unmöglich. »Ich könnte dort nicht leben. Das ist dieser Provinzialismus. Ich wüßte nicht, was ich da tun sollte. Die Professoren, die haben ihre Lebensstellung, die sind immer wieder in dem Konflikt, wie es den nirgends gibt. Die Frauen, die immer sagen: Da gehen wir nicht hin. Und wir haben Kinder, und die Kinder dürfen da nicht hin. Und das darf man keinem Ostler sagen. Das spüren die, daß das alles nicht so ist, wie wir uns das Leben vorstellen. Und dagegen behaupten die trotzig ihren Lebensstil, und das wird sich schon länger halten. Das wird sich eher noch verfestigen.«

Die neue DDR, die dort entsteht, das ist nicht einfach der Negativraum der kolonisatorisch Unterworfenen, Gekränkten – Klaus, der stolze Maurer, der zum Lastwagenfahrer absteigt; oder das gefährdete Gelände, das gegen den aggressiven Makler aus Bad Schwartau verteidigt werden muß, wobei sich zeigt, daß die einheimischen Einrichtungen eigentlich ganz gut funktionierten. Die neue DDR, die dort im Sächsischen entsteht, das ist auch nicht der ironische Zwischenraum, den unser junger Mann von den kritischen Stämmen, der Hausbesetzerszene von Berlin-Mitte, so schätzt, die PDS als Jugendpartei. Die neue DDR, von der die Wissenschaftlerin aus dem Sächsischen erzählt, ist feste, selbstbewußte Provinz. Diese DDR hat überhaupt erst jetzt Gelegenheit zu entstehen, weil niemand sie nur gezwungenermaßen bewohnt. Jeder kann gehen. Deshalb ist man freiwillig hier.

»Ich glaube, dieser Regionalismus, der ist in einem Maße vorhanden, das wir uns nicht vorstellen können. Dort sitzen bleiben, das alles bewahren – die haben kein Interesse an Welt. Mir kommt das jedenfalls nicht so vor. Mir hat einer erzählt, von der Lufthansa, der Werbung macht, der wollte da immer seine Anzeigen schalten. Die wollten das irgendwie nie, bis er ganz konkret gefragt hat: Warum wollen Sie die Anzeigen nicht? Und da hat der Redakteur gesagt: Ach, wissen Sie, für unsere Leute ist das nicht interessant. Der Flugplatz ist zu weit weg, und die fliegen auch nicht weg.«

Eberhard Rathgeb / Thomas Steinfeld

Egalitäre Bundesrepublik

Die politische Ästhetik kultureller Ereignisse

Der bundesrepublikanische Stand in Sachen Gleichheit läßt sich an einer Figur erläutern, die der demokratischen Stimme zu Gehör verhalf: Es ist der Kenner, der Dilettant aus Profession, der Experte der Meinungen. Ihm flankierend steht zur Seite die letzte Fiktion der Aufklärung: die Öffentlichkeit als Adressat der Ansichten und Sponsor des individuellen Anspruchs. Schon immer hat der rasche Schluß vom Beispiel zum Allgemeinen Geschichten und Gerüchte attraktiv gemacht. In den Berichten aus der privaten Sphäre, im Psychologismus der Debattierenden verdichten und entfalten sich Vorurteile, dank deren die Welt an Übersichtlichkeit nicht verliert. Das altbekannte Schema F ist Anfang und Ende der Erfahrungen, und an ihnen gewinnen die Meinungen, auf die sich heute jeder etwas zugute hält, individuelles – und das heißt: demokratisches – Format. Wenn Ansichten statt Einsichten die Oberhand gewinnen, hat der simulierte Stellungskrieg der solcherart hochgezüchteten Individualitäten begonnen. Das Recht auf Eigenwilligkeit ist demokratisch, seine Ausdrucksformen sind absolutistisch. Die bundesrepublikanische Kultur, die daraus seit der Nachkriegszeit entstand, hat das Politische integriert. Der Totalitarismus der Meinungen, der heute regiert, schwächte den politischen Begriff des Bürgers und des Staats in einem Maße, daß beide auf dem Feld der Kultur ineinandersanken. Endlich zählt wirklich jede Stimme.

Tugend und Tabu

Beginnen wir mit einer der vielen Geschichten. Tom Sanders ist ein beneidenswerter Mensch, einundvierzig Jahre jung, wohlgeraten und vielversprechend, mit Frau und zwei Kindern, die nichts zu wünschen übriglassen. Dieses bürgerliche Glück gedeiht auf einer der Inseln, die Seattle, der Hauptstadt des technologischen Amerika, vorgelagert sind. Eine erkämpfte Idylle braucht treue Menschen. Doch es kam der Tag, da wurde der aufrechte Tom für Sekunden schwach. Seine neue Vorgesetzte, die auf dem Job sich niederlassen durfte, den er sich selbst versprochen hatte, spielte böse Fee und warf ihn fast zu Boden. Die Verführung durch weibliche Hände mißlang, es obsiegte das Gewissen des geblendeten Opfers, das Reißaus nahm und in den Schoß der Familie flüchtete. Am nächsten Tag mußte der adrette Abteilungsleiter Tom erfahren, daß seine neue Chefin ihm »sexual harassment«, sexuelle Belästigung, vorgeworfen hatte. Die Firma wußte schon Bescheid, die Kollegen hielten sich bedeckt. Tom stand plötzlich im Abseits, seine Karriere schien unwiderruflich geknickt, sein bürgerliches Dasein verspielt. Der Romancier Michael Crichton erzählt diese Fabel. Sie ist nicht aus der Luft gegriffen, sie allegorisiert eine theoretische Debatte.

In Reaktion auf die schwarze Bürgerrechtsbewegung entstand 1964 der »Title VII« des amerikanischen »Civil Rights Act«. Er regelt den Umgang mit Lohnabhängigen und untersagt ihre Diskriminierung nach Rasse, Hautfarbe, Religion, Geschlecht und nationaler Herkunft. Seine größte Kraft entfaltete dieser Paragraph erst zwanzig Jahre später, als das Ideal des »equal employment«, der Anspruch auf gleiche Berufschancen, zum Maßstab fortschrittlicher Personalpolitik wurde und jeder sein Recht auf Erfolg einklagen durfte. Die Popularität des Straftatbestands »sexual harassment« war eine Folge dieses sozialpolitischen Wandels. Seit der Klage der Juraprofessorin Anita Hill gegen Clarence Thomas, den Kandidaten für den Obersten Gerichtshof, ist der entsprechende Vorwurf kulturelles Gemeingut. Er beruht auf der Vorstellung, daß ein Beruf ein Beruf ist und man bei dessen Ausübung den Rahmen des Konkurrenzgerangels nicht überschreiten darf.

Eine europäische kulturelle Arroganz, die den Beweis der Überlegenheit schuldig bleibt, hält eine solche Fabel gern für amerikanisch und trivial. Das ist sie nicht, und auch in den Mutterländern der Theorie war Michael Crichtons Variante auf die gefährlichen Liebschaften große Aufmerksamkeit gewiß: Eine romanhafte Geschichte wie *Disclosure* dokumentiert den aktuellen Stand der Ästhetisierung einer politischen Debatte. Aus dem Diskurs der Experten wird eine sogenannte öffentliche Angelegenheit, indem theoretische Argumente in persönliche Geschichten übersetzt werden. Die Ebenen werden verwischt, ein juristisches Problem in Charaktere gegossen, wie das Leben sie formt. Eine Diskussion kommt ins Rollen, Ansichten werden wachgerüttelt, und ein Meinungsstreit entbrennt. Aus Einzelschicksalen, die vor Gerichten abgehandelt werden, wird eine private Öffentlichkeit, die den Urteilen räsonierend hinterhereilt. Der Schritt vom konkreten Unglück zur pauschalen Einstellung gegenüber dem allgemeinen Problem läuft über Psychologismen. Ein ganz und gar fieser Tom hätte keine Chance, einen Standpunkt innerhalb der Debatte zu verkörpern. Er muß gut und ein bißchen böse, eben ein ganzer, gemischter Charakter sein, um die Gemüter aller anderen ganzen Menschen zu erregen.

Die leicht erkennbare Abweichung vom Schema F ist die Grundfigur aller ästhetisierten Ansprüche, weil die Abweichung die Norm der Normalität ist. Wo immer heute ein Anspruch sich geltend macht, gewinnt er seine gesellschaftliche Resonanz dadurch, daß er seine Eigenart ins Spiel bringt. Argumente aus den Debatten der Experten werden durch Ästhetisierung, also durch Engführung auf Individualitäten, zu öffentlichen Figuren. Deren nach-cartesianisches Credo lautet: Ich habe ein Problem, also bin ich. Ein amerikanisches Phänomen ist das mitnichten. Lea Rosh, die Stiefmutter Courage, trägt schwer an der deutschen Vergangenheit, und Ulrich Wickert predigt an der Front der Tatsachen die Standfestigkeit der Tugend. Die Popülarkultur ist hier den Hochgesinnten um einiges voraus. Erst als Freddie Mercury an Aids starb, wurde »The Show Must Go On« zur Hymne diffuser Lebensphilosophie, und mit Kurt Cobain wurde Camus' Widerlegung des Selbstmordes ad acta gelegt und die ganz individuelle Bewältigung des Alltags eine intensiv gestellte Frage auf Leben und Tod.

Die Anthropologisierung des Theoretischen schafft schwierige – und das heißt heute: individuelle – Charaktere am laufenden Band. Diese Darbietung hält einen obsoleten Schein von Öffentlichkeit aufrecht. Die Umkehrung des Falles vom Schein auf das menschliche Sein, von der Politik zur Kultur, ließ nicht lange auf sich warten. Aus den politischen Repräsentanten demokratischer Verhältnisse werden Charaktere in Amt und Würden, aus denen sie dank moralischer, allzumenschlicher Beurteilung schnell hinausfallen können. Die politischen Institutionen werden zur Bühne charakterlicher Bewährung, wodurch die Politik ihr menschliches Gesicht und ihre Tauglichkeit zum kulturellen Ereignis zurückgewinnt. Sie setzt als Prämisse, daß der Mensch in seinem Wanken zwischen Gut und Böse ein ganzer und deswegen immer fehlbar sei. Eine vollendet demokratische Kultur nimmt den politischen Repräsentanten persönlich beim Wort, und so stehen auch die offiziellen politischen Meinungsträger unter dem Gesetz der Meinung. Des Volkes Ansichten, immer noch als Öffentlichkeit idealisiert, kursieren – wie in den Zeiten vor der Aufklärung – als Gerüchte und Geschichten. Der sächsische Minister Heinz Eggert hat das zu spüren bekommen. Vollkommene Gleichheit verbreitet Freud und Leid.

Rameaus Nichten und Neffen

Vor der Erfindung der demokratischen Geschichten hatte man sich auch schon etwas zu erzählen. Interessant ist ein Fall; er handelt vom Neffen des berühmten Tonsetzers Rameau. Der Neffe ist ein eigenartiger Typ, doch deswegen noch keine öffentliche Figur. Sein Stammplatz ist das Café de la Régence, wo er jeden in die Geheimnisse seines schwierigen Charakters einweiht, der ihm sein Ohr zuneigt und einen Wein ausschenkt. Die Disproportion des theoretischen Talents mit der praktischen Ausführung ist sein Problem, an dem er Format gewinnt, sich labt und dessen Lösung dem Autor nicht gelingen will. Da das Mißverhältnis ein existentielles sein soll, hat Denis Diderot ihm eine figürliche Engführung gegeben. Rameaus Neffe, ein König der Theorie und ein Bettelmann der Praxis, favorisiert das Bekenntnis zur persönlichen Eigenart als schlichte Moral seiner Geschichte. Wenn Anerkennung das Ziel ist, muß die Heuchelei erlaubt sein.

Das Mißverhältnis von Talent und praktischem Beweis erfordert einen Experten im Dilettieren, im Brückenschlag zwischen intellektuellem Wahn und realem Mittelmaß. Rameaus Neffe erweist sich hierin als Virtuose, als ein glänzender Solist, dessen Handwerk nicht in Kunst umschlägt, sondern sich im Können erschöpft. Kennerschaft ist die Ebene, auf der er und seine Zuhörer sich begegnen. Diese Gemeinsamkeit macht die Intimität aus, definiert einen privaten öffentlichen Raum.

Rameaus Neffe debattiert in Hof und Garten des Palais Royal, der dem Herzog von Orléans gehört und der Polizei nicht zugänglich ist. Die Öffentlichkeit hinter diesen Mauern wird von der staatlichen Politik geduldet und vom Virtuosen ertragen. Virtuosität erfüllt sich in Grenzen. Die Geschichte des Intellektuellen könnte hier, im herzoglichen Wohnviertel, beginnen. So erzählt, gehören zwei zusammen: auf der einen Seite der Experte im Dilettieren, dem der Brückenschlag von der Idee zur Ausführung nur mit Hilfe der Wörter gelingt, und auf der anderen Seite eine Öffentlichkeit, die dem Gespräch unter Kennern entspringt. Im nachhinein nannte man sie eine kritische Öffentlichkeit.

Die Geburtszelle der Fiktion von der kritischen Öffentlichkeit ist, ob Café oder Salon, die private Insel im staatlichen Fluß. Hier saßen die Kenner, die nur dank einer glücklichen historischen Stunde Fachleute für den politischen Ausnahmezustand wurden. Als die Verhältnisse sich gewandelt hatten, als die Revolution vorbei und die Köpfe gerollt waren, ging der Experte ins Amt, während der Kenner auf seinem Stuhl sitzen blieb. Die Runde der Redner und ihrer Zuhörer vergrößerte sich, das Gespräch wurde lauter, und aus dem kleinen, kritischen und wohlbewachten Zirkel entstand der große Kreis der Stimmberechtigten. Die historische Soziologie ist diesem Strukturwandel der Öffentlichkeit mit Interesse auf die Schliche gekommen und hat im Nacherzählen die Verbindung geschaffen zwischen dem Intellektuellen und der kritischen Öffentlichkeit, der eine so ominös wie die andere diffus. Man kann darin ein klassisches Beispiel für ein selbstreferentielles System sehen, das, wie alle Systeme, ein theoretisches Konstrukt ist. Jenseits des Zirkels ist nur der Zirkel. In diesen sich selbst erhaltenden Verhältnissen wird jedes Expertenwissen zur Interpretation freigegeben. So bleiben die Urenkel von Rameaus Neffen theoretische Existenzen und werden keine Minister. Das hat sich die amerikanische Literaturwissenschaftlerin Cathleen Schine zum Vorwurf eines Romans erkoren, der allen Nichten Rameaus gewidmet ist, denen jede Theorie zum Gerede wird, das allein in der sinnlichen Unmittelbarkeit seinen Beweis sucht.

Wenn der heutige Intellektuelle die eigene Geschichte erzählt, möchte er etwas anderes sein. Er wäre gern das konkretisierte verallgemeinerte gesellschaftliche Wissen, wie es sich in Emile Zolas »J'accuse« niederschlug. Diese Variante der Nachdenklichen appelliert an eine Universale der Wohlmeinenden, die zunehmend zu einem medialen Reflex wurde und als öffentliche Meinung firmiert. Es sind die Anhänger einer gesellschaftlichen Einheit, denen man mit Quoten und Prozenten zu Leibe rücken muß. Hier zählt die Quantität, die wundersamerweise irgendwann in Qualität umschlagen soll. Aus den wenigen Kennern werden versammelte Bürger.

»E pericoloso sporgersi« träumt einer der Nachfahren Emile Zolas. Gefährlich sei es, mahnt Wolf Lepenies, sich aus dem Fenster zu lehnen, wenn der Zug der Zeit dahinbraust. Besser ließen sich die Mission des Intellektuellen und die Gefahren, die ihm drohen, nicht wiedergeben. Verwegenheit verlange das Geschäft der Kritik. Zwar hätte man fast geglaubt, es sei mit diesem Intellektuellen zu Ende gewesen, als die Moral vor Faschismus und Stalinismus kapituliert hatte. So zumindest erzählt es Wolf Lepenies. Doch dann sei mit dem Fall der osteuropäischen Regime der alte, längst totgeglaubte Intellektuelle in alter Frische wiederauferstanden. »Wir betrachten sein heroisches Comeback auf der politischen Bühne«, hieß es in der affirmativen Geschäftsordnung vom *Aufstieg und Fall der Intellektuellen in Europa.* Doch der schöne Augenblick währte kaum vom Tag der Niederschrift bis zur Veröffentlichung des Essays. Fast vergessen sind die begeisterten Reden von Mitteleuropa, deren Wirksamkeit Wolf Lepenies mit den Folgen der Dreyfus-Affäre verglich. Doch die Fiktion an dieser Geschichte besteht in dem Glauben, daß es tatsächlich eine zu bewegende Gesamtheit gibt. Was man statt dessen vorfindet, ist eine Summe von Einzelfällen, die vom bürgersinnigen Wort zur demokratischen Tat schreiten wollen. Erfolg ist eine Frage der Lebensgeschichte und die Moral des Helden die Integrität seines Stils.

Geschmack und Stil

Eine Geschichte vom letzten Schritt des Geistes auf dem Weg zum reinen Stil erzählt der österreichische Dichter Robert Menasse. *Schubumkehr* heißt sein Roman, der dort beginnt, wo Hegels *Phänomenologie des Geistes* endet, und dort aufhört, wo diese beginnt: bei der sinnlichen Gewißheit. Es ist die Fabel von einem gebildeten Menschen, der mit seiner Kamera durch eine bäuerliche Gegend in der Nähe der tschechischen Grenze schweift, eine Landschaft der Dummheit, des bornierten Überschwangs und der alltäglichen Gemeinheit. Als sich die Grenze öffnet, ist der letzte Gedanke verloren. Der Held stiehlt sich aus der Geschichte, und es bleibt nur ein leeres Videoband zurück. Vom Intellektuellen ist nur noch eine Geste übrig – die Erinnerung an eine im Grunde genommen alberne Gestalt, die der Welt zeigen wollte, was es mit ihr auf sich zu haben hatte. »Die Eule der Minerva ist in der Dämmerung, am Ende der Geschichte geflogen«, schreibt Robert Menasse in seiner *Phänomenologie der Entgeisterung,* der theoretischen Parallele zum Roman, »und in der Sonne des nächsten Tages ist nur noch der Turm-Hahn zu sehen, der bald in diese, bald in jene Himmelsrichtung guckt.« Nichts ist mehr wahr. Dafür ist alles wirklich.

Vor einem Jahrzehnt setzte der Philosoph Odo Marquard erfolgreich die Geschichte vom »Sinndefizit« einer in Expertenwissen zerfallenen theoretischen Gesellschaft in die Welt, dessen Ausgleich er den Geisteswissenschaften zuwies. Die Entwicklung dorthin ist die Konsequenz einer Philologisierung des Intellektuellen, der die Symbiose von Politik und Kultur versucht. Das sah in den Anfängen der modernen Philologie noch anders aus. Denn als die Geisteswissenschaften die Philosophie verließen und zur Angelegenheit von Experten wurden, vergrößerten sich zunächst nur deren Kenntnisse. Sammelnd und sichtend, vergleichend und wertend suchten die Gelehrten nun nach den Bedingungen und Möglichkeiten ihres Gegenstands und bestellten, argwöhnisch den Nachbarn beschielend, den Acker ihrer Disziplin.

Doch jeder dieser Disziplinen war allein aus dem Grund, daß sie existierte, eine philosophische Qualität gegeben. Denn sie mußten sich auf den Feldern der Erscheinungen herumtreiben, während das Wesen der Dinge, die sie betrachten, der philosophischen Spekulation überlassen blieb. Zuallererst wurden sie daher vom Geist der Skepsis durchdrungen. Zur philosophischsten dieser Wissenschaften wurde die Philologie, die Deutungslehre, indem sie aufhörte, das Schreiben umzukehren, wie Friedrich Schleiermacher noch empfahl, und statt dessen wiederholte.

Mit der von Wilhelm Dilthey propagierten anthropologischen Wende, also mit der Emanzipation der Deutungslehre vom positiven Wissen, übernahm sie das philosophische Ideal der Versöhnung. Danach waren die beiden Pole, zwischen denen sich diese Disziplin bewegte, vorgegeben. In ihrem Formalismus ist sie seitdem ein Dienst am Höheren, der nach seinem Lohn nicht fragt; er bleibt im Verborgenen zu Hause. Sein Pendant ist der öffentlich auftretende Philologe, dessen Spontaneismus des Geschmacks den Wert der Person und seine Gedankenkraft kurzschließt. Seitdem führt diese Art des Philologen, der Historiker und Experte für Geist und Gemüt ist, eine rhetorische Existenz. Sein Feld ist nicht kleiner als die Welt.

Rhetorisch ist dieses Wissen aus einem unausgesprochenen Prinzip heraus. Es muß in Plausibilitäten denken und das Anscheinende als das jeweils erreichbare Wahre ausgeben. Es macht das Unbegreifliche verständlich und begnügt sich mit der Meinung. Was immer es tut: es gehorcht dem Prinzip des unzureichenden Grundes. »Das Programm der Philosophie gewinnt oder verliert, aber es wirft keinen Ertrag auf Raten ab. Alles, was diesseits der Evidenz übrig bleibt, ist Rhetorik; sie ist das Organ der *morale par provision*«, schreibt Hans Blumenberg in seinen *Anthropologischen Annäherungen an die Rhetorik.* Immanuel Kant hatte für einen Philologen dieser Statur nur Verachtung übrig. Ein solcher Gelehrter, meinte er in seinem Vorlesungshandbuch über Logik, sei gar keiner, »sondern ein bloßer Dilettante der Geschmackskenntnisse nach der Mode, ohne der Alten zu bedürfen. Man könnte ihn den Affen des Humanisten nennen.« Wer so spricht, dem sind die Geschmackskenntnisse des klassischen Kanons noch Gewißheit. Doch der Geschmack ist für jeden Kanon das schlechthin Zersetzende, und wie der literarische Gegenstand beschaffen ist, an dem sich dieses Bedürfnis geltend macht, ist im Grunde genommen eine Frage der Bildung und daher, was Mitte des vergangenen Jahrhunderts der Altphilologe August Boeckh bemerkte, in letzter Instanz auch gleichgültig.

So wird die Philologie zu einer seltsamen Lehre: denn sie versteht alles, jeden und immer mehr. Was immer die Gegenstände, mit denen sich der Philologe beschäftigt, an philosophischen und lebenspraktischen Anschauungen enthalten mögen: Man wird sie in ihren historischen, biographischen oder intellektuellen Zusammenhang betten. Widersprechen wird man ihnen ebensowenig, wie man diese Anschauungen, wie Heinz Schlaffer in *Poesie und Wissen* erklärte, als Maximen der eigenen Lebensführung gelten lassen würde. Statt dessen wird der historisch-hermeneutische Mensch zum Sekretär der Zeitgeister. Er ist unbedingt skeptisch und schreibt gerade deshalb alles auf. Tatsächlich ist er heute weit über seine eigene Disziplin hinaus und ergreift alles, was ihm seine Vorlieben und seine Leidenschaften, sein Geschmack also, zu ergreifen vorgibt.

Kritik und Krise

Gegen Ende des 19. Jahrhunderts formulierte der junge französische Philosoph Emile Durkheim im Vorwort seiner Habilitationsschrift *Über soziale Arbeitsteilung* ein Programm, das Schule machte. Aus den Schwierigkeiten, welche die Pflicht dem freien Willen zu bereiten pflegte, sollte eine eigene Disziplin entstehen: »Wir wollen die Moral nicht aus der Wissenschaft ableiten, sondern die Wissenschaft der Moral treiben, was etwas ganz anderes ist.« Die Universität teilte sein Interesse: Durkheim erhielt im Jahr 1896 in Bordeaux die erste Professur für Sozialwissenschaft in Frankreich, gründete eine erfolgreiche Zeitschrift, *L'Année sociologique,* und wechselte sechs Jahre später an die Sorbonne. Für die französischen Gesellschaftswissenschaftler blieb er bis in die Mitte dieses Jahrhunderts eine überragende Gestalt.

Auf Emile Durkheim geht die Vorstellung zurück, der größte gemeinsame Nenner aller Köpfe bilde eine selbständige Instanz des Sozialen. Als die Pflicht zum Gemeinsinn stellt sie seitdem ein Ideal dar. Die Mühe Immanuel Kants, das sittliche Leben vernünftig erscheinen zu lassen, geht in Durkheims moralischer Wissenschaft zugrunde. Statt dessen erscheint ein Enthusiasmus für die Gesellschaft, in dessen Folge man sich nur noch um deren Gelingen und nicht mehr um deren Begriff sorgt. »Das soziale Leben«, predigt der Soziologe, »ist in erster Linie ein harmonisch vereintes Streben, ist die Vereinigung der Geister und des Willens zur Verwirklichung eines gemeinsamen Zieles.« So demokratisch kann Soziologie sein.

Von den Anstrengungen der soziologisierten Wissenschaften, die Gesellschaft auf ihre eigenen Widersprüche und Gegensätze aufmerksam zu machen, ist nur dieses Ideal geblieben. Daß es uneinholbar ist, nährt das Bewußtsein einer Krise, dem standzuhalten zu den letzten, dem wahren Menschen verpflichteten Gesten des Intellektuellen gehört. Die Welt aber bleibt geteilt. Die Politik widmet sich den Aufgaben des Staates. Dort stören partikulare Interessen, denn das Allgemeinwohl steht auf dem Spiel. Die Wirtschaft gehört ausschließlich partikularen Interessen, nämlich den konkurrierenden Absichten von Geschäftsleuten. Der Mensch, so wie er sich als einzelner um höhere Anliegen bemüht, ist im Reich der abstrakten Freiheit zu Haus. Was immer dort verhandelt wird: es heißt Kultur. Viele sind deswegen von jeher versucht, die Welt der Kultur für einen schönen Schein zu halten, der sich in letzter Instanz am Vergnügen mißt, weshalb »Kunst und Unterhaltung«, »arts and entertainment« oder »culture et loisirs« oft in einem Atemzug genannt werden.

Wilhelm Dilthey und die Teilung der Welt nach den Erkenntnisarten des praktischen und des geistigen Lebens haben nun scheinbar keine Gültigkeit mehr. Seine Überzeugung aus dem späten 19. Jahrhundert, das Seelenreich »von Leidenschaft, dichterischem Gestalten und denkendem Ersinnen« sei durch eine Ontologisierung des ästhetischen Erlebens vor der modernen Zivilisation zu retten, wirkt wie ein übereilter Verzicht auf das, was sich durch die Kraft des Gedankens in der Welt der Tatsachen ausrichten läßt. Wir dagegen pflegen heute einen sogenannten »erweiterten Kulturbegriff«. Der Imperialismus der Kultur ist das letzte Stadium der Politik.

Tradition und Wissen

Wenn der Geschmack eine Frage des Stils geworden ist, gerinnt Bildung zum Fluchtpunkt, auf den hin der Kenner von sich reden machen will. Aber die Bildung erscheint nur noch als Erinnerung. Sie ist dem Geschmack zum Opfer gefallen. In dieser Not des Subjektivismus schwört die Erinnerung an bessere Zeiten auf den Kanon. Doch der einzige Kanon, der wirklich existiert, setzt absolute Treue voraus. Jedem Kanon, der darauf folgt, ist seine Entstehung anzusehen. Und das ist ein Problem, denn die Bildung eines Kanons ist ein Widerspruch zu seiner Existenz. Jeder moderne Kanon ist daher auf Sand gebaut, er stellt sich dar als ein unendlicher Prozeß von Korrekturen und Revisionen. Und nicht zuletzt von Ausweitungen, die auseinanderfallen und irgendwann neue Traditionen hervorbringen, in denen die Souveräne des neuen Provinzialismus herrschen – professionalisierte Dilettanten. Das Prinzip dieser Entwicklung kannte bereits jener August Boeckh, der in der Mitte des vergangenen Jahrhunderts die einzige große Enzyklopädie der Philologie schrieb, die es bis heute gibt. »Da alle Kritik und Auslegung praktisch philologisch ist, und in diesen das formale Thun des Philologen ... ganz aufgeht«, sprach er, »so kann die Philologie nicht auf das Althertumsstudium beschränkt sein, weil jene Funktionen auch alles Moderne berühren.« Mit dem Argument aber, alles was man auslegen könne, gehöre in die Philologie, wird die Interpretation zur wahrhaft universalen Tätigkeit.

Die Bildung, deren Verlust da hinzunehmen ist, ist mehr als eine Schimäre von konservativen Kulturmenschen, die gerne Hölderlin zitieren und den Griechischunterricht an Gymnasien wiedereinführen wollen. Bildung kann ohne Wissenschaft nicht sein. Sie ist, wie Robert Menasse in der *Phänomenologie der Entgeisterung* beteuert, ein von der Wissenschaft abgeleitetes historisches Bewußtsein vom Gang der Dinge, das sich als Differenz und Defizit zur Wirklichkeit weiß. Ihr Ideal ist die ästhetische Einheit der Welt: das Wahre, das Gute und das Schöne – das Wahre als das Ideal der Einigkeit, das Gute ist der Zweck, der die Menschen eint, und weil dieser Zweck manchem als Zwang erscheint, muß er als Schönes plausibel gemacht werden. Auf dieser Grundlage hat auch die Literatur einmal eine große Wirkung gehabt – im Grunde als Forderung nach der Wiedereinführung des Goldenen Zeitalters. Daß auch daran etwas Prekäres ist, wußte Friedrich Schiller. »Die theoretische Kultur soll die praktische herbeiführen und die praktische doch die Bedingung der theoretischen sein«, fragt er im neunten *Brief über die ästhetische Erziehung des Menschen.* Er kannte den Idealismus, der in einer ästhetischen Erziehung liegt.

Engagement und Enthaltsamkeit

Es war Ende der achtziger Jahre, da verpaßte ein reicher Börsenmakler die Ausfahrt einer Stadtautobahn in New York und landete mit seinem Kabrio in der Bronx statt in Manhattan. Neben ihm saß seine Geliebte. Angesichts dunkler Bedrohung packte die beiden die Angst. Auf der Flucht fuhr er einen jugendlichen Schwarzen an, der später an den Verletzungen starb. Der Börsenmakler hielt sich für einen Master of the Universe, doch in dieser Nacht verlor er für immer den Boden unter den Füßen. Er wurde gefaßt, und ihm wurde ein Prozeß gemacht, der die Öffentlichkeit bewegte. Die Zeitungen berichteten ausführlich über den Verlauf der Verhandlungen, die mit dem Schuldspruch endeten. So geht die Geschichte, die Tom Wolfe erzählt. *Fegefeuer der Eitelkeiten* demonstriert die Einheit von Charakter und sozialer Stellung. Das Schicksal, das sich hier erfüllt, ist die Konsequenz einer Expertenphilosophie: Alles ist so, wie es ist. Sherman McCoy ist ein Prototyp modernen Heldentums; hier lebt und scheitert einer in der Ausdifferenzierung der Lebensverhältnisse zur privaten »Affäre mit der Welt«. Unter dem Diktat des Totalitarismus der Meinungen wird diese Affäre zur öffentlichen Angelegenheit. In einer Gesellschaft ohne Vorbehalte ist der Held des Romans immer ein Experte vor dem Tribunal aller Gleichgesinnten.

Wenigstens an einem Punkt ist Tom Wolfes Roman aufrichtiger als die Theoretiker der neuen Urbanität: Das Personal seiner Form von Kulturkritik läßt keinen Zweifel darüber aufkommen, in welchen gesellschaftlichen Verhältnissen es sich bewegt. Wo die Reinkarnationen des Flaneurs, die Chronisten und Stadtphilosophen erst einmal historisch werden und im Geiste Stevensons das Verschwinden der Gaslaternen beklagen, ist der Journalist Wolfe etwas schneller beim Thema: New York erscheint als die Metropole eines universalen Kapitalismus, und selbst das kleinste Detail der Erzählung soll Rechenschaft davon ablegen, wie sehr Erfolg und Besitz die Kriterien sind, an denen allein sich ein Leben mißt: Wolfe entfaltet seine Welt als Warenhaus und die Stadt als Semiotik der freien Marktwirtschaft. Die Preise zählt er auf, als gehe es um »pornographische close-ups«, wie der Kritiker der *Zeit* mäkelte. Deswegen ist McCoy als erfolgreicher Börsenmakler ebenso professionell wie auf dem Weg ins Gefängnis, wo er ohne Geld, Geliebte, Familie und Auto zum »Berufsangeklagten« wird: ein Mensch, dessen Dasein auch in seiner Rolle als Beschuldigter aufgeht.

Während dieser Roman in den Vereinigten Staaten mit Applaus aufgenommen wurde, wartet man hierzulande noch auf den großen deutschen Gegenwartsroman. Man wartet vergeblich. Die kritischen und kunstsinnigen Geister hoffen auf die Symbiose von Politik und Kultur im literarischen Ereignis, wie es einst in der Nachkriegszeit die Grasssche *Blechtrommel* war. Doch in einer Gesellschaft, in der Kultur ästhetisierte Politik ist, wird sich der Wunsch in dieser Form nicht erfüllen.

Die Kunst, so wird gelehrt, habe um das Jahr 1800 ihre Autonomie errungen. Gemeint ist damit ihre Unabhängigkeit von Staat und Kirche. Man hat sich daran gewöhnt, dies für einen Fortschritt zu halten. Doch dieser Fortschritt ist prekär, weil die Autonomie eine Instanz voraussetzt, die sie gewährt. Wo ein Recht ist, da ist auch eine Pflicht. Man kann die Autonomie der Kunst daher auch als Verpflichtung zur Freiheit betrachten, wobei der Preis darin besteht, auf die Verwirklichung der ästhetischen Absichten im praktischen Leben zu verzichten. Die Autonomie ist also konzediert und deswegen immer auch eine Art Spiegel der Verhältnisse, denen sie vielleicht zu entrinnen sucht, zu der sie aber in jedem Fall eine Differenz eröffnet. »Frei will ich sein im Denken und im Dichten«, sagt der Dichter Torquato Tasso in Goethes Drama, das eben das Prekäre dieses Übergangs in die Autonomie der Kunst schildert, »im Handeln schränkt die Welt genug uns ein«. Tassos

Gegenspieler, der Diplomat Antonio, kann hingegen an der Kunst nichts Prekäres entdecken: Ein Gehege für Schönes und Bedeutsames soll sie sein, eine Zierde der politischen Macht.

Seitdem ist dieses Verhältnis der abstrakten Freiheit zur gesellschaftlichen oder gar politischen Aufgabe, die sie erfüllen soll, eines der ostinaten Themen der Kulturkritik. Und die hat einen Hang zur Öffentlichkeit. Walter Benjamin glaubte in der Autonomie des Ästhetischen einen Weg zur politischen Rettung gefunden zu haben. Man müsse sie nur gegen die Politik wenden. Theodor W. Adorno teilte den Anfang dieses Gedankens, drehte aber das Resultat und hielt die Autonomie für den einzigen, sinnvollen Verrat an einem besseren Leben, das sowieso nicht zur Verfügung steht.

Noch verbaut die Tradition autonomen Kunstgedenkens dem Experten seinen beachteten Auftritt als literarische Figur. Doch der schnöde Markt ist schlauer als die feine Kritik. »Viele Kritiker«, resümiert der Schriftsteller Norbert Gstrein in einer Umfrage der *Neuen Zürcher Zeitung,* seien wie Bahnwärter, »die vor ihrem Bahnwärterhäuschen stehen und ihr Signal schwenken, aber sie können tun, was sie wollen, der Zug nähert sich und fährt mit unverminderter Geschwindigkeit an ihnen vorbei, egal, ob die Geleise an der nächsten Kurve zu Ende sind oder sich, so weit man sehen kann, geradeaus erstrecken.« Der Bahnwärter wedelt kenntnisreich mit der Fahne, und ihm steht, um im Bild zu bleiben, ein anderer Bahnwärter gegenüber, und so bezeugen sich beide gegenseitig, daß ein Zug vorbeigefahren sei und der Leser die Signale hätte sehen können. Von außen betrachtet, geben beide ein eigenartiges Bild ab. In der Konsequenz ihres sonderbaren Anliegens gewinnen sie öffentliche Statur; damit beginnt die Talkshow über Literatur. Dieses mediale Ereignis hat Richard Rorty philosophisch gewürdigt, als er die Literatur zur Schule des Lebens erhob, weil sich eben hier vorzüglich Liberalität einüben lasse. Der Meinungsaustausch im Zirkel ist im kleinen die Erfüllung des Politischen als demokratische Kultur – anders gesagt: ästhetisierte Politik als kulturelles Ereignis.

Wer das nicht glaubt, soll nur den Kult der Diskussion betrachten, wie es ihn seit zehn oder zwanzig Jahren gibt. Was sind denn diese Debatten? Keine Argumente werden darin geprüft, keine Entscheidungen werden getroffen, statt dessen sollen Gegensätze aufeinanderstoßen. Der Dissens ist inszeniert, die Folgenlosigkeit Konsens. Was dabei dennoch zurückbleibt, ist, um es mit einem altmodischen Wort zu sagen: Sittlichkeit. Denn am Ende der Trennung von Politik und Kultur steht die Souveränität des Meinungsaustausches. Sie bricht das Gesetz des unendlichen Fortschritts im Wissen. Der Geist ist nun frei und denkt sich etwas zu seinem Gegenstand, anstatt sich an ihm abzuarbeiten. »Am Ende steht die absolute Freiheit – vom absoluten Wissen«, erklärt Robert Menasse. Man könnte das in ein geistesgeschichtliches Aperçu fassen: Der Prototyp des heutigen Meinungsträgers ist nicht Diderot, nicht Zola, sondern Hans Christian Andersen. Ihn nannte Georg Brandes einen »Franz von Assisi des Hausrats«. Er ist die Ikone der Nischengesellschaft. So elitär kann Gleichheit werden.

JOHN CAREY

Die Intellektuellen und die Massen

Die klassische Darstellung eines Intellektuellen vom Aufkommen der Massenkultur zu Beginn des 20. Jahrhunderts stammt von José Ortega y Gasset: *Der Aufstand der Massen,* im Original 1930 erschienen. Den eigentlichen Grund seiner Besorgnis stellte die Bevölkerungsexplosion dar. Ortega weist darauf hin, daß die Bevölkerung Europas vom Beginn der europäischen Geschichte im 6. Jahrhundert bis 1800 die Zahl von 180 Millionen nicht überschritten hatte. Zwischen 1800 und 1914 jedoch nahm sie von 180 auf 460 Millionen zu. In nicht mehr als drei Generationen hatte Europa »massenweise menschlichen Rohstoff hervorgebracht, der sich wie ein Gießbach auf das Feld der Geschichte ergoß, es überschwemmend«. Auch Schriftsteller, deren Denkweise von der Ortegas erheblich differierte, zeigten sich ähnlich bestürzt über dieses Phänomen. H. G. Wells kommt zum Beispiel in seinem Roman *Kipps* auf »die unzähligen Schwärme neuer Geburten« als »das eigentliche Unheil des 19. Jahrhunderts« zu sprechen.

Ortegas Untersuchung zufolge hatte das Bevölkerungswachstum unterschiedliche Folgen. Deren erste ist Überfüllung. Überall sind die Züge, Hotels, Cafés, Parks, Theater, Wartezimmer, Strände voller Menschen. Zweitens handelt es sich dabei nicht nur um Überfüllung, sondern um eine Invasion. Die Menge hat sich der Orte bemächtigt, die von der Zivilisation einzig für die Besten geschaffen worden waren. Und drittens folgte aus dem Bevölkerungswachstum die Diktatur der Masse. Der entscheidende Faktor im politischen Leben des heutigen Europa ist der Aufstieg der Massen zu unumschränkter gesellschaftlicher Macht. Dieser Triumph der »Hyperdemokratie« hat den modernen Staat geschaffen, in dem Ortega die größte Gefahr für die Zivilisation sieht. Die Massen glauben an den Staat als eine Maschine zur Erlangung der von ihnen begehrten materiellen Genüsse, aber er wird das Individuum vernichten.

Ortegas Gedanken erinnern an die Nietzsches, der auf viele der Entwicklungen vorausweist, mit denen wir uns im folgenden beschäftigen werden. Nietzsche beklagt ähnlich wie Ortega die Übervölkerung. »Viel zu Viele leben«, verkündet sein Zarathustra, »und viel zu lange hängen sie an ihren Ästen. Möchte ein Sturm kommen, der all dies Faule und Wurmfreßne vom Baum schüttelt!« Wo das Gesindel mittrinkt, da sind alle Brunnen vergiftet. Zarathustra prangert ebenfalls den Staat an, der das Individuum erstickt. Er ist »das kälteste aller kalten Ungeheuer«. Im Staat heißt »der langsame Selbstmord Aller – ›das Leben‹«. Er wurde der Massen – der »Überflüssigen« – willen erfunden. Die Botschaft Nietzsches im *Willen zur Macht* lautet: »Eine Kriegserklärung der höheren Menschen an die Masse ist nötig!« Die Zeiten sind ernst. »Überall geht das Mittelmäßige zusammen, um sich zum Herrn zu machen!« Die Folge dieser »Tyrannei der Geringsten und Dümmsten« wird, so warnt er, der Sozialismus sein – »eine hoffnungslose säuerliche Sache«, wo »das Leben sich selbst verneint«.

Nietzsche muß meiner Meinung nach als eines der ersten Produkte der Massenkultur gesehen werden, das heißt, die Massenkultur brachte in Opposition zu sich selbst Nietzsche als ihren Antagonisten hervor. Daß seine Ideen bei den Intellektuellen zu Beginn des 20. Jahrhunderts so außerordentlich populär waren, läßt auf den panischen Schrecken schließen, den die von den Massen ausgehende Bedrohung auslöste. W. B. Yeats empfahl Nietzsche als »ein Mittel gegen die Verbreitung demokratischer Vulgarität«, und George Bernard Shaw erklärte *Also sprach Zarathustra* zum »ersten modernen Buch, das über die Psalmen Davids gestellt zu werden verdient«. Nun scheinen die Anhänger Nietzsches ihn allerdings bei ihren Bemühungen, seine Lehren mit Sozialismus, Demokratie oder sogar Feminismus in Einklang zu bringen, oft selektiv gelesen zu haben. A. R. Orage zum Beispiel, der einflußreiche Herausgeber der Zeitschrift *The New Age* (die zwischen 1907 und 1913 etwa 80 Beiträge brachte, die sich auf Nietzsche bezogen), veröffentlichte zwei Untersuchungen über Nietzsche, die ein sehr einseitiges Bild ihres Gegenstandes zeichnen. Orage bewundert jedoch rückhaltlos Nietzsches zerebrale »Weißglut« und berichtet, daß Nietzsche überall in Europa »in den intellektuellsten und aristokratisch gesinntesten Kreisen« diskutiert werde.

Nietzsches Sicht der Masse wurde von der Mehrzahl der Gründer der modernen europäischen Kultur geteilt oder vorweggenommen. Bereits Ibsens *Ein Volksfeind* zeigte 1882 das isolierte, rechtschaffene Individuum als Opfer der korrupten Masse. Flaubert schrieb 1871 an George Sand (ein Jahrzehnt bevor Nietzsche *Also sprach Zarathustra* veröffentlichte): »Das Volk ist ewig minderjährig, und es wird immer (in der Hierarchie der sozialen Elemente) an letzter Stelle stehen, da es die Zahl, die Masse, das Unbegrenzte ist. Es ist nicht sehr wichtig, ob viele Bauern lesen können«. Ein extremes Beispiel für diese antidemokratische Animosität ist der große norwegische Romancier Knut Hamsun. Hamsuns 1890 erschienener Roman *Hunger* war ein einflußreicher modernistischer Text. Sowohl Thomas Mann wie Hermann Hesse und Gide bezeugten, wie sehr sie in Hamsuns Schuld standen, und Isaac Bashevis Singer nannte ihn den »Vater der modernen Schule der Literatur«. Hamsuns Sicht der Masse im Gefolge Nietzsches kommt am deutlichsten in einer Rede seiner Dramenfigur Ivar Kareno, des Helden der *Kareno*-Trilogie, zum Ausdruck, eines verarmten jungen Autors mit radikal antidemokratischen Ansichten: »Ich glaube an den geborenen Führer, den geborenen Despoten, den Herren, nicht den Mann, der erwählt ist, sondern den Mann, der sich selbst zum Herrscher über die Massen wählt. An eines glaube ich und auf eines hoffe ich, nämlich die Rückkehr des großen Terroristen, des lebendigen Inbegriffs menschlicher Macht, des Caesaren.«

Hamsun fand seinen großen Terroristen schließlich in Hitler, und er war der einzige bedeutende europäische Intellektuelle, der ihm bis zum Ende die Treue hielt. Eine Woche nach Hitlers Selbstmord veröffentlichte er einen bewundernden Nachruf, in dem er den Führer als einen »Krieger für die Menschheit« feiert »und einen Propheten des Evangeliums der Gerechtigkeit für alle Nationen«. »Sein Schicksal«, trauert Hamsun, »war es, in einer Zeit beispielloser Barbarei hervorzutreten, die ihn schließlich zu Fall brachte.«

Der »Aufstand der Massen«, den diese Kulturprominenten beklagten, wurde in den einzelnen europäischen Ländern durch unterschiedliche Faktoren bestimmt. In England war die Erziehungsgesetzgebung der letzten Jahrzehnte des 19. Jahrhunderts, mit der die allgemeine Volksschulbildung eingeführt wurde, von entscheidender Bedeutung. Die Masse des 20. Jahrhunderts unterscheidet sich vom Mob des 19. Jahrhunderts durch ihre Fähigkeit, lesen und schreiben zu können. Zum erstenmal war ein alphabetisiertes Millionenpublikum entstanden, wodurch jeder Aspekt der Produktion und Verbreitung des gedruckten Texts einer tiefgreifenden Veränderung unterzogen wurde. »Niemals zuvor hatte es solche Lesermassen gegeben«, stellte H. G. Wells fest. »Aus der tiefen Kluft, die bislang die Welt in Leser und die leseunkundige Masse geteilt hatte, wurde wenig mehr als eine kaum wahrnehmbare Differenz im Bildungsniveau.« *(The Outline of History)*

Wells übertreibt. Die Bildungsunterschiede blieben extrem groß. Aber eine Revolution hatte stattgefunden, und Shaw beurteilte sie mit der für ihn charakteristischen Klarheit. 1879 war sein Roman *Immaturity* von fast jedem Londoner Verlag abgelehnt worden. Bei der Suche nach den Gründen dafür stellte er rückblickend fest, daß das Lesepublikum sich radikal verändert hatte. »Der Education Act des Jahres 1871«, erklärte er, »machte Leser aus Menschen, die niemals zuvor Bücher gekauft hatten und sie auch nicht hätten lesen können.« Die Verleger stellten fest, daß die Leute weder George Eliot noch den »übermäßig literarischen« Shaw lesen wollten, sondern Abenteuergeschichten wie Stevensons *Schatzinsel* und *Dr. Jekyll und Mr. Hyde.* Unter diesen Umständen, folgert Shaw, »ging ich als ein verspäteter Intellektueller völlig unter«.

Shaw scherzte natürlich. Er ging nicht unter, sondern entschied sich bewußt, für das Millionenpublikum zu schreiben. Gegen Ende der achtziger Jahre hatte er sich, wie Max Beerbohm ihm zugestehen mußte, zum »brillantesten und bemerkenswertesten Journalisten in London« gemacht. Shaw räumte ein, daß Zeitungen zwar »schrecklich schädlich«, aber doch auch unverzichtbar seien, und beschloß daher, sie zur Eigenwerbung zu benutzen.

Die populäre Zeitung entstand, um die Bedürfnisse des durch den Education Act von 1871 geschaffenen Lesepublikums zu befriedigen. Ihr Wegbereiter war Alfred Harmsworth, der spätere Lord Northcliffe. 1896 begann seine *Daily Mail* zu erscheinen, die Zeitung mit der höchsten Auflage zu Beginn des 20. Jahrhunderts. Ihr Motto lautete »The Busy Man's Paper« – ein Seitenhieb gegen die Idee einer Elite von Müßiggängern. Northcliffe bestand darauf, daß »eine Zeitung sich bezahlt machen soll. Sie befasse sich mit dem, was die breite Masse der Menschen interessiert!« »Dem Publikum das geben, was es verlangt«, lautete der Grundsatz seines neuen Journalismus. Das hörte sich natürlich für die Intellektuellen sehr bedenklich an. Intellektuelle halten es für richtig, dem Publikum das zu geben, was die Intellektuellen verlangen; das verstehen sie im allgemeinen unter Bildung.

Die populäre Zeitung stellte außerdem insofern eine Bedrohung dar, als sie eine alternative Kultur hervorbrachte, die den Intellektuellen überging und ihn überflüssig machte. Mit Verkaufszahlen als einzigem Kriterium umging der Journalismus die traditionelle Kulturelite. Er übernahm eine weitere wichtige Funktion, indem er sein Publikum mit Fiktion versorgte und so auch die Romanautoren entbehrlich werden ließ. Diese Entwicklung ergab sich daraus, daß gegen Ende des 19. Jahrhunderts die Human-interest-Story, wie sie später genannt wurde, entstand, eine von Northcliffe geförderte Form des Journalismus. In der *Daily Mail* und ihrem Konkurrenzblatt, Beaverbrooks *Daily Express,* wurde das Nachrichtenkonzept bewußt über die traditionellen Bereiche Wirtschaft und Politik hinaus auf Geschichten aus dem Alltagsleben der einfachen Leute ausgedehnt. Helen MacGill Hughes weist in ihrem Buch *News and the Human Interest Story* darauf hin, daß diese Art von Journalismus den Massen im wesentlichen das gleiche ästhetische Vergnügen bereitete wie die Literatur den anspruchsvolleren Lesern und das kommerzialisierte, was zuvor als ein Teilbereich der Volkskultur – in Klatsch und Tratsch, Bänkellied und Flugschrift – frei im Umlauf war. Die Antwort auf die Frage »Wozu Human-interest-Stories?«, so Hughes, sei dieselbe wie die auf die Frage »Wozu Romane?«.

Unter den europäischen Intellektuellen war eine feindliche Haltung gegenüber den Zeitungen weit verbreitet. Nietzsche zufolge »erbrechen« die Überflüssigen »ihre Galle und nennen es Zeitung«. »Wir stehen verächtlich zu jeder Bildung, welche mit Zeitungslesen oder gar -schreiben sich verträgt.« Bei seinem Überblick über das kulturelle Leben 1938 im *Criterion* behauptet T. S. Eliot, daß die Wirkung von Tages- oder Sonntagszeitungen auf ihre Leser darin bestehe, »sie als eine selbstgefällige, gedankenlose und voreingenommene Masse zu bestätigen«. Der Kulturpapst F. R. Leavis betrieb in seiner Zeitschrift *Scrutiny* eine ausgedehnte Kampagne gegen die Zeitungen und das damit einhergehende Übel der Reklame. Die Massenmedien erregten »die billigsten Gefühlsreaktionen«, warnte er; »Filme, Zeitungen, Werbung aller Art, kommerziell orientierte Romanliteratur – all das bietet Befriedigung auf niedrigstem Niveau.« *Scrutiny* selbst kümmerte sich nicht um den Markt für populäre Literatur und druckte in den dreißiger Jahren von jeder Nummer nie mehr als 750 Exemplare. Herablassung gegenüber den Zeitungen demonstrierten selbst die Schriftsteller, die bereit waren, ihr Einkommen dadurch zu verbessern, daß sie für Zeitungen schrieben. Fleet Street wurde zum Beispiel von Evelyn Waugh in *Scoop* und *Vile Bodies* – wo Beaverbrook als Lord Monomark vom *Daily Excess* auftritt – satirisch dargestellt.

Für einige männliche Intellektuelle gehörte es zu den beklagenswerten Eigenschaften der populären Zeitungen, daß sie die Frauen ermutigten. In der Tradition Nietzsches galten Emanzipation und Bildung der Frauen als Zeichen moderner Seichtigkeit. Ein Mann, der Tiefe hat, erklärte Nietzsche, könne über Frauen »immer nur orientalisch denken«. *Also sprach Zarathustra* enthält den berühmten Rat »Du gehst zu Frauen? Vergiß die Peitsche nicht.« Northcliffe dagegen lancierte einen neuen Trend unter den Zeitungsverlegern, indem er den Leserinnen Beachtung schenkte. 1891 begann seine preiswerte illustrierte Wochenschrift für Frauen, *Forget-Me-Not,* zu erscheinen, die innerhalb von drei Jahren eine Auflage von 140000 erreichte und dem sehr erfolgreichen *Home Chat* den Weg bahnte. Er bestand auch darauf, daß in der *Daily Mail* zwei Spalten für Artikel zu Frauenthemen reserviert wurden. Wie D.L. Le Mahieu in seiner Untersuchung über die Entstehung der Massenmedien *A Culture for Democracy* gezeigt hat, wurde der populäre Journalismus, so mangelhaft er auch war, ein Mittel zur Förderung von Problembewußtsein, Selbständigkeit und Selbstsicherheit unter den Frauen. Die männlichen Intellektuellen reagierten, wie zu erwarten war. Bei seinem Angriff gegen die Boulevardpresse (Northcliffes *Daily Mirror,* der 1903 zu erscheinen begann, war die erste dieser Zeitungen) machte Holbrook Jackson die Leserinnen für das neue Übel des Illustriertenjournalismus verantwortlich. Frauen denken gewohnheitsmäßig in Bildern, erklärte er, während Männer von Natur aus nach abstrakten Begriffen strebten. »Wenn Männer in Bildern denken, machen sie sich geschlechtslos.«

Diese Verachtung der Zeitungen seitens der Intellektuellen wird jedoch bemerkenswerterweise von dem großen Romanintellektuellen jener Zeit, Sherlock Holmes, nicht geteilt. Während die realen Intellektuellen eifrig dabei waren, Schreckbilder der Massen für die Lektüre anderer Intellektueller zu entwerfen, schuf Arthur Conan Doyle mit Holmes eine ermutigende Darstellung des Intellektuellen für die Massenkonsumtion – insbesondere für die Mittel- und untere Mittelklasse-Leser des *Strand Magazine,* wo die meisten der Holmes-Geschichten erschienen. Holmes ist zweifellos ebenso ein Produkt der Massenkultur wie Nietzsche; seine Funktion besteht darin, die Ängste vor der überwältigenden Anonymität zu zerstreuen, die mit der Erfahrung der städtischen Masse einhergingen. Die erlösende Kraft Holmes' als Detektiv besteht darin, die Individuen der Masse zu entreißen. In der für ihn charakteristischen Weise mustert er meist zu Beginn einer Geschichte sorgfältig die unscheinbare Person, die zu ihm in die Baker Street gekommen ist, beobachtet, wie sie angezogen ist, ob ihre Hände schwielig, ihre Schuhsohlen abgelaufen sind und verblüfft sie dann, bevor sie noch ein Wort gesagt hat, mit der zutreffenden Angabe ihres Berufs, ihrer Angewohnheiten und ihrer individuellen Interessen. Für Holmes sind Zeitungen eines seiner wichtigsten Hilfsmittel im Kampf gegen das Böse. Er bewahrt riesige Stöße von Zeitungsausschnitten auf, die ihm bei seinen Ermittlungen vielleicht helfen können. Zu Holmes' Zeitungsleidenschaft gehört auch eine gründliche Kenntnis ihres Schriftbildes, was von unschätzbarem Wert ist, wenn er es mit Verbrechern zu tun hat, die für ihre Korrespondenz aus der Zeitung herausgeschnittene Buchstaben und Wörter benutzen. Im *Hund von Baskerville* behauptet Holmes, daß er das Schriftbild jeder Zeitung auf den ersten Blick erkennen könne; »ich muß jedoch gestehen, daß ich einmal, als ich noch sehr jung war, den *Leeds Mercury* mit den *Western Morning News* verwechselt habe«.

Verglichen mit dem Horror des Intellektuellen vor dem Zeitungspapier markiert Holmes' Bündnis mit den Zeitungen eine Bruchlinie, entlang deren sich die englische Kultur zu spalten begann. Es entstand eine Kluft, auf deren einer Seite der Intellektuelle die vulgären, trivialen arbeitenden Millionen sah, die sich in Zeitungspapier suhlten, und auf der anderen sich selbst und seine funktionslosen und unbeachtet bleibenden Gefährten, die Virginia Woolf und das *Criterion* lasen – T. S. Eliots Kulturzeitschrift, deren Auflage sich selbst in ihrer besten Zeit auf etwa 800 Abonnenten beschränkte. Diese Sicht eines durch eine tiefe Kluft gespaltenen Englands wird auch von F. R. Leavis in seinem ersten, 1930 erschienenen Werk, *Mass Civilisation and Minority Culture,* vertreten. Leavis ist überzeugt, daß die Kultur sich in einer historisch beispiellosen Krise befindet. Die Massenmedien – Radio, Film und Northcliffes Zeitungen – haben zu »einem völligen Niveauverlust« geführt. Die kleine Minderheit, die zu einer kritischen Würdigung von Kunst und Literatur fähig ist und auf der »immer schon die Möglichkeit einer kultivierten Lebensweise« beruhte, ist bedroht und »wie nie zuvor von den Mächten, die die Welt regieren, abgeschnitten«. Die autoritativen Maßstäbe gelten nicht mehr, und Leavis stellt fest, daß ein ominöser neuer Begriff geprägt worden ist, um einen Abweichler wie ihn zu bezeichnen: »Highbrow«. »Der Minderheit wird so zum Bewußtsein gebracht, daß sie nicht nur in einer nicht kongenialen, sondern in einer feindlichen Umwelt lebt.«

Den Highbrows, die über die Kluft blickten, erschienen die Massen nicht nur korrumpiert und bedrohlich, sondern auch nicht ganz lebendig. Einer häufig vorgebrachten Behauptung zufolge fehlte ihnen die Seele. Thomas Hardy schreibt 1897: »Sie können eine Menschenmenge als eine bestimmte kleine Minderheit enthaltend betrachten, die empfindsame Seelen hat; sie und ihre Erscheinung sind der Beobachtung wert. Sie teilen die Menge also in die geistig Leblosen, Mechanischen, Seelenlosen und in die Lebendigen, Pulsierenden, Leidenden, Vitalen ein, mit anderen Worten in Seelen und Maschinen, Äther und Lehm.«

Die Annahme, daß die meisten Menschen bereits tot sind, gehörte in den dreißiger Jahren zum Standardrepertoire eines jeden Intellektuellen, der etwas auf sich hielt. Dieser Gedanke übte auch eine starke Anziehungskraft auf D. H. Lawrence aus, den wichtigsten Nietzsche-Jünger in England. Er war zuerst 1908 in der Stadtbibliothek von Croydon auf Nietzsches Werke gestoßen, und Lawrence war nachdrücklich beeindruckt von seiner angeborenen Überlegenheit über die Vertreter der Massenmenschen, insbesondere der nichtweißen Massenmenschen. Aus Ceylon schreibend versichert er Lady Cynthia Asquith, daß die Eingeborenen »im Sinne des Lebendig-Seins auf einer niedrigeren Stufe stehen als wir«. In Mexiko schien es ihm wiederum offensichtlich, daß ihn eine naturgegebene Überlegenheit über die Eingeborenen erhob. Nur die höheren Lebensformen leben wirklich, behauptet er, die niederen überleben nur. Eine Figur in *Kangaroo,* deren Erfahrungen weitgehend mit denen von Lawrence übereinstimmen, weitet diese Kritik niederer Lebensformen auf die Mehrheit der Erdbewohner aus: »Die breite Masse der Menschen ist seelenlos ... Die meisten Menschen sind tot und hasten umher und sprechen im Schlaf des Todes.«

Wenn die meisten Menschen bereits tot sind, fällt es leichter, ihre Beseitigung ins Auge zu fassen, da dies keine wirklichen Todesfälle zur Folge haben wird. Bei D. H. Lawrence läßt sich die Entwicklung dieses Gedankens verfolgen. Phantasien vom Ende der Menschheit üben ganz offensichtlich einen großen Reiz auf ihn und die Helden seiner Werke aus. In *Mornings in Mexico* ist es der Gedanken, daß die Sonne erbeben könnte und »Welten wie Kerzen ausgelöscht werden«, der ihn anzieht: »Die Vorstellung, daß der ganze Laden in die Luft geht, gefällt mir – bums! – und nur noch herumfliegende Fetzen von Chaos.« Er war entsetzt über den Krieg und bemerkte 1915 gegenüber Lady Ottoline Morrell: »Es wäre schön, wenn der Herr eine zweite Flut schicken und die Welt ertränken würde.« In *Fantasia of the Unconscious* findet er sich damit ab, daß die Menschen in bestimmten Epochen »dem Tod millionenfach anheimfallen« müssen und hält das nicht für schrecklicher als den herbstlichen Fall der Blätter. Angesichts des Zustands des modernen Menschen empfindet er das Bedürfnis, »Ein dreifaches Hurra auf die Erfinder des Giftgases« auszubringen. Haß auf die Menschheit und der Wunsch, sie auszurotten, verbinden sich bei Lawrence mit der Vorstellung, gereinigt und glücklich zu sein: »Die Menschheit einfach hassen zu lernen, den endlos sich vermehrenden Menschen zu verabscheuen«, heißt es 1917 in einem Brief, »das ist jetzt die einzige Reinlichkeit.« Sich die Erde als »nichts anderes als Gras und Bäume« vorzustellen, ohne irgendwelche Spuren menschlicher Tätigkeit, »nur ein Hase, der dem Unhörbaren lauscht – das ist das Paradies«.

Die Alten, Kranken und Leidenden bieten sich ganz besonders zur Vernichtung an. Nietzsche versichert: »Die allermeisten Menschen sind ohne Recht zum Dasein, sondern ein Unglück für die höheren.« Er gibt der Erhaltung der kranken und leidenden Exemplare der Gattung die Schuld an der Verschlechterung der europäischen Rasse. Die Zucht der künftigen Herrenrasse wird, so kündigt er an, mit der »Vernichtung von Millionen Mißratener« einhergehen. Wie die Vernichtung praktisch durchgeführt werden soll, bleibt sowohl bei Nietzsche wie bei Lawrence im unklaren, aber in einem Brief von Lawrence aus dem Jahre 1908 findet sich eine erschreckende Passage, in der er Blanche Jennings erklärt, wie er die Ausgestoßenen der Gesellschaft beseitigen würde: »Wenn es nach mir ginge, würde ich eine Todeskammer so groß wie den Crystal Palace bauen, in der leise eine Militärkapelle spielt und ein Kinematograph sein helles Licht ausstrahlt; dann würde ich in die Nebenstraßen und auf die Hauptstraßen gehen und sie alle hereinholen, all die Kranken, die Lahmen und die Krüppel: Ich würde sie freundlich geleiten, und sie würden mir ihren müden Dank zulächeln; und die Kapelle würde leise den *Hallelujah Chorus* heraussprudeln«.

Was sonst noch leise heraussprudeln würde, um seine Todeskammer tödlich zu machen, darauf geht Lawrence auch hier nicht näher ein, aber sein späteres Interesse an Giftgas weist vielleicht in die Richtung, die seine Phantasietätigkeit eingeschlagen hat.

Man muß jedoch der Gerechtigkeit halber hinzufügen, daß sowohl Nietzsche wie Lawrence nach einer Vernichtung dürsten, die nicht nur die Menschheit, sondern auch sie selber auslöschen wird. »Der Mensch, eine kleine überspannte Tierart, die – glücklicherweise – ihre Zeit hat ... die Erde selbst, wie jedes Gestirn, ein Hiatus zwischen zwei Nichtsen«, grübelt Nietzsche in *Der Wille zur Macht.* In einem Brief an E. M. Forster zeigt sich Lawrence 1916 erfreut über die Aussicht, daß Krieg und gewaltsamer Tod all die Menschenhorden auslöschen werden und fügt hinzu: »Ich glaube, es wäre gut, zu sterben, denn der Tod wäre ein sauberes Land ohne Menschen: nicht einmal Menschen meines Schlages.« Diese Begeisterung für die Vernichtung haben sich die intellektuell höheren Menschen bis ins Atomzeitalter bewahrt, zumindest in dandyhafter Form. Evelyn Waugh teilte den Lesern der *Daily Mail* 1959 mit, daß die nukleare Bedrohung ihn nicht beunruhige, denn er finde »an der totalen Zerstörung der Erde nichts auszusetzen«.

Eine differenzierendere Form der Beseitigung der Masse, so glaubten einige Intellektuelle, ließe sich mit Hilfe der Wissenschaft der Eugenik finden. Der Begriff Eugenik war in den achtziger Jahren des 19. Jahrhunderts von Francis Galton geprägt worden, und die 1907 gegründete Eugenics Education Society hoffte, daß die in der Masse angelegte Gefahr der Degeneration dadurch abgewehrt werden könnte, daß die Vermehrung minderwertiger Menschenarten eingeschränkt oder verhütet und höherwertigen Menschen ein Anreiz gegeben würde, sich fortzupflanzen. W. B. Yeats wurde Mitglied dieser Gesellschaft; Shaw und Aldous Huxley sympathisierten mit ihren Zielen. Die Zeile in T. S. Eliots *Gerontion* über den Juden, »Gelaicht in Antwerpen, in irgendeiner Schwemme«, verweist auf ein Vertrauen in die Bedeutung guter Zucht, die in Eugenikerkreisen auf Zustimmung gestoßen wäre. Wie so oft war Nietzsche auch in diesem Bereich progressiven Denkens zu Beginn des 20. Jahrhunderts der Trendsetter. Im *Willen zur Macht* erwägt er die Einrichtung »internationaler Geschlechts-Verbände«, deren Zweck die Zucht einer Herrenrasse sein soll – »eine neue, ungeheure, auf der härtesten Selbst-Gesetzgebung aufgebaute Aristokratie, in der dem Willen philosophischer Gewaltmenschen und Künstler-Tyrannen Dauer über Jahrtausende gegeben wird«. In der Zwischenzeit sollte die Zeugung von Kindern durch bestimmte Menschen wie chronisch Kranke und Neurastheniker zu einem Straftatbestand erklärt werden. In zahlreichen Fällen sollte die Gesellschaft die Fortpflanzung durch strengste Maßnahmen verhindern, einschließlich der Sterilisation. Den Degenerierten das Leben zu verbieten, ist von entscheidender Bedeutung, insistiert Nietzsche.

Yeats entwickelte ein lebhaftes Interesse für die heilsamen Möglichkeiten der Eugenik, was durch seine Lektüre von Raymond B. Cattells 1937 erschienenem *The Fight for Our National Intelligence* gefördert wurde. Der Erlaß eines eugenischen Sterilisierungsgesetzes 1933 in Deutschland hatte die Gemäßigten in der Eugenic Society aufgeschreckt, aber Cattell gratulierte den Nazis dazu, als erste Regierung die Sterilisierung des unwerten Lebens als Mittel zur Rasseverbesserung einzuführen. Auch Yeats läßt sich von den Entwicklungen in Deutschland nicht abschrecken. In seinem 1939 erschienenen *On the Boiler* verweist er auf die Überzeugung von »bekannten Fachleuten«, daß die wichtigsten europäischen Nationen alle an Körper und Geist degenerieren; das Beweismaterial dafür sei jedoch von den Zeitungen vertuscht worden, um ihre Auflagenhöhe nicht zu gefährden. Cattell folgend berichtet

Yeats, daß die angeborene Intelligenz nun mit großer Genauigkeit gemessen werden könne, insbesondere bei Kindern, und daß Untersuchungen ergeben hätten, daß sie erblich sei. Gibt man zum Beispiel einer Gruppe von Slumkindern besseres Essen, Luft und Licht, wird das ihre Intelligenz nicht erhöhen. Daraus folgt, daß Erziehung und Sozialreformen keine Aussichten auf eine Verbesserung dieses Menschenschlages bieten. »Früher oder später müssen wir die Zahl der Familien der intelligenzlosen Klassen begrenzen.« Das ist um so dringender geboten, warnt Yeats, als diese Klassen sich so rasch fortpflanzen: »Seit etwa 1900 hat der bessere Menschenschlag seine Zahl nicht ersetzt, während die Dümmeren und weniger Gesunden die ihre mehr als ersetzt haben.« Die Folgen davon, behauptet Yeats, zeigten sich bereits in der Degeneration von Literatur und Presse und bedauerlichen Stiftungen für Oxford wie denen Lord Nuffields (»ein Selfmademan«), die »nach und nach altes Weistum durch angewandte Wissenschaft ersetzen werden«. Leider drohen auch Fortschritte in Landwirtschaft und Industrie, jeden mit dem Lebensnotwendigen zu versorgen und so »das letzte der Vermehrung der unerziehbaren Massen entgegenstehende Hindernis« zu beseitigen. Falls es soweit kommt, »wird es die Pflicht der gebildeten Klassen sein, sich eines oder mehrerer dieser lebensnotwendigen Güter zu bemächtigen und sie zu kontrollieren. Die auf Gehorsam gedrillten und gefügigen Massen werden sich vielleicht unterwerfen, aber wahrscheinlich wird es zu einem längeren Bürgerkrieg mit einem Sieg der Geschickten kommen, die auf ihren Maschinen reiten werden wie einst die Ritter der Feudalzeit auf ihren gepanzerten Pferden.«

Yeats erinnert sich erfreut daran, daß Deutschland während des Ersten Weltkriegs nur 400 U-Boot-Kapitäne hatte – und tatsächlich waren etwa 60 Prozent der dem Schiffsbestand zugefügten Schäden das Werk von nur 24 Männern. Die Fähigkeit einer kleinen Zahl gebildeter Menschen, Tausende ihrer Mitmenschen zu massakrieren, sollte also nicht unterschätzt werden. Bei solchen guten Aussichten ist Yeats' größte Furcht, daß es letztlich doch nicht zu einem Krieg zwischen der Elite und den Massen kommen wird: »Die Gefahr besteht darin, daß es keinen Krieg geben wird, daß die Geschickten nichts unternehmen werden, daß die europäische Zivilisation wie jene älteren Zivilisationen, die den Triumph ihrer Bastard-Rassen erlebten, sich mit ihrem Verfall abfinden wird.« *On the Boiler* ist zwar Yeats' freimütigster Beitrag zur Eugenikdebatte, aber eugenische Prinzipien sind natürlich auch in seiner Dichtung unschwer erkennbar – etwa wenn er seinen Vorfahren dafür dankt, daß das ihm vererbte Blut »nicht durch irgendeines Hausierers Lenden geflossen ist«.

Von der Vernichtung oder Sterilisierung der Masse zu träumen oder zu leugnen, daß die Massenmenschen wirkliche Menschen sind, war also ein Phantasierefugium für die Intellektuellen zu Beginn des 20. Jahrhunderts. Weniger drastisch, aber dafür praktikabler war der Vorschlag, die Masse daran zu hindern, lesen zu lernen, damit der Intellektuelle wieder die schriftliche Kultur dominieren konnte. Diese Idee findet sich bereits bei Nietzsche, der die allgemeine Schulbildung ablehnt. Schulbildung sollte ein Privileg bleiben, verlangt er. Große und edle Dinge können niemals allen zugänglich sein, heißt es im *Zarathustra:* »Daß Jedermann lesen lernen darf, verdirbt auf die Dauer nicht allein das Schreiben, sondern auch das Denken.« D. H. Lawrence greift diesen Gedanken in *Fantasia of the Unconscious* begeistert auf. »Alle Schulen sollten sofort geschlossen werden«, fordert er. »Die breite Masse der Menschen sollte niemals lesen und schreiben lernen.« Ihr Analphabetismus wird sie vor Büchern und Zeitungen, jenen »Leprageweben«, bewahren. Lawrence hofft, daß die Massen ohne Schulbildung wieder in ein rein naturhaftes Leben zurückfallen werden. Die Jungen werden Werkstätten besuchen und gezwungen werden, »primitive Kampfesweisen und Turnen« zu lernen; die Mädchen werden Hauswirtschaftslehre studieren. So kann die Gefahr einer »anmaßenden, zeitungslesenden Bevölkerung abgewendet werden«.

T. S. Eliot denkt weniger utopisch als Lawrence, aber in seinen Essays bedauert er die Verbreitung der Schulbildung und prophezeit, daß sie zur Barbarei führen werde: »Zweifellos senken wir in unserem ungestümen Drang, jedem eine Schulbildung zuteil werden zu lassen, unsere Standards ... und zerstören damit unsere historischen Bauten, um den Grund zu bereiten, auf dem die barbarischen Nomaden der Zukunft in ihren mechanischen Wohnwagen ihr Lager aufschlagen werden.« Zu viele Bücher werden seiner Meinung nach veröffentlicht. Das ist eine der schlimmen Folgen der Demokratie, eine weitere die wachsende Zahl von Hochschulen und Universitäten. Eliot schlägt in *Christianity and Culture* vor, die Zahl der Studenten in England und Amerika um zwei Drittel zu kürzen. Darüber hinaus sollten die Mönchsorden, die früher Unterricht erteilt hatten, wiederbelebt werden. Die Studierenden sollten in die Klöster zurückkehren, wo sie nicht von der »Flut der Barbarei draußen vor den Toren infiziert« würden.

Die in diesem Essay zur Schau gestellte intellektuelle Pose steht in auffälligem Kontrast zu Eliots tatsächlichem Verhalten. Als er 1916 Nietzsche las, nahm er auch an einem Literaturkurs unter der Schirmherrschaft des London University's Committee for the Higher Education of Working People teil, dessen Hörer vor allem Volksschullehrerinnen waren. Die Teilnehmer des Kurses waren seiner Ansicht nach sehr interessiert und urteilsfähig, und der Kurs gefiel ihm außerordentlich gut. »Diese Leute«, teilte er seinem Vater mit, »sind für mich das hoffnungsvollste Zeichen in England.« Eliots Essays lassen nichts davon erkennen, sondern unterstützen die restriktiven Erziehungsideale intellektueller Orthodoxie, obwohl diese seiner eigenen Erfahrung zuwiderliefen.

Die Intellektuellen reagierten weiterhin pessimistisch auf die Verbreitung der Schulbildung. »Die Schreckgespenster der Hungersnot, der Pest, des Krieges etc. sind harmlose und freundliche Sinnbilder verglichen mit der uns bedrohenden Gestalt der Allgemeinen Schulbildung, die bereits den Genius der letzten 25 Jahre des 19. Jahrhunderts entmannt und den der Zukunft zu endloser Sterilität verdammt hat«, blökte der anglo-irische Romancier George Moore in *Confessions of a Young Man.* »Die Allgemeine Schulbildung«, höhnte Aldous Huxley in *Beyond the Mexique Bay,* »hat eine enorme

Masse von, wie ich sie nennen würde, Neuen Dummen geschaffen.« Die Figur des Sherlock Holmes stellt auch dazu einen Kontrast dar. In Conan Doyles Erzählung *The Naval Treaty* fahren Holmes und Watson im Zug an Clapham Junction vorbei nach London hinein, als Holmes plötzlich ausruft: »Schauen Sie sich diese großen vereinzelten Gebäudegruppen an, die aus den Schieferdächern emporragen wie Ziegelsteininseln in einem bleifarbenen Meer.« Watson ist überrascht: »Die Board Schools«, wirft er fragend ein. »Leuchttürme, mein Lieber!« schwärmt Holmes. »Leuchtfeuer der Zukunft! Kapseln, von denen jede Hunderte von hellen kleinen Samen enthält, aus denen das gescheitere, bessere England der Zukunft hervorgehen wird.« Das war keine sehr realistische Vorhersage dessen, was die Board Schools erreichen würden, aber dieser Optimismus war eine bewußte, heftige Reaktion auf deren Verunglimpfung durch die Intellektuellen.

Die Intellektuellen konnten die Massen natürlich nicht wirklich daran hindern, Lesen und Schreiben zu lernen. Aber sie konnten sie daran hindern, literarische Werke zu lesen, indem sie es den Massen unmöglich machten, sie zu verstehen – und genau das taten sie auch. Das frühe 20. Jahrhundert erlebte die entschiedenen Bemühungen der europäischen Intelligentsia, die Massen von der Kultur fernzuhalten. In England wurde diese Bewegung als Modernismus bekannt. In anderen Ländern wurde sie anders benannt, aber die Bestandteile waren im wesentlichen die gleichen, und sie gestalteten die bildenden Künste ebenso wie die Literatur von Grund auf um. Der Realismus, von dem man annahm, daß er den Massen gefalle, wurde ebenso aufgegeben wie logischer Zusammenhang, während Irrationalität und Unverständlichkeit kultiviert wurden. »In unserer Zivilisation, wie sie gegenwärtig existiert, müssen Gedichte schwierig sein«, verfügte T.S. Eliot. Wie bewußt diese Abwendung vom Massenpublikum vorgenommen wurde, ist natürlich schwer festzustellen, und es gab dabei zweifellos von Fall zu Fall erhebliche Unterschiede. Aber zuweilen geschah es ganz sicher bewußt, wenn die Kunst sich außerhalb der Reichweite der Masse stellte. Wie Val Cunningham in seinem *British Writers of the Thirties* gezeigt hat, gründete Geoffrey Grigson die Zeitschrift *New Verse* 1933 ganz ausdrücklich als eine Absage an die Werte der Massen. Grigson wollte, daß die Dichtung in *New Verse* die Masse abstieß. In der ersten Nummer beklagt er den Aufstand der Massen, wie ihn Ortega y Gasset analysiert hatte, und die dadurch ausgelöste Vulgarisierung »aller Künste«. *New Verse* sollte ein Forum bieten, wo die Schriftsteller von Rücksichten auf die beschränkte Intelligenz der Massen befreit wären und ausschließlich untereinander kommunizieren könnten.

Ortega y Gasset selbst vertritt in *Die Vertreibung des Menschen aus der Kunst* die Ansicht, daß die wesentliche Funktion der moderne Kunst darin bestehe, das Publikum in zwei Klassen einzuteilen – diejenigen, die sie verstehen können und diejenigen, die sie nicht verstehen können. Moderne Kunst, behauptet er, sei nicht so sehr unpopulär als vielmehr antipopulär. Sie wirke »wie ein soziales Scheidewasser, das zwei gegensätzliche Gruppen schafft; aus dem ungegliederten Haufen der vielen sondert es zwei Kasten aus.« Ortega begrüßt diesen Prozeß. Da die moderne Kunst aristokratisch ist, zwingt sie die Massen, sich als das zu erkennen, was sie sind – das »träge Substrat des historischen Prozesses«. Dieser Prozeß hilft auch den Mitgliedern der Elite, der »besonders begabten Minderheit«, »daß im eintönigen Grau der vielen die wenigen sich selbst und einander erkennen und ihre Mission begreifen; sie heißt: wenige sein und gegen viele kämpfen.« Ortega prophezeit, daß eine Zeit kommen wird, da die Gesellschaft sich »in zwei Rangstufen ordnen wird: in Auserlesene und Gewöhnliche«. Indem die moderne Kunst demonstriert, daß die Menschen nicht gleich sind, beschleunigt sie diese historische Entwicklung.

Das Mittel, wodurch die moderne Kunst die Massen gegen sich aufbringt, ist Ortega zufolge die Dehumanisierung. Was die Massen in der Kunst suchen, ist der menschliche Aspekt. In der Poesie suchen sie zum Beispiel »Liebe und Leid des Menschen, dessen Herz in dem Dichter schlägt«. Sie lehnen das »rein Ästhetische« ab. Diese Vorlieben beweisen Ortega zufolge die Inferiorität der Masse. »Mitfreude und Mitleid mit den Geschicken, die das Kunstwerk berichtet oder darstellt, sind himmelweit entfernt von dem wahrhaften ästhetischen Genuß. Mehr noch, die Beschäftigung mit dem menschlichen Gehalt des Werkes ist prinzipiell unverträglich mit dem ästhetischen Genuß im eigentlichen Sinn.« Ortegas Verordnungen dazu, was an der Kunst »eigentlich« oder »wahr« ist, sind selbstverständlich ganz willkürlich und könnten nicht durch eine rationale Beweisführung gestützt werden. Aber seine Auffassung der modernen Kunst als ihrem Wesen nach die Massen ausschließend ist interessant als Hinweis auf die Motivation der Intellektuellen.

Als ein Element der Reaktion gegen die Massen-Werte entwickelten die Intellektuellen die Theorie der Avantgarde, wonach die Masse in Fragen von Kunst und Literatur immer unrecht hat. Das wahrhaft Wertvolle an der Kunst wird als Privileg einer Minderheit, der Intellektuellen, betrachtet, und die Bedeutung dieser Minderheit gilt als direkt proportional zu ihrer Fähigkeit, die Masse zu schockieren und ihr Kopfzerbrechen zu bereiten. Obwohl sie gewöhnlich vorgibt, progressiv zu sein, ist die Avantgarde daher immer reaktionär. Das heißt, sie versucht den Massen die Fähigkeit zu lesen und zu schreiben und die Kultur vorzuenthalten und so den progressiven Intentionen demokratischer Erziehungsreformen entgegenzuwirken.

Wenn die Schriftsteller zu Beginn des 20. Jahrhunderts die Nutznießer dieser Reformen beschreiben – die Repräsentanten der gerade aus den Schulen entlassenen Massen –, so tun sie das häufig mit Geringschätzung. Die Bemühungen der Masse, sich Kultur anzueignen, werden als unbedacht und erfolglos dargestellt. E. M. Forster beschreibt zum Beispiel in seinem Roman *Howards End* einen jungen Mann aus der Unterschicht – nicht einmal ohne Sympathie –, mit dem Namen Leonard Bast, aber was Forster diesem Leonard Bast nicht verzeihen kann, ist sein Streben nach Bildung. Wenn seine Vorfahren doch nur auf dem Lande geblieben wären, es hätte ein kerniger Schäfer oder Bauernjunge aus ihm werden können. Aber sie wurden wie Tausende von anderen »in die Stadt gesogen«, und Leonard versucht nun, sich Bildung anzueignen, indem er die Klassiker der englischen Literatur liest und in Symphoniekonzerte geht. Forster läßt jedoch keinen Zweifel daran aufkommen, daß Leonard all seinen Anstrengungen zum Trotz kein wirklich kultivierter Mensch wird. Er ist ein »verkrampfter kleiner Geist«; er spielt »schlecht und vulgär« Klavier. Es kann nicht den geringsten Zweifel geben, daß Leonard der Mehrzahl der Reichen unterlegen ist. »Er war weder so höflich wie der Durchschnittsreiche noch so intelligent, weder so gesund noch so liebenswert.« Die Moral des Romans wird gegen Ende des Werks deutlich gemacht, als Leonards Bildungswunsch sich als verhängnisvoll erweist. Als er von einer der Personen aus der Oberschicht attackiert wird, greift er Halt suchend nach einem Bücherregal, das umkippt und ihn unter sich begräbt, so daß er an einem Herzanfall stirbt: die Gefahren der höheren Bildung, wenn die falschen Leute sich darum bemühen.

Virginia Woolfs Beschreibung der Doris Kilman in ihrem Roman *Mrs. Dalloway* ist sogar noch abweisender. Miss Kilman ist bei den wohlhabenden Dalloways als Hauslehrerin für deren Tochter Elizabeth angestellt. Obwohl arm, ist Miss Kilman unabhängig und hat ein Geschichtsstudium absolviert. Sie ist, mit anderen Worten, genau die Art Frau, für die sich Virginia Woolf als engagierte Feministin einsetzen müßte. Aber die gesellschaftlichen Vorurteile einer Intellektuellen aus der oberen Mittelschicht erweisen sich als stärker als ihr Feminismus, und Miss Kilman ist ein wahres Ungeheuer an Gehässigkeit, Neid und unerfülltem Verlangen. Sie ist unscheinbar und mittleren Alters; sie trägt einen billigen grünen Regenmantel; sie transpiriert. Sie wird von einem bitteren, ohnmächtigen Haß auf reiche Leute wie die Dalloways und einem hoffnungslosen Verlangen nach deren junger Tochter verzehrt. Auch sie ist wie Leonard Bast bei ihren Bildungsbemühungen gescheitert. Sie spielt Violine, aber wie uns Virginia Woolf zu verstehen gibt, »es klang ohrenzerreißend; sie hatte kein Gehör«. Vor allem aber wird sie dadurch herabgesetzt, daß sie Trost im Christentum sucht und so ihre intellektuelle Integrität religiöser Gefühlsduselei opfert. Virginia Woolf hätte sich kaum unmißverständlicher von Miss Kilman distanzieren können.

Die Romanfigur des frühen 20. Jahrhunderts, die sich von diesen trostlosen Repräsentanten des Massenmenschen abhebt, ist Leopold Bloom in James Joyce' *Ulysses.* Bloom ist nicht gänzlich unkultiviert. »Der gute Bloom hat etwas von einem Künstler an sich«, räumt Lenehan ein. Bloom ist jedoch ganz entschieden kein literarisch interessierter Intellektueller. Das einzige Buch, das wir ihn kaufen sehen, hat den Titel *Sweets of Sin.* Sein Interesse an einer Venusstatue erschöpft sich in einer Untersuchung ihrer Geschlechtsteile. Wir treffen ihn auf einem Außenklo sitzend an, wo er die populäre Zeitung *Tit-Bits* liest. Beruflich ist er als Annoncenacquisiteur für Zeitungen wie den *Evening Telegraph* tätig, und wenn wir ihn in der Redaktion sehen, streut Joyce in seine Beschreibung dieser Szene Zeitungsschlagzeilen ein. Joyce bringt also Bloom demonstrativ mit Zeitungspapier und Werbung in enge Verbindung, die beide für die Intellektuellen zu den verhaßtesten Merkmalen der Massenkultur gehörten. Virginia Woolf verurteilte in ihrem Tagebuch den *Ulysses* erwartungsgemäß in Begriffen, die sich auf die Zugehörigkeit zu einer sozialen Klasse und mangelnde Bildung beziehen. Sie hält es für ein »ungebildetes, unkultiviertes Buch«, das Werk eines »autodidaktischen Arbeiters, und wir wissen alle, wie bedrückend solche Leute sind, wie egotistisch, aufdringlich, roh, auffallend und im Grunde ekelerregend … Ich muß dabei immer an einen unreifen Volksschüler denken.«

Aber Bloom wird natürlich von Joyce nicht abschätzig behandelt. Am Ende des Romans kennen wir ihn genauer, als irgendeine fiktive Figur jemals zuvor ihren Lesern vertraut war. Wir kennen seine Geheimnisse, seine intimen Erinnerungen, seine halbformulierten Gedanken, seine erotischen Phantasien. Wir schauen ihm bei körperlichen Verrichtungen zu, die bis dahin strikt aus der Romanliteratur verbannt waren. Wir erfahren von seinem unausgesprochenen Schmerz – über den Tod seines Sohnes, über den Selbstmord seines Vaters. Wir kennen seine Größe (5' 9 1/2"), sein Gewicht (11 st 4 lb) und das Datum des Tages, an dem er zuletzt mit seiner Frau Geschlechtsverkehr hatte (27. November 1893).

Kann man also sagen, daß der Massenmensch im *Ulysses* zu seinem Recht kommt? Ist Joyce der eine Intellektuelle, der Nietzsches Verachtung der Massen sühnt und dem Massenmenschen oder einem Repräsentanten des Massenmenschen den Status eines epischen Helden verleiht? Bis zu einem gewissen Grade ja. Der *Ulysses* zeigt unter anderem, daß der Massenmensch zählt, daß sein Innenleben ebenso komplex ist wie das eines Intellektuellen, daß es der Mühe wert ist, seine individuellen Eigenheiten in aller Breite festzuhalten. Und doch würde und könnte Bloom selber den *Ulysses* oder ein Buch wie den *Ulysses* niemals lesen. Die Komplexität des Romans, seine Avantgarde-Erzähltechnik, seine Unverständlichkeit schließen Menschen wie Bloom rigoros aus dem Kreis seiner Leser aus. Mehr als fast jeder andere Roman des 20. Jahrhunderts ist er ein Roman nur für Intellektuelle. Joyce' Meisterwerk enthält also eine Duplizität: Die Vielzahl verständnisvoll-einfühlsamer Bilder aus dem Leben des Helden, die die Illusion der Solidarität des Lesers mit Bloom schaffen, geht einher mit einer distanzierenden, ironisierenden Tendenz, die die Überlegenheit des Lesers – und des Autors – über dieses fiktive Leben unangetastet läßt. Der Roman schließt den Massenmenschen in die Arme und weist ihn zugleich ab. Der Massenmensch – Bloom – wird aus dem Kreis der Intelligentsia verstoßen, die dazu angeregt wird, ihn in einer erdichteten Romanerscheinung zu betrachten und zu beurteilen.

Ich würde also die These vertreten, daß das für die modernistische Literatur und Kultur konstitutive Prinzip darin bestand, die Massen auszuschließen, ihre Macht zu schwächen, ihre Alphabetisierung rückgängig zu machen und ihre Menschlichkeit zu leugnen. Was die Intellektuellen dabei zur Kenntnis zu nehmen versäumten, war der Umstand, daß es die Massen nicht gibt. Das heißt, die Masse ist eine Metapher für etwas Unerkennbares und Unsichtbares. Die Masse kann man nicht sehen. Die Menge kann man sehen, aber die Masse ist die Menge nach ihrer metaphysischen Seite betrachtet – die Summe aller möglichen Menschen-Mengen –, und das läßt sich begrifflich nur in einer Metapher fassen. Die Metapher der Masse dient dem Zweck der Selbsterhöhung, weil sie andere Menschen in ein Konglomerat verwandelt. Sie spricht ihnen die Individualität ab, die wir uns und den Menschen, die wir kennen, zuschreiben.

Als wesentlich unerkennbare gewinnt die Masse dadurch Kontur, daß ihr imaginierte Attribute auferlegt werden. Das Attribut »Zeitungen« war, wie wir gesehen haben, für die Intellektuellen zu Beginn des 20. Jahrhunderts ein besonders wirksames Mittel zur Imaginierung der Massen. Ein weiteres, seltsam beharrliches Attribut, das abschließend noch Beachtung verdient, sind Konserven. E.M. Forsters Leonard Bast ißt Konservennahrung, und diese Gewohnheit soll uns etwas Bedeutsames über Leonard mitteilen – und nichts Gutes! Knut Hamsun führt in seinen Romanen immer wieder einmal Krieg gegen Konserven, falsche Zähne und anderen modernen Unfug. Das »Tippmädchen« in T.S. Eliots *Das wüste Land* »stellt Konservenbüchsen auf«. John Betjeman beklagt den Appetit der Massen auf »Obstkonserven, Fleischkonserven, Konservenmilch, Konservenbohnen«. Bei Graham Greene erscheint Dosenlachs wiederholt als wichtiger Bestandteil der Unterschichtenküche. Greene berichtet, daß dies aus dem Leben gegriffen sei. Von seiner Zimmerwirtin in Nottingham bekam er zum Abendessen immer Dosenlachs, womit er heimlich seinen Hund fütterte – obwohl dem Hund davon schlecht wurde. H.G. Wells' Mr. Polly kauft, um sich aufzumuntern, »eine rötlich dekorierte Dose mit einer hellrosa fischähnlichen Substanz, die als ›Tiefseelachs‹ bekannt ist«, und die abstoßendste von Wells' Figuren, der heimtückische Fälscher Mr. Lucas Holderness in *Love and Mr Lewisham,* ist ein weiterer Dosenlachs-Süchtiger. Im Begriffsvokabular des Intellektuellen wird Konservennahrung zum Symbol für die Massen, weil sie gegen das verstößt, was der Intellektuelle unter Natur verstanden wissen will. Sie ist mechanisch und seelenlos, als ein standardisiertes Massenprodukt stellt sie zugleich einen Verstoß gegen die Heiligkeit der Individualität dar und kann deshalb in der Kunst nur satirisch dargestellt und abgelehnt werden. Als Andy Warhol 1962 die Ferns Galerie in Los Angeles mit seinen Gemälden von Campbells Suppendosen füllte, beruhte die von ihm ausgelöste Kontroverse auf dem Eindringen einer Massenikone, die die Intellektuellen des frühen 20. Jahrhunderts erfolgreich geächtet hatten, in die Hochkunst.

Aus dem Englischen von Siegfried Kohlhammer

Jörg Lau

Das Fernsehen als Feind der Kultur(eliten)

Ein Selbstgespräch

Wie lange schon wirst du mit solchen Sätzen berieselt? Diese hier stammen aus einem neuen Buch mit dem programmatischen Titel *Gefährliche Musen:* »Die Medien wirken, wenn sie negativ wirken, über machtvolle Symbole, die die Seele zu ängstigen, das Bewußtsein zu depravieren, das Weltbild zu verzerren, die Sozialbeziehungen zu deformieren vermögen. Sie wirken psychisch in geballter, hochkonzentrierter, dramatisierter Form, die das Leben der meisten Menschen empirisch so nicht kennt, und sie treffen immer mehr auf Individuen und Gruppen, die ihrer geballten Kraft offensichtlich immer weniger gewachsen sind. Sie wirken vornehmlich bei denen, die dem Problemfeld des Realpolitischen (noch) relativ fernstehen und an seinen Entgleisungen auch meist unschuldig sind – bei all den naiven, unverdorbenen, empfindsamen, labilen, verführbaren, kranken Seelen, die der Aura der Symbole und den Appellen der Botschaften wenig entgegenzusetzen haben, einer Risikogruppe von Menschen ...«[1]

Und so weiter, ad nauseam. Brechen wir lieber ab. Man hat eigentlich leichtes Spiel, sich über die Selbstermächtigungsrhetorik des pädagogischen Sendungsbewußtseins (»immer mehr« – »immer weniger«) und die Kontrollwünsche zu mokieren, die hier einmal mit erfreulicher Deutlichkeit in Form einer breiten Unmündigkeitsdiagnose an die Oberfläche der Rede über die Medien und ihre Wirkungen durchgedrungen sind. Die Steifheit und Verstocktheit dieses ewig jungen Jargons soziologischer Pseudo-Aufgeklärtheit entlarvt sich selber, wenn am Ende alles auf die uralten Formeln pfäffischer Herablassung gegenüber jenen verlorenen Schafen hinausläuft, um deren Seelenheil die Autoren angeblich zittern.

Aber du regst dich immer noch darüber auf. Mag sein, daß es daran liegt, daß du mit dieser Sorte geistiger Instantnahrung intellektuell aufgepäppelt worden bist. Man hat sie dir in den siebziger Jahren im Deutschunterricht eingeflößt, und du hast sie geschluckt, bis du schließlich allergisch gegen sie wurdest. Aber wie brav, streng nach Rezept, hast du sie zuvor selber in deinen schulischen Besinnungsaufsätzen angerührt. Klang das nicht etwa so: »Ingeborg Bachmanns Gedicht ›Reklame‹ hinterfragt kritisch die Deformation der Sozialbeziehungen in einer medial verfaßten Öffentlichkeit, in der existentielle Erschütterungen der Individuen zunehmend durch eine mit immer raffinierteren technischen Mitteln arbeitende Verdummungsmaschinerie aufgefangen werden, um die Ansätze eines kritischen Bewußtseins schon im Keim zu ersticken. Das lyrische Ich fragt: ›und wohin tragen wir / unsre Fragen und den Schauer aller Jahre‹. Die systemkonforme Antwort, durch Kursivierung abgesetzt, wird gleichsam zwischen den Zeilen eingeflüstert.

[1] Hartmut Heuermann/Matthias Kuzina, *Gefährliche Musen. Medienmacht und Medienmißbrauch.* Stuttgart: Metzler 1995.

Dabei gelingt es der Autorin, verkrustete Wahrnehmungsstrukturen aufzubrechen, gerade indem sich ihre Sprache mimetisch zur entfremdeten Sprache der Werbung verhält: ›am besten / in die Traumwäscherei ohne sorge sei ohne sorge‹. Man darf das Wort ›Traumwäscherei‹ wohl als Chiffre für die ›Bewußtseinsindustrie‹ (H.M. Enzensberger) lesen, jene Agentur allgemeiner Depravierung der kommunikativen Kompetenz …«

Nein, zugegeben, das gibt nur eine schwache Ahnung des längst verlorenen Originalsounds von damals. Du hast ihn nicht mehr drauf. Es muß irgendwie noch klammer und steifer geklungen haben. Neuere Figuren des gesellschaftskritischen Sprachspiels, die du dir an der Universität angeeignet hast, überlagern die Erinnerung an die Anfänge. Von »kommunikativer Kompetenz« etwa hattest du wahrscheinlich seinerzeit noch nichts gehört. Kritisches Hinterfragen jedoch gehörte in jenen seligen Tagen wirklich zum guten Ton, für den Aufruf zum Aufbrechen verkrusteter Strukturen gab es verläßlich gute Noten, und die Kenntnis des Wortes »Bewußtseinsindustrie« brachte dir bei der Rückgabe der Schularbeiten sogar ein beschämendes Extralob vor der versammelten Klasse ein.

Die Erinnerung an den kritisch kostümierten Konformismus von damals mag peinlich genug sein. Aber da ist noch ein anderer, verborgener Grund für den Furor, in den dich die Rede von der verderblichen Medienmacht noch jedesmal versetzt. Die Autoren von *Gefährliche Musen* haben in ihrem Resümee ohne Absicht eine Spur gelegt. Mit zahlreichen Rekursen auf »empirische Untersuchungen amerikanischer Wissenschaftler« führen sie den Nachweis der »kriminogenen« Wirkung des Fernsehens: »Für die USA kommt der Psychiater und Verhaltensforscher Brandon Centerwall zu wahrlich alarmierenden Zahlen: 22 bis 34 % junger, männlicher Schwerstkrimineller haben nach eigenen Angaben verbrecherische Handlungen aus Fernsehfilmen bewußt imitiert und damit meistens ihr Ziel auch erreicht. Centerwall … kam zu dem Fazit, daß die Einführung des Fernsehens bei den weißen Untersuchungspopulationen in den USA, in Kanada und Südafrika langfristig zu einer Verdoppelung der Mordrate geführt hat, wörtlich: ›daß es – wäre die Fernsehtechnik nie erfunden worden – heute jährlich in den USA 10000 Morde, 7000 Vergewaltigungen und 700000 Körperverletzungen weniger gäbe.‹« Wer sich auch von solch beeindruckenden Zahlen nicht so leicht von seinem »liberalistischen Mißverständnis« kurieren lassen will, »eine freie Gesellschaft könne gar nicht anders, als eine permissive Medienlandschaft zu pflegen«, gilt den Autoren als der »zynischen Komplizenschaft« mit den Mächten der Finsternis überführt.

»Komplizenschaft« – das Wort trifft einen Nerv. Das Fernsehen war in der Tat dein Komplize, wenn auch von Zynismus dabei wohl keine Rede sein kann. Du magst zwölf oder dreizehn Jahre alt gewesen sein, da hast du dich regelmäßig nachts aus deinem Zimmer ins Wohnzimmer hinuntergeschlichen, um noch einmal den Kasten anzuwerfen. Oft war er noch warm, denn in deinem Elternhaus pflegten die meisten Abende gemeinsam bis nach den Spätnachrichten vor dem Fernseher zugebracht zu werden. Ihr wart eine von diesen Abermillionen Fernseh-Familien aus einer bereits vergangenen Ära der Massenmedien, für deren seltsame Lebenswelt sich unterdessen die Soziologen zu interessieren beginnen. Heute beschreiben sie mit großem Aufwand die »Fernsehwirklichkeit« als eine »Wirklichkeitsordnung neuen Typs«. Das klingt dann etwa so: »Kennzeichnend für Fernsehwirklichkeit ist die kommunikative Verbindung von bedeutsamen Ereignissen in der Außenwelt und der intim-privaten Rezeptionssituation: die Verlötung von großem Ereignis und kleinem Zimmer im Fernsehwohnzimmer der 50er Jahre. Dabei hat das prestigereiche Fernseh-Möbel, zum Aufmerksamkeitszentrum der Familie avanciert, als ›negativer Familientisch‹ deren Dezentralisierung und ›Ex-Zentrik‹ bewirkt: Nicht den gemeinsamen *Mittelpunkt* liefert er, vielmehr ersetzt er diesen durch den gemeinsamen *Fluchtpunkt* der Familie.«[2] In diesem Sinne mochtet ihr Exzentriker sein wie all die anderen Familien, die simultan mit euch vor ihren Fluchtpunkten saßen, um irgendeine Kulenkampff-Gala oder – viel lieber – einen *Tatort* mit Hansjörg Felmy oder den *Kommissar* mit Erik Ode zu sehen.

Dann aber brachte der negative Familientisch manchmal auch Filme, die du dir doch lieber alleine anschauen wolltest. Zum Glück kamen die meisten im Spätprogramm, zu einem Zeitpunkt also, an dem sich eure Wirklichkeitsordnung neuen Typs bereits aufgelöst hatte und die Eltern und der jüngere Bruder bereits im Bett lagen. Aus der Reihe von Fantasy-Filmen, die seinerzeit kurz vor Mitternacht lief und jedesmal mit futuristischen Synthesizerklängen angekündigt wurde, hast du keinen einzigen verpaßt. Da war zum Beispiel *Barbarella* von Roger Vadim, ein reichlich wirres Machwerk aus dem Jahr 1967, dessen leicht psychedelische, hippie-inspirierte Geschichte – Astronautin des 40. Jahrhunderts rettet die Welt vor der Beherrschung durch böse Mächte, die in den Besitz der »Positronenwaffe« gelangt sind – vor allem einem Zweck diente: Jane Fonda in der Rolle der Titelheldin in allerlei unwiderstehlichen Kostümen vorzuführen. Als du den Film kürzlich, wiederum im Nachtprogramm, mit einiger Erwartung wiedersahst, gab einzig noch Jane Fondas transparenter Brustpanzer eine Ahnung von den köstlichen Stunden nach Mitternacht. Der Rest des Films, vom albernen Dekor über die unsäglich naiven Dialoge bis zu der biederen Moral der Geschichte, war jetzt nur noch unter einem Panzer von Ironie und Camp-Gesinnung zu ertragen.

Es würde dir nicht im Traume einfallen, *Barbarella* mit sophistischen Argumenten zu verteidigen, bis sie selbst den Medienpädagogen besonders wertvoll erschiene. An diesem Film gibt es, außer der *promesse du bonheur* der Fondaschen Brustwehr, überhaupt nichts zu verteidigen, und du unterschreibst ohne Skrupel das kühle Urteil von Leslie Halliwells Filmlexikon, die »campy and slightly sick adventures with angels and other space people« seien »not much of interest in the foreground«. Aber seinerzeit hat er auf dich Eindruck gemacht, und zwar genau durch jene Elemente, von denen sich der erwachsene Kunstverstand zu Recht als »anaemic pornography« di-

[2] Klaus Merten / Siegfried J. Schmidt / Siegfried Weischenberg (Hrsg.), *Die Wirklichkeit der Medien.* Opladen: Westdeutscher Verlag 1994.

stanziert. Du warst damals zweifellos Teil jener von den Medienwirkungsforschern beschworenen »Risikogruppe«, eine jener naiven, unverdorbenen, empfindsamen, labilen, verführbaren, vielleicht gar kranken Seelen, die der Aura der Symbole und den Appellen der Botschaften wenig entgegenzusetzen haben. Jane Fonda in ihren albernen sexy Space-Anzügen konntest du dich nur ergeben. Und, ach, mochte sie doch deine Seele ängstigen, dein Bewußtsein depravieren und dein Weltbild verzerren, so gut es eben ging.

Natürlich könntest du zur Verteidigung des Fernsehens auch Bildungserlebnisse anführen, mit denen selbst die frommsten Kritiker zufrieden wären; was hast du dir als Kind und Jugendlicher nicht alles reingezogen – lehrreiche Tierfilme, werkgetreue Literaturverfilmungen, Kleine Fernsehspiele, *ARD-Ratgeber: Gesundheit.* Niemals vergessen wirst du die BBC-Serie *Der Schock der Moderne,* in der der Kunstkritiker Robert Hughes in die moderne Kunst einführte. Auch hier war das Fernsehen dein Komplize. Hughes fütterte mit seinen enzyklopädischen Kenntnissen deinen Bildungshunger, und er tat das ohne einzuschüchtern; indem er die Idiosynkrasien seiner eigenen ästhetischen Erfahrung herausstellte, ermutigte er zum eigenen Urteil. Solche nahrhafte Kost wurde damals nur vom Fernsehen in die geistige Dürrezone des ländlich-kleinbürgerlichen Milieus geliefert, in der du aufgewachsen bist. Aber um solche Erlebnisse mit dem Kasten geht es hier nicht: Es ist gerade die Erinnerung an heimliche Wahrnehmungen an den Rändern des guten Geschmacks und des Erlaubten, zu denen dir dein Komplize, das Fernsehen, verholfen hat, die dich gegen diese sogenannten Medienwirkungsforscher aufbringt. Nichts ist ihnen so fremd wie ihr vorgebliches Forschungsfeld, die ergreifende, irritierende Wirkung des Mediums. Das zeigt schon die Sprache der Angst und des Ressentiments, in die ihre Bannrede verfällt, sobald es um jene Freiheitsspielräume geht, ohne die es überhaupt keine ästhetische Erfahrung geben kann. Man will »Wegweiser aus der Verantwortungslosigkeit« aufstellen für diejenigen verlorenen Seelen, die »die rechtlich garantierte Freiheit der Bild- und Informationsverbreitung in die ungezügelt ›wilden‹ Beliebigkeiten einer *anything-goes*-Kultur umdeuten« und »negative Wirkungen auf sich selbst und andere aus Uninformiertheit oder Verblendung unterschätzen; Wegweiser für die Wachsamkeit derjenigen, die als Eltern und Erzieher aufgerufen sind, wirksame Prophylaxe wenigstens vor den schlimmsten Auswirkungen einer ins Kraut schießenden Medienkultur zu betreiben«.

Der Ton mag auf die Nerven gehen. Aber kann man die Medienkritik denn so einfach abtun? Du bist ja aus den oben geschilderten Erfahrungen heraus Partei, du hast selbst von Komplizenschaft gesprochen. Du hast dich von Jane Fonda verwirren lassen und bist womöglich, unterschätze nicht die negativen Wirkungen auf dich selbst und andere, immer noch nicht ganz zur hellwachen, sittlich vollentwickelten Persönlichkeit herangereift. Die Medienkritik hingegen, über die du herziehst, kann auf eine lange und beeindruckende Tradition zurückblicken.

»In der letzten Zeit haben grauenvolle Raubmorde in der Eisenbahn, in der Stille des Zimmers, Kinderentführungen und andere schwere Delikte die

Frage aufgeworfen, welche Ursache haben diese, trotzdem ein Wohlstand und eine Beschäftigung herrscht wie nie bevor? Fast täglich hört man von neuen Vorkommnissen – es muß also eine Epidemie, ein Hang und eine Wollust zu diesen scheußlichen Verbrechen herrschen. Woher kommt dies? Ich glaube, schlechte Beispiele verderben auch hierin die Sitten, denn die Theater lebender Photographien, die Bioskopbilder usw. verführen direkt dazu, diese Untaten nach den gebotenen Vorbildern zu vollbringen. Mancher schwacher resp. halbstarker Charakter sieht in diesen sogenannten lebenden Photographien und aus den auf Kitzel und Sensationslust berechneten Vorführungen das Vorbild zur schreckensvollen Tat.« So schreibt die *Neue Hamburger Zeitung* am 24. November 1906. Damals steckte die empirische Sozialforschung bekanntlich noch in den Kinderschuhen, weshalb genaue Angaben über die durch Kinoschließungen zu verhindernden Delikte noch nicht möglich waren. Aber auch ganz ohne Empirie kommt der Kommentator zu seiner Überzeugung von der verbrechensverursachenden Wirkung des neuen Mediums, die über achtzig Jahre später von Brandon Centerwalls beeindruckenden Fernsehuntersuchungen untermauert werden wird. Wenn das nicht für ihre Plausibilität spricht!

Der Soziologe Kaspar Maase, dessen Essay *Die Heilkraft des Placebo*[3] du das antike Zitat entnommen hast, sieht das anders. Seine These lautet: »Heute haben wir es beim öffentlichen Kampf gegen Mediengewalt mit einem modernen Ritus im strengen ethnologischen Sinn zu tun, einem Schundkampf-Ritus.« Nach Maases Forschungen wurden seine Elemente schon im späten Wilhelminismus geschaffen, als die deutschen Intellektuellen sich zum ersten Mal mit der Massenkultur auseinandersetzen mußten. Damals konnten die Akteure noch hoffen, sie würden jene Medien in die Schranken weisen können, die nach den Worten der Filmsoziologin Emilie Altenloh bereits »nach Blut und Leichen« rochen. Bis heute gebräuchliche Leitbegriffe wie »Verrohung« wurden in dieser kreativen Phase geprägt, es setzten sich Deutungsmuster wie »Nachahmung« und »Abstumpfung« durch, der staatliche »Jugendschutz« und die »Selbstkontrolle« der Kulturindustrie wurden eingeführt. Alle späteren Schundkämpfer konnten bei ihren Feldzügen das Ritualbesteck ihrer wilhelminischen Ahnen benutzen: Zwischen 1919 und 1926 stritt man für Filmzensur und für das Gesetz zur Bewahrung der Jugend vor Schund- und Schmutzschriften. 1933 hofften die Jugendschützer, zu Recht, wie sich bald zeigen sollte, auf eine rigorose Fortsetzung ihres Kampfes durch die Nazis. Von etwa 1949 bis 1956 brachte die konservative Mehrheit unter großem propagandistischen Aufwand das Gesetz über die Verbreitung jugendgefährdender Schriften durch.

Die jüngste Inszenierung des Ritus, so Maase, läßt sich genau datieren. »Vom 22. bis 27. August 1992 hielten die fremdenfeindlichen Pogrome in Rostock-Lichtenhagen das Land in Atem – qua Fernseh-Live-Berichterstattung zur besten Sendezeit. Die tiefe Krise der gesamtdeutschen Gesellschaft stand in erschreckenden Bildern vor Augen. Postwendend, am 2. September,

[3] In: *Mittelweg 36*, Februar/März 1994.

trat Bundesjugendministerin Merkel mit einer Kritik der Fernsehgewalt an die Öffentlichkeit. Unter breiter Medienresonanz forderte sie die Fernsehanstalten, insbesondere die privaten, zur Umkehr auf. Die Botschaft war eindeutig ...: Wer etwas gegen die erschreckende Verrohung im allgemeinen und gegen die fremdenfeindlichen Mordtaten im besonderen tun will, der muß die Gewaltdarstellung in Fernsehen und Video, insbesondere für Heranwachsende, drastisch einschränken.«

Ministerin Merkel präsentierte die Morde pro Fernsehwoche – es waren 481 –; solche Zählungen gehören zum Ritus, seit 1910 Pfarrer Conradt in seiner Schrift *Kirche und Kinematograph – eine Frage* bekanntgab, daß er in 250 Filmen 97 Morde hatte zählen können. Weitere Ritualhandlungen: man erzählt Geschichten nach dem Muster, Medien machten Jugendliche durch Anregung zur Nachahmung zum Gewalttäter; man beschimpft öffentlich die skrupellosen Medienkapitalisten; man mahnt die Industrie zu stärkerer Selbstkontrolle; man verlangt schärfere Gesetze. Die »Ritualgruppe« – Politiker, Journalisten, Wissenschaftler, Kirchenvertreter –, agiert hierbei stellvertretend für »die Gesellschaft«. Offenbar, so resümiert Maase mit Blick auf die Geschichte der Schundkämpfe, sind diese Ritualhandlungen ungeeignet, ihr proklamiertes Ziel, die Eindämmung der Mediengewalt, zu erreichen. Wenn man nicht annehmen will, daß die Schund-Aktivisten aus reiner Verstocktheit unbeirrbar Zweckloses wiederholen, muß man einen anderen Zweck-Mittel-Maßstab anlegen, um die Rationalität ihres Verhaltens zu verstehen: Riten setzen die Menschen und ihren profanen Alltag in Beziehung zur Welt des Sakralen. »Der Schundkampf«, schreibt Maase, »ist ein moderner Ritus; das heißt, daß er sich auf ein säkularisiertes, verweltlichtes Heiliges bezieht, auf die Zivilreligion der bürgerlichen Gesellschaft ... Warnungen und Aufrufe, Maßnahmen und Versprechen drücken aus: Wir, die Statthalter der Gesellschaft, verkörpern Vernunft und Humanität, und keine partikulare Kraft, seien es profitorientierte Kulturwarenproduzenten oder auf ›Action‹ fixierte Konsumenten, kann den heiligen Prinzipien widerstehen.«

Es geht also um die Festigung des Zusammenhalts einer Wir-Gruppe, der »mündigen Bürger«, der »Menschen guten Willens«, der »moralischen Mehrheit« und was noch mehr dergleichen Formeln sind. Die geläufigen ideologiekritischen Einwände gegen diese Praxis müssen hier nicht ausgebreitet werden: es handele sich um Ablenkung von den wahren Problemen, Kompensation, symbolische Politik, die die »wahren Gewaltverhältnisse« unangetastet lasse. Auch Kaspar Maase scheint dieser Meinung anzuhängen: »Ich halte an der Hoffnung fest, daß eines Tages mit dem Gewaltcharakter der sozialen Beziehungen auch deren mediale Abbildung zurücktritt. Aber die zweifelhaften Rituale von heute tragen dazu bei, die Hoffnung überhaupt am Leben zu halten.«

Das ist zweifellos eine ehrenwerte Gesinnung. Allerdings fällt es um so leichter, sich zu ihr zu bekennen, als die Probe aufs Exempel extrem unwahrscheinlich ist. Und außerdem verrät die Utopie einer von Gewalt und zugleich auch von ihren Bildern befreiten Welt eine implizite ästhetische Theorie, die derjenigen der eben noch denunzierten »Ritualgruppe« nichts voraus hat. Sie ist vielmehr ihr bloßes Reversbild. Die Schundkämpfer glauben (oder geben zumindest vor zu glauben), mit den Bildern die Gewaltverhältnisse selber zurückdrängen zu können. Der Prophet der gewaltlosen Gesellschaft glaubt (oder gibt wahrscheinlich nur vor zu glauben), daß durch Beseitigung der Gewaltverhältnisse die Bilder der Gewalt obsolet werden würden. Man kann darin eine Art negativer Bildmagie erkennen. Wie die alte Bildmagie, die den Schundkampf-Riten zugrunde liegt, schließt sie einen schlichten, aber offenbar unerträglichen Gedanken aus: Daß es ein eigenständiges Interesse an Bildern der Gewalt geben könnte. Im Arkanum der Hohen Kultur, wo man es nicht mit massenwirksamen Kunstformen zu tun hat, mag man vielleicht unterdessen, nach langen Kämpfen, die Berechtigung einer eigenen »Ästhetik des Schreckens« hinnehmen. Wo aber von den populären Künsten die Rede ist, sind nüchterne Feststellungen wie Erwin Panofskys Äußerungen über *Stil und Medium im Film*[4] weiterhin rare Ausnahmen. Die frühen Filme, so Panofsky, »befriedigten, oft gleichzeitig: einen primitiven Sinn für Gerechtigkeit und Moral, wenn Tugend und Fleiß belohnt, Laster und Faulheit bestraft wurden; ferner die pure Sentimentalität, wenn ›das zarte Bächlein einer sehnsuchtsvollen Liebe‹ einen ›an Windungen so reichen‹ Lauf nahm, oder wenn der Vater, ach, der Vater aus dem Wirtshaus kam, um sein Kind im Sterben zu finden, an Diphterie; drittens ein ursprüngliches Verlangen nach Blut und Grausamkeit, wenn Andreas Hofer der feuernden Rotte ins Gesicht sah, oder wenn, in einem Film von 1893/94, der Kopf der Königin Maria von Schottland tatsächlich herunterfiel; viertens den Geschmack an sanfter Pornographie (ich erinnere mich mit großem Vergnügen eines französischen Films von ca. 1900, in dem man eine nur scheinbar üppige Dame und eine nur scheinbar schlanke Dame sich zum Baden umziehen sah, eine ehrliche, aufrichtige *porcheria* ...); und schließlich befriedigten diese Filme den kruden Sinn für einen Humor, der mit *slapstick* exakt bezeichnet ist und auf sadistischen oder pornographischen Neigungen beruht, oder auf beidem.«

Um ganz sicher zu gehen: Panofsky meint dies nicht kritisch, hier spricht kein Schundkämpfer, sondern der Gelehrte als Fan, und es gelingt ihm erstaunlicherweise, dabei weder seine Gelehrsamkeit noch seinen Enthusiasmus zu verraten. Denn anzuerkennen, daß der Film legitimerweise Bilder der Gewalt liefert, enthebt dich nicht von der Kritikerpflicht zur Unterscheidung mehr oder weniger gelunger Versuche, mit dem »ursprünglichen Verlangen nach Blut und Grausamkeit« umzugehen; so kann die Urteilsbildung ja überhaupt erst einmal beginnen. Panofskys Äußerung aus dem Jahr 1947 besticht durch eine Kombination von Sachlichkeit und Begeisterung, die in der Rede über Massenkultur bis heute selten ist. Es fällt offenbar immer noch schwer, »mit jener Kultur zu leben, mit der man aufgewachsen ist, und sie nicht im Namen einer snobistisch verstandenen Reife abzulehnen«, wie der Theoretiker der britischen Pop-art, Lawrence Alloway, schon vor

---

[4] Erwin Panofsky, *Die ideologischen Vorläufer des Rolls-Royce-Kühlers & Stil und Medium im Film.* Frankfurt: Campus 1993.

dreißig Jahren forderte. Selbst Kaspar Maase, ein kenntnisreicher Sozialhistoriker der Popkultur der fünfziger und sechziger Jahre, geht am Ende in die Knie und spricht sein kleines Stoßgebet gegen die Gewalt und ihre Bilder, damit man ihn nur ja nicht zu jenen besorgniserregend schwachen resp. halbstarken Charakteren zählen möge. Willkommen in der Ritualgruppe!

Seit längerem hast du den Verdacht, daß die heutigen Schundkämpfe, so sehr sie auch dem hergebrachten Ritus folgen, sich von den früheren in einem wesentlichen Punkt unterscheiden.

Und hier muß die Rede dann leider noch einmal auf den bekanntesten Schundkämpfer unserer Jahre kommen, Botho Strauß, der seit dem 8. Februar 1993, als im *Spiegel* sein Essay *Anschwellender Bocksgesang* erschien, das bevorzugte Thema des Klatsches in unseren Kreisen ist.

Dietz Bering, als Historiker der Intellektuellenfeindlichkeit bekanntgeworden, hat kürzlich die Rumpelkammer der Straußschen Kulturkritik auf Brauchbares für die Linke durchgesehen. Im *Spiegel* (17. Juli 1995) meldete er sich ganz beglückt und mit vollen Händen von der Inspektion zurück. Was für seltene Preziosen sind das, die Bering aus dem Plunder geborgen hatte, um sie als »linke Lehre des Bocks« in einem allerdings nicht besonders Vertrauen erweckenden Marktschreierton unter die Leute zu bringen? Strauß' Essay ist ihm »ein bisher nie gehörtes Fanal gegen eine permanent anwesende, aber dennoch nie so kraftvoll, mutig, auf nicht wegdrängbare Weise benannte Fehlentwicklung: gegen den umfassenden Versuch, alles in unmittelbare Bedürfnisbefriedigung, alles in anstrengungslose ›happiness‹ zu verwandeln, alles noch so Schwere und Verhängnisvolle mit ›cheer-girls‹ zu umstellen und so in konsumierbaren Flitter und allumfassende Konsumgegenwart zu verwandeln.«

Unerhörte Neuigkeit! Wenn Dietz Bering es mit seinen laut Spiegel 59 Jahren geschafft haben sollte, solchen Tönen bisher zu entgehen, kann man nur sagen: Chapeau! Du hingegen, etwas mehr als halb so alt, kannst dich an eine Zeit vor solcher Konsum- und Medienschelte nicht erinnern. Daß Bering so auf Strauß ausflippt, ist um so erstaunlicher, als er einer der ausgewiesenen Kenner der Geschichte der Intellektuellen ist – jener Gruppe mithin, die seit ihrem Entstehen ein Großteil ihres Elans darauf verwendet hat, an dergleichen Redefiguren zu feilen: »Die Schüler kommen ja nicht allein auf den Gedanken, man müsse auf alle Fälle Geld verdienen, um den vollen Parallelschwung zum Lifestyle zu schaffen ... alle Medien erklären es den jungen Leuten permanent, und viele Eltern leben es ihnen vor. Verloren und lachhaft jene Menschen, die von Amts und Neigung wegen auf das Gegenteil setzen. Absurd ihr Bemühen, den Schülern morgens im Deutschunterricht die feinen, Indirektheit schaffenden, subtilen Nuancierungen des Konjunktivs nahezubringen, wenn/während diese sich per Walkman und Disco ihre Gehörschäden verpassen oder im ›Terminator‹ gesehen haben, daß man die Dinge doch am besten auf direktem Weg mit einem absolut terminalen Kick erledigt.«

Auch Rüdiger Safranski (*Akzente,* Heft 3, Juni 1995) hat sich noch einmal die Mühe gemacht, das kritische Potential des *Bocksgesangs* herauszuarbeiten.

Es liege in der Kritik der »medial hergestellten Pseudowirklichkeit«, des »Bewirtschaftungsdenkens«, der »allgegenwärtigen Profanierung« der Kultur, die daher kommt, »daß die öffentlichen Räume schrumpfen und die Menschen sich in ihre Konsumhöhlen zurückziehen«. Für solche Misere, wollen Bering und Safranski weismachen, öffne Strauß jetzt erstmals dem Publikum die Augen, und die Klarheit seines Blicks verdanke er seiner »rechten« Perspektive.

Man muß sich schon wundern, mit welcher Chuzpe unsere Intellektuellen immer wieder die gleiche Platte auflegen. Vielleicht ist Rechtssein aber auch gerade deshalb so interessant geworden. Man könnte die rechte Maskerade ehemaliger Linksintellektueller ja auch so deuten: Wenn sie jetzt behaupten, von der anderen Seite her, als »Rechte – in der Richte« (Strauß) zu sprechen, dann wird man ihnen vielleicht nicht so schnell darauf kommen, daß sie uns die altbekannte Medien- und Konsumkritik gröbsten Kalibers einfach noch einmal anzudrehen versuchen. Aber damit werden sie – schöne Dialektik – bei uns kritischen Verbrauchern, dank des jahrelangen Trainings in intellektueller Konsumismuskritik, nicht durchkommen.

Es handelt sich um die alten Schundkampf-Parolen, und sie werden ganz ohne jene feinen, Indirektheit schaffenden, subtilen Nuancierungen des Konjunktivs vorgetragen, denen Dietz Bering Krokodilstränen nachweint, nachdem er gerade selber in der Manier eines kulturkritischen Terminators ein Trümmerpanorama der Gegenwart hinter sich gelassen hat. Woher kommt jedoch die Schärfe der Attacke, für die Strauß das Muster vorgab: »Die Intelligenz der Massen hat ihren Sättigungsgrad erreicht. Unwahrscheinlich, daß sie noch weiter fortschreitet, sich transzendiert und 10 Millionen RTL-Zuschauer zu Heideggerianern würden.« Solche Äußerungen, von denen Strauß' Essay wimmelt, haben durch die bubenhafte Beleidigtheit, die sie zur Schau tragen, schon fast wieder etwas Rührendes. Was aber ist ihr Sinn? Strauß kann wahrscheinlich ganz gut damit leben, daß etwa Thomas Koschwitz, einer jener Moderatoren, die bei ihren »Schau-Gesprächen … die Würde und das Wunder des Zwiegesprächs verletzen«, allabendlich Seinsvergessenheit unter dem Titel *RTL-Late Night* zelebriert. Das findet doch in einer Welt statt, die seine kaum berührt.

Und genau hier könnte das Problem liegen: Die RTL-Zuschauer werden von Strauß herbeizitiert, weil sie eine Welt repräsentieren, die nichts mehr von uns wissen will, schlimmer noch: die uns nicht einmal mehr kennt. Der *Spiegel* veröffentlichte Ende letzten Jahres die Ergebnisse einer von dem Bielefelder Meinungsforschungsinstitut Emnid in seinem Auftrag durchgeführten Umfrage. Dabei sollte herausgefunden werden, welches Wissen heute zur Allgemeinbildung zählt. Unter anderem wurden den Befragten, je 1000 repräsentativ für die Gesamtbevölkerung ausgewählten Männern und Frauen, 17 Namen von Prominenten genannt. Die Aufgabe bestand darin, den Personen den Beruf oder ein anderes richtiges Stichwort zuzuordnen. In dem Blatt, dem Botho Strauß seinen jüngsten Ruhm verdankt, war nun zu lesen, wie weit dieser Ruhm reicht: 7 Prozent der Befragten schafften die Verknüpfung »Botho Strauß – Schriftsteller«. Daß Jürgen Habermas (»Philosoph«)

nicht besser abschnitt, kann nur ein schwacher Trost gewesen sein. Was soll man denn noch alles anstellen, wenn einen hierzulande nicht einmal mehr rechtsradikale Sprüche über die Schamgrenze von 10 Prozent bringen, die ja immerhin der stille Bruno Ganz (»Schauspieler«) geschafft hat? Man ist der Vorbereitung eines neuen intellektuellen Faschismus verdächtigt worden und hat es doch nicht vermocht, Johannes Dyba (»Erzbischof«) zu überflügeln? Das muß einen Mann mit Prätentionen auf die Präzeptorenrolle allerdings schwer deprimieren.

Schaut man dann auf die höheren Ränge, zeigt sich, daß die Intellektuellen, wenn man einmal von Eugen Drewermann (»Theologe«) absieht, der stolzen 35 Prozent ein Begriff ist, in der »Ökonomie der Aufmerksamkeit«[5] das weit abgeschlagene Proletariat bilden: Götz George (»Schauspieler« - 89 Prozent) Michael Schumacher (»Rennfahrer« - 88 Prozent), Claudia Schiffer (»Fotomodell« - 86 Prozent) und Heike Henkel (»Leichtathletin« - 76 Prozent) rangieren hoch. Hart auf den Fersen sind den Prominenten ihre Aussteller; die bloße Verwaltung von Prominenz infiziert offenbar mit Prominenz: Hans Meiser (»TV-Moderator« - 76 Prozent), Ulrich Wickert (»TV-Moderator« - 56 Prozent), Arabella Kiesbauer (»TV-Moderatorin« - 31 Prozent).

Wenn es noch eines Beweises bedurft hätte, hier ist er: Im TV werden die Ränge angewiesen, und hier auch nur Platzanweiser zu sein, garantiert schon einen hohen Rang. Man könnte es auch so sagen: Seit die kulturellen Eliten sich mit der Massenkultur auseinandersetzen mußten, haben sie Schreckensszenarien vom Ende der bürgerlichen Kultur, und damit vom Ende ihres Einflusses gemalt. Wenn wir heute den Fernseher einschalten und nicht gerade einen Arte-Themenabend oder Roger Willemsens Talkshow erwischen, finden wir uns in einer Rummelplatz-Welt wieder, die den Alpträumen unserer Vorgänger sehr nahe kommt. Der entfesselte Pöbel (alle außer uns) dreht hier ohne leiseste Zeichen von Scham die Glücksräder, plaudert von seinen erstaunlichen sexuellen Gepflogenheiten, läßt sich unter mildem Zotengeplapper verkuppeln oder feiert vor Millionen von seinesgleichen nach langer, schmerzensreicher Trennung unter Anleitung von Moderator Kai Pflaume tränenreich Versöhnung - denn der weiß, wie der Titel seiner Sendung verrät: *Nur die Liebe zählt.*

Bei einem solchen Fernsehabend kann man auf den Gedanken kommen, eine Angstvorstellung, die das kulturpessimistische Lamento der letzten hundert Jahre angetrieben hat, sei wahr geworden: Das alles schert sich nicht um uns. Man fürchtet uns nicht mehr, ja man weiß womöglich nicht einmal mehr etwas von unserer Existenz. Ist das nicht im Kern gemeint, wenn das Fernsehen freundlich das »demokratischste aller Medien« genannt wird? Oder wenn der Kunstkritiker Robert Hughes von der »Selbstreferenz des TV« spricht: »Es ist nicht länger eine populäre Form unter vielen, sondern etwas viel Größeres. Es ist eine Umwelt, ein sich selbst erschaffendes System,

---

[5] Vgl. dazu den Aufsatz von Georg Franck im *Merkur,* Nr. 534/535, September/Oktober 1993.

eine Maschine, die selbständig laufen gelernt hat und keine Verpflichtung gegenüber anderen Formen verspürt, außer gegenüber Filmen – in ihrer Funktion als Quellen von Berühmtheit. Ich glaube nicht, daß das Problem des kommerziellen Fernsehens gelöst werden könnte, indem die nachmittäglichen Bekenntnis-Freakshows mit ihren Proletariern, die sich über Inzest das Maul zerreißen, durch würdige Professoren ersetzt würden, die über Proust oder Melville diskutieren.«[6] Die wenigsten bringen angesichts dieser Lage solche Gelassenheit auf wie Hughes, der freilich vom Fach ist und selbst weiterhin als Fernsehjournalist arbeitet.

Nicht daß offener Haß von Intellektuellen gegen die Massen und ihre Kultur etwas Neues wäre. Aber mit dem Fernsehen haben die Massen, denen wir schon seit eh und je Pest und Verderben an den Hals gewünscht haben, wenn sie uns nicht zuhören wollten, ein Medium in der Hand, in dem sie uns permanent und schmerzhaft vorführen können, daß sie endgültig von uns Abschied genommen haben – und daß sie uns überhaupt nicht vermissen, ja daß sie sogar sehr gut ohne uns zurecht kommen. *Schreinemakers live* etwa, eine zweieinhalbstündige Talkshow mit wechselnden Gästen, führt allwöchentlich vor bis zu 9 Millionen Zuschauern vor, daß das Proletariat ganz ohne unsere Anleitung gelernt hat, ohne Angst anders zu sein (Adorno). Wenigstens in den kleinen, aber manchmal so entscheidenden Fragen des täglichen Lebens. Hier können wir etwa der tapferen Illona begegnen, sie ist Bankangestellte und leidet unter starkem Achselschweiß, was eine Belastung für ihre Mitmenschen, aber natürlich auch für Illona selbst bedeutet – ihres Hobbys wegen: Sie spielt leidenschaftlich gerne Querflöte. Im Interview zeigt sie sich stolz, die Scham im Namen der »Natürlichkeit« jenes Defekts überwunden zu haben, der ihr fast das Musizieren verleidet hätte. »Ganz toll« findet auch die Moderatorin Illonas Eigensinn und bittet mit Erfolg das Studiopublikum um einen »warmen Applaus«.

Die wackere Illona, die gerade in vollen Zügen ihre Warholsche Viertelstunde als Star genießt, kann kaum ahnen, welche Strafphantasien die Geschichte ihrer fröhlichen Entsublimierung in unsereinem auszulösen vermag: »Die meisten Überzeugungsträger, die sich heute vernehmen lassen«, heißt es bei Botho Strauß, der damit aber wirklich zum letzten Mal zitiert sei, »scheinen ihren Nächsten überhaupt nur als den grell ausgeleuchteten Nachbarn in einer gemeinsamen Talkshow zu kennen« – »Wie sähe, denke ich oft, mein protziger Nächster aus, wenn ihn der jähe Schmerz oder Kummer träfe? Vielleicht träte zum Vorschein dann seine Würde.«

Das Behagen in der Kultur, das der Pöbel in seinem Medium frech zur Schau trägt, muß uns in Panik versetzen. Wir haben unser Ansehen schließlich nicht zuletzt der Tatsache zu verdanken, daß wir in jener Kultur von raffinierten Selbstquälern, die nach Nietzsche und Freud die moderne Zivilisation war, stets die Avantgarde bildeten. Und so pflegen wir unser Ressentiment und träumen vom »Ernstfall«, wie wir es immer schon getan haben, wenn uns die Wirklichkeit entgleitet. Allerdings werden solche Träume-

[6] Robert Hughes, *Why watch it, anyway.* In: *New York Review of Books,* 16. Februar 1995.

reien auf die Dauer ein zu schwacher Trost sein für die Kränkung, daß das Medium aller Medien seine Reise ohne die Intellektuellen fortsetzt.

Manchmal denkst du, es sei nicht eigentlich erstaunlich, daß einige unserer Intellektuellen jüngst wieder in apokalyptische Gewaltphantasien investieren; damit war angesichts ihrer neuen Lage einerseits und der Unverwüstlichkeit des apokalyptischen Genres andererseits im Grunde zu rechnen. Und sicher müssen wir uns für die Zukunft auf noch drastischere Destruktionswünsche gegen die triumphierende Massenkultur und ihre Große Maschine einstellen. Erstaunlich genug, daß sie nicht mehr den allgemeinen Ton angeben, denn längst gibt es für Intellektuelle abseits der Apokalypse auch andere akzeptierte Haltungen vor dem Kasten: Kritiker, Mystiker oder Camp-Dandy zum Beispiel. Alle drei begreifen die Entkoppelung des Fernsehens von der herkömmlichen Intellektuellenkultur hedonistisch – als unverhoffte Entlastung von uralten Kontroll- und Manipulationsobsessionen, die das Schauen entspannt.

Für die erste Einstellung kann hierzulande stellvertretend Barbara Sichtermann stehen, die in ihren regelmäßigen Rezensionen für die *Zeit* an Kriterien für ein »Qualitätsfernsehen« feilt, ohne die für das Medium spezifischen Elemente des Trivialen – Klatsch, Voyeurismus, Schadenfreude – auszublenden. Die zweite Haltung hat der amerikanische Schriftsteller Don DeLillo in seinem Roman *Weißes Rauschen*[7] in Gestalt des Universitätsdozenten Murray Jay Siskind porträtiert, der am »College-on-the-Hill« in einer kleinen Stadt im Mittelwesten der USA ein Seminar über »Lebende Legenden« leitet. Siskind gehört zur Abteilung für »Amerikanische Milieus« an dieser Provinzuni, deren Lehrkörper »sich fast ausschließlich aus New Yorker Emigranten zusammensetzt, ... verrückt nach Kino und Trivialwissen«. Eines Tages erzählt er seinem Kollegen Jack Gladney, der in der Popkultur-Abteilung die »Hitlerforschung« leitet, von seiner neuen Passion. Seit mehr als zwei Monaten sitzt er in seinem Zimmer, sieht bis in die frühen Morgenstunden fern und macht sich Notizen: »›Eine grandiose und demütigende Erfahrung, kann ich Ihnen sagen. Nahezu mystisch.‹ ›Zu welchem Ergebnis sind sie gekommen?‹ Er schlug geziert die Beine übereinander und saß dann vor sich hinlächelnd mit der Tasse im Schoß da. ›Wellen und Strahlungen‹, sagte er. ›Mir ist klargeworden, daß dieses Medium im amerikanischen Heim eine Urgewalt darstellt. Versiegelt, zeitlos, unabhängig, auf sich selbst verweisend. Es ist, als werde mitten in unseren Wohnzimmern ein Mythos geboren, wie etwas, das wir auf träumerische, vorbewußte Art schon kennen. Man muß sehen lernen, man muß sich dem Informationsfluß öffnen. Das Fernsehen bietet unglaubliche Mengen psychischer Daten. Es öffnet uralte Erinnerungen an Weltgeburten, es heißt uns willkommen im Raster, im Netzwerk der kleinen summenden Punkte, die das Bildmuster ergeben. Licht ist da, Ton ist da. Ich frage meine Studenten: ›Was wollt ihr mehr?‹ Schauen Sie sich nur den Reichtum an Daten an, die im Raster verborgen sind, in der bunten Verpackung, dem Geklingel, der aus dem Leben gegriffenen Wer-

[7] Don DeLillo, *Weißes Rauschen.* Köln: Kiepenheuer & Witsch 1987.

bung, den Produkten, die aus der Dunkelheit schießen, den chiffrierten Botschaften und endlosen Wiederholungen, wie Psalmen oder Mantras. *Coca Cola is it, Coca Cola is it.* Das Medium quillt förmlich über von heiligen Formeln, wenn wir uns daran erinnern können, wie man unschuldig reagiert und unseren Ärger, unseren Überdruß und unseren Abscheu hinter uns lassen können.‹«

Das klingt ziemlich outriert. Murray Jay Siskind mit seiner kleinen runden Brille, seinen hängenden Schultern und seinem Cordsamtanzug ist die Karikatur eines Intellektuellen, dem auf der Suche nach Unschuld das Nullmedium zur buddhistischen Maschine wird. Wer sich dem Informationsfluß so weit öffnet, daß er am Ende unter all den gleichermaßen interessanten Daten nicht mehr unterscheiden kann, streift die Lächerlichkeit. Siskind ist einer dieser eloquenten, in McLuhan, Barthes und Eco beschlagenen Bescheidwisser; medienphilosophisch ist er auf dem neuesten Stand, aber vor der alltäglichen TV-Wirklichkeit fällt er in ein fröhliches Analphabetentum zurück. Auch an wirklichen deutschen Unis ist seinesgleichen unterdessen vertreten.

Dein Kollege D. ist solchen späten Erleuchteten schon während seines Studiums der »Kommunikationswissenschaft« begegnet und hat deren Begeisterung für das Medium stets mit gewisser Skepsis betrachtet, weil darin eine sehr subtile Verachtung für die von ihm ventilierten Botschaften mitschwang. Als Fernsehkritiker bei einer Zeitung hat er aus seiner Leidenschaft einen Beruf machen können. Seine Haltung zum Fernsehen könnte kaum besser umschrieben werden als mit den Worten aus Susan Sontags *Anmerkungen zu »Camp«:* »Der Dandy alten Stils haßte das Vulgäre. Der Dandy neuen Stils, der Liebhaber des Camp, schätzt das Vulgäre. Wo der Dandy unentwegt abgestoßen oder gelangweilt sein würde, fühlt sich der Kenner des Camp unentwegt amüsiert, erfreut. Der Dandy hielt sich ein parfümiertes Taschentuch unter die Nase und neigte zur Ohnmacht. Der Kenner des Camp saugt den Gestank ein und rühmt sich seiner starken Nerven.«

D. glaubt, wie alle Camp-Dandys, daß es einen guten Geschmack des schlechten Geschmacks gibt. Und da das Fernsehen das Medium des schlechten Geschmacks ist, eröffnen sich hier Felder für endlose feine Differenzierungen, die von der Warte des althergebrachten, reinen guten Geschmacks völlig irrelevant erscheinen mögen. Für D. sind sie es nicht. Wenn er etwa zu einer seiner Reden über die Frage ansetzt, ob die *Lindenstraße* oder *Gute Zeiten, schlechte Zeiten* die »bessere« Seifenoper sei, dann geht es dabei letztlich um die Frage, welche der beiden Serien schrecklich genug ist, um wirklich gut zu sein. Das ist nicht als eine einfache Umwertung mißzuverstehen. Wenn etwas bloß schlecht ist, lieblos und nachlässig gemacht, kann es nicht campy sein, denn Camp ist zwar Zynismus, aber kein grausamer, sondern ein freundlicher. Daher kann jene Peinlichkeit, die vom leidenschaftlichen Scheitern des sorgfältig arbeitenden, echten Dilettanten hervorgerufen wird, immer mit Sympathie rechnen. Die jährliche Übertragung des Schlagerfestivals *Grand Prix d'Eurovision de la Chanson* wird von D. und seinen gleichgesinnten Freunden jedesmal als eine wahre Camp-Orgie begangen. Der Gedanke, daß die Schlagersternchen, die dort mit wahrer Inbrunst ihre Pathosgesten vollziehen, in der Regel nicht ahnen, daß sie ein schwuler Kult sind, macht die Sache noch besonders reizvoll.

Aber D. weiß auch, daß Camp-Geschmack schon lange nicht mehr das exklusive Minderheitenvergnügen ist, als das ihn Susan Sontag vor dreißig Jahren beschreiben konnte. Camp ist im Gegenteil zu einem Vehikel der kulturellen Integration der Homosexuellen geworden. Und das hat im Gegenzug Folgen für die Camp-Sensibilität: Die Postmoderne bedeutete unter anderem, daß »ihr Heteros«, wie D. mit leiser Herablassung sagt, »euch Camp angeeignet habt«. Viele Bestandteile in der heutigen Fernsehkultur, wie etwa von Transvestiten moderierte Sex-Talkshows (Lilo Wanders in *Wa(h)re Liebe*) oder bestimmte Formen dadaistischer Komik (Wigald Boning in der *RTL-Nachtshow*), sind vorsätzlich produziertes Camp, und daher weniger befriedigend als naive, unschuldige Formen, die der Entdeckerfreude entgegenkommen. Aber das ist wohl der Preis, der für die Verbreitung des Camp-Dandyismus gezahlt werden muß; sein Siegeszug wird nicht aufzuhalten sein, denn starke Nerven sind angesichts der heutigen Fernsehkultur die Grundbedingung für einen angenehmen Abend vor dem Kasten.

Allerdings muß man oft schon von extrem robuster Konstitution sein, um sich solch snobistischen Genuß zu verschaffen. Und außerdem gilt: Wer sich Abend für Abend sein Vergnügen auf diese reichlich vermittelte Weise verschaffen muß, wird bald eine genauso verkrampfte und unglückliche Figur sein wie der störrische Verfechter des hergebrachten »guten Geschmacks«.

Aus diesem Grunde hat man bekanntlich den Videorekorder erfunden. Wenn dir abends wieder einmal nicht danach ist, auf der Couch Nerven zu zeigen, gehst du in deine Videothek. Sie heißt, nach einem Film von John Carpenter, »Videodrome«, und ist eigentlich auch ein beeindruckendes Stück avanciertester Camp-Kultur, eine Kultstätte des guten Geschmacks im schlechten. Das freundliche Fachpersonal mit seinem byzantinischen Wissen steht jederzeit für eine Beratung oder eine Fachsimpelei zur Verfügung, getreu dem Camp-Slogan des Ladens, der auf den Schutzhüllen der Filme zu lesen ist: »Widerliche Filme für widerliche Leute«.

Aber du willst davon für diesmal nichts wissen, und so steuerst du zielstrebig an der Regalen voller Horror- und Splatter-Filme, kurioser Pornographie und früher Fantasy-Machwerke vorbei zu der Abteilung, in der der respektable Strang der Filmgeschichte lagert, fein säuberlich nach Autoren sortiert und nach Möglichkeit im unsynchronisierten Original. Jetzt gilt es nur noch herauszufinden, was zu diesem Abend paßt: Wieder einmal *Stagecoach* von John Ford, oder vielleicht lieber diese drei frühen Kurzfilme von Yasujiro Ozu, die du noch nicht kennst, oder zur Kontrolle Tim Burtons *Edward Scissorhands,* der dir seinerzeit im Kino so gut gefiel? Wir werden vorsichtshalber alle drei mitnehmen. Kurz spielst du noch mit dem Gedanken, gleichsam als Alibi noch irgendeinen Schmuddelfilm dazuzupacken. Es muß ja langsam auffallen, daß du immer zu den ewigen Werten greifst. Ach was, sollen sie dich ruhig für einen Langweiler halten – manchmal muß es eben partout der gute Geschmack im guten sein.

Ina Hartwig

Noten zu Homosexualität

Stil, Bekenntnis, Herkunft

Was ist der Unterschied zwischen Yves Saint Laurent und Jean-Paul Gaultier? Beide haben denselben Beruf, beide haben die gleiche Staatsbürgerschaft, beide können sich über ihren Erfolg nicht beklagen. Und beide sind homosexuell. Beide haben, wie sie beteuern, schon als Kinder angefangen, Kleider zu entwerfen, der eine – in Antizipation seiner Vornehmheit – nahm Marionetten als Models, der andere – auch das ein Zeichen für Kommendes – benutzte seinen Teddy. Beide fühlten sich, so sagen sie heute, als Schuljungen von den Mitschülern ausgestoßen. Dieser Kränkung folgten sehr unterschiedliche Lösungen, wenn man es Lösungen nennen will. Yves Saint Laurent flüchtete sich in den grundsätzlich etwas peinlichen Traum vom großen Ruhm, der allerdings rasant in Erfüllung gehen sollte: »Als ich sechzehn war, habe ich den Jungs in meiner Klasse gesagt: ›Bald wird mein Name mit Feuer über den Champs-Elysées geschrieben stehen.‹ Ich war von dieser Idee besessen.«[1]

Jean-Paul Gaultier dagegen setzte, wenn er nicht lügt, auf die Lüge: »Ich dachte, die anderen Kinder mögen mich nicht, weil ich nicht interessant bin. Und wenn ich nicht interessant bin, dann muß ich mir etwas ausdenken. So habe ich mir eine ganze Biographie erlogen. Vielleicht waren die Lügen Voraussetzungen für meinen Erfolg.« Daß sein Unbehagen in der Schule etwas mit seiner Homosexualität zu tun gehabt haben könnte, erwägt Gaultier nicht, jedenfalls nicht im Interview (*Spiegel,* 15. Mai 1995), und ich ahne, daß gerade diese Auslassung der naheliegenden Erklärung den Grad seiner Abgeklärtheit, vielleicht seiner Freiheit bezeugt. Gaultier scheint mir so offen homosexuell zu sein, daß er es nicht mehr aussprechen muß. Statt dessen geißelt er, und nicht nur das unterscheidet ihn von dem sechzehn Jahre älteren Kollegen Yves Saint Laurent, die überholten Vorstellungen dessen, was männlich und was weiblich sei. »Für mich zeichnet sich eine Frau nicht dadurch aus, daß sie Röcke trägt oder Nylonstrümpfe«.

Ein anderer prominenter Homosexueller war da altmodischer eingestellt – er fiel sogar hinter den Klassiker Marcel Proust zurück, der schon um die Jahrhundertwende eine ausgeprägte ästhetische Neigung zu Frauen auf Fahrrädern hatte –, nämlich Roland Barthes. »Frauen in langen Hosen« stehen auf der Liste jener Dinge, die Professor Barthes partout nicht liebte. Es ist nicht schwer, darin das Zeichen einer kleinbürgerlichen Tautologie zu sehen, die sich in Barthes' Werk glücklicherweise nicht, in dem Verhältnis zu seiner Homosexualität aber doch durchgesetzt hat. Die Tautologie lautet:

[1] Für die Quellen vgl. Laurence Benaïm, *Yves Saint Laurent, biographie.* Paris: Grasset & Fasquelle 1993.

Ein Mann ist ein Mann, eine Frau ist eine Frau. Der Rest (die Körperzeichen) versteht sich von selbst.

Das wäre dem überzeugten Elegant Saint Laurent, bei aller Liebe zur Konvention, doch zu langweilig gewesen. Eine Frau soll sich bittesehr von einer Frau unterscheiden dürfen. Erstens darf sie nach seinem Willen Anzüge respektive Smokings tragen, sprich Hosen, zweitens darf sie ihren Oberkörper entblößen. Und weil er sich als Homosexueller von dem gewöhnlichen Sexismus frei wähnt, will er die entliehene Revolte (man beachte das Jahr seines Einfalls) entrückt antikisiert sehen: »Zum ersten Mal habe ich 1968 ein Model mit enthüllter Brust wie eine antike Siegesgöttin präsentiert.« Aber darf sich ein Mann von einem Mann unterscheiden? Weit weniger! In bezug auf die Palette des für Männer in der Mode Möglichen war YSL niemals so kühn wie in bezug auf Frauen. Erst der Schelm Gaultier wagte es, Männer in Röcken auf den Laufsteg zu schicken. Das war 1984. 1995, beim Interview in Paris, erzählen ihm die Redakteurinnen, soeben auf der Straße einen Mann im Schottenrock erblickt zu haben. Anzunehmen, daß es sich bei dem anonymen Rockträger um einen sexuellen Neigungsgenossen Gaultiers handelte. Womit ich sagen will, daß nur der offen schwule Modemacher – nicht zu verwechseln mit dem homosexuellen Modemacher – die »schwulen« Zeichen an Männerkörpern zu zeigen auffordert. Wenn hingegen in Yves Saint Laurents Kreationen des maskulinen Schicks etwas auf Homosexualität hinweist, dann die uniformen Zeichen des Dandys. Der aber ist im Salon zu Hause, nicht auf den Straßen, wo die Schwulen ihn – als Typus – längst abgelöst haben.

Ein politisch nicht gerade korrekter Witz, der mir aus entsprechendem Kreis zugetragen wurde, fragt, ob es leichter sei, schwul oder schwarz zu sein? Antwort: Es ist leichter, schwarz zu sein – »because you don't have to tell your mom«. Das ist, soweit ich weiß, für jeden Homosexuellen ein wahrhaft dramatischer Moment mit oft erheblichen, nicht immer absehbaren Folgen: »es« den Eltern sagen. Meistens wird tatsächlich, wie der Witz nahelegt, zuerst die Mutter eingeweiht, dann der Vater. Manchmal wird nur die Mutter eingeweiht, die möglicherweise ihrerseits ein Interesse daran hat, daß dem Vater das Wissen über die nicht vorgesehene Neigung des Kindes vorenthalten wird. Nur noch selten jedoch findet das Bekenntnis überhaupt nicht statt.

Es ist bekanntlich Michel Foucaults Leistung, uns für die Formen des Bekenntnisses – ja, des Bekennenmüssens – im bürgerlichen Reden über Sexualität sensibilisiert zu haben. Obwohl relativ offen homosexuell, in den letzten Lebensjahren dann als Homosexueller engagiert, hat er sich selbst dennoch zu dem speziell homosexuellen Bekenntnis nicht explizit geäußert. Dabei ist das Bekenntnis des Homosexuellen durchaus exemplarisch. Es gibt nämlich in geradezu labormäßiger Beispielhaftigkeit jener Foucaultschen Beobachtung recht, daß Identität unter den augenblicklichen Diskursbedingungen erheblich über die Sexualität hergestellt wird: Der Homosexuelle muß, um als Homosexueller leben zu können (allerdings nur dann), seine sexuelle Identität unbedingt bekennen; er muß seine Homosexualität der

Familie – und das heißt nicht selten: der Provinz – beichten. Von befreiter Sexualität, mahnt Foucault, kann dennoch nicht die Rede sein, eher von einem Zwang zur befreiten Sexualität, die ihrerseits nichts als ein Ideologem sei (vielleicht ein pornographisches). Daß folglich Befreiung und Bekenntniszwang, mithin das Reden über Sexualität und die Ausübung von Kontrolle, unbedingt als ineinander verschränkt zu denken sind, auf diese Wunde hat Foucault seinen gelehrten Finger gelegt.

Ich bin durchaus bereit, einzusehen, daß der sich bekennende Homosexuelle unter diesem kulturellen Zwang zum Bekenntnis sowohl leidet als auch handelt; andererseits vermag ich nicht zu wünschen, er möge seine Homosexualität nicht bekennen. Denn die Alternative ist in der Regel bedrückend. »Papa«, habe Yves Saint Laurent 1985, 49jährig, angesetzt, »du hättest wahrscheinlich lieber einen richtigen Jungen gehabt, der deinen Namen fortführt.« Antwort: »Aber das ist doch nicht wichtig, mon chéri.« Man darf wohl davon ausgehen, daß Herr Saint Laurent sen. sich auf die ehelichen Verhältnisse, in denen sein Sohn Yves mit Pierre Bergé jahrelang für die Öffentlichkeit sichtbar lebte, sowieso bereits seinen Reim gemacht hatte. Vom homosexuellen Bekenntnis will er trotzdem offenkundig nichts wissen. Motto: Ich weiß alles, sprechen wir nicht darüber. Die Tatsache, daß die Homosexualität als Delikt im französischen Strafgesetzbuch[2] nicht existierte, dürfte für diese schöne väterliche Großmut kaum verantwortlich sein. Sie demonstriert vielmehr eine klassenspezifische Haltung, gewissermaßen ein von der Großbourgeoisie übernommenes Relikt jener einst im französischen Adel gepflegten Toleranz gegenüber Homosexuellen, einer Toleranz, der Hannah Arendt mit der ihr eigenen Nüchternheit nachsagte, daß sie lediglich mit dem Machtverfall des Adels im 19. Jahrhundert zu erklären sei und den unedlen Zweck erfüllt habe, dessen dekadenten Snobismus zu schmükken.

Roland Barthes – wir kommen zu der bedrückenden Alternative – hat das homosexuelle Bekenntnis offenbar nicht einmal zu leisten versucht. Eine freundliche Absolution im Stile der Saint Laurents konnte ihm schon allein deshalb nicht zuteil werden. Statt dessen lebte er mit seiner Mutter bis zu deren Tod zusammen, um den bitteren Preis, niemals eine feste Partnerschaft erlebt zu haben. Barthes, der seine Mutter um nur drei Jahre überlebte, blieb – soziologisch gesehen – zeitlebens der kleinbürgerliche, heimliche Homosexuelle, der sich schämt. Und das ist nicht sehr schön. Und im übrigen auch nicht sehr originell, wie den postum veröffentlichten tagebuchartigen Notizen aus Nordafrika und Paris, *Incidents* (1987), zu entnehmen ist: Durchschnittliche Caféhausflirts mit beliebigen Gigolos bläht Barthes auf zu »Szenen von Proustscher Schönheit«. Wenn es um die Lektüre seiner Homosexualität geht, versagt der große Strukturalist und Semiologe – woran auch

[2] 1991 allerdings wurde der – erst 1982 gestrichene – Straftatbestand der Verführung Minderjähriger durch einen gleichgeschlechtlichen Erwachsenen in den Code pénal wieder aufgenommen. Der Grund ist wohl die zunehmende Ausbreitung von Aids unter Homosexuellen.

die melancholischen *Fragmente einer Sprache der Liebe* nichts ändern. Zwischen der stilisierten Mutterliebe und den stilisierten sexuellen Enttäuschungen klafft eine deprimierende Leere, die mit Barthes' hochraffinierter Begründung aus dem Band *Über mich selbst* nicht zu füllen ist. Er behauptet dort, sein »Privates« und seine »Perversion« weder einer rechten noch einer linken »Doxa« zum Fraß hinwerfen zu wollen.

Nicht, daß Barthes es seiner Mutter nicht gesagt hat, scheint das Problem zu sein (seinen Vater, der im Ersten Weltkrieg starb, hat er nicht gekannt), sondern eine paralysierende Aggressionshemmung gegenüber seiner Mutter. Als Kehrseite tritt eine Idealisierung zutage, die ans Peinliche grenzt. Auch Yves Saint Laurent hat seine Mutter abgöttisch verehrt, sie war für ihn die Inkarnation der Eleganz, aber das hat ihn nicht davon abgehalten, mit einem Mann zu leben (der auf den köstlich klischeehaften Aufnahmen von Familientreffen übrigens aussieht wie der wohlerzogene Schwiegersohn). Trotz nicht geringer, insbesondere klassenspezifischer Differenzen in ihren Biographien, bilden Barthes und Saint Laurent dennoch – als Homosexuelle – ein Paradigma: Sie haben ihr Bekenntnis-der-Homosexualität den Eltern nicht gegeben; aus unterschiedlichen Gründen zwar (dem einen war es offenbar nicht möglich, der andere hatte es nicht wirklich nötig), aber mit ähnlichem Resultat: Beide sind zeitlebens Liebhaber der traditionellen Körperzeichen geblieben. Sie sind Konventionalisten des männlichen wie des weiblichen Stils.

Dagegen Gaultier. Schon die Frisur verrät viel. Sehr kurz, blond gefärbt, dazu rötliche Kotelettchen. Was er in der Couture vermeidet, ist die Konvention, »das Bürgerliche«. Nie trägt er Anzüge, manchmal ein Stück seines Konkurrenten Versace, meistens ein Matrosenhemd. Fünf silberne Ohrringe habe ich auf dem im *Spiegel* abgebildeten Foto gezählt. »Rebellentum ist keine Frage des Alters«, erklärt Gaultier. »Es fing an, als ich erfuhr, daß es den Weihnachtsmann nicht gibt. Ich war schrecklich enttäuscht, daß meine Eltern mich belogen hatten, seitdem nehme ich nicht mehr alles hin.« Das ist ein Wort. Und natürlich, diesmal wirklich, eine Lüge. Aber eine freundliche Lüge, denn sie verschweigt ganz offen den eigentlichen Grund der Enttäuschung (und Aggression). Wenn das die neuen Formen kindlicher Diplomatie sind, können die Eltern sich freuen.

Der Stolz des Anfangs

»Ich fühle mich zurückgeworfen in die Einsamkeit meiner Jugend«, schreibt Edmund White im Jahr 1987 angesichts der Aidskatastrophe in seinem Aufsatz *Esthetics and Loss.* Er wurde in den Band mit seinen gesammelten Essays aufgenommen.[3] Edmund White gehört zur Generation der Aktivisten, jener also, die nichts verschweigen und sich nichts versagt haben und ohne die, nebenbei bemerkt, eine Figur wie Gaultier gar nicht denkbar wäre. White ist erklärter »gay writer«, ehemaliger Literaturprofessor und der typische Ame-

3 Edmund White, *The Burning Library.* New York: Alfred A. Knopf 1994.

rikaner in Paris. Angesichts seiner eloquenten Genet-Biographie (1993) erlebte er den gewiß schon länger erhofften prächtigen und, wie ich meine, verdienten Erfolg. Doch um sein Glück zu teilen, war kaum mehr jemand da. Sein französischer Lebensgefährte war kurz zuvor an Aids gestorben; und auch in New York, wo White lange gelebt hat, sind alle seine Freunde tot.

Nach den vielen turbulenten Veränderungen, die die Homosexuellen in wenigen Jahrzehnten erlebt haben – »unterdrückt in den Fünfzigern, befreit in den Sechzigern, begeistert in den Siebzigern, weggefegt in den Achtzigern« –, ist Edmund White der Meinung, daß die ersehnte Solidarität unter den Schwulen nicht existiert, weil der einzelne seiner sozialen Herkunft gegenüber letztlich loyaler sei als gegenüber denen, mit denen er eine sexuelle Identität teilt. Unser Beispiel der Biographien Barthes' und Saint Laurents belegen dies. Anders gesagt: Wenn ein Gentleman wie Yves Saint Laurent sich seine Freiheiten in puncto Homosexualität selbstverständlich, aber diskret herausnimmt, dann liegt es nicht an seinem Mut oder Engagement, sondern an seiner Herkunft, die sowohl die Selbstverständlichkeit persönlicher Freiheiten wie die Diskretion im Umgang mit ihnen tradiert. Die *gay liberation* wollte etwas anderes: *Unabhängig* von sozialer Herkunft sollte jeder Homosexuelle das Recht haben, sich nicht mehr verstecken zu müssen. Insofern hätte Barthes (im Unterschied zu Saint Laurent) durchaus ein Kandidat für diese Bewegung sein können. Denn die *gay liberation* war gerichtet gegen die Heimlichkeit und die Scham, gegen das Doppelleben (dessen verliebter Gefangener Barthes eben war), also gegen die – vor allem inneren – Folgen von Unterdrückung und Ächtung. Der Selbsthaß der Homosexuellen – beste Quelle: Proust, *Sodom und Gomorra,* Teil 1 – sollte ersetzt werden durch schillernden Stolz.

Wer in einer europäischen Großstadt lebt, könnte leicht meinen, die quälende Selbstverachtung finde keinen Anlaß mehr. Welche Täuschung! Als ich kürzlich auf einer Feier in einem ländlichen Gasthaus dem Stammtischgerede lauschte, war ich erstaunt, alle alten Stigmata in voller Blüte anzutreffen, als wäre nichts, gar nichts passiert. Daß inzwischen zwei Homosexuelle im deutschen Fernsehen die sexuelle Volksaufklärung in Sendungen mit gewollt anzüglichen Namen wie *Wa(h)re Liebe* oder *Liebe Sünde* übernommen haben, daß Bundesbürger mit ihnen über die eigenen sexuellen Präferenzen plaudern, schließt offenbar keineswegs aus, daß im Leben nicht weiterhin mit schauerlicher Gier auf die »Homos«, die »Schwuchteln«, die »Arschficker« gezeigt würde. Foucault hatte recht, als er sagte: »Wenn in einer Gesellschaft über etwas geredet wird, so heißt das nicht, daß es auch schon zugelassen wird.« Kurzum, die eigene Homosexualität in einem provinziellen Milieu – das natürlich nicht mit »der Provinz« identisch sein muß – zu bekennen, erfordert Mut.

Einer, der nicht bekennen mußte, weil er keine Familie hatte, ist das Waisenkind Jean Genet. Möglich, daß sein hybrider Trotz, mit dem er seine Homosexualität behandelte, mit seiner familiären Ortlosigkeit psychologisch plausibler erklärt ist als mit Sartres prominenter Interpretation, daß Genet deshalb homosexuell geworden sei, weil die Gesellschaft ihn zum Ausgestoßenen gestempelt habe – eine romantische Deutung sexueller Identität als sozialer Kommentar, die nur den Hochmut, nicht die Demütigung beachtet. Jedenfalls hat Genet an der *gay liberation* nicht partizipiert, die schwule Kultur überhaupt nie begrüßt. Seine einzigartige homosexuelle Poetik scheint vielmehr unbedingt von der kollektiven und individuellen Stigmatisierung abhängig zu sein. Insofern stellt sie, vordergründig, das Gegenteil von Emanzipation dar. Paradoxerweise hat Genet dennoch in seinem autobiographischen *Tagebuch eines Diebes* (1949) eine Art Urszene der Schwulenbefreiung offeriert; sie spielt in Barcelona während des Krieges: »Im Anschluß an eine Kontrollaktion der Polizei wurde ich eines Abends durchsucht. Welches Befremden, als der erstaunte Polizist zwischen anderen Dingen eine Tube Vaseline hervorzog! Man wagte, Witze darüber zu reißen ... Inmitten der eleganten Gegenstände, die man aus den Taschen der bei dieser Kontrolle verhafteten Männer zog, war sie das Symbol der Verdorbenheit selbst, jener Verdorbenheit, die man am tiefsten zu verbergen sucht, Symbol aber auch einer geheimen Gnade, die mich bald vor der Verachtung retten sollte.«

Wie angedeutet, nimmt das kleine homosexuelle Poetogramm auf der Bühne der Literatur die Initialszene der *gay liberation* vorweg. Diese ereignete sich im Juni 1969 in New York in beziehungsweise vor einer Tanzbar mit dem inzwischen legendären Namen »Stonewall« in der Christopher Street. Die homosexuellen Gäste, Männer und Frauen, widersetzen sich einer der üblichen Polizeirazzien, sie treten auf die Straße, brüllen »gay power« (die Parallele zu Black Power und Frauenpower ist deutlich) und müssen, wie Edmund White erzählt, der dabei war, über sich lachen, weil für sie als Homosexuelle Militanz so ungewohnt und komisch, eigentlich unpassend ist. Auch hier trifft, wie in Genets spanischer Anekdote, die Polizei auf eine stigmatisierte Sexualität (nur das Stigma rechtfertigt ihren Einsatz), deren Protagonisten sich widersetzen; diesmal allerdings weder im Singular noch im stillen, sondern im Plural, öffentlich und laut.

Die Sorge, anders zu bleiben

Daß in den europäischen und amerikanischen Großstädten die Polizei mittlerweise *zum Schutz* der jährlichen Gay-Pride-Paraden am sogenannten Christopher-Street-Day zur Stelle ist, zeigt an, was für enorme, möglicherweise aber dennoch fragile Veränderungen die westlichen Gesellschaften erlebt haben in den letzten zwei, drei Jahrzehnten. In Berlin hat sich erstmals in Deutschland sogar innerhalb der Polizei ein »Homosexueller Arbeitskreis e.V.« gebildet. Wie aber sind solche Neuerungen zu erklären? Sind wir lediglich stetig liberaler geworden? Oder werden die Homosexuellen nur geschützt, weil sie inzwischen einen nicht geringen Wirtschaftsfaktor darstellen? Haben sich die Homosexuellen uns oder wir uns den Homosexuellen angeglichen? Sollten die Unterschiede zwischen ihnen und uns sich als unversöhnlich erweisen – werden Homosexuelle dennoch auch in härteren Zeiten geschützt werden? Wie wird sich die Ausbreitung der Aidsseuche unter Homosexuellen auf das Bild, das wir von ihnen haben, auswirken? Kurz, was eigentlich veranlaßt die westlichen Gesellschaften, sich zumindest offiziell (in der Politik, der Gesetzgebung, der Diplomatie, vor allem aber in den Medien) relativ tolerant zu geben? Eine gänzlich überzeugende Antwort ist mir nicht bekannt.

Und das ist kein Wunder, wissen doch nicht einmal die Homosexuellen selbst, welchen Status sie langfristig erwerben wollen. Die vollkommene Integration – sagen wir durch »Homosexuellenehe« – wäre die Angleichung an die bürgerliche Konvention, mithin an die Normalität. Daß aber Normalität kein Versprechen ist, jedenfalls kein erotisches Versprechen, läßt sich unter anderem der zumindest diskursiv verbreiteten sogenannten SM-Mode entnehmen; zugleich läßt sich daran ersehen, daß nicht notwendig Homosexualität das schöne Andere des langweiligen Gleichen repräsentieren muß, sondern auch andere Formen sogenannter Perversionen diese Aufgabe übernehmen können. Der Grundkonflikt bleibt derselbe: Darf die Emanzipation sexueller Minderheiten, obwohl sie strenggenommen nichts anderes wollen können als Gleichberechtigung, wirklich Gleichheit schaffen? Ich persönlich glaube kaum, daß eine rechtliche Gleichstellung die elementaren Unterschiede zwischen Homosexuellen und Nicht-Homosexuellen aufheben würde, weshalb auch für Skeptiker nichts gegen eine rechtliche Gleichstellung sprechen sollte, eigentlich. Diese Meinung aber ist keineswegs Konsens. Der junge Adornit Stefan Etgeton etwa setzt seine dialektische Schulung ein gegen die Vereinnahmung durch die angebliche Norm: »Daß die Bourgeoisie den Homosexuellen hervorbrachte und zugleich den Zwang zu Ehe, Familie und Heterosexualität, legt sich als dauernder Schatten über die schwule Existenz.« Die paradoxe Sorge – die wohl eine libidinöse Sorge ist – gilt ganz klar der Aufrechterhaltung der Andersheit.

Der *Tagesschau*-Sprecher Werner Veigel teilte diese Sorge offenkundig nicht. Kurz bevor er an Krebs starb, erklärt er in einem Interview (*Stern,* 9. Februar 1995): »Weil ich in Holland gelebt habe, bekomme ich auch eine holländische Rente. Die würde nach meinem Tod auf den Lebenspartner übergehen. Soweit ist man in Holland. Hier (noch) nicht.« Seinen Freund, mit dem er vierzig Jahre lang zusammenlebte und den Veigels Kollegen zu jedem Essen selbstverständlich einluden, hatte er als Lebenspartner eintragen lassen. Natürlich ist diese Normalität die Ausnahme – ihre Bedingungen lauten: Nordeuropa, Großstadt, Medienmilieu –, und ich sehe nicht ein, warum man sie nicht für vorbildlich halten sollte.

Nicht der Homosexuelle ist pervers, sondern die Gesellschaft, in der er lebt hieß 1970 der erste deutsche Schwulenfilm. Ich bin mir nicht ganz sicher, ob Rosa von Praunheim seinen Film heute nennen müßte: Nicht die Gesellschaft ist pervers, sondern der Homosexuelle, der nicht in ihr leben will. Werner Veigel, soviel steht fest, wollte nicht nur in ihr leben, er hat es auch getan. Er ist: *Der gewöhnliche Homosexuelle,* den Martin Dannecker und Reimut Reiche Anfang der siebziger Jahre programmatisch entworfen haben – gegen die Unterstellung der Perversion.

Einmal herausgetreten in die Öffentlichkeit, war Ende der sechziger Jahre eine Maschine fleißiger Ideologienbildung in Gang gekommen, die sich um die neue Identität rankte: »gay«, deutsch: »schwul«. Edmund White berichtet, daß das Wort »gay« Frauen und Männer gleichermaßen einschloß und erst später, als der zunächst starke Bund zwischen Feminismus und *gay liberation* zerbrach, nur mehr homosexuelle Männer bezeichnete; die weiblichen Homosexuellen fingen an, sich »lesbiens« zu nennen. Daß aber nicht nur der Bund zwischen homosexuellen Frauen und Männern schließlich zerbrach – vor allem in Deutschland scheinen die männliche und die weibliche Homosexuellenszene meilenweit voneinander entfernt zu sein –, sondern ebenso jene wohl nur in der ersten Euphorie mögliche Solidarität zwischen homosexuellen Männern, beklagen viele. Ließe man den Aspekt der Klage fort, dann könnte man nüchtern konstatieren, es hätten Differenzierungen stattgefunden: zwischen homosexuellen Männern (Klassenunterschiede); zwischen homosexuellen Männern und homosexuellen Frauen (Geschlechtsunterschiede); zwischen homosexuellen Frauen und nicht-homosexuellen Frauen (erotologische Unterschiede). Die These von der Ausdifferenzierung spräche dafür, daß die Emanzipation erfolgreich war, so erfolgreich, daß man sich eingestehen darf, trotz zuerst gleicher Interessen so gleich eben doch nicht zu sein. Sie wäre auch eine konkrete Demonstration von Jacques Derridas schönem Kunstbegriff »différance«, der den Unterschied als Zustand und Prozeß meint. Jedenfalls ist offenbar damit zu rechnen, daß sich mit der Durchsetzung der Ansprüche die Interessen ändern.

Es ist schon lustig (und überhaupt nicht traurig, wie einige Konservative meinen), auf welche Weise die theoretischen Moden der Zeit sofort der neuen sexuellen Identität übergestülpt wurden und weiterhin werden. Man genoß ganz offenkundig die gewonnene Freiheit auch intellektuell. Guy Hocquenghem zum Beispiel entwickelte einiges Geschick darin, männliche Homosexualität in den Dienst des Duos Kapitalismuskritik & Psychoanalyse zu stellen: Die homosexuelle Analität widersetze sich der Sublimation und der Reproduktion und somit der Produktion überhaupt. Woraus wir hören sollen, der Homosexuelle sei eigentlich, und praktischerweise nur durch seine Sexualität, ein revolutionäres Subjekt. Wie wir wissen, war Hocquenghem mitnichten der einzige, der sich die Möglichkeit einer Subversion des Kapitalismus durch den Einsatz von Partialtrieben erhoffte. Der Klassiker *Le désir homosexuel* liegt nach vielen Jahren erstmals wieder vor – in der englischen Übersetzung. Das französische Original war zuerst 1972 erschienen.

Knapp zehn Jahre später, 1981, stellt Michel Foucault in einem Interview mit der Schwulenzeitschrift *Gai Pied* fest: »Viele Bewegungen zur sexuellen Befreiung befördern folgende Vorstellung: ›Wenn ihr aus den furchtbaren Zwängen befreit sein werdet, die euch einengen, dann werdet ihr keinen Unterschied zwischen Männern und Frauen mehr machen.‹ Es bejahen, homosexuell zu sein, heißt nun aber ein Mann sein, der seinesgleichen liebt; und die Suche nach einer Lebensweise hierfür läuft jener Ideologie der sexuellen Befreiungsbewegung aus den sechziger Jahren zuwider. Gerade in diesem Sinne haben die schnauzbärtigen *clones* (betont männlich aussehende Homosexuelle) eine Bedeutung. Auf ihre Art entgegnen sie: ›Fürchtet nichts, je mehr wir befreit sein werden, desto weniger werden wir Frauen lieben und in jener

Polysexualität aufgehen, in der es keinen Unterschied zwischen den einen und den anderen mehr gibt.‹ Und dabei stellt man sich durchaus keine totale Verschmelzung in der Gemeinschaft vor.«

Was Foucault mit berückender Schlichtheit kundtut, ist nichts weniger, als daß Homosexualität wirklich Homosexualität meint! Folglich meint sie nicht Feminität (neben dem Narzißmus bekanntlich der Hauptvorwurf gegen männliche Homosexualität seitens der Psychoanalyse), und sie meint nicht Mehrdeutigkeit oder Ambivalenz. Damit erteilt Foucault nicht nur Freuds einst revolutionärer Annahme der menschlichen Bisexualität eine Absage, sondern ebenso – quasi antizipierend – der augenblicklich populären »gender theory«. Deren beredteste Vertreterin ist zweifelsfrei Judith Butler. Angetrieben von einem Feindbild, das »Zwangsheterosexualität« heißt, gibt sich die lesbische Rhetorik-Professorin aus Berkeley alle Mühe, die Welt davon zu überzeugen, daß sowohl das »soziale« als auch das »biologische« Geschlecht sprachlich konstruiert, mithin nicht gegeben sei. Schwule Männer wären sicher niemals auf die Idee gekommen, eine ganze Theorie aus dieser lieben Banalität abzuleiten. Daß gerade die »normale« Männlichkeit nichts Natürliches ist, sondern eine konstruierte Rolle, die gespielt werden muß, weiß niemand besser als der schwule Mann, der ihrem Bild nicht entspricht. Aus der Perspektive der Schwulen ist das Patriarchat entweder urkomisch oder zutiefst langweilig, kurz, an ihm haftet keine Libido. Der Schwule leidet nicht unter der männlichen Heterosexualität, sondern flieht sie; wohingegen die Gender-Damen stur feministisch auf einer Opferposition beharren, die durch ihren eigenen gesellschaftlichen Status nicht gerechtfertigt ist. Vielleicht kehrt hier die Adornosche Sehnsucht nach dem Nichtidentischen sozusagen philosophisch entkleidet wieder, nichtsahnend, daß sie schon einmal besser und weniger verbissen formuliert wurde. Möglich auch, daß sich in dem Wunsch, nicht festgelegt (immer nur »konstruiert« zu sein) eine Sehnsucht nach sexueller Omnipotenz verrät. Um auf Foucault zurückzukommen, dessen Credo erfreulich verständlich war: Unter Bedingungen der Erlaubnis, sagt er ohne Zicken, weiß der homosexuelle Mann, was er will: nämlich unter seinesgleichen sein. Das ist auch nicht gerade menschheitsumarmend, aber immerhin aufrichtig: In der schwulen Gemeinschaft will man begehren, nicht die Welt verändern.

Die Katastrophe Aids

Natürlich steht die homosexuelle Emanzipation der siebziger Jahre mit ihrem rücksichtslosen Hedonismus in der Tradition der allgemeinen sexuellen Liberalisierung, deren Folgen André Glucksmann angesichts der Aidsepidemie nur mehr fatal finden will. Glucksmanns *Ethik im Zeitalter von Aids* lautet, allein der konsequente Gebrauch von Kondomen könnte uns vor dem kollektiven Sterben retten.[4] Nichts veranlasse uns, *nicht* mißtrauisch gegen-

[4] André Glucksmann, *Der Stachel der Liebe. Ethik im Zeitalter von Aids.* München: Artemis & Winkler 1995.

über dem Körper des anderen zu sein, erst recht nicht die Liebe. Da Glucksmann keineswegs nur zu den Homosexuellen spricht, ist es um so seltsamer, daß er die Folgen seiner Direktive nicht zu Ende denkt: Es würden keine Kinder mehr gezeugt. Doch sieht der Neue Philosoph und Altachtundsechziger ohnehin kaum Verbündete im Kampf der Vernunft gegen die Lust: »Die Jugendlichen, die sich mit dem aus der sexuellen Befreiung der siebziger Jahre hervorgegangenen Leitbild identifizieren, haben Schwierigkeiten, sexuelle Einschränkungen zu akzeptieren«, zitiert Glucksmann aus einer Reportage von Michael Pollack. »Ich gehe lieber das Risiko ein und benutze kein Präservativ«, bekennt ein junger Mann ebenda offen: »Jedesmal ist es wie eine Defloration.«

Bekenntnisse wie dieses sagen die Wahrheit, weil sie von der Macht der sexuellen Versuchung Zeugnis ablegen. Sie sagen zugleich die Unwahrheit, weil sie auf einem Selbstbetrug fußen: Denn das Symbol der Entjungferung, das eine Reinheit beendet und eine Bindung - der Frau an den Mann - besiegeln soll, meint ja wohl kaum die Gefahr, sich anzustecken. Als französischer Intellektueller mit dem Nachdenken über Leidenschaft vertraut, weiß Glucksmann selbstverständlich, daß das in Aidszeiten unter Umständen rettende Mißtrauen in das riskante Abenteuer der Ausnahme umschlagen kann: »Die Krankheit wird zur Abwesenheit einer Abwesenheit, zum Ungreifbaren im Reinzustand.« Ob Glucksmann allerdings mit - zweifellos eleganten - Sätzen wie diesem der Versuchung effektiv zu begegnen trachtet, kann man bezweifeln. Pädagoge ist er nicht.

Am Mittwoch, dem 27. Juni 1984 hatte *Le Monde* anläßlich des Todes von Michel Foucault ein Kommuniqué zweier namentlich genannter Ärzte abgedruckt. Ausdrücklich weist die Zeitung darauf hin, daß es in Übereinkunft mit Foucaults Familie bekannt gegeben worden sei: »Herr Michel Foucault ist am 9. Juni 1984 in die Klinik für Nervenkrankheiten im Krankenhaus Salpêtrière in Paris aufgenommen worden, damit zusätzliche Untersuchungen durchgeführt werden konnten, die auf Grund neurologischer Reaktionen in Folge einer Blutvergiftung notwendig geworden waren. Diese haben ergeben, daß mehrere zerebrale Eiterherde existierten. Die Behandlung mit Antibiotika hatte zunächst eine Besserung gebracht ... Eine extreme Verschlimmerung hat jedoch jede Hoffnung auf therapeutische Hilfe vereitelt, der Tod ist am 25. Juni um 13.15 Uhr eingetreten.« Daß Foucault an Aids starb, wurde also verschwiegen. Die Beerdigung mit christlicher Zeremonie, auf der die Mutter bestanden hatte, fand in dem Heimatort der Familie statt; nicht in Paris, wo Foucault über zehn Jahre lang mit seinem Freund Daniel Defert, der sich später in der Aidshilfe engagierte, zusammengelebt hatte.

Man muß sich folgendes eingestehen: Als Foucault in seiner letzten Werkphase, nachdem er im hedonistisch-libertären Kalifornien offenkundig aufgeblüht war, in ungewohnter Milde - aber auch ungewohnt unkompliziert - wünschte, jeder Mensch möge aus seinem Leben ein Kunstwerk machen können, wußte er noch nichts von dem Virus, das die homosexuelle Community bald befallen und dramatisch zusammenschrumpfen lassen sollte. Obwohl als einer der ersten seiner Generation an Aids erkrankt, ist Foucault als Intellektueller auf dem Stand vor Aids gestorben.

So paradox es klingt, aber Aids, also das Sterben, gehört inzwischen längst zum schwulen Leben. In knapp zehn Jahren haben die schwulen Communities eine regelrechte Sterbekultur entwickelt. In den Krankenhäusern der großen Städte wurden Aidsstationen eingerichtet, zum Beispiel im Berliner Virchow-Krankenhaus. Immer häufiger wird den Familien die Macht über das Symbolische entrissen, indem die Sterbenden mit Hilfe der verbliebenen Freunde ihre eigenen, manchmal richtig pompösen Beerdigungen arrangieren. Heute hätte Frau Foucault wohl keine Chance mehr, die Todesursache ihres Sohnes in Eintracht mit den Ärzten zu vertuschen. Fortschritt dürfte man das leider dennoch nicht nennen.

Daß Aids eine Liebeskrankheit ist, macht den Kampf gegen sie keineswegs leichter, sondern schwieriger. Vielleicht ist am Ende die Gefahr der Verdrängung (»Er wird schon nicht HIV-positiv sein ...«) die geringere gegen jene andere, daß wir durch die Kulturgeschichte quasi daran gewöhnt sind, Liebe und Leidenschaft am Tod zu messen. Daß auch homosexuelle Liebe den Tod wert sei, hat schon Thomas Mann mit seinem Gustav Aschenbach angedeutet, dem am Strand von Venedig der anmutige Ephebe Tadzio alle Sinne bezaubert, die erotischen genauso wie die kreativen. Ging es in Thomas Manns pädophilem Universum noch um die Logik und Intensität der Versagung, spiegelt die Literatur nach Aids jene ganz andere Logik des Vollzugs (sehr wohl im sexuellen Sinne) wider. Dennoch: Auch in der Aidsliteratur findet sich – neben verzweifelten bis zynischen Tönen, etwa bei Detlev Meyer und David Feinberg – immer wieder das Motiv des gemeinsamen Liebestodes, beispielsweise bei Dominique Fernandez, der in seinem Roman *Der Triumph des Paria* (1987) an die Genetsche Adelung der Verdorbenheit anknüpft, oder bei Yves Navarre, der Aids zum Anlaß nimmt, um totale Hingabe in Form symbiotischer Krankenpflege erzählerisch zu zelebrieren.

Andererseits: Gerade weil Aids eine Liebes- beziehungsweise, genauer, Sexkrankheit ist, konnten die Homosexuellen wohl so gut, so überzeugend offensiv auf sie reagieren. Wenn etwas durch Aids angegriffen wird, dann die Immunität des Körpers, schließlich das Leben, nicht aber die »schwule« Identität. Diese ist, seit dem Coming-out, ohnehin durch den Sex definiert. Anders gesagt, der Sex, auf den die Krankheit hindeutet, macht den Schwulen keine Schande – nicht mehr zu dem Zeitpunkt, als Aids in Erscheinung trat. Und genau das ist augenblicklich der wahrhaft entscheidende Unterschied zwischen ihnen und dem Rest der Menschheit.

Dietmar Kamper
Unmögliche Gegenwart
Zur Theorie der Phantasie
196 Seiten und 1 farbige Klapptafel, Franz. Broschur
DM/sFr 38,–/öS 297,–
3-7705-3037-3

Hieronymus Bosch hat sein Bild »Der Garten der Lüste« – großes Offenbarungstheater der neuzeitlichen Geheimnisse – mit einer gemalten Szene signiert, die das Schicksal der Bilder in Europa hellsichtig vorwegnimmt. Die Szene, die zum Betrachter offen ist, zeigt eine entkörperlichte Figur in einem Gefängnis aus Glas: Eva mit dem Apfel (?), verstummt, schwerhörig, mit müden Augen aufschauend zu einem haarigen Mann, l'homme sauvage, Adam (?), der den Blick der tauben, sprachlosen Frau nicht beantwortet, sondern aus dem Bild herausblickt, ungebrochenen Auges. Hinter ihm erscheint noch ein Mann, ein Schatten, ein Doppelgänger, der Operator der Projektion (?). Von ihm stammt die Hand, die zeigt: die Zeiten, in denen das Bild vielversprechend ist, werden vorübergehen. Am Ende sind alle Bilder Gefängnisse, keine Fenster mehr ins Offene, bestenfalls Spiegel, die verzerren. Auch das liebste Bild ist dann schattenlos transparent. Es zeigt höchstens noch den Mechanismus des Zeigens. Dann gibt es kein Bild mehr, das nicht täuscht.
Das Buch kreist um die Relevanz dieses Befundes und versucht in vier Kapiteln die erscheinende Leere mit der aktuellen Diskussion zu vermitteln: die Krise des Sichtbaren; die Beschleunigung der Medien; die Kunst des Unmöglichen; die Wahrnehmung der Ungeheuer.

Wilhelm Fink Verlag
München

Claudia Schmölders

Feines Auge, grobes Auge

Kleine Schule des physiognomischen Blicks

I

Auf der Straße, im Theater, im Kaufhaus nicht, vielmehr tagsüber im Bus läßt sich am besten physiognomisieren. Man bleibt ein paar Stationen lang am selben Fleck, agiert wenig, aber genug, um Bewegungen, Stimme und Mimik zu exponieren, und sieht vor allem wirklich unterschiedliche Leute: zwar weniger mittelalte aus der arbeitenden Bevölkerung, dafür mehr Hausfrauen, Kinder, Babies und Hunde; Rentner, Schüler, Studenten und Obdachlose. Dann natürlich Touristen oder Fremde überhaupt, von fremden Sprachen verraten oder von ihrer Hautfarbe. Eine bestimmte Gruppe von gepflegten, womöglich müßigen Erscheinungen möchte fehlen, weil sie (immer noch) Auto fährt.

Alle diese Leute sehen unterschiedlich fremd oder vertraut, groß oder klein, dick oder dünn, aufrecht oder gebeugt, müde oder wach, krank oder gesund, jung oder alt, hübsch oder häßlich oder sogar entstellt aus, ganz gleich, wie sie angezogen sind. Alle diese Leute kennen wir in der Regel nicht. Trotzdem, oder gerade deshalb machen wir uns unwillkürlich eine Vorstellung über sie – und wissen, daß sie mit uns dasselbe tun. Wir leben in einem physiognomischen Zirkel: finden uns *wechselseitig* sympathisch oder unsympathisch, interessant oder langweilig, störend oder bedauernswert. Genausolange, wie wir einander ziel- und sprachlos wahrnehmen, erfassen und sortieren wir physiognomisch: mit den Augen (die ja auch tasten), mit den Ohren, der Nase.

In der Wissenschaft wird diese Ebene des Verhaltens heute »Proxemics« genannt, die Lehre von den Nahbeziehungen. Sie sind nicht neutral. Erving Goffman hat penibel beschrieben, wie wir in öffentlichen Plätzen unser Territorium wahren, wenn uns jemand zu nahe kommt, wie wir den Blick senken oder ablenken, wenn wir uns fixiert fühlen, und so weiter und so fort.[1] Das unablässige Evaluieren auf physiognomischer Basis ist ein Orientierungsverhalten aus frühkindlicher Zeit. Es setzt ein Maximum an Detailwahrnehmung in Gang; einen Willen zur Unterscheidung: »Physiognomik nämlich betreibt man an Körperbewegungen, Körperhaltungen, Hautfarben, an sichtbaren Charakterzügen in den Mienen, an Haaren, an Glätte der Haut, an der Stimme, am Fleisch, an Teilen des Körpers, und an der gesamten Körpergestalt«, lautet der Kernsatz der *Physiognomonika,* des berühmtesten physiognomischen Traktats aus der aristotelischen Schule, die jetzt fast

---

[1] Vgl. zum Beispiel Erving Goffman, *Das Individuum im öffentlichen Austausch.* Frankfurt: Suhrkamp 1974.

zweitausend Jahre lang Schule gemacht hat.[2] Nichts deutet darauf hin, daß es sich hier ausschließlich um eine Wissenschaftstradition handele. Jeder von uns evaluiert unaufhörlich in dieser Weise. Wir können gar nicht anders, wir können nur mehr oder weniger sehen, hören,tasten, riechen und so fort, und das Gesehene, Gehörte, Getastete und Gerochene mit Gefühlen von Lust oder Unlust, Abscheu oder Zustimmung, Bewunderung oder Rührung konnotieren; auch wenn uns später Erfahrung und genauere Kenntnis schwere Irrtümer anlasten, wie Lichtenberg bemerkt hat: »Wir irren stündlich«. Grundsätzlich, meinte Lichtenberg, irren wir uns, weil die menschliche Seele im Unterschied zum Körper unendlich »perfektibel« sei. Freilich wußte er auch, daß Menschen unendlich imperfektibel sein können. Hannah Arendts Wort von der »Banalität des Bösen« gilt auch für die physiognomische Falle der baren Erscheinung.

Physiognomischer Irrtum hat aber noch andere Bühnen. »Dieser Geruch hatte Frische; aber nicht die Frische der Limetten oder Pomeranzen, nicht die Frische von Myrrhe oder Zimtblatt oder Krauseminze oder Birken oder Kampfer oder Kiefernnadeln, nicht von Mairegen oder Frostwinden oder von Quellwasser ...« Gleichviel, worum es dem sortierenden Schnupperkünstler hier geht: zu einem sinnlichen Eindruck sucht er den Sender. Ist es eine Blume? Ein Mensch? Ein Parfum? Natur oder Kunst? Etwas Totes oder etwas Lebendiges? Es gibt viele Möglichkeiten des Irrtums; nur geht es beim Stichwort »Physiognomie« meist ums Sehen: »Ich fange an zu sagen, dieses Gesicht hat nichts blödes, zaghaftes, seichtes; nichts boshaftes, neidisches, argwöhnisches; nichts verschlagenes, zweydeutiges, und schiefes; nichts, nun fehlen mir Worte, zu mehrern *Nichts.* Ich sehe also, daß ich mir allererst noch einen größern Vorrath von nüancirten Worten erwerben muß, und mehr charakteristische Zeichen.« So beschrieb der Erfinder der neueren Physiognomik, Johann Kaspar Lavater, vor über zweihundert Jahren seine »Scheidekunst«: *Von der Physiognomik* (1772). Die Technik der exkludierenden Liste entspricht wahrscheinlich tatsächlich den Verfahren, mit denen wir unbewußt, neuronal, fremde Gerüche, Gesichter, Stimmen aus der Fülle der Eindrücke destillieren. Es ist eine Liste von Fragen, die das Objekt einkreisen und solange mit bekannten Merkmalen vergleichen, bis uns eines oder mehrere oder plötzlich sogar alle bekannt vorkommen oder eben etwas Neues gelernt werden muß. Im 18. Jahrhundert entstand die passende Bildkunst dazu: die Silhouette, die klassische Figur auf Grund. Ihr Kern ist dunkel, der Umriß bis zur Kenntlichkeit exklusiv. So entstehen heute Phantombilder auf der Suche nach Verbrechern und Vermißten. Verwechslungen will man hier ausschließen, Prägnanz soll Gewißheit und Gedächtnis verschaffen.

»Der allgemeine Ausdruck eines Gesichts ist die Summe einer Vielzahl winziger Details, die in derart schneller Folge betrachtet werden, daß wir sie gleichzeitig wahrzunehmen meinen. Widerspricht auch nur eines dieser

---

2 Zitiert nach der Übersetzung von Andreas Degkwitz, *Die pseudoaristotelischen Physiognomonica.* Diss. Freiburg 1988.

Details den erinnerten Zügen eines bekannten Gesichts, merkt das Auge dies sofort und hält sich bei dieser Differenz auf.«

So schrieb 1883, rund hundert Jahre nach Lavater, der Begründer der modernen Rassenlehre, Sir Francis Galton in *Inquiries into Human Faculty,* und auch an seinem Befund hat sich bis heute nichts geändert. Das Detail spielt eine Hauptrolle sowohl in der körperbaulichen (morphologischen) als auch mimischen Wahrnehmung. Das berühmte »unveränderliche Kennzeichen« beschreiben schon die ägyptischen Papyri mit Vorliebe als »Narbe«, an der sich Personen vor allem juristisch festschreiben lassen. Winzige Bewegungen der Mundwinkel, der Augenlider, der Brauen, ein hauchfeines Runzeln der Stirn können zudem komplette Stimmungsverschiebungen oder Fremdartigkeiten anzeigen. »Schon eine kleine Unstimmigkeit«, fährt Galton an der zitierten Stelle fort, »übertönt eine Fülle von Ähnlichkeiten und suggeriert eine allgemeine Andersheit; so wie eine einzige Silbe in einem Satz, die in einem fremden Akzent ausgesprochen wird, den Sprecher in unseren Augen aus der Gruppe der Landsleute treibt.«

So funktioniert die physiognomische Exklusion und ihr Gegenteil. Ihre hochgradige Ökonomie – sie hat Georg Simmel, den Geldphilosophen, fasziniert – bewährt sie in der Asymmetrie von Zeichen und Wirkung. Kleinste Zeichen genügen, um größte Folgerungen zu ziehen. Ja, die Semantik des physiognomischen Details ist geradezu auf Maximierung angelegt. Richard Sennett hat das beschrieben. Immer detaillierter soll das Zeichen, immer bedeutender die Schlußfolgerung sein. In der Sprache Freuds würde man von einer zwangsneurotischen »Verschiebung auf das Kleinste« sprechen, und etwas Abergläubisches haftet der Sache auch an. Andererseits spricht das berühmteste Beispiel für solchen Erkennungsdienst gegen eine Pathologie. Dem Erkennen kleinster mimischer Zeichen verdankte bekanntlich »der kluge Hans« seinen und seines Meisters Ruhm, der die Gesellschaft mit einem rechnenden Pferd verblüffen wollte. Die Maximierung der physiognomischen Erkennung wäre demnach das Resultat einer Dressur – und die Art und Weise, mit welchen stummen Kürzeln sich lang vertraute oder verschworene Personen verständigen können, spricht dafür. Neutraler ausgedrückt handelt es sich um Stufen der diskreten Wahrnehmung – um immer größere Komplizität bei unterdrückter oder unmöglicher oder unnötiger Rede. In diesem Sinne ist physiognomische Wahrnehmung im Primat der Mimik kulturell konstruiert; in diesem Sinn blüht die seltsame Wissenschaft der Physiognomik an allen Höfen, in engen Zirkeln wie bei den Freimaurern und sonstigen »Bünden« – aber auch in allen haftähnlichen Situationen. Irrtümer gewinnen hier lebensbedrohliche Statur. Wieviel physiognomische Fertigkeit von Auschwitzhäftlingen verlangt wurde, hat Grete Salus aus der Erinnerung beschrieben: »Ihr Tag begann damit, im Gesicht der Oberaufseherin zu forschen und zu erraten, wie sie diesen Tag zu gestalten habe. Da gab es viele Nuancen: Uninteressiert – das war für uns ein Haupttreffer, da konnte man sich was trauen und in den Taschen allerlei nach Hause bringen. Interessiert – das war unangenehm und brachte Überraschungen der mannigfaltigsten Art. Soldatisch forsch – das war bitter. Da mußte man sich auf

Kontrollbesuche und Strafarbeit gefaßt machen. Am schlimmsten – wenn mild und gütig. Dann wurden alle Kranken aus den Krankenstuben herausgeschmissen, aus Gesundheitsrücksichten alle Matratzen auf den Hof geworfen und was dergleichen menschenfreundliche Regungen mehr waren.«[3]

So überlebenswichtig die feine Unterscheidung im Handlungskontext der Nahbeziehung also sein kann – so mörderisch kann sie im Kontext von Beschreibungen werden. »Das Gesicht schien aufgeblasen, ohne daß Fettpolster zu entdecken waren«, so beschrieb Heinrich Mann 1900 die Claire Pimbusch seines Romans *Im Schlaraffenland,* »und an seine rosige Farbe war schwer zu glauben, weil die lange scharfe Nase mit ihren weit offenen, gierigen Nüstern und das spitze Kinn kreideweiß, gleich der Maske eines Clowns, daraus hervorragten. Die blutroten Mundwinkel krümmten sich mit merkwürdiger Beweglichkeit. Die zu kurze Oberlippe legte die weißen spitzigen Zähne frei, zwischen denen ein wenig Flüssigkeit glitzerte.«

Gesichter wie dieses sind malerisch erst zwanzig Jahre später auf deutschen Leinwänden aufgetaucht, porträtiert von George Grosz, Otto Dix und andern. Nicht jede feine Unterscheidung ist also »fein« im Umgangssinne. Die gehässige Präzision des physiognomischen Blicks gehört vielmehr zum festen Repertoire von Realismus und Gemeinheit. Sie liefert wörtlich, was Kinder oder kindliche Erwachsene auch gern pantomimisch liefern: gnadenlos bloßstellende Nachäffungen von körperlichen Gebresten und Gesten. Das Handwerk der Karikatur als durchgängig gehässige Physiognomik zu bezeichnen, hat uns Ernst Gombrich nahegelegt. Daß wir auf manches davon erleichtert (wie wahr!), auf anderes aber erschrocken reagieren (wie gemein!), gehört zur Sache.

Andererseits ist physiognomisches Begreifen nicht nur Sache der (Menschen-)Kenntnis oder des (Menschen-)Hasses, sondern auch der (Menschen-)Liebe. Auch hier spielt das Detail eine Sonderrolle. Der Liebende, meinte Ortega y Gasset in *Triumph des Augenblicks – Glanz der Dauer,* vergißt den Gesamteindruck der geliebten Gestalt sehr schnell: »Wenn er ehrlich ist, preist er an ihr kleine, unter sich unverbundene Einzelzüge: die Farbe der Iris, die Mundwinkel, den Klang der Stimme.« Wird er sich hierbei irren? Oder irrt er sich – wie Stendhal meinte – über den Gesamteindruck?

Physiognomische Wahrnehmung wird kommentiert von Lust und Unlust, Sympathie und Antipathie. Je mehr Daten wir zulassen, desto besser kann die natürliche Ambivalenz dieses Blicks sich entfalten, kann er Spitznasen unter schönen Augen, Stummelzähne um eine schöne Stimme herum finden und so einen individuellen Prospekt entwerfen. Was immer wir an der traditionellen Physiognomik zu tadeln haben: die Praxis einer – teils liebevoll, teils gehässig – *detaillierten* Betrachtung von Einzelkörpern wird nie auf dem Müllhaufen der Wissenschaftsgeschichte landen.

Andererseits schränkt die Isolierung des Seh-Sinns von den andern Sinnen die komplexe Wahrnehmung von lebenden Geschöpfen doch ganz beträchtlich ein. Wie täuschungsanfällig sie werden kann, zeigt eine Geschichte aus

[3] H.G. Adler u.a. (Hrsg.), *Auschwitz. Zeugnisse und Berichte.* Hamburg: EVA 1994.

der Archäologie. 1974 fand ein chinesischer Bauer das inzwischen berühmte Grab des ersten Gottkaisers Q'in, der offenbar eine ganze Armee von Soldaten in den Tod mitgenommen hatte, in tönernen Nachbildungen. So differenziert erschienen diese Figuren, daß man glaubte, es handele sich um Statuen lebender Vorbilder samt ihren Pferden. Lothar Ledderose berichtete aber 1991 über das Ergebnis sorgfältiger Forschungen: die Individuen stammten in Wahrheit aus einer raffinierten Kombinatorik. Die Bildhauer arbeiteten mit verhältnismäßig wenigen Stereotypen für Gestalt und einzelne Körperteile; das umfangreichste Repertoire fand sich mit acht Typen für den Kopf. Auf dessen Grundformen wurden – ihrerseits stereotype – Kopfbedeckungen, Haare, Augenbrauen, Nase, Lippen, Ohren und Bärte aufmodelliert. Im Ergebnis eine ungeheure, kaum zu gruppierende Vielfalt.

Nicht alle Zeitgenossen haben diese Forschungen verfolgt und sich zu Herzen genommen. Eine Computerspezialistin aus Genf berichtete unlängst, sie sei an das Grab gefahren, habe Bilder der tönernen Soldaten angefertigt und sei jetzt mit ihrer Arbeitsgruppe dabei, sie in computersimulierte, also unverwesliche Gestalten zu verwandeln. Dies entspreche schließlich den Wünschen des Kaisers, der doch seine Lieblingssoldaten in die Unsterblichkeit habe befördern wollen. Soviel zur Weisheit der Computerforschung.

II

Mit völlig individuellen, also sterblichen Figuren können nun zwar Wirklichkeit und Phantasie etwas anfangen, nicht aber die typisierende Wissenschaft. Ende des 19. Jahrhunderts erfand besagter Francis Galton umgekehrt wie die chinesischen Töpfer ein Verfahren, um von den feinsten Unterschieden der Wahrnehmung zu groben und gröbsten zu kommen. Er posierte verschiedene Personen en face vor seine Kamera und fotografierte sie übereinander. So löschten sich die feinen Differenzen gegenseitig und etwas grob Gemeinsames blieb übrig: eine bestimmte Art von Nase, Stirn, Mund und Kinn etwa; Typen von Kranken, von Verbrechern, von Cambridge-Studenten oder gleich Engländern. Auch dieses Verfahren haben die Neurophysiologen als biologisches Faktum erwiesen. Ferne Ausländer finden uns hier zum Verwechseln ähnlich und umgekehrt wir die Besucher. Wir möchten in Gruppen denken, sehen aber nur Individuen. Folglich kann man uns leicht Stereotype suggerieren. Angeblich müssen wir uns üben, wenn nicht *überwinden,* mit dem feinen Auge zu sehen – aber vermutlich überwinden wir uns in der Praxis viel leichter, als es die Wissenschaft von den Stereotypen glauben machen will, weil wir viel mehr Daten erfassen können. Laien sind beweglicher als Institutsdirektoren (oder Priester). Auf der Suche nach »cognitive consistency« hält sich der Laie eher an Kant, dem die Physiognomik als eine »Geschicklichkeit« galt, gleich weit von Kunst und Wissenschaft entfernt.[4]

---

[4] Zum Versuch, die Physiognomik wieder in die Hände des Laien zurückzugeben, vgl. Claudia Schmölders, *Das Vorurteil im Leibe. Eine Einführung in die Physiognomik.* Berlin: Akademie 1995.

Physiognomische Grob- und Großsortierung ist in erster Linie Morphologie, Gestaltwahrnehmung. Als solche ist sie von den Anthropologen in menschendefinitorischer Absicht schon früh verwendet worden; als solche hat sie Alexander von Humboldt aber auch etwa auf Landschaften angewandt und deren Physiognomie in Proportionen von Pflanzengruppen und geologischen Reliefs gefunden. In den zwanziger Jahren verstieg sich Hermann Graf Keyserling zu der Behauptung, daß Physiognomik erfolgreich überhaupt nur auf Gruppen von Menschen angewandt werden könne, sozusagen statistisch nur mit dem groben Auge. Zur Rassenkunde ist es hier nur noch ein Schritt; und was aus dem Hang zur physiognomischen Grobsortierung werden kann, wissen wir heute, nach den deutschen Exzessen, schmerzlich genau. »Wenn Sie sich ein Bild von der Zukunft ausmalen wollen, dann stellen Sie sich einen Stiefel vor, der in ein Menschenantlitz tritt – immer und immer wieder ... Das Gesicht zum Treten wird immer da sein. Den Ketzer, den Feind der Gesellschaft, wird es immer geben.« So George Orwell in seinem Roman *1984,* dem physiognomischen Roman des 20. Jahrhunderts schlechthin. In ihm wurde entsetzt eingelöst, was Oswald Spengler sich 1918 in herrischer Manier zwar, aber sicher ganz anders gewünscht hatte: »Die systematische Art der Weltbetrachtung«, meinte er in seinem untergangsschwangeren Hauptwerk, »hat im Abendlande während des vorigen Jahrhunderts ihren Gipfel erreicht und überschritten. Die physiognomische hat ihre große Zeit noch vor sich. In hundert Jahren werden alle Wissenschaften, die auf diesem Boden noch möglich sind, Bruchstücke einer einzigen ungeheuren Physiognomik alles Menschlichen sein.«

Einer der ersten, der sich voller Elan dieser Aufgabe widmete, war Ernst Jünger mit seiner Schrift über den *Arbeiter* – einem verläßlichen Produkt deutscher Tradition. Denn seit Lavater und trotz Lichtenberg hat es in Deutschland praktisch nur Apostel der Physiognomik, kaum Abtrünnige gegeben. Noch vor dem romantischen Bekenntnis eines Carl Gustav Carus versetzte ihr Schopenhauer ordentlich Schwung; beflügelt von Goethescher Morphologie und vom Denken »am Leitfaden des Leibes« mobilisierten seit der Jahrhundertwende Rudolf Kassner, Ludwig Klages, Max Picard und natürlich die Rassenkundler vom Fach das Auge, dem Jünger dann die Linse der »Bewegung« einbaute, ohne selbst hindurchzuschauen.

Aber Rassismus hin oder her – Spenglers Befund trifft groteskerweise die Situation unserer visuellen Kultur von heute ziemlich genau. Es gibt ja kaum noch anderes als Physiognomik, als Körperdiskurs, statistischen Schauzwang und nonverbale Verkehrsformen. Besonders die letzteren verdienen einigen Argwohn. Während die Scham über das Geschehene nach dem Zweiten Weltkrieg physiognomisches Evaluieren weitgehend aus dem kulturellen Bewußtsein verbannt hat, hat uns die Technik unter allgemeiner Zustimmung ein komplettes physiognomisches Szenarium aufgebaut: in Gestalt unserer motorischen Ausstattung nämlich. Auf den Straßen und in der Luft herrscht nicht nur der von Virilio beobachtete Geschwindigkeitswahn, es herrschen dort auch physiognomische Urzeiten, gröbste sprachlose Morphologie. Statt in Rüstungen, Uniformen oder Trachten stecken wir heute im

Auto – Jünger müßte an diesem Maskenwesen eigentlich seine Freude haben. Auf der Straße ist die Gesellschaft noch fabelhaft übersichtlich und hierarchisch geordnet. Es gibt große und kleine, schöne und häßliche, neue und verrottete, luxuriöse und robuste, schnelle und langsame Autos. Nicht zufällig hat die frühe Fabrikation immer wieder Tiere ins Design zitiert. Alle diese Masken werden von meist unsichtbaren Menschen bewegt, über deren motorische Absichten – Richtungswechsel, Überholmanöver, entgleiste Steuerung – man nur von außen informiert wird, über die sich zu irren aber tödlich sein kann. Selbst der Stau schützt nicht vorm Sterben. Das Entziffern nonverbaler Zeichen ist überlebenswichtig geworden wie auf hoher See oder im Urwald.

Freilich versetzen uns nicht alle Maschinen in eine physiognomische Klippschule. Mit Sorge notierte Günther Anders in den fünfziger Jahren genau das Gegenteil: das Verschwinden vertrauter physiognomischer Bedeutsamkeit in der Werkzeugkultur des Atomzeitalters. Gerade die gefährlichsten Werkzeuge lassen nicht mehr entfernt von außen her ahnen, wieviel Unheil oder Heil sie anrichten können. Harmlos winzige Objekte wie der Chip können ungeheure Datenmengen enthalten; kleinste Fläschchen massenweise Gift, wie jüngst in Tokio erprobt. Es ist, als hätte das mimische Gesetz der »Verschiebung auf das Kleinste«, die Semantik der Komplizität, in die Morphologie ihren Einzug gehalten. Die kleinsten Feinde des Menschen, die Viren, bedürfen der eingeweihtesten Technik zwecks Identifizierung.

Werkzeuge hat man bis vor kurzem jedenfalls zu den toten Gegenständen gezählt. Sie müssen zwar gepflegt und gewartet werden, aber sie treten nicht in ein mimisches Verhältnis zu uns, in keine Nahbeziehung. Sie haben eine Gestalt, aber kein Gesicht, mit dem sich Blickkontakt aufnehmen ließe. Was wir ihnen anthropomorph andichten – eine Tierähnlichkeit etwa – stammt aus animistischen Orientierungen. In diesen, sagt Günther Anders, fühlt sich der Mensch von seiner Umgebung, geschöpflich oder räumlich oder gegenständlich, noch angeschaut. Es besteht noch ein physiognomischer Zirkel, eine Gegenseitigkeit des Blicks, eine primäre Konstitution der Scham. Mit unseren Werkzeugen und den zugehörigen Denkfiguren aber fallen wir aus dieser Konstitution heraus. Wir produzieren Effekte, für die wir nicht mehr satisfaktionsfähig sind. Eine beschämende Lebendigkeit der Umwelt zu denken, wollen wir uns erst seit kurzem wieder leisten.

Nun könnte man einwenden, daß diese Freistellung aus dem physiognomischen Zirkel ja längst vom genialsten aller Werkzeuge, von der Schrift, bewerkstelligt worden ist. Auch was sich mit 24 noch so winzigen Buchstaben sagen läßt, kann ja ungeahnte Wirkungen haben – gute wie schlechte. Daß viele aufgeklärte Zeitgenossen heute behaupten können: sie läsen die Physiognomie eines Menschen, so wie man ein Buch liest, besagt nichts über das, was sich tatsächlich neuronal und biologisch bei ihnen abspielt; es ist vielmehr eine Absichtserklärung und meint, daß sie sich vom Körper des Andern nicht mehr angeblickt fühlen – höchstens angeschrieben. Sie möchten Graphologie treiben.

Was sieht nun aber der physiognomische Blick aus zwei Augen, worin irrt er sich und wo bleibt seine Gegenseitigkeit?

III

Tatsächlich ist in der Geschichte der sogenannten Physiognomik von Gegenseitigkeit gerade gar keine Rede; sie wird ganz im Gegenteil mit raffinierten Methoden zum Schweigen gebracht. Wer sich im Wust der historischen Räsonnements zurechtfinden, wer das Oszillieren zwischen Mantik, Medizin, Kunst und alltagsweltlicher Charakterologie im Blick halten will, muß sich zunächst einmal der *Raumordnung* vergewissern, die alle Physiognomik für sichtbare Körper vorsieht. Wir unterscheiden Physiognomiken von oben und von unten, von innen und von außen, von vorn und von hinten. Die ältesten – orientalischen – Entwürfe sehen den Körper »von oben«: im Sinne der Mantik und Astrologie. Oder »von unten«: im Sinne der Tierherkunft und -verwandtschaft des Menschen. In klassischer Zeit folgt bei den Griechen die Physiognomik »von innen«: als Humoral- oder Temperamentenlehre, sowie »von außen«: im Sinne der Umweltlehre des Hippokrates. In der Neuzeit schließlich konzentriert sich der physiognomische Blick aufs Gesicht en face: im Sinne der Mimik, und schließlich, seit 1800, auf Schädel und Hinterkopf, unter dem Namen der Phrenologie.

Keines dieser Konzepte hat ein anderes wirklich abgelöst; noch heute flirren sie in subkulturellen Schematismen durcheinander. Alle Konzepte haben mehr als bloß eine physische Klassifizierung im Sinn. Alle wollen moralisch entweder das Geschick *(fatum)* oder die Geschichte *(factum)* der Person angeben können, jenes unsichtbare Etwas, das man unglücklicherweise als ihr »Inneres« bezeichnet hat, das aber doch nur als in der Zeit Handelndes moralisch wird.

Physiognomik ist also nicht einfach nur »Kenntnis der Körperlichkeit«; dann hieße sie »Physiognostik« oder gar »Physiologie« und müßte zwangsläufig die Anatomie einschließen. Wo es um »Gnomik« geht, was eigentlich »Spruchweisheit« bedeutet, liegt vielmehr eine Semantik vor, die verstanden oder, wenn ein Rätsel, gelöst werden will. Wir begegnen dem Andern im Modus der Frage, die freilich nach Lage der Dinge nicht beantwortet werden kann. Wir können die Zukunft sowenig erraten wie den Mann im Auto, und über die Vergangenheit eines Menschen kann uns nur dieser selbst Auskunft geben und zwar nur mittels der Sprache und nur, wenn er will. »Alles Moralische«, so Walter Benjamin, »ist ohne Physiognomie, ein Ausdrucksloses, das unsichtbar oder blendend aus der konkreten Situation herausspringt.«

Trotzdem ist physiognomisches Fragen kein müßiges Spiel. »Daß wir unsere Umwelt ständig auf die Antwort auf die eine Frage absuchen, die für uns lebenswichtig ist: Bist du Freund oder Feind, etwas Gutes oder etwas Böses?« hat Ernst Gombrich zur physiognomischen Grundhaltung erklärt;[5]

[5] Ernst Gombrich, *Über physiognomische Wahrnehmung.* In: *Meditationen über ein Steckenpferd.* Frankfurt: Suhrkamp 1978.

und so primitiv wie diese Fragen fällt in der traditionellen Physiognomik auch die Antwort aus. Sie erstrebt in aller Regel eine Übertragung räumlicher Ordnungen auf moralische Verhältnisse. Ihre Deutungen von Innenleben sind *Lokalisationen,* weshalb auch das Muster der Landkarte immer wieder im Diskurs erscheint. Ludwig Klages, der Theoretiker, meinte 1926 in *Die Grundlagen der Charakterkunde:* »Es muß daher der (physiognomisierende) Geist ein Verhältnis der Fremdheit gewinnen können zum Erleben der Persönlichkeit, an der er beteiligt ist; er muß sich gewissermaßen entmenschlichen, um auf eben dies Menschliche hinzublicken; ja er muß sich so weit davon zu entfernen wissen, daß ihm die Einzelzüge des Innenlebens zu einem Bilde zusammenschießen, von dem er die Teilmerkmale ähnlich abliest wie aus der fertigen Landkarte das leibliche Auge die Lage eines besonderen Ortes.«

So wird in Theorie übersetzt, was doch vielleicht bloß der Vermeidung von Geschichte und Gegenseitigkeit dient. Daß schließlich – wie viele Autoren bemerkt haben – die Totenmaske zum Inbegriff des physiognomischen Porträts in der Neuzeit werden konnte, ist also kein Zufall. Das schweigende Artefakt nähert sich einem Stück Boden, einem Stein aus der Landschaft ohne weitere Symbolik oder Kunstgeschichte.

IV

Aber auch räumliche Organisationen sind nichts Neutrales. Ernst Cassirer hat den mythischen Sinn für Richtungsgötter und die Orientierung im Raum beschrieben; Edmund Leach die archaischen Wertordnungen zwischen oben und unten, links und rechts, wozu die antike Auguren- und Traumdeutungspraxis Auskunft gibt. Links herrscht das Unglück, rechts das Glück; oben ist wertvoller als unten – so noch bei Carl Gustav Carus um 1850 –, und so fort. Trotzdem, sagt Hermann Diels, kann man der orientalischen Mantik keinen ganz groben Schematismus vorwerfen. Bei der Zuteilung von Glück und Unglück – den Wertfiguren von Geschick – hat sie vielmehr ausschweifend differenziert und immer auch unterschiedliche »Bioi« berücksichtigt: Freie und Sklaven, Männer und Frauen, Jungfrauen und Witwen, Bauern, Jäger, Fischer, Soldaten und so fort.

Das Körperschema der späteren Physiognomen ist keineswegs komplexer; die Tendenz zum raumverwandten Fadenkreuz, in dem sich das Individuum lokalisieren ließe, beherrscht auch sie. Auf der Hand liegt das bei den Umweltdeutungen, die ja Körperbau und Charakter vom Klima der jeweiligen Landstriche abhängig machen. Auffällig bleibt es aber auch in der berühmten pythagoreischen Quadratur, mit der sich die Temperamentenlehre durchsetzt. Hier finden wir die erste wirklich drastische Klassifikation nach sanguinischen, melancholischen, phlegmatischen und cholerischen Charakteren. Eine ungeheuer grobe Ordnung! Denn als medizinische Analyse streift die Lehre von den Temperamenten sowohl die sozialen Differenzen der Individuen ab als auch die lokalen. Mit der Idee von der optimalen Mischung der Säfte, dem Maximum von Gesundheit, stellt sie eine neue Wertordnung in den Raum, oder besser: eine neue Raumordnung ins Wertdenken. Nicht links oder rechts, nicht oben oder unten, vielmehr »die Mitte« gibt jetzt die Glücksfigur ab. Ausgefüllt wird sie physiognomisch wie geistig natürlich zunächst von den Griechen selbst; speziell von der aristotelischen Tugendauffassung, die mit der physiognomischen Datenerfassung kollaboriert. »Einige Ohren sind nun kahl, andere rauhhaarig, andere halten die Mitte; die die Mitte haltenden sind zum Hören am geeignetsten, deuten aber nicht auf eine Gemütsbeschaffenheit. Auch sind sie bald groß, bald klein, bald die Mitte haltend; sowie bald stark, bald gar nicht aufgerichtet, bald die Mitte haltend; die die Mitte haltenden sind ein Zeichen absonderlich sanften Gemüts, große und stark aufgerichtete dagegen von Dummheit und Geschwätzigkeit.« So Aristoteles in dem Buch *Über die Teile der Tiere.*

Die neue Wertmitte – Carus wird sie später »die reine Mitte« nennen – der physiognomischen Evaluation generiert ihre Ränder, und auf diese ist ja das grob, nämlich morphologisch sortierende Auge des Physiognomen seit jeher gerichtet. Am Rand der Griechen stehen die Barbaren. Am Rand des Mannes steht die Frau. Am Rand des Menschen steht das Tier.

Nun sind Grenzen immer auch eine Reizmarkierung. Es lockt, sie zu überschreiten oder gar metaphorisch ins Binnenfeld zu übertragen. Die Faszination des Barbaren, des Wilden, ob edel oder nicht, ist oft beschrieben worden. Die »reine Mitte« ist eben auch langweilig. Nicht die Lehre von den Temperamenten, wohl aber die Tierphysiognomik hat diesen Reiz über die Jahrhunderte ausgestrahlt. Abgestützt von den Tiervergleichen der Fabel, konnte sie eine Binnenordnung der Menschen versprechen: die tiefe Stimme des Löwen, die blanke Stirn des Hundes, der mächtige Nacken des Stieres verwandeln interspezifische in intraspezifische Merkmale und umgekehrt. Nicht alle derartigen Codierungen sind allerdings freundlich gemeint. Die Errichtung interspezifischer Grenzen im intraspezifischen Raum ist vielmehr eine der gemeinsten Feindbild-Technologien. Mit ihrer Hilfe werden Tötungshemmungen ab- und Aggression aufgebaut; das Spielfeld von Karikatur, politischer Propaganda und mörderischer Handlung.

Bei weitem die merkwürdigste Differenzierung dieser Art ist aber geschlechtsbezogen. In seinem New Yorker Tagebuch notierte Günther Anders im Dezember 1948: »... bei B's. – Dort Exemplare zweier ganz verschiedener schöner Tierarten: ein Rudel von Ungarinnen, Polinnen und Tschechinnen; andererseits eine Anzahl von ›native‹-Mädchen aus New England. Mißtrauisch streiften die artfremden Tiere aneinander vorbei; und nur ganz äußerlich ergab sich so etwas wie *eine* Gesellschaft.«[6]

Das ist weiß Gott politisch unkorrekt, aber ein physiognomischer Topos im Geschlechterdiskurs. Zwischen Mann und Frau verläuft eine *interspezifische* Grenze. Der Mann wirft einen groben Blick auf die Frau – hingegen einen feinen auf das Exemplar seiner eigenen Gattung. An dieser wird ein sogenannter »Charakter« gesucht; womöglich aber etwas ganz anderes. Die These, die frühe Physiognomik der Griechen habe darauf abgezielt, den

---

[6] Günther Anders, *Lieben gestern.* München: Beck 1989.

homosexuellen Mann vom heterosexuellen unterscheiden zu können, mag eine Verwendung der Zeichenlehre beschreiben. Die Modellfigur des männlichen Mannes in den *Physiognomonika* ist der Löwe. An seinen breiten Schultern, seinem wiegenden Gang, seinem mächtigen Brustkorb soll man den Mann erkennen; freilich auch seine Großmut und Kühnheit. In derselben Schrift wird auch die Frau beschrieben – nicht etwa unter dem Bild der Löwin, sondern unter dem des Pantherweibchens, also interspezifisch. Leider schafft es dieses Weibchen nicht, in die moralische Höhe des Löwen zu gelangen. Es ist, wie der Traktat sagt, von Natur aus feige und gemein. Andern Nachrichten zufolge strömt es außerdem einen durchdringenden Duft aus – und wurde deshalb der Löwin im Bild vorgezogen ...

V

Zäh sind die Traditionen, in denen derart gedacht wird; zäh und disponibel zugleich, wenn man die Rolle der Künste dabei betrachtet. Einerseits haben sie wesentlich an der Entstehung, Erhaltung und Verbreitung physiognomischer Vorurteile mitgewirkt – die Maske des Bösen sieht häßlich, die des Guten schön aus –, andererseits haben gerade sie das feinste Auge entwickelt: die Kunst des Porträts sowohl in der Bildkunst als auch in der Literatur. Reine Mitte hin oder her – Kunst, Theater und Literatur leben von Abweichungen, Innovationen, Individualitäten. Hier kommen die Distinktionslisten der Physiognomiker den Künstlern *als Topik* entgegen, als Fundus der Phantasie. Sie wirken auf die antiken Theatermasken und auf die Porträtkunst ein; und nicht anders als die chinesischen Töpfer bilden Leonardo und Dürer ihre grotesken Körperskizzen aus schierer Lust an der Variante.

Aber unterrichten uns Kunst, Theater, Literatur deshalb in physiognomischer Wahrnehmung? Die Antwort heißt nein, wenn man den Blick ernsthaft beim Wort nimmt. Denn nicht-spielerische Vorurteile bilden wir uns ja nur alltagsweltlich. Nur hier, wo sich Körper zeigen, die nicht zu uns sprechen (wollen, können oder dürfen), entwerfen wir Vorstellungen über Geschick und Geschichten, die wirklich falsch sein können. Nur alltagsweltlich leben wir in einem physiognomischen Spannungsfeld, in dem wir *Erfahrungen* machen, weil es eben nicht bloß räumlich, sondern auch zeitlich und responsiv strukturiert ist. Physiognomik treiben wir vornehmlich am lebendigen, also sterblichen Objekt. Von eben diesen Spannungen erlösen, mit eben diesen Spannungen spielen die Künste. Peter von Matt hat es in seinem Buch *... fertig ist das Angesicht. Zur Literaturgeschichte des Gesichts* demonstriert. Autor und Leser brauchen sich um die Wahrheit und Bewährung von Körperzeichen sowenig zu kümmern wie Maler und Betrachter. Sie verwenden diese Zeichen zu andern Zwecken. Selbst wenn man wüßte, daß das Modell der Mona Lisa gänzlich anders aussah als ihr Bildnis, hätte man als Betrachter keine physiognomische Erfahrung gemacht; man nähme höchstens an der des Malers teil.

Wollte man diesen Erfahrungshorizont umschreiben, müßte man die Dialektik vom feinen und vom groben Auge wohl anders bestimmen. Das Motiv des Erratens (in der Gnomik) setzt ja Täuschung voraus; diese Täuschung kann von uns selbst gewollt, sie kann aber auch Absicht der Person uns gegenüber sein. Physiognomische Erfahrung kann also immer auch Erfahrung von Betrug sein, das Erleben einer Maske – und genauso sind die entsprechenden Traktate in höfischen Zeiten auch gemeint: als feines Heilmittel gegen Maskierung, nicht als Genußkunst fürs Theater. Daß hier, von einem Zentrum der Zivilisation zwischen Sein und Schein, eine gerade Linie zur biologischen Mimikry führt, mindert nicht das Gewicht von enttäuschenden Erfahrungen unter Menschen und der Selbsterkenntnis, daß auch der Beobachter sich verstellen kann und will.

Geschöpflicher Herkunft ist aber auch der zweite, nun wahrhaft grobe »Unterschied« physiognomischer Wahrnehmung, der uns existentielle Erfahrung aufdrängt: die Differenz zwischen lebenden und toten Körpern, der Verlust der Gegenseitigkeit also. Der Anthropologe Folke Henschen hat die Genese dieses Schocks plausibel beschrieben: »Das wechselnde Mienenspiel des Gesichts der höheren Affen wurde gewiß allmählich bei den Hominiden mit zunehmender Differenzierung ihrer Gesichtsmuskulatur und des menschenähnlichen Gehirns markanter und ausdrucksvoller, es zeigte Freude und Betrübnis, Zufriedenheit und Mißvergnügen, Furcht, Haß und Drohung. Aber was sollten diese primitiven Urmenschen denken, wenn sich das soeben lachende, weinende, grimassenreiche Gesicht im Tode plötzlich in eine starre Maske mit einem rätselhaften, undurchdringlichen, vielleicht drohenden Ausdruck umwandelte? Der Tote war noch anwesend, aber als ein stummer, unzugänglicher, erschreckender Gast. Etwas Unerklärliches hatte sich ereignet.«[7]

Jene Wahrnehmung, die zwischen Figur und Grund, Sein und Schein, Leben und Tod, zwischen Maske und Gesicht, Miene und Gesicht sowie zwischen Gesicht und Schädel unterscheiden muß, nennen wir – oder sollten wir nennen –: physiognomisch. Daß dieser Terminus so unbehaust zwischen sensueller (sehen, hören, tasten, riechen) und identifizierender (silhouettierend, morphologisch) und kommunizierender (mimischer) Bedeutung schwankt, mag mit dem Erschrecken vor diesen gröbsten Unterschieden der Erfahrung zusammenhängen. Die Banalität vieler physiognomischer Traktate rührt daher, daß sie in aller Regel den Schrecken für gebannt halten: sie stellen sich und das Gegenüber tot (in den Raum). Hier haben die Dichter genauer gesehen, wenn auch nicht ganz genau. Noch immer bezeichnet das »Ach!« der Alkmene in Kleists *Amphitryon* nur die halbe Sache, wenn auch die berückende Hälfte.

[7] Folke Henschen, *Der menschliche Schädel in der Kulturgeschichte.* Berlin: Springer 1966.

Differenz und Distinktion

Über Kultur und Lebensstile

Von Hans-Peter Müller

Differenz ist's, Distinktion macht's. »Werde, der du bist« – das altehrwürdige und doch stets aktuelle Programm der Selbstverwirklichung in der Moderne gelingt nur durch Anderssein, Abgrenzung und Ausgrenzung von Mitmenschen. Ob es um die Persönlichkeitsentwicklung durch Individuierung, ob es um den Anschluß an soziale Gruppen und die Entstehung von Bindungen durch soziale Integration oder um die Ausbildung eines unverwechselbaren Lebensstils durch Individualisierung, ob es um die Orientierung an Werten und die Ausprägung von Lebenszielen durch Kulturierung geht – stets ist das Muster das gleiche: Identität gewinnt man durch Differenz und Distinktion, wobei wahrgenommene Unterschiede in signifikante Unterscheidungen überführt werden – und schon weiß man, wer man ist, wem man zugehören möchte und wie man leben soll und will.

Auch und gerade in unserem egalitären Zeitalter einer dezidierten Kultur der Gleichheit, die Chancengleichheit verspricht und Gleichstellung versucht, bedarf es der Differenz und der Distinktion, um individuelle, soziale und kulturelle Identität in unverwechselbarem Muster auszubilden. Kultur hilft dabei. Denn sie stellt ein Arsenal von Symbolen, Ritualen und Praktiken bereit, aus dem wir für unsere eigene Persönlichkeits-, Integrations- und Lebensstilarbeit schöpfen können. Für das Verhältnis von Kultur und Lebensstilen stellen Symbole ein elementares Sinnangebot durch binäre Codierung bereit. Der konstitutive Code, gleichsam als Fluchtpunkt aller Stilisierung des Lebens, ist die Unterscheidung von Reinheit und Unreinheit. Folgt man den Überlegungen von Mary Douglas,[1] so handelt es sich einmal um eine religiöse Invariante fast aller menschlichen Kulturen; gleich welche magischen und religiösen Vorstellungen wir auch betrachten, stets gilt es als erstrebenswert, durch tradierte Rituale und eingeübte Praktiken die Lebensführung an den geheiligten Idealen und Symbolen zu orientieren, um sich als Person, um die Gruppe und um die religiöse Kultur selbst reinzuhalten und nicht zu beschmutzen.

Andererseits verschwindet der konstitutive Code durch Säkularisierung nicht einfach, sondern diese Leitdifferenz wird als »distinction diréctrice« (Niklas Luhmann) weltlich gefaßt und je nach gesellschaftlicher Entwicklung und Charakter der Kultur weiter ausgedeutet. In der fortgeschrittenen westlichen Moderne – säkularisiert, differenziert und materialistisch orientiert – nimmt sie die Form einer Serie binärer Codes an wie: reich/arm, mächtig/ohnmächtig, gesellig/ungesellig beziehungsweise kommunikativ/unkommunikativ, gut/schlecht, schön/häßlich, intelligent und gebildet/dumm und ungebildet, wahr/falsch und gesund/krank. Die Signatur unseres spätmodernen Zeitalters am Ende des 20. Jahrhunderts scheint darauf hinauszulaufen, daß jeweils die erste Seite des Codes positiv valuiert und als erstrebenswertes Ideal ausgegeben wird; ein Umstand, der dem ironieerfahrenen Volksmund nicht verborgen geblieben ist: »Lieber reich und gesund als arm und krank!«

Sicher hat es historisch immer wieder

---

[1] Mary Douglas, *Purity and Danger.* London: ARK Paperbacks 1984 (zuerst 1966).

massive Gegenwehr gegen die Unterdrückung der Schwachen durch die Starken gegeben, um das Kulturideal der Gleichheit zu verwirklichen: Das Christentum hat im Übergang von der Antike zum Mittelalter das Programm »Die Letzten werden die Ersten sein« auf seine Fahnen geschrieben, und der Sozialismus hat in der Neuzeit mit der Durchsetzung der kapitalistischen Moderne das, was die Kirchen nur für das Jenseits in Aussicht stellen, als Paradies auf Erden im Diesseits einer sozialistischen Gemeinschaft zu verwirklichen gesucht. Beide Kompensationsprogramme sind jedoch arg in die Defensive geraten: Die verfaßten Kirchen vermögen zwar noch effektvolle Kirchentage zu inszenieren, auf denen alle Leiden und Mißstände dieser Welt wortreich angeklagt werden; das wie ein Festival inszenierte Medienspektakel täuscht jedoch über die wachsende Einflußlosigkeit im Alltag hinweg, denn die Kirchen sind schon längst keine Volksbildner für Kultur und Lebensführung mehr. Massive Kirchenaustritte schränken ihren finanziellen Spielraum zusätzlich ein, so daß nicht nur die Stellen für den professionellen Pastorennachwuchs gefährdet sind, sondern knappe Kassen auch den Radius seelsorgerischer und sozialfürsorglicher Aktivitäten einzuschränken beginnen.

Nach 1989 hat der Sozialismus als Idee und vor allem als gelebte Existenzform zunächst einmal ausgespielt, woran auch die Irritationen im Vereinigungsprozeß, die zur nicht unbegründeten DDR-Nostalgie bei den ostdeutschen Bürgerinnen und Bürgern führen, zunächst nichts ändern werden. Statt dieser religiösen und ideologischen Programmatiken hält sich einstweilen noch als pragmatische Alternative der Sozialstaat, der den Wechselfällen des Lebens vorzubeugen sucht. Zwar gibt es zaghafte Versuche, durch einen Diskurs über Zivilgesellschaft, Kommunitarismus und Bürgersinn den Verlust des Sozialismus als Idee durch eine zeitgemäßere solidarische Gemeinschaftsvision wettzumachen, doch ist dies einstweilen noch ein intellektuelles Diskursprodukt ohne große gesellschaftliche Resonanz. Konkurrenzlos als kulturelles Sinnangebot dürfte daher fast unausweichlich nur noch das letzte, pseudo-transzendente Ideal bestehen bleiben: die Selbstverwirklichungssemantik und das Programm der Persönlichkeitsentwicklung, was im Zeitalter der Gleichheit nur heißen kann: »Jeder hat das gleiche Recht auf Selbstentfaltung«. Es scheint diese kursorisch skizzierte Konstellation zu sein, die in den letzten fünfzehn Jahren eine heftige Debatte über Individualisierung, Individualismus und Individuierung ausgelöst hat.

Die Soziologie interessiert sich freilich nicht nur für das Spiel von Differenz und Distinktion, wie es der Zusammenhang von Kultur und Lebensstilen darbietet. Sie fragt stets nach dem sozialen Kontext, sprich: der Gesellschaft. Und eine Gesellschaft besteht nicht nur aus Individuen, sondern aus Gruppierungen aller Art: Klassen, Schichten, Statusgruppen und Milieus. Lebensstile werden also stets im Spannungsfeld von Sozialstruktur und Kultur[2] analysiert. Die Soziologie läßt sich dabei gern von der Vorstellung leiten, daß die Sozial- und Klassenstruktur die Lebenschancen stiftet, welche notwendige Ressourcen zur Wahrnehmung der erstrebenswerten Optionen sind; ferner daß die Institutionen und gesellschaftlichen Teilsysteme wie Wirtschaft, Politik, Bildung und Kultur die jeweiligen Codewächter sind, die die Reinhaltung ihrer binären Codierung ebenso wie die Verteilung ihrer Ressourcen und Güter im Auge behalten; und daß die daraus resultierende Gruppierungsstruktur das Ergebnis des Lebenskampfes um den richtigen und erstrebenswerten Lebensstil darstellt. Kurz: Es

---

2 Vgl. Dirk Konietzka, *Lebensstile im sozialstrukturellen Kontext.* Opladen: Westdeutscher Verlag 1995; Hans-Peter Müller, *Sozialstruktur und Lebensstile.* Frankfurt: Suhrkamp 1992.

Gilles Deleuze
Francis Bacon –
Logik der Sensation
Aus dem Französischen von
Joseph Vogl
2 Bände im Schuber (Großformat)
108 Seiten Text und 97 Abb.
mit Falttafeln (überwiegend vierfarbig), Franz. Broschur
DM/sFr 98,–/öS 765,–
3-7705-2952-9
Reihe: Bild und Text

Die Sensation malen – was Cézanne für die Malerei reklamierte, wird zum Leitfaden, an dem entlang Gilles Deleuze das Werk Francis Bacons durchquert. Er folgt den Arbeiten dieses großen Außenseiters moderner Kunst auf ihrem Weg zwischen Figuration und Abstraktion und holt dabei jene bildnerische Erregung ein, mit der das Sichtbare an das Unsichtbare, die Gestalt an das Gestaltlose, das Feste an sein eigenes Werden rührt: Figuren ohne Figuratives, Szenen ohne Darsteller und Zuschauer, die Körper in ihrem athletischen Krampf.
In strukturalen Analysen und ästhetischer Reflexion, in kunsthistorischen und philosophischen Exkursen entfaltet Deleuze die exzentrische Erfahrung und die Logik dieser Malerei, die den Affekt materialisiert und dem Sehen selbst eine psycho-somatische Intensität abnötigt.

Wilhelm Fink Verlag
München

geht um den Zusammenhang von Sozialstruktur, Kultur und Handeln.

Im soziologischen Diskurs der letzten fünfzehn Jahre wurde der Individualisierungsprozeß daher nach zwei Seiten hin durchleuchtet: was er für die Strukturierung sozialer Ungleichheit bedeutet und wie er die Muster der Lebensstile beeinflußt. Das Spiel von Differenz und Distinktion, der Unterschiede und Unterscheidungen, interessierte zum einen unter der Frage, wie aus sozialer Verschiedenartigkeit (Differenz) soziale Verschiedenwertigkeit wird, wie aus bunter Heterogenität folgenreiche soziale Ungleichheit entsteht; zum anderen, wie die kulturellen Distinktionsangebote in Muster sozialer Distinktionen umgesetzt werden.

Ein Blick auf die Forschungslandschaft bietet drei Lesarten zum Verhältnis von Sozialstruktur, Kultur und Handeln an: die Entstrukturierungs-, die Strukturierungs- beziehungsweise Klassen- und die Differenzierungsthese. Die erste Position nimmt die beobachtbare Pluralisierung der Lebensstile als untrügliches Zeichen für einen Individualisierungsprozeß, der zwar nicht zur Abschaffung sozialer Ungleichheit, aber zum Abbau der Klassengesellschaft geführt hat. An die Stelle von Klassen, Schichten und Milieus tritt die Gesellschaft der unselbständigen Individuen, die von Arbeitsmarkt und Sozialstaat abhängen, indes allesamt auf eigene Rechnung leben, lieben und arbeiten. Diese Entstrukturierungsthese aus Ulrich Becks *Risikogesellschaft* (1986) kann man leicht weiterspinnen. Dann wird der Lebensstil zu einer neuen Form der sozialen Integration (Karl Heinz Hörning/Matthias Michailow), nachdem Nation, Klasse und Familie als soziale Kontexte abgedankt haben. Gerade jüngere Kreise im städtischen Raum neigen zu radikalisierten Praktiken der Distinktion (Ronald Hitzler), um Sichtbarkeit und soziale Anerkennung zu gewinnen. Die »Politik der Lebensstile« (Helmuth Berking/Sighard Neckel) macht auf die Konkurrenz um und den Kampf unter lebensstilwilligen Gruppierungen aufmerksam. Lebensstile sind nach dieser mikrosoziologischen Lesart vor allem kulturell bedingt, so daß das Spiel von Differenz und Distinktion kaum noch dem sozialstrukturellen Kontext und der sozialen Ungleichheit zuzurechnen ist.

Im Gegensatz dazu sieht die zweite Position in Lebensstilen den besten Ausdruck für die Klassenzugehörigkeit. Pierre Bourdieus Studie *Die feinen Unterschiede* (1982) richtet das Augenmerk auf das Verhältnis von Kultur, Macht und sozialer Ungleichheit, denn neben ökonomischen Ressourcen ist »Kultur« heute zum hauptsächlichen Medium der Reproduktion von Klassenstrukturen geworden. Individuelle und kollektive Akteure benutzen Kultur als symbolisches Kapital zur Verfolgung ihrer materiellen Interessen (»Klassenkämpfe«) genauso wie zur Durchsetzung ihrer ideellen Interessen (»Klassifikationskämpfe«). Klassenzugehörigkeit kommt daher am sichtbarsten in einem spezifischen Lebensstil zum Ausdruck, so daß sich Geschmack als Kriterium von Klasse anbietet.

Bourdieus Ansatz richtet sich auf den Zusammenhang zwischen dem »Raum der Klassen« und dem »Raum der Lebensstile«, um Homologien zwischen Klassenstruktur und Geschmackskultur nachzuweisen. Diesen Nachweis zu führen unternimmt er mit einer komplexen Theorie, die sich aus drei Stücken zusammensetzt: der Kapital- und Feldtheorie, die ökonomisches, soziales und kulturelles Kapital unterscheidet und die Wirkungsweise der Kapitalarten auf verschiedenen gesellschaftlichen Feldern verfolgt; der Klassentheorie, die auf der Einteilung von Klassen nach Umfang und Struktur des Kapitals und der Laufbahn von Berufsgruppen fußt und drei Klassen mit unterschiedlichen Klassenfraktionen (Arbeiterschaft, Klein- und Großbürgertum) benennt; der ästhetischen Theorie der Distinktion, die auf die sozialen Gebrauchsweisen von Kultur, die Rolle von Bildungstiteln und die Distinktionsformen gerichtet ist.

Entscheidend für die kulturelle Vermittlung zwischen Klasse und Lebensstil ist das Distinktionstheorem. Aus dem Studium der sozialen Gebrauchsweisen von Kultur leitet er die ästhetischen Unterschiede *zwischen* sozialen Klassen und *innerhalb* der herrschenden Klasse ab. Während erstere sich aus sozialer Herkunft und unterschiedlichem Bildungskapital erklären lassen, beruhen letztere bei *gleichem* Bildungskapital auf unterschiedlichen Erwerbsmodi: Familie versus Schule. Die soziale Herkunft macht sich um so bemerkbarer, je weniger Wissen nach schulischen Kriterien verlangt und je mehr eine Art natürliche Vertrautheit mit Kultur gefordert wird.

Nach den Erwerbsmodi unterscheidet Bourdieu idealtypisch zwischen zwei Habitus: dem »Mann von Welt« (natürlich, vornehm, mondän) und dem »Gelehrten« (gekünstelt, prätentiös, pedantisch). Bildungstitel selbst lassen die Persönlichkeit ihrer Inhaber nicht unberührt. Gleich einem Adelstitel wirken sie wie eine sozial zugeschriebene Kompetenzvermutung, die beim »Gebildeten« meist mit dem Anspruch auf eine höhere soziale Stellung, auf jeden Fall aber mit einem symbolischen Überlegenheitsgefühl einhergeht. Sie begünstigen eine ästhetische Einstellung, die einen spielerischen Umgang mit Kultur und Leben pflegt, ebenso wie eine ethische Haltung, die von Gelassenheit (»détachement«) geprägt und der jeglicher Rigorismus fremd ist. Die Lebensstilisierungskompetenz in der jüngeren Generation im Gefolge der Bildungsexpansion mag diese Effekte akademischer Sozialisation empirisch veranschaulichen. Aus diesen Überlegungen leitet Bourdieu die Mechanismen der sozialen Distinktion und die Logik verfeinerter Lebensstile ab.

Distinktion bedeutet dreierlei. In *kognitiver* Hinsicht verweist sie auf Differenz oder den Unterschied zwischen den Geschmäckern; Geschmack entspringt nicht individueller Willkür, sondern ist sozial eingebettet in ein Feld von Geschmäckern. In *evaluativer* Hinsicht zielt Distinktion auf das strategische Abgrenzungsbedürfnis nach Andersartigkeit (Heterogenität) oder Höherwertigkeit (Ungleichheit) und umschließt alle gezielten Versuche der symbolischen Repräsentation von Überlegenheit; ein Phänomen, das sich an der Prätentiosität des Kleinbürgertums studieren läßt und im »Mehr Schein als Sein« zum Ausdruck kommt. In *expressiver* Hinsicht existiert Distinktion als nicht-intendierter Effekt schlichter Andersartigkeit. Diese »Distinktion ohne Absicht zur Distinktion« oder das »Mehr Sein als Schein« läßt sich am Lebensstil der Oberschicht ablesen, der sein kann, wie er will, und doch meist stilbildende Distinktionsgewinne verbucht, einfach weil er die Spitze der gesellschaftlichen Hierarchie repräsentiert.

Bourdieus Klassentheorie der Lebensstile, die auf die kulturellen Mechanismen der Geschmacksbildung gerichtet ist, ist breit rezipiert, aber auch heftig kritisiert worden. Die Übertragbarkeit des Modells auf Deutschland wurde angezweifelt und allenfalls konzediert, daß damit ein Stück Realität der fünfziger, keinesfalls aber die der achtziger Jahre eingefangen worden sei. Zudem scheint das Gehäuse der Klassenzugehörigkeit Kultur und Moral nur als Distinktionsmittel im Statuskampf vorzusehen, was der Vielschichtigkeit symbolischer Grenzziehungsprozesse[3] nicht gerecht zu werden vermag. Im Zeichen der Postmoderne mit ihrer Ära der Differenz und gleichberechtigten Vielfalt und im Lichte des Individualisierungsdiskurses erschien diese Lesart als fehlgeleiteter, ja unzeitgemäßer Versuch, als ob man heute noch der differenzierten und pluralisierten deutschen Gesellschaft die allzu

[3] Vgl. Michèle Lamont, *Money, Morals and Manners* und Michèle Lamont / Marcel Fournier (Hrsg.), *Cultivating Differences*, beide 1992 bei Chicago University Press.

engen Korsettstangen der Klasse einziehen könnte.

Erstaunlicherweise hat dann eine Untersuchung sozialer Lagen und Milieus in Westdeutschland[4] eine stabile Konfiguration von Klassenmilieus zutage gefördert. Die alte Bundesrepublik entpuppt sich als pluralisierte Klassengesellschaft mit drei Etagen in der vertikalen Dimension, dem Oberklassen-, Mittelklassen- und Arbeiterhabitus und drei Abstufungen in der horizontalen Dimension, die von traditional bis modern reichen. Die oberen 20 Prozent repräsentieren die anspruchsvollen Lebensstile der »feinen Leute«, deren Geschmack häufig als Richtschnur für die übrige Gesellschaft fungiert. Die mittleren 60 Prozent orientieren ihre Lebensstile stark am bereits »Erreichten« und dem erstrebenswerten Vorbild der Oberschicht. Die unteren 20 Prozent verkörpern die in ihren eigenen Grenzen mögliche Alltagsethik der »einfachen Leute«. In den zehn Jahren von 1982 bis 1991 ist folglich trotz Postmoderne und Individualisierungsdekade die vertikale Struktur erstaunlich stabil geblieben. Sozialer Wandel hat nur in der horizontalen Richtung hin zur Modernisierung stattgefunden, so daß die mobileren Fraktionen in unterer und mittlerer Klasse angewachsen sind, während das rigide kleinbürgerliche Milieu und das traditionelle Facharbeitermilieu geschrumpft sind.

Eine dritte Position schließlich plädiert weder für Entstrukturierung noch für Klassenstrukturierung, sondern interpretiert die Pluralisierung der Lebensstile als Ausdruck sozialer Differenzierung. Nach Gerhard Schulzes Studie *Die Erlebnisgesellschaft* (1992) sollte man die alte ökonomische Semantik der Klassengesellschaft des mehr oder weniger und höher oder tiefer schleunigst zugunsten der innenorientierten Semantik der Erlebnisgesellschaft vergessen. Nicht »Werde was im Leben«, wie das Programm der aufstiegsorientierten Klassengesellschaft geheißen hatte, sondern »Erlebe dein Leben« lautet der kategorische Imperativ unserer Zeit. Vor diesem Hintergrund studiert Schulze die Milieustruktur der alten Bundesrepublik. Entgegen dem »Individualisierungsirrtum«, wonach Prozesse der Differenzierung und Pluralisierung der Lebensstile das Ende des Sozialen heraufbeschwören, arbeitet er fünf Milieus heraus, die sich nach Stiltyp, Lebensalter und Bildung unterscheiden. Die Wasserscheide ist die Lebensmitte: Jenseits der vierzig Jahre sind Niveaumilieu (hohe Bildung und hohes Einkommen), Integrationsmilieu (mittleres Niveau) und Harmonieniveau (unteres Niveau) angesiedelt, diesseits der vierzig Selbstverwirklichungsmilieu (mittleres und höheres Bildungsniveau) und Unterhaltungsniveau (unteres Bildungsniveau).

In der Erlebnisgesellschaft herrscht also keine postmoderne Unübersichtlichkeit, sondern alltagsästhetische Ordnung. Zudem kann von einer Entstrukturierung der Klassengesellschaft keine Rede sein. Klassifiziert nach sozialer Lage, ergibt sich eine klare Rangordnung mit dem Niveaumilieu an der Spitze, gefolgt von Selbstverwirklichungs- und Integrationsmilieu und Harmonie- und Unterhaltungsmilieu am unteren Ende der sozialen Hierarchie. Dennoch lehnt Schulze eine vertikale Klasseninterpretation seiner Milieustudie ab, weil die Klassifikationsmodelle, nach denen sich Menschen einordnen, ihre eindeutige Klassenzugehörigkeit verloren haben; zum zweiten aber, weil das Rangkriterium »Bildung« durch das horizontale Kriterium »Alter« gebrochen wird. Nicht Konflikt, sondern Distanz ist die vorherrschende Beziehung unter den Milieus. Die milieuspezifische Differenzierung von Prestigekriterien, das Verblassen von Statuskriterien, der Bedeutungsrückgang sozialer Ungleichheit tragen

4 Vgl. Michael Vester u.a., *Soziale Milieus im gesellschaftlichen Strukturwandel.* Köln: Bund 1993; Michael Vester (Hrsg.), *Soziale Milieus in Ostdeutschland.* Köln: Bund 1995.

ebenfalls dazu bei, daß die soziale Wahrnehmung der Gesellschaft nicht mehr über eine Semantik der Großgruppen (Bürgertum und Arbeiterschaft) läuft, sondern über eine Semantik der Subjektivität.

Individualisierung, Klassenstrukturierung und Milieudifferenzierung – das soziologische Angebot, um das Spiel von Differenz und Distinktion im Spannungsfeld von Sozialstruktur, Kultur und Lebensstilen zu verstehen, ist breit gefächert. Trotz massiver sozialer Ungleichheit, der Bedeutung von Arbeitsmarkt und Sozialstaat ist die Stilisierung der Lebensführung heute eine Frage von Kulturangebot und Lebensstilnachfrage, eine Sache der sozialen Identitätsfindung und der individuellen Wahl. Im Gegensatz zu dieser doppelten Entstrukturierungsthese, der Auflösung von Klassenstruktur und -bewußtsein und der Abkoppelung von sozialer Lage und Lebensstil überhaupt, behaupten die beiden anderen Positionen, eine Konfiguration von Klassen- beziehungsweise Kulturmilieus ausmachen zu können. Auf Anhieb indes scheinen die Vorstellungen von Klassengesellschaft und Erlebnisgesellschaft regelrechte Welten zu trennen. Und doch täuscht die unterschiedliche Sprache – hier Klassen, dort Milieus – über tieferliegende Gemeinsamkeiten hinweg.

Beide Positionen operieren mit einer Dreiteilung der Gesellschaft – Ober-, Mittel- und Unterklasse versus drei Niveaus sozialer Lagen. Beide unterstreichen die Dynamik der jüngeren Milieus – neue Bourgeoisie und neues Kleinbürgertum beziehungsweise Selbstverwirklichungs- und Unterhaltungsmilieu. Beide arbeiten die Bedeutung von Selbstverwirklichung heraus – in Gestalt eines ausgeprägten Hangs zu Konsumismus und Hedonismus beziehungsweise einer dominanten Erlebnisorientierung. So unterschiedlich die drei Argumente auch theoretisch angelegt sind, sie stützen allesamt auf je eigene Art – »Sinnbasteln« am eigenen Lebensstil (Hitzler), soziale Distinktion (Bourdieu) oder Erlebnishunger (Schulze) – die Diagnose der überragenden Bedeutung der Selbstentfaltungssemantik, welche aus der eingangs angedeuteten Konstellation jener einseitigen Codierungsleiste der »distinction diréctrices« von »reich« bis »gesund« resultiert.

Trotzdem repräsentieren diese Positionen ein Stück weit die Überflußgesellschaft der alten Bundesrepublik, die nur noch »Reichtumsungleichheit«, aber keine echte »Knappheitsungleichheit«[5] mehr zu kennen schien. Seit 1989 haben sich Kultur, Gesellschaft und Sozialwissenschaften gründlich verändert. Die deutsche Vereinigung ist nicht nur ein heikles Experiment, sondern der Transformationsprozeß läutet auch unvermutet die Rückkehr der Knappheit ein, erzeugt neuartige soziale Ungleichheiten und wirft schwierige Probleme der Fairneß[6] auf. Schon in den achtziger Jahren, der Individualisierungsdekade, war die Rede von der »Zwei-Drittel-Gesellschaft«, in welcher der glänzende Wohlstand der Mehrheit Arbeitslosigkeit, Sozialstaatsabhängigkeit und Armut einer wachsenden Minderheit so überstrahlt, daß deren Leiden in der Überflußgesellschaft keine Stimme hat und folglich unbeachtet bleibt. Seither haben Arbeitsmarktkrise und Massenarbeitslosigkeit, die Beanspruchung des Sozialstaates mit Entwicklungstransfers für Ostdeutschland und Unterstützungstransfers für Arbeitslose, Vorruheständler und Arme das Augenmerk geschärft für soziale Ungleichheit, die sich nicht mehr nur individuell, expressiv und kulturell, sondern kollektiv, objek-

---

5 Vgl. Peter A. Berger / Stefan Hradil (Hrsg.), *Lebenslagen, Lebensläufe, Lebensstile.* Göttingen: Schwartz 1990.

6 Vgl. Hans-Peter Müller / Bernd Wegener (Hrsg.), *Soziale Ungleichheit und soziale Gerechtigkeit.* Opladen: Leske + Budrich 1995.

tiv und strukturell äußert. Das Spiel von Distinktion und Differenz verschiebt sich dabei unmerklich von Kultur und Lebensstil auf Sozialstruktur und den Kampf um knappe Lebens-, Arbeits- und Berufschancen.

Diese Entwicklungen werden im Raum, in der Arbeitsgesellschaft und der Umwelt besonders deutlich. In den Großstädten[7] führen die Gentrifizierung und die Aufwertung von innenstadtnahen Räumen nicht nur zur Verdrängung alternativer »Raumpioniere« durch professionelle »Raumflaneure«. Vielmehr werden mit dem internationalen Wirtschafts-, Finanz- und Dienstleistungsverkehr einzelne Großstädte zu »global cities« mit massiven Verwerfungen im städtischen Raum und seiner Nutzung. Die Krise der Arbeitsgesellschaft bringt zunehmend ins Bewußtsein, daß ein wachsender Anteil der Bevölkerung zwar erwerbsfähig und -willig sein mag, aber doch vorübergehend oder gar auf Dauer nicht erwerbstätig sein wird und sein kann. Dies rückt die Kategorien des Alters und Geschlechts, die von der bisherigen Klassen- und Lebensstilanalyse eher stiefmütterlich behandelt wurden, noch stärker ins Zentrum sozialwissenschaftlicher Aufmerksamkeit. Wie die »Nicht-Erwerbstätigen«-Lebensstile von Hausfrauen, Vorruheständlern, Rentnern, Studenten, Arbeitslosen und Armen sich strukturieren und welche Muster sich dabei ergeben, wird näher zu untersuchen sein. Schließlich steht nicht erst seit der »Risikogesellschaft« die Umwelt im Mittelpunkt des Interesses; denn in dem Maße, wie der westliche Lebensstil mit seiner individuellen Selbstverwirklichungssemantik in der neuen einen, aber keineswegs geeinigten Welt als konkurrenzlose Alternative dazustehen scheint, wird bewußt, daß die weltweite Nachahmung unserer Lebensweise den ökologischen Kollaps[8] hervorrufen würde.

Es ist schwierig, diese Entwicklungen mit einer Diagnose schlüssig zu resümieren. Ausgeschlossen ist jedenfalls nicht, daß wir uns schon auf dem Weg in eine multikulturelle Klassengesellschaft befinden, in der sich alte und neue Bruch- und Konfliktlinien überlagern. Die alten, aber stets aktuellen Gegensätze von Kapital und Arbeit, die der Marxschen Logik von Rationalisierung, Freisetzung von Arbeit und Arbeitslosigkeit folgen, hat die Deindustrialisierung in Ostdeutschland und der Standortdruck in Westdeutschland in den letzten Jahren schlagend bestätigt. Auf seiten der Arbeit vergrößert sich die Kluft zwischen qualifizierter und unqualifizierter Arbeit – man vergleiche nur einen hochqualifizierten Dienstleistungsspezialisten mit einem ungelernten Arbeiter, um die Spannweite und Ungleichheit zwischen Berufstätigen ermessen zu können. Marx hatte dies bereits am Gegensatz von geistiger und körperlicher Arbeit notiert.

In dem Maße, wie die Generalisierung der Lohnarbeiterexistenz fortschreitet und Frauen in die Arbeitsmarktlogik mit einbezieht, wächst die Abhängigkeit von der Arbeitsgesellschaft. Es wird nicht nur zentral, einen Arbeitsplatz zu haben, sondern mit der Verschärfung der Konkurrenz nimmt auch die Bedeutung der meritokratischen Triade von Beruf, Einkommen und Bildung zu. Ferner gewinnt die Grenze zwischen Arbeit und Nicht-Arbeit in Zukunft wohl noch an Bedeutung. Prognosen über einen Anteil von 15 bis 20 Prozent an struktureller Arbeitslosigkeit bedeuten, daß ein Fünftel der Erwerbsbevölkerung dauerhaft in eine Sozialstaatsexistenz abgeschoben wird. Je stärker die Belastungen des Sozialstaates ausfallen, desto mehr müssen

---

[7] Vgl. Jens Dangschat / Jörg Blasius (Hrsg.), *Lebensstile in den Städten.* Opladen: Leske + Budrich 1994; Peter Noller u. a. (Hrsg.), *Stadt-Welt.* Frankfurt: Campus 1994; Peter Noller / Klaus Ronneberger, *Die neue Dienstleistungsstadt.* Frankfurt: Campus 1995.

[8] Vgl. die Beiträge in: Christoph Görg (Hrsg.), *Gesellschaft im Übergang. Perspektiven kritischer Soziologie.* Darmstadt: Wissenschaftliche Buchgesellschaft 1994.

die einzelnen Leistungen gekürzt werden. Der Zusammenhang aus Langzeitarbeitslosigkeit, Sozialhilfeexistenz und Verarmung ist ein Circulus vitiosus. Alles dies ist bekannt, aber plötzlich wieder aktuell.

Neu hingegen ist die (multi-)kulturelle Komponente der sozialen Probleme. Der Immigrationsdruck und die illegale Einwanderung führen zu wachsender ethnischer Differenzierung und Ungleichheit. Entgegen dem Credo der Fürsprecher einer multikulturellen Gesellschaft besteht der Alltag plurikultureller Gesellschaften in wirtschaftlich und sozial schwierigen Zeiten häufig auch aus Konkurrenz und Konflikt zwischen den ethnischen Kulturen. Da Deutschland ein Einwanderungsland ohne Einwanderungsgesetz ist, kann es eine auf die Bedürfnisse des Arbeitsmarktes abgestimmte Einwanderungspolitik nicht leisten. Der Klassencharakter einer Gesellschaft wird jedoch in dem Maße sichtbarer, wie Klassen- und Statusfaktoren – hier also ökonomische und ethnische Faktoren – sich überlagern. Gleichgültig, ob die sozialen Ängste um die eigene Stellung in der Gesellschaft eingebildet oder real sind, besteht daher die Gefahr, daß ethnische und rassistische Auseinandersetzungen zunehmen werden. In diesem Sinne kann Deutschland eine nach Staatsbürgerschaftsstatus differenzierte ständisch-multikulturelle Klassengesellschaft werden: Deutsche mit vollen Staatsbürger- und Sozialstaatsrechten, Ausländer im Netz der sozialen Sicherung, illegale Einwanderer, die ohne jeglichen Sozialversicherungsschutz in Handwerk und Dienstleistungen schwarz arbeiten.

Dies sind einige sich abzeichnende Trends und Tendenzen, die das Spiel um Differenz und Distinktion beeinflussen und verändern werden. Was vor kurzem noch in der Individualisierungsdekade der altbundesrepublikanischen Überflußgesellschaft als eine Sache individueller Distinktion zur Wahl des richtigen Lebensstils in der »Multioptionsgesellschaft«[9] erschien, wird in der neubundesdeutschen Knappheitsgesellschaft bei wachsender sozialer Ungleichheit eher wieder eine Angelegenheit sozialer Unterschiede und kollektiver Distinktion je nach Statusgruppenzugehörigkeit.

Ohne Zweifel gilt: Differenz ist's, Distinktion macht's. Doch diese Einsicht sollte in das Spannungsfeld von Sozialstruktur, Kultur und Handeln eingebettet werden, will man nicht den sichtbaren und massenmedial verstärkten Erscheinungen der gesellschaftlichen Oberfläche auf den Leim gehen. So dokumentiert man zwar Kultur und Lebensstile von postadoleszenter Jugend, erfolgreicher Dienstklasse und gehobener Mittelklasse, blendet aber über die stimmigen Porträts der fortgeschrittensten Statusgruppen die Schattenseiten gesellschaftlicher Entwicklung aus. Wer so verfährt, bleibt dem unsteten Zeitgeist hartnäckig auf der Spur, stellt aber am Ende doch keine zutreffende Gesellschaftsdiagnose, die der komplexen Signatur unserer Fin-de-siècle-Gesellschaft angemessen wäre.

---

[9] Vgl. Peter Gross, *Die Multioptionsgesellschaft.* Frankfurt: Suhrkamp 1994.

Georges Didi-Huberman
Fra Angelico
Unähnlichkeit und Figuration
Aus dem Französischen von
Andreas Knop
272 Seiten mit zahlr. Abb.
(viele vierfarbig), Franz. Broschur
DM/sFr 98,–/öS 765,–
3-7705-2949-9

In dem faszinierenden Werk von Fra Angelico, »das in der ernsten Tiefe der Konzeption nicht überboten wurde« (Hegel), lenkt Georges Didi-Huberman den Blick auf einen zunächst verwirrenden Aspekt, der bislang von der Kunstgeschichte vernachlässigt, wenn nicht völlig übersehen wurde. Unfigürliche Flächen reiner Farbe, bunte Fleckenteppiche, die erstaunlich »modern« wirken.
Das Buch zeichnet nach, wie sich das Inkarnationsdogma auf die christliche Konzeption des *Bildes* ausgewirkt hat. Gegenüber dem alttestamentlichen Bilderverbot mußte die Sichtbarkeit Gottes in Christi verteidigt werden; gegenüber dem antiken Heidentum mußte das Bild klar vom Götzenbild unterschieden werden. Erreicht wurde beides, so die These des Buches, durch die *Unähnlichkeit,* die allen gemalten Körpern in der christlichen Kunst einen Hauch von Fremdheit gibt und in den reinen »Farbklecksereien« Fra Angelicos ihren extremsten Ausdruck findet.

Wilhelm Fink Verlag
München

Technik als Heilsversprechen?
Totalitäre Systeme
im Vergleich

VERLAG
J.B. METZLER

Der Technikdiskurs
in der Hitler-Stalin-Ära
Herausgegeben von
Wolfgang Emmerich und Carl Wege
1995. VI, 282 Seiten, kart.
DM 58,- / öS 453,- / sFr 55,-
ISBN 3-476-01307-3

In den totalitären Systemen des Stalinismus und deutschen Nationalsozialismus wurde der Technik eine besondere Funktion beigemessen. Sie sollte nicht nur Chaos abwenden und Ordnung stiften, sondern bekam nahezu heilstiftende, erlösende Bedeutung. Die Autoren dieses Buchs gehen von der Annahme aus, daß der Technikdiskurs in den totalitären Systemen einen grundsätzlich anderen Verlauf genommen hat als in den offenen, liberalen Systemen. In ihren Forschungsbeiträgen versuchen namhafte Literatur- und Kulturwissenschaftler, Historiker und Soziologen Konvergenzen und Divergenzen zwischen dem völkisch-nationalsozialistischen und stalinistisch-realsozialistischen Technikdiskurs herauszuarbeiten.

Mit Beiträgen von
U. Baureithel, W. Emmerich, B. Groys, A. Hartmann, W. Eggeling, J. Herf, F. Kittler, G. Kohn-Waechter, H. Lethen, S. Meuschel, D. Milde, A. Rabinbach, R. Schnell, E. Schütz, K. Städtke, F. Trommler, C. Wege.

Verlag J.B. Metzler
Postfach 10 32 41
D-70028 Stuttgart

Krähwinkel und Kabylei

Mit Pierre Bourdieu durch Deutschlands Kultursoziologie

Von Sighard Neckel

Nicht immer wird die Erkenntniskraft einer Theorie am besten genutzt, wenn man sich an das berühmteste Werk ihres Urhebers hält. Die bekannteste Schrift wird dann entweder als Steinbruch für alle möglichen Theoriegebäude verwendet oder ruft Kritiker auf den Plan, die das Gegenteil dessen beweisen, was meistens nicht drinsteht. So ähnlich ließe sich auch die Rezeption beschreiben, die Pierre Bourdieu in Deutschland erfährt. Sein Buch *Die feinen Unterschiede* hat in der neueren deutschen Kultursoziologie eine derart durchschlagende Wirkung gehabt, daß es zum allgemeinen Vorbild der Forschung über die kulturelle Topologie der Gesellschaft wurde.[1] Das hat die Kritik nicht ruhen lassen, aber auch nicht Adepten, die feine Unterschiede selbst dort noch vermessen, wo die entsprechende Metrik gar nicht anwendbar ist.

Nun verdient das Opus magnum des französischen Soziologen zweifellos die erlangte Aufmerksamkeit. Gerade in Deutschland hat es erfreuliche Wirkung gehabt, war man hier doch mit Wilhelm Dilthey gewohnt, das »materiale System der Kultur« – Kunst, Sitte, Religion – scharf von den »äußeren Organisationsformen des Lebens« zu scheiden. Seit Bourdieu sind auch in der deutschen Soziologie die »rein geistigen Gebilde der Kultur« auf den Boden der *faits sociaux* gestellt – sieht man von volkspädagogischen Rückfällen ab, mit denen in der deutschen Sozialwissenschaft immer zu rechnen ist. Für Bourdieu jedenfalls ist Kultur soziale Praxis, deren Gestalt in Klassenlage und habitueller Disposition ausgeformt wird, die einer durch Herkunft und Lebensverlauf erwirbt. Kultur verlor damit das erkenntnistheoretische Privileg, letzter Hort der Eigentlichkeit zu sein, und zu den drei berüchtigten narzißtischen Kränkungen, die dem bürgerlichen Selbstbewußtsein von Marx, Nietzsche und Freud zugefügt wurden, konnte sich eine vierte gesellen, die nach dem Gewerbestolz, der universalistischen Moral und dem Ideal der Selbstkontrolle nunmehr die Vorstellung vom Schönen betraf. Diese nämlich – so Bourdieu – bildet sich nicht an der Überzeugungskraft substantieller ästhetischer Werte aus, als deren Hüter sich das Bürgertum seit der Klassik verstand, sondern in den Relationen zwischen Klassen und Schichten, die im sozialen Raum um den symbolischen Vorteil ringen, die Normen des legitimen Geschmacks bestimmen zu können.

Programm und Beweisführung von *La distinction,* so der Originaltitel, waren damit streng an die historische Voraussetzung einer bürgerlichen Hegemonie in der Kultur moderner Gesellschaften gebunden, deren Kritik der Nachweis der »Seinsgebundenheit« ästhetischer Urteile in den Schriften Bourdieus hauptsächlich diente. Daher ist in der zeitgenössischen Soziologie auch eine Diskussion darüber entstanden, ob Bourdieus Theorie der symbolischen Macht auf Gesellschaften Anwendung finden kann, deren kulturbürgerliche Dominanz sich in den Verästelungen pluraler Lebensstile zunehmend verliert. Prägnanten Ausdruck fand der Zweifel am Bourdieuschen Modell in Gerhard

[1] Pierre Bourdieu, *Die feinen Unterschiede. Kritik der gesellschaftlichen Urteilskraft.* Frankfurt: Suhrkamp 1982.

Schulzes Theorie der *Erlebnisgesellschaft,*[2] die ihre zentralen Ideen aus zwei Einwänden Bourdieu gegenüber gewann: Sind nicht – zumindest in Deutschland – die Symbolwelten in der Gesellschaft weitgehend wählbar geworden, und ist statt der Konkurrenz um die Normen des legitimen Geschmacks nicht eher eine friedliche Koexistenz von Stilen vorhanden, so daß eine Theorie symbolischer Macht nicht länger mehr ihren Gegenstand in der Herrschaft kultureller Vorbilder findet?

Zwei Grundfesten der Bourdieuschen Kulturtheorie waren damit in Frage gestellt: die Annahme einer Prägung kultureller Praktiken durch Herkunft und soziale Position sowie die Diagnose, daß eine Hierarchie in der sozialen Geltung des kulturellen Geschmacks feststellbar ist. Nur der Nachweis eines ungleichen Ranges kultureller Praktiken konnte ja die These begründen, daß in modernen Gesellschaften ein sozialer Kampf um die Anerkennung von Lebensstilen zwischen Akteuren geführt wird, deren symbolische Praxis erst dadurch soziale Wertschätzung erhält, daß sie ihre Protagonisten von anderen Gruppen zu unterscheiden vermag.

Lebensstile erlangen hiernach distinktive Kraft, wenn sie den Besitz symbolischer Güter signalisieren, deren Erwerb knapp und deren Darstellung selten ist. Allein durch Exklusivität kann kulturelles Kapital sich dabei selbst als höherwertig prätendieren, weil sein Fehlen anderswo dann als impliziter Mangel erscheint. Bourdieu zufolge streben die sozialen Klassen deshalb danach, ihre speziellen Formen des Geschmacks als legitime Kultur verbindlich zu machen. In dieser Konkurrenz haben jene die größten Durchsetzungschancen, die – etwa im Bildungssystem – als allgemein gültig festschreiben können, was eigener Kompetenz und Performanz am ähnlichsten ist. All dies vollzieht sich, ohne inszeniert zu sein – ein Vorgang, wesentlich unbewußt, weil wie von selbst die Natur der sozialen Empfindung spricht: »Ein Privileg der Herrschenden beruht in vielen Bereichen darin, daß sie durchaus nicht bewußt und berechnend vorgehen müssen, um die ihren Interessen konformen Ziele zu erreichen. Es genügt, daß sie sich ihren Dispositionen überlassen.« Auch die praktische Anerkennung der Legitimität, die die Hochkultur bei den unteren Schichten findet, gründet nicht im Willensakt. Sie ist vielmehr unmittelbar in der Beziehung von Habitus und Situation angelegt »und äußert sich nie unwiderlegbarer als im Schweigen der Schüchternheit, Enthaltung oder Resignation«.

Zwischen der natürlichen Vornehmheit und dem *sense of one's place* spannt sich so im Bourdieuschen Modell ein sozialer Raum auf, in dem in der dichten Mitte um den Wert der eigenen Überzeugungen, Vorlieben und Stile ein heftiger Streit entbrennt. Da mit der sozialen Geltung der jeweiligen Ethik und Etikette die Verteilung von Erwerbschancen, Einfluß, Prestige verbunden ist, müssen in den symbolischen Auseinandersetzungen des Alltags die Akteure darauf bedacht sein, durch Distinktion oder Prätention Platzvorteile zu verteidigen oder Aufstiegschancen zu erlangen.

Entfiele die kulturelle Vorbildrolle jedoch, die bestimmte Klassen mit ihren gesellschaftlichen Führungsfunktionen verbinden, dann gäbe es statt eines Definitionskampfes um die Normen des legitimen Geschmacks allenfalls eine kulturelle Entfremdung zwischen Milieus: Man betrachtet sich untereinander vielleicht mit Argwohn, aber ist nicht mehr in Kämpfe um Anerkennung miteinander verstrickt. Distinktion fände dann in der Freizeit statt, für die gesellschaftliche Ordnung der Macht und die Verteilung des Reichtums aber wäre sie ohne Belang.

---

[2] Gerhard Schulze, *Die Erlebnisgesellschaft. Kultursoziologie der Gegenwart.* Frankfurt: Campus 1992.

Genau hierauf läuft die Zeitdiagnose hinaus, die Gerhard Schulze in seiner *Kultursoziologie der Gegenwart* ausgemalt hat. Unter den Bedingungen von Wohlstand, wachsender Freizeit und Optionenvielfalt hat sich danach die allgemeine Lebensorientierung der Menschen von der Bewältigung äußerer Lebenslagen auf die Herstellung innerer Zustände verschoben. Kulturelle Güter und Praktiken würden von den Akteuren nicht nach Statuswerten, sondern daran bemessen, ob sie für das eigene Selbst eine positive Erlebnisqualität haben. Da aber die kulturellen Angebotsmärkte eine Überfülle von käuflichen Sensationen bereitstellen, muß der einzelne zu Selektionen greifen, um Unsicherheit oder Enttäuschung zu vermeiden. Nach Maßgabe geschmacklicher Ähnlichkeit schließt er sich daher Gemeinschaften an, in denen seine kulturelle Wahl eine dauerhafte Stabilisierung erfährt.

Die Außenwelt der Akteure stellt sich in diesem Entwurf als Verlängerung ihrer Innenwelt dar und ist keine Struktur eigener Ordnung, als welche sie – in einer ehrwürdigen französischen Tradition stehend – Pierre Bourdieu analysiert. Daher läßt Schulze seine Studie auch nicht mit dem Gefüge sozialer Beziehungen beginnen, in das jeder Akteur immer schon eingebunden ist, sondern mit dem ontologischen Dilemma eines sich wesentlich selbst erlebenden Subjekts, das die vielen reizstarken Eindrücke des modernen Lebens irgendwie zu verarbeiten hat, ohne daran irre zu werden. Erst im Nachgang dieser existentiellen Situation wird in Gestalt von Erlebnismilieus von Schulze das Soziale konstruiert. Im Wohlfahrtsstaat zeichnet es sich dadurch aus, das Konkurrenzstreben zwischen den Klassen zu pazifizieren: Ist die Erlebnissucht durch erschwingliche Angebote befriedigt und die »psychophysische Semantik« der Genußorientierung mit der Angst vor der Leere in Einklang gebracht, endet alle Aspiration am Rand des selbst gewählten Erlebnismilieus. Statt Distinktionskampf herrscht die Gemütsruhe des Wohlfahrtsstaats, die sich nur bisweilen durch abträgliche Kommentare zum jeweils fremden Geschmack kurz unterbricht.

Bei weitem nicht alle Einwände gegen Bourdieu, die in diesem Zusammenhang von Schulze vorgebracht wurden, konnten indes recht überzeugen. So wurde etwa die These von der freien Beziehungswahl in Erlebnismilieus, die die Prädikation durch Herkunft und soziale Laufbahn abgelöst haben soll, dadurch gewonnen, daß die sozialen Positionen, die in diesen Milieus zusammengefaßt sind, in der Darstellung der entsprechenden Studien ausgespart blieben. Hätte Schulze die von ihm ermittelten Muster der Alltagskultur auf das System der sozialen Abstände bezogen, wäre er zu der Feststellung von Verteilungsregeln gekommen, deren Logik man bei Bourdieu nachlesen kann: Der Lebensstil folgt dem sozialen Rang. Das »Trivialschema« des kulturellen Geschmacks beispielsweise ist in ambitionierten Schichten allenfalls als Freiheit zur Ironie darstellbar. Zu diesem Zweck hat sich etwa in amerikanischen Großstädten eine exzentrische Szene die »white trash«-Lokale gesucht, um sich dort eine Nacht lang *cheap and common* zu geben; hierzulande werden in intellektuellen Kreisen Fußballstadien als dafür geeignet gehalten. Wo der Spaß am Trivialen dagegen Habitus ist, sieht er sich zumeist mit einer sozialen Lage verbunden, in der Selbstbeschränkung die kulturelle Antwort auf geringe Dispositionschancen in der Gestaltung der eigenen Lebensumstände ist. Die Studentin der Kunstgeschichte, der Werbegrafiker und der Pädagogikprofessor werden darunter kaum anzutreffen sein, wohl aber die Verkäuferin, die Schreibkraft und der LKW-Fahrer.

Auch die Behauptung vom Ende der kulturellen Konkurrenz zwischen kontaktlosen Erlebnismilieus verdankt sich dem Umstand, daß sich die entsprechende soziologische Forschung für jene Unterschiede in der öffentlichen Geltung des kulturellen Kapitals gar nicht erst interessierte, an deren vermeintlicher Einebnung sich die These von der friedlichen stilistischen Koexistenz doch nur hätte beweisen lassen. Statushohe Positionen sind nicht mit allen Lebensstilen gleichermaßen zu erlangen und rekrutieren sich nicht beliebig aus kulturellen Milieus. Andernfalls würde eine Gleichwertigkeit im kulturellen Geschmack prätendiert, die fern der sozialen Wirklichkeit ist. Eine Unterhaltung über die letzte Sendung von *Verstehen Sie Spaß?* dürfte im Kreis von Führungskräften ein schlecht gewähltes Gesprächsthema sein, und wer statt Bruce Chatwin den »Touropa Urlaubsberater« in seinem kognitiven Reisegepäck hat, sollte seiner Erholung zuliebe auf gemeinsame Ferien mit Lehrern besser verzichten.

Bedeutung für die Hierarchie sozialer Positionen gewinnt der Lebensstil immer dann, wenn über den Nachweis von Kompetenz und Performanz Status erlangt werden muß. Nur wenn sich soziologisch beweisen ließe, daß aus der »Illusion der Chancengleichheit« (Bourdieu) eine verwirklichte Utopie wurde, könnte im Ernst behauptet werden, daß es für die soziale Position gleichgültig ist, welches kulturelle Kapital einer hat. Gerhard Schulze indes entwirft eine Kultursoziologie über Leute, die Geld ausgeben, aber keines verdienen müssen. Daher dürfen sie ihre Erlebnisse wählen, brauchen aber keine zu ertragen. Auch stellt sich nur in der Welt des Konsums die Gesellschaft als seelisch belastende Angebotsfülle dar. Jenseits davon stehen zumeist knappe Güter bereit, die zur Kontemplation allein diejenigen einladen, die sie schon haben.

Die Seinsvergessenheit, die in der Zeitdiagnose einer »Erlebnisgesellschaft« steckt, folgt mehr dem alten deutschen Konzept einer »Kulturtheorie vom Menschen« (Friedrich Tenbruck) als daß sie tatsächlich eine Kultursoziologie der Gegenwart wäre. Sie hat deshalb auch kein Organ für all jene Prozesse der sozialen Mobilität, deren subtile Beschreibung Bourdieu gerade in Deutschland eine einzigartige Publizität sichern konnte. Kern der Bourdieuschen Kulturtheorie ist eine Soziologie des Kleinbürgertums, das sich nach epochalem Aufstieg in der europäischen Nachkriegszeit als gesellschaftlich praktisch stilbildend etabliert hat. Bourdieu traf damit auch die zeitgeschichtliche Erfahrung von zwei Generationen der Bundesrepublik, die sich in den Analysen der *Feinen Unterschiede* in ihren Konflikten zwischen Herkunft und Aspiration selber beobachten konnten: Streß durch den Milieuwechsel innerhalb der eigenen Biographie, Peinlichkeit in der Kreuzung sozialer Kreise, »Statusinkonsistenz«.

Es kommt daher einem nationalen Vorurteil nah, Bourdieus Theorie im Grunde für »französisch« zu halten, wie das rechtsrheinisch häufig gesagt wird. Das französische Statussystem mit seinen *concours* und *Grandes Écoles* mag in ihr die Rolle handlungsrelevanter Institutionen einnehmen; die Untersuchungen über den praktischen Sinn, den soziale Ungleichheit auch kulturell in den verschiedenen Klassen hervortreibt, sind damit außerhalb Frankreichs nicht hinfällig geworden. Ist die Imitation des guten Geschmacks – im Augenblick etwa der »Landhaus-Stil«, der bürgerliche Solidität ausstrahlen soll und preisgünstig in Möbelkaufhäusern prangt – als Habitus nur bei Franzosen zu finden?

Es war eine deutsche Eigenart, Kultur und Zivilisation als Gegensätze zu begreifen, weil die Gebilde des Geistes vom zweckbestimmten Wissen schließlich domestiziert würden. Daher ist hier Kulturtheorie als Introspektion des subjektiven Erlebens ausgelegt worden, demgegenüber das Soziale nur den Charakter eines äußeren Zwangs hatte oder vollständig ephemer blieb. So kam es zum ästhetischen Ekel vor der Massengesellschaft, die das geistige Selbstgespräch in die Geschwätzigkeit endloser Reden, in die Treulosigkeit ständig wechselnder Moden, die Gleichgültigkeit von Meinungen und Stilen überführt haben sollte. Auch die mäkelnde Rede von der Erlebnisgesellschaft verdankt sich mehr einer biederen Introvertiertheit in der Ausrichtung des soziologischen Blicks als der Lust an der Erforschung von Gesellschaft und Öffentlichkeit. Das hat es in Deutschland schon länger gegeben: das kleine Glück im eigenen Winkel, Vorliebe für die falsche Bescheidenheit, die Mahnung des deutschen Studienrats, nicht nach den Sternen zu greifen und vor allem nicht zu vergessen, daß der Wert eines erbaulichen Lebens ganz im Inneren liegt. Bourdieu hat man demgegenüber sein Interesse an Strategie, Preisbildung, Wettbewerb, Lug und Betrug in der Welt der Kulturgüter vorgehalten. Solange deutsche Kultursoziologie durch Betulichkeit auf sich aufmerksam macht, scheint das Gespür für den kulturellen Geschäftssinn allerdings ein notwendiges Korrektiv zu sein.

Nun ist Bourdieus Kulturforschung in Deutschland nicht wie eine Blaupause zu verwenden. Gerade weil die Bundesrepublik eine Aufstiegsgesellschaft war, hat sich auch die kulturelle Tektonik des Landes gegenüber jener Formationslehre der drei Klassen verschoben, die Bourdieu in seinem Hauptwerk dargelegt hat. Mit der Vervielfältigung von sozialen Milieus - im Durchschnitt von gesteigertem Wohlstand begleitet - ist das Ausmaß, in dem sich soziale Gruppen in ihren Selbstbildern an die gesellschaftliche Prestigeskala zwingend gebunden fühlen, selbst variabel geworden. Auch kann die Enttraditionalisierung der Klassengesellschaft moralische Lernprozesse freigeben, in denen der eigene Habitus eine ansteigende Reflexivität erfährt. Das öffentliche Interesse am Phänomen der Distinktion selbst ist hierfür ein gutes Beispiel, ist es doch nicht nur durch Nachahmungslust motiviert, sondern will Selbstaufklärung sein.

Gegenläufig zu dieser Tendenz sind schließlich neue Distinktionslinien entstanden, die Bourdieu noch gar nicht berücksichtigt hat. Heute sind sie vor allem gegenüber einer Unterklasse gezogen, die teils ethnisch, teils habituell definiert ist. Die soziale Verachtung, die sie erfährt, richtet sich in der Gegenwart weniger auf ihren barbarischen Geschmack als auf den niedrigen Grad an Zivilisiertheit, den sie im Verhalten gegenüber den Mehrheitsklassen zeigt. Bourdieus Methode einer Beziehungslehre der Distinktion stellt wichtige Instrumente für die Untersuchung derartiger Abgrenzungsprozesse bereit, Ergebnisse wird man bei ihm weniger finden; allerdings ist seine Theorie hierfür gut gerüstet. Nicht orthodoxe Klassenanalyse - von ihm selbst als statisch kritisiert - zeichnet sein Vorgehen aus, sondern der Versuch, Gesellschaft als einen sozialen Raum in sich beweglicher Positionen zu begreifen, in dem das System der Abstände durch Machtprozesse permanent neu arrangiert wird.

Sind hiermit analytische Konsequenzen angesprochen, die Individualisierung und Unterschichtung für die Kultursoziologie notwendigerweise haben, so ist jedes Zögern bei der Anwendung Bourdieuscher Kategorien in dem Moment allerdings aufgegeben worden, in dem sich nach dem Ende des Sozialismus in Deutschland wieder Gelegenheit bot, seine Kulturtheorie auf eine Gesellschaft zu beziehen, die eine Individualisierung westlichen Typs gar nicht erlebt hatte, und auch keine Unterschichtung etwa durch Migration. Motiviert wurde der Forschungsdrang zunächst durch die Wahrnehmung, in den Lebensstilen des deutschen Ostens andere Kulturmuster als im Westen zu finden. Dabei ist etwa an das vergleichsweise distinktionsarme Alltagsverhalten zu denken, das Einfachheit und »Natürlichkeit« präferiert und darin auf die »zivilisatorische Lücke« (Wolfgang Engler) verweist, die der Staatssozialismus im habituellen Repertoire hinterließ.

Gleichwohl hat sich in Ostdeutschland die Sozialforschung mit Methoden auf die Suche nach distinkten Milieus gemacht, die in Bourdieus *Feinen Unterschieden* zur Analyse der Abgrenzungslogik in der westlichen Zivilgesellschaft dienten. Übersehen wurde hierbei, daß sich die ostdeutsche Gesellschaft von den Ausgangspunkten des Bourdieuschen Modells wesentlich unterscheidet. Bis heute ist Ostdeutschland eine unbürgerliche Gesellschaft geblieben, der die Abwanderung entsprechender Schichten trotz Zufuhr westlicher Führungskräfte weithin anzusehen ist. Statt dessen wurde die Arbeiterschaft – von Bourdieu als Basis aller Distinktionen betrachtet – zur kulturell herrschenden Klasse nobilitiert, was zur Freude privater Fernsehsender die breite Zustimmung erklärt, die populäre Kulturstile heute in Ostdeutschland finden. Auch zeigt sich daran die geringe Bedeutung distinktionsversessener Mittelschichten, die im Zentrum der Bourdieuschen Kultursoziologie standen und für die zwischen Elbe und Oder bisher kaum ein Komplement existiert.

Die vorschnelle Übertragung der Distinktionsmuster in der bürgerlichen Gesellschaft auf den deutschen Postsozialismus hat nun fast zwangsläufig dazu geführt, daß die Nähe oder Distanz zu westlichen Leitbildern zum identifizierenden Merkmal in der sozialwissenschaftlichen Konstruktion ostdeutscher Kulturformen wurde. In der Sinus-Lebensstilforschung etwa, deren Milieubilder über den Osten breite Aufnahme in der aktuellen Kultursoziologie finden,[3] wird eine gesamtdeutsche Entsprechung der Lebensstile behauptet, die soziologische Skepsis verdient. Was etwa soll das »traditionelle Arbeitermilieu« in Ostdeutschland sein, das jahrzehntelang keine selbstgewählten identitätsverbürgenden Organisationsformen in Alltag und Politik mehr besaß? Ist der Habitus einer »statusorientierten Mittelschicht« miteinander vergleichbar, der sich im Westen durch sozialen Aufstieg begründet, im Osten jedoch die Degradierungserfahrung ehemaliger Partei- und Staatsfunktionäre zu verarbeiten hat?

Bourdieu selbst würde ein solches Vorgehen die nominalistische Unterordnung sozialer Praktiken unter soziologische Klassifikationen nennen, die zur Analyse andersartiger Sozialräume entwickelt worden sind. Verloren geht durch die methodische Imitation die sozialkulturelle Eigenheit der ostdeutschen Gesellschaft, die sich nur schwer auf den Nenner einer ausgebildeten Konkurrenz zwischen Klassen und Schichten bringen läßt. Die Exterritorialität solcher Sichtweisen macht sich noch in entsprechenden Zeitdiagnosen bemerkbar, die entweder von »subjektiven Modernisierungsdefiziten« beim östlichen Menschen sprechen oder soziologische Mahnwache vor den bedrohten Mentalitäten der ostdeutschen Lebenswelt halten. Die »geteilte Ungleichheit im vereinigten Deutschland« (Reinhard Kreckel) braucht offensichtlich ein hermeneutisches Inventar in der Sozialwissenschaft, das im Rückgang auf die Idiosynkrasie der ostdeutschen Kultur und Gesellschaft erst generiert werden muß, um nicht – wie anderes auch – bloß Importgut zu sein. Noch die Richtung der aufbrechenden Distinktionen in Ostdeutschland läßt sich nur hinreichend klären, sind die grundlegenden Klassifikationen in der sozialen Praxis bekannt, von denen sie ihren Ausgang nehmen.

Naheliegend wäre es daher gewesen, anläßlich der Fremdheit der ostdeutschen Kultur zu jenen Quellen des Bourdieuschen Denkens zurückzukehren, aus denen sich sein Theorieapparat später erst aufgebaut hat: der Ethnologie.[4] Doch selbst in soziologischen Untersuchungen zum deutschen Osten, die sich auf Bourdieu ausdrücklich berufen, ist kaum bemerkt worden, daß die historische Lage, auf die Bourdieu am Beginn seiner wissenschaftlichen Laufbahn bei ethnologischen Studien in der algerischen Kabylei traf, in frappierender Weise eine formale Ähnlichkeit zu jener

---

3 Vgl. etwa Peter Alheit, *Zivile Kultur. Verlust und Wiederaneignung der Moderne.* Frankfurt: Campus 1994; sowie Michael Vester (Hrsg.), *Soziale Milieus in Ostdeutschland.* Köln: Bund 1995.

4 Zu den ethnologischen Studien Bourdieus vgl. *Entwurf einer Theorie der Praxis* (1976) und *Sozialer Sinn. Kritik der theoretischen Vernunft* (1987), beide bei Suhrkamp in Frankfurt.

Konstellation aufweist, die allgemein auch für Ostdeutschland als kennzeichnend gilt.

Durch die Kolonialisierung Algeriens wurde damals die Situation einer von außen bewirkten abrupten Veränderung von Gesellschaft und Ökonomie geschaffen, für die die Bewohner des Landes noch gar keine adäquaten Handlungs-, Gefühls- und Denkmuster ausbilden konnten.[5] Der Umbau der algerischen Bauerngesellschaft war unter Ausfall jedes Beitrags ihrer eigenen Mitglieder so unvermittelt vonstatten gegangen, daß Bourdieu zur Diagnose einer extremen »Verzögerung zwischen Dispositionen und Strukturen« kam. Das war die Geburtsstunde seines wohl berühmtesten Theoriestücks: der Lehre vom Habitus. Erst im Kontrast zu den von der französischen Kolonialmacht importierten Strukturen nämlich konnten Gewohnheiten im Denken, Fühlen und Handeln als unzeitgemäß und problematisch hervortreten, die ehedem selbstverständlich eingelebt waren. Deutlich wurde dies in den grundlegenden Klassifikationen der Weltauffassung, die bisher der alltäglichen Organisation des Lebens dienten, nun aber an den funktionalen Erfordernissen einer modernen Gesellschaft vorbeigingen. In seinen semiotischen Studien zum Ehrgefühl, zum Zeitbewußtsein, zu den symbolischen Mustern der Gegensätze von innen und außen, trocken und feucht, oben und unten, männlich und weiblich hat Bourdieu den Bedeutungsgehalt einer »verkehrten Welt« rekonstruiert, die als »System dauerhafter Dispositionen« in den Subjekten fortexistierte, obgleich die Gesellschaft schon eine andere war.

Nun ist der deutsche Arbeiter- und Bauernstaat keine vormoderne Agrargesellschaft gewesen. Und doch ist die gleiche formale Struktur, die Beharrung des Habitus selbst in seiner Transformation, das auffälligste Merkmal in der Alltagskultur im Beitrittsgebiet. Noch die Modernisierungsfreude in manchen ostdeutschen Haushalten – Verwestlichung kaufen! – trägt den gewohnten habituellen Charakter der pragmatischen Orientierung am äußeren Zwang, der nun auf die neue Anforderungslage des persönlichen Seins übertragen wird und Westdeutschen daher oft übertrieben scheint.

Wer Ethnologie betreibt, darf die Analyse von Kleinigkeiten nicht scheuen, was Bourdieu auch in den *Feinen Unterschieden* nicht tat, wo er sich ausführlich zum Grillen geäußert hat. Nehmen wir nur den Gegensatz von innen und außen, den der Ethnologe Bourdieu am Beispiel des kabylischen Hauses explizierte und den wir auch im ehemals sozialistischen Plattenbau aufsuchen können. Die ostdeutsche Gewohnheit, den Hausflur durch Garderobenständer, Schubablage, Wandbilder und Schattengewächse in die Privatheit der eigenen Wohnung einzubeziehen, legt die Existenz einer anderen Codierung von intim und öffentlich nahe, als sie in den Aufgängen vergleichbarer Behausungen im Westen zu beobachten ist, wo eher die klare Trennung in der Gestaltung allgemein zugänglicher und privater Räume herrscht. Das Persönliche lädt sich in die Sozialität aus, weil es sich selbst nicht als privat empfindet, sondern gerade in der Teilhabe am je Gemeinsamen innere Stabilität gewinnt. Darüber klagen auch westdeutsche Manager, wenn sie bemerken, daß Arbeit im Osten nicht nur als individuelle Reproduktion, sondern als soziale Gesellungsform aufgefaßt wird. In der Arbeit ist dies für Männer und Frauen beinahe gleich, während Geselligkeit, sofern sie im öffentlichen Raum sich vollzieht, im Osten fast ausschließlich Domäne der Männer ist.

Um bei der Symbolik von männlich und weiblich zu bleiben: Es ist sicher

---

[5] Hierüber informiert Martin Schmeiser, *Pierre Bourdieu. Von der Sozio-Ethnologie Algeriens zur Ethno-Soziologie der französischen Gegenwartsgesellschaft.* In: *Ästhetik und Kommunikation,* Heft 61/62, 1986.

kein Zufall, daß Westmänner Ostfrauen, aber Ostmänner selten Westfrauen kriegen. Gälte hier nur die Regel, daß Heirat eben häufig als Aufstiegskanal fungiert, wäre noch nicht geklärt, warum Ostmänner davon nicht profitieren, obgleich auch die männliche Einheirat in bessere Kreise im Westen durchaus verbreitet ist. Stärker als bloß ökonomisches Kalkül scheinen hier differente Geschlechtsbilder eine Rolle zu spielen, über die nette Thesen von der Ähnlichkeit der Kulturmuster in West und Ost eher ein Tabu errichten, als daß sie einen Beitrag zur Selbstaufklärung der deutschen Gesellschaft leisten.

Die Methoden der Kulturforschung von Pierre Bourdieu sind also in Deutschland erst noch zu praktizieren, was in Hamburg und Köln ebenso gilt wie in Rostock und Leipzig. Fünf Jahre nach der staatlichen Einheit ist auch die Chance gegeben, daß der Osten seine Kabylei im Westen entdeckt.

Die Hüter der Differenz

Über televisionäre Literaturkritik

Von Ludgera Vogt

Souverän ist, wer über den Auflagenstand entscheidet. Mit dieser Maxime treffen sich sechsmal im Jahr vier Personen zu einem merkwürdigen Herrschaftsritual im Reich der schönen Künste. Drei Ledersessel und ein Zweisitzer, offenbar die Insignie des Obersten, sind in lockerer Runde zusammengestellt, um vier Literaturkritikern im ZDF die Bühne für ein Happening der ästhetischen Wertung zu bieten. Das *Literarische Quartett* unter der Leitung des vielfach schon zum »Papst« der deutschen Literaturkritik geweihten Marcel Reich-Ranicki stellt die derzeit wohl prominenteste Form des ästhetischen Wertens in der medialen Öffentlichkeit unseres Landes dar. Ohne die Wirkung überschätzen zu wollen, läßt sich doch sagen, daß die Verkaufszahlen der hier vorgestellten Bücher durchaus in einer deutlichen Korrelation zum Abschneiden im *Quartett* stehen.[1]

Die Runde, zu deren fester Besetzung Hellmuth Karasek und Sigrid Löffler zählen, lädt sich jeweils noch einen Gast dazu, um über das Schicksal von fünf belletristischen Neuerscheinungen vor den Augen eines Millionenpublikums zu verhandeln. In diesem Quartett sind die zentralen Mechanismen moderner professionalisierter Literaturkritik wie in einem Brennglas gebündelt. Eine kurze Betrachtung des Medienrituals ermöglicht grundsätzliche Einblicke in einen wichtigen Zulieferbetrieb der gesellschaftlichen Distinktionsmaschinerie.

Die Besprechung der Bücher erfolgt nach einem festgefügten Schema. Zunächst stellt einer der Kritiker den Inhalt

---

[1] Ein gutes Beispiel ist das autobiographische Buch *Weiter leben* von Ruth Klüger. Mit einer Erstauflage von 2500 Exemplaren gestartet, stieg die Zahl der verkauften Bücher kurz nach einer positiven Besprechung im *Literarischen Quartett* binnen weniger Tage auf 10000 und liegt zur Zeit bei weit über 70000 Stück. Ein solcher Einfluß läßt sich nicht überall nachweisen (siehe dazu auch Jörg Drews' Aufsatz in dem von Wilfried Barner herausgegebenen Band *Literaturkritik – Anspruch und Wirklichkeit.* Stuttgart: Metzler 1990). Aber die unmittelbar betroffenen Akteure, Verlagsleiter und Buchhändler, sind von der Wirksamkeit der öffentlichen Urteile fest überzeugt.

dar. Dies wird verknüpft mit einigen Kontextinformationen und einordnenden Bemerkungen: Welche Bücher des Autors sind schon bekannt, wie wurden sie von den einschlägigen Wertungsagenturen besprochen, welche Bezüge zu anderen Autoren und Werken sind erkennbar, was ist der reale historische oder gesellschaftliche Hintergrund, auf den sich der Text bezieht? Schließlich geht man auf die Machart und die Schreibweise des Buches ein, und spätestens hier ist der Punkt gegeben, an dem sich unsere Kritiker wertend äußern. Wenn sich hier die anderen Diskutanten noch mit Details und abwägenden Worten aufhalten, fordert der Papst unerbittlich eindeutige Urteile heraus: »Freunde, jetzt mal ehrlich: Was taugt denn das Buch?«

Die Kriterien, oder besser: die Schlagwörter, die als Instrumente der wertenden Stellungnahme herangezogen werden, gehen meist bunt durcheinander. Die Sendungen entfalten ein Potpourri emotional eingefärbter Impressionen: Die Bücher sind »interessant«, »völlig ungewöhnlich«, »glänzend erzählt« oder »toll erzählt«; sie erscheinen »geistreich und witzig«, »hübsch« und »fabelhaft« und bereiten »Spaß und Vergnügen«. Es gibt jedoch auch »Symbole, wo es einem wirklich die Schuhe auszieht«, Bücher, die »Flanell über der Sprache« tragen, »unliterarische Phrasen« enthalten, »wacker« und »mittelmäßig«, »naiv und blöd«, »geistfeindlich« oder schlicht und ergreifend »Käse« sind.[2] Ohne Umschweife dient in bestimmten Fällen ein identisches Merkmal dazu, dem einen Buch höhere Weihen zu verleihen und dem anderen den Prozeß zu machen. Auf der einen Seite wird bei Ivan Klíma *(Warten auf Dunkelheit. Warten auf Licht)* die »genaue Schilderung des Alltags« gelobt und bei Aleksandar Tišma *(Das Buch Blam)* als vorbildlich

[2] Alle in diesem Text angeführten Zitate entstammen dem *Literarischen Quartett* vom 20. April und vom 6. Juli dieses Jahres.

hervorgehoben, daß es »möglichst genau aufschreibt, was war«, wodurch es nicht nur »ein Stück Realität und Leben«, sondern vor allem »ganz große Literatur« sei. Auf der anderen Seite gerät es dem Buch *Niemand der mit mir geht* von Nadine Gordimer zum Verhängnis, daß es im »Dokumentarischen« verbleibe und »kein Gleichnis, nur ein Bericht« sei. Das »Gleichnishafte« ist wiederum eine besondere Qualität des Buches von Tišma, während das vernichtende Urteil über Helga Schütz' *Vom Glanz der Elbe* sich just darauf stützt, daß es als »sehr allegorisch« und somit »zu kalkuliert« erscheine.

Der auf den ersten Blick verwirrte Zuschauer kann auf den zweiten Blick erleichtert konstatieren: Es geht hier nicht darum, wie und mit welchen Kriterien konsistent gewertet wird. Es geht nur darum, daß überhaupt klare Urteile gefällt, Unterscheidungen getroffen – und Pointen formuliert werden. Somit sind konkrete Merkmale der Texte im Diskurs dieser Heiligen Inquisition des Literaturbetriebs völlig nebensächlich. Wichtig sind hingegen die wertenden Adjektive, die wie phosphoreszierende Selbstklebe-Etiketten auf die Bücher gepappt werden: gut oder schlecht, »originell« oder »traditionell«, »große europäische Literatur« oder »amerikanische Unterhaltungsliteratur«, Bücherschrank oder Giftschrank, und schließlich – hier kulminiert der Wertungsakt –, »interessant« oder »langweilig«.[3] Diese dichotomischen Etiketten sollen den Zuschauern wie kleine Wegweiser in gefährlichen Gegenden den sicheren Pilgerpfad weisen.

Damit die Orientierungsnot beim Publikum gänzlich behoben wird, haben unsere Unterscheider jedoch immer auch einen normativen Holzhammer dabei. Spätestens dann, wenn das Wort »Kitsch« oder »Trivialliteratur« ertönt, weiß der Zuhörer: Finger weg! Diese Wörter sind deutliche Grenzmarken, die zweierlei Territorien des Geschriebenen voneinander scheiden: den wohlumhegten, gepflegten und bekannten Raum literarischer Legitimität einerseits; den fremden, gefährlichen, unverständlichen oder gar, *horribile dictu,* massenwirksamen Raum des literarisch Illegitimen andererseits.

Das vielbemühte Filmzitat »Denn sie wissen nicht, was sie tun«, hier trifft es nicht zu. Die großen Unterscheider wissen es nämlich ganz genau. So spricht Karasek seinen Oberherrn am 20. April unverhohlen als »Grenzbeamten« an, der darüber zu bestimmen habe, wer zum Reich der Literatur dazugehört und wer nicht. Mit den Objekten korrespondieren auch die Lesergruppen. Hüben befindet sich die Gemeinde der Rechtgläubigen, die dankbar den Hinweisen, Auslegungen und Ermahnungen ihres Papstes und seiner drei Bischöfe folgt. Drüben dagegen befinden sich die Ungläubigen, die Ketzer und Barbaren, die nicht bereit sind, das Feld der legitimen Literatur und die Autorität der Unterscheider anzuerkennen.

Dieses wilde Jenseits der Gemeinde ist auch die einzige Sphäre, die unsere Geweihten in Unsicherheit zu stürzen vermag. Wer sind die Barbaren wirklich, welchen heidnischen Göttern dienen sie, was sind ihre Motive? In der April-Sen-

---

3 Das schlimmste Verdikt, das der Papst fällen kann, lautet: »Das Buch hat mich gelangweilt.« Ein Buch, dem dieses Urteil widerfährt, ist für einen ordentlichen Verriß gar nicht mehr satisfaktionsfähig. Die Unterhaltungsfunktion, ohne Zweifel der leitende Imperativ des »kritischen« Treibens im *Quartett* selbst, wird hier unter der Hand auch zum obersten Kriterium der literarischen Qualität gemacht. Das Delikt der Langeweile, mag es auch noch so hochkulturell und ernsthaft einherkommen, ist unverzeihbar und schließt jede Form der Begnadigung aus. In der Talkshow *Willemsens Woche* wurde Reich-Ranicki übrigens darauf angesprochen, ob denn das Kriterium der empfundenen Langeweile wirklich ein gutes Wertungskriterium sein könne. Er antwortete darauf, es sei »das beste, das ich kenne«.

dung trat diese Verunsicherung in aller Deutlichkeit hervor. Die vier Weisen rätselten über den Anderen, den Fremden, den Leser des Trivialen. Auslöser war das »Erfolgsbuch« von Susanna Tamaro, *Geh, wohin dein Herz dich trägt.* Nachdem man den Text schnell und unkompliziert abgeurteilt hat (»Trivialliteratur«, »Die Gartenlaube war besser«, »Das schlechteste Buch, das wir je besprochen haben«, »dies ist ein Buch, das mit Literatur nichts zu tun hat«), stellt der Papst angesichts von Millionen verkaufter Exemplare die entscheidende Frage: »Wer liest dieses Buch?«

Es müsse sich dabei, so eine der Mutmaßungen, um simpel gestrickte Leute handeln, die froh darüber wären, daß sie diesem simpel gestrickten Buch nicht unterlegen seien. Frau Löffler ortet die Leserschaft unter den »älteren Frauen«, die ansonsten nur »Herzschmerz-Illustrierte« läsen. Und während Herr Karasek noch mildernde Umstände geltend machen will, da ihm das Buch ein ansonsten »hochintelligenter Buchhändler« empfohlen habe, holt Reich-Ranicki zum entscheidenden Schlag aus: Das Buch behandele all jene Themen, von der Astrologie über den Feminismus bis zur Psychoanalyse, die der »typische *Bild*-Zeitungs-Leser« erwarte. Abgesehen von der fast schon liebenswürdigen Hilflosigkeit, die aus diesem grotesken Fehlurteil spricht (welcher *Bild*-Zeitungs-Leser interessiert sich schon für Feminismus und Psychoanalyse?), kommt hier doch jener schaudernde Horror zum Tragen, den das Buch und seine mutmaßlichen Leser bei unserem Hüter der Differenz hervorrufen. Der *Bild*-Zeitungs-Leser, das ist für den obersten Bildungsbürger eine Kreatur, vergleichbar jenen Monstren zwischen Mensch und Tier, die frühere Kartographen als Einwohner der *terrae incognitae* einzuzeichnen pflegten: das schlechthin Andere. *Contra gentiles* fällt unserem Klerus des guten Geschmacks letztlich nichts anderes ein als unverständiges Kopfschütteln. Das Outing der »Trivialleser« durch die Quartettmitglieder knüpft allerdings letztlich nur an einen Topos an, der die Diskussion um Kunst und Kitsch schon seit ihren Anfängen begleitet. Umberto Eco hat ihn auf den treffenden Nenner gebracht, daß die Kritik der »Massenkultur« letztlich nichts anderes sei als eine bildungsbürgerliche Kritik an den »Massen«.[4]

Was die kulturellen Türhüter allerdings eigentümlich modern erscheinen läßt, ist die Selbstreferenz ihrer Kommunikation. Nicht nur, daß die Gespräche im *Quartett* regelmäßig auf andere Buchrezensionen aus den Feuilletons rekurrieren; auch die aktuellen Stellungnahmen beziehen sich oft nicht auf die Bücher, sondern auf die Urteile der anwesenden Kollegen, auf ihre Thesen und Irrtümer, Vorlieben und Eigenarten. Bei alledem darf nicht vergessen werden, daß es sich um eine Fernsehsendung handelt, deren Erfolg von der Beachtung bestimmter medialer Regeln abhängt. Wenn die Unterscheider aneinander vorbeigingen, sich sorgfältig aneinander abarbeiteten oder – noch schlimmer – unisono einheitliche Stellungnahmen produzierten, dann wäre nicht nur das Gähnen, sondern auch das bedrohliche Zappen des Zuschauers schon vorprogrammiert. Die Liturgie bedarf einer gewissen dramaturgischen Grundspannung, sonst wird die Gemeinde abtrünnig. Also streitet man sich: entweder über die grundsätzliche Qualität eines Buches, was durchaus häufig vorkommt; oder aber zumindest über die Gründe für Zu- und Ablehnung, über die Richtigkeit der hergestellten Bezüge oder letztlich darum, wer die besten Belege und originellsten Pointen plaziert hat. In verblüffender Offenheit hat Karasek die Logik dieses Schaukämpfens in der Diskussion um den *Glanz der Elbe* von Helga Schütz am 6. Juli auf den Begriff gebracht.

---

4 Umberto Eco, *Apokalyptiker und Integrierte. Zur kritischen Kritik der Massenkultur.* Frankfurt: Fischer 1984.

Auf des Papstes verzweifelte Frage: »Das ist doch ganz altmodische Prosa, so wacker und brav; Kinder, das wollt ihr verteidigen? Warum eigentlich?«, antwortet Karasek: »Weil Sie es angreifen!« Angriff und Verteidigung, Daumen hoch oder 'runter, das sind die simplen Logiken dieser zirzensischen Veranstaltung, die ihren Reiz nicht aus der Ernsthaftigkeit und Plausibilität ästhetischer Wertung, sondern aus dem Unterhaltungswert der Akteure und ihrem Sprachwitz zieht.

Die ironische Offenheit, mit der man die eigene Ernsthaftigkeit selber relativiert, hat mitunter schon etwas Postmodernes. In der Diskussion um *Schreiben oder Leben* von Jorge Semprun ergibt sich folgender Disput. Kaiser wirft Reich-Ranicki vor, daß er immer nur über die erste Hälfte des Buches spreche: »Ich würde doch zu sagen wagen, so schön und beeindruckend das ist, die zweite Hälfte des Buches ist entschieden schwächer als der Anfang.« Darauf Reich-Ranicki: »Deshalb spreche ich über die erste, weil mir das Buch insgesamt gefallen hat. Und wenn mir ein Buch gefallen hat, spreche ich über die Kapitel, die gut sind, und nicht über die schwachen, die verzeihe ich einem Autor«. Einwurf Karasek: »Aber wenn ihnen ein Buch nicht gefällt, sprechen sie auch nicht gern über die guten Kapitel – soll ich das als Schluß daraus ziehen?« Reich-Ranicki: »Ja … ja … ja! Und zwar, man muß seine These, die man hat über ein Buch, ob es gut, schlecht oder mittelmäßig ist, natürlich belegen. Und man wird sie doch mit denjenigen Kapiteln belegen, die der These entsprechen, und nicht mit den anderen.« Löffler fällt ihm ins Wort: »Ach, Herr Reich-Ranicki, verraten sie doch nicht alle unsere Tricks!« Selbst simplen Gemütern geht spätestens hier auf, daß ein diffus gewachsenes Urteil selektiv-strategisch mit Belegen gestützt wird: Der scheinbaren Klarheit des Urteils fällt die Differenziertheit der Analyse zum Opfer, denn die würde den Zuschauer nur verunsichern, desorientieren oder langweilen.

Es gibt freilich einen Kern der Orthodoxie, ein Allerheiligstes, bei dem der Hüter der Differenz keinen Spaß versteht: Das ist der Kanon des hochliterarischen Bildungsgutes, der von Goethe bis Thomas Mann, von Shakespeare bis Musil, von Tolstoi bis Nabokov reicht. Wagt es ein Bischof, einen neuen Roman unvorsichtigerweise in die Nähe dieses Allerheiligsten zu rücken, dann reagiert der Papst verärgert. Als etwa die Mitstreiter Karasek und Willemsen in der April-Sendung bei der Besprechung des Gesellschaftsromans *Rameaus Nichte* von Cathleen Schine die Namen Hegel, Diderot und Musil fallenlassen, erschallt ein Ruf zur Rettung der Differenz: »Wir sind zwischen Hegel und Musil! Kinder, seid ihr verrückt geworden! … Gleich kommt Leo Tolstoi und Thomas Mann noch dazu … Wir haben es hier mit amerikanischer Unterhaltungsware zu tun!«

Nach dieser kurzen Ethnographie drängt sich die Frage auf, die alle guten Ethnographen verfolgen: Welche Funktionen übt das Ritual eigentlich für die Menschen aus? Warum schauen sie wie gebannt zu, und was würden sie missen, wenn das Ritual wegfiele?[5] Die erste, vielleicht wichtigste Funktion der Unterscheider besteht in der Reduktion von Komplexität. Die Notwendigkeit einer solchen Reduktion liegt auf der Hand, wenn man bedenkt, daß in jedem Jahr Zehntausende von literarischen Neuerscheinungen auf den Markt kommen. Durch Kritiken und Bestsellerlisten wird die Pflichtlektüre für den Bildungsbürger auf ein realistisches Maß beschränkt. Wie praktisch zudem beim *Literarischen Quartett,* daß man hier noch nicht einmal mehr den Feuilletonartikel lesen, sondern nur noch zuhören muß, um ein »wichtiges« Buch zu »kennen«.

---

[5] Siehe dazu ausführlich Andreas Dörner / Ludgera Vogt, *Literatursoziologie. Literatur, Gesellschaft, Politische Kultur.* Opladen: Westdeutscher Verlag 1994.

Die Auswahl[6] weniger Werke, denen man Aufmerksamkeit und Sorgfalt zukommen läßt, ermöglicht - soziologisch gesehen - erst ein literarisches Medium der Kommunikation: Man gewinnt gemeinsame Sprechanlässe, gemeinsame Themen und somit einen Raum kommunikativer Verbundenheit. Durch derartige Kanonisierung wird Literatur als gesellschaftliches Kommunikationsmedium erst handhabbar. Wie sollten sich gemeinsame Gespräche führen lassen, wenn jeder der Lesenden jeweils andere Bücher kennt? Titel, Zitate und Anspielungen sind diskursive Versatzstücke, die jeweils zur schnellen gemeinsamen Verortung einer Situation zur Hand sind. Literatur als Medium der Kommunikation sichert kulturelle Identitäten und historische Kontinuitäten. Im Rahmen des »kollektiven Gedächtnisses« (Maurice Halbwachs) gewährt die mit Wertung verbundene Auswahl und Fokussierung der Objekte auch in der diachronen Perspektive einen stabilen Identitätsgenerator für Individuen wie für ganze Generationen. Eigene Einschätzungen und fremde Kritiken gewährleisten die Erfahrung von personaler Identität: Wie stehe ich zu Ecos *Der Name der Rose,* was kennzeichnet meine Lesart, meine Bewertung dieses ästhetischen Objektes im Unterschied zu denen anderer Betrachter? Das Wissen über Motive und Gegenstände schlägt viele kleine Brücken zwischen ausdifferenzierten Spezialdiskursen, läßt Chemiker, Verwaltungsbeamte und Studienräte in einen gemeinsamen Interdiskurs eintreten.

Neben diesen identitätsstiftenden und gesellschaftsintegrativen Funktionen zeitigt ästhetische Wertung jedoch auch Effekte der sozialen Differenzierung. Literaturkritik kann Gruppen integrieren und voneinander abgrenzen: Das Erkennen »hoher« Kultur distinguiert die Gebildeten von den heidni-

6 Interessanterweise ist die Verlagswahl sehr einseitig. Den Verlagen Suhrkamp, Hanser, Rowohlt und Fischer entstammen etwa 80 Prozent der Titel.

schen Kultur-Barbaren. Diese Identitätsbildung erfolgt gerade auch durch Abgrenzung von einem stigmatisierten »Anderen«. Insbesondere das Bildungsbürgertum zieht aus der von den Päpsten und Bischöfen zelebrierten Wertung seine Distinktionsgewinne. Wichtige Voraussetzung: Das Buch muß irgendwie schwierig und schwer verdaulich sein. Es darf nicht der »unmittelbaren Lustbefriedigung« dienen, wie es häufig bei der Schelte des Trivialen heißt. Es ist die »Distanz zur Notwendigkeit« der unmittelbaren Bedürfnisbefriedigung oder, anders ausgedrückt, Distinktionslust durch Askese, die hier ausgrenzend Identitäten konstituiert.

Allen postmodernen Nivellierungstendenzen zum Trotz gewinnt auch die heutige »Erlebnisgesellschaft« aus diesem Spiel von Inklusion und Exklusion ihre Spannung und Lebendigkeit. Wenn Intellektuelle sich literarische »Kitschprodukte« aneignen und auch öffentlich zu ihren ästhetischen Präferenzen für Comics, billige Kriminalromane oder Bücher zur *Schwarzwaldklinik* bekennen, dann ist keineswegs die Aufhebung aller ästhetischen Grenzen angezeigt. Es handelt sich vielmehr um die Raffinesse einer Distinktion durch doppelte Negation. Gebildete Gruppen eignen sich den Geschmack der unteren Klassen an, um zweifachen Gewinn zu erhalten: zum einen den Genuß des Kitsches; zum anderen den »in einer Art Gewaltstreich in Ablehnung aller Ablehnungen« (Pierre Bourdieu) erzielten Distinktionsgewinn innerhalb der eigenen Gruppe.

Wenn es also weniger das Objekt als vielmehr der Umgang mit dem Objekt ist, der soziale Distinktionen konstituiert, dann haben wir es hier immer auch mit Machtfragen zu tun. Mein (impliziter oder expliziter) Benennungsakt wird nur dann akzeptiert, wenn ich ein hinreichendes Quantum an Benennungsmacht einbringe. Eine Zuschreibung erfährt um so mehr Akzeptanz, je mehr kulturelle Kompetenz, symbolisches Kapital in Form von Reputation, soziales Kapital in Form von Beziehungen und schließlich Zugangsmöglichkeiten zu einflußreichen Publikationsorganen dahinter steht.

So kann der Souverän Reich-Ranicki seine Etiketten nahezu nach Belieben verteilen – sie gewinnen ihre Plausibilität einzig aus der Benennungsmacht des Großen Unterscheiders. Der ist nicht mehr nur *princeps inter pares* im Feuilleton, sondern seit der Geburt des *Literarischen Quartetts* im Jahre 1988 Alleinherrscher im Reich der televisionär vermittelten literarischen Distinktion. Ich habe bislang klerikale Kategorien zur Beschreibung der Funktionsrolle dieses Literaturkritikers verwendet. Aus soziologischer Sicht drängt sich nun noch eine andere Parallele auf. Der öffentlich zelebrierte ästhetische Dezisionismus gemahnt an den Souverän im *Leviathan* des Thomas Hobbes. Dieser Souverän, den Carl Schmitt mit einer eiskalten Maschine verglich, produziert *Ent*scheidungen und stiftet dadurch Ordnung, gleich wie gerecht oder ungerecht die Entscheidungen sind. Reich-Ranicki produziert *Unter*scheidungen und verhindert damit den ästhetischen Bürgerkrieg unter den Gebildeten. Die entscheidende Differenz liegt allerdings darin, daß der Literaturkritiker nicht als eiskalte Maschine, sondern als leidenschaftlicher Medienstar mit hohem Unterhaltungswert in Erscheinung tritt. Dessen Faszination sich auch die Autorin nicht immer entziehen kann.

Von Feinden und Barbaren

Carl Schmitt und Niklas Luhmann

Von Niels Werber

»Der Begriff des Staates setzt den Begriff des Politischen voraus«, postuliert Carl Schmitt 1932 in seiner berühmten Studie.[1] Das Politische wird von Schmitt differenztheoretisch als Unterscheidung von Freund und Feind eingeführt. Dies trennt die politische Sphäre von anderen Bereichen und deren Unterscheidungen: dem der Moral und der Differenz gut/böse, dem der Ästhetik und der Unterscheidung von schön und häßlich, dem System der Wirtschaft und seiner Differenz rentabel/unrentabel. Soweit zur Abgrenzung. Positiv kann der moderne Staat definiert werden als historische Einrichtung, die im Normalfall den inneren Frieden garantiert und den Brecher dieses Friedens nicht als Feind behandelt, sondern als Verbrecher. »Innerhalb des Staates« können daher »Rechtsnormen überhaupt gelten«. Über den Gesetzesbrecher wird Recht gesprochen, er wird nicht bekriegt. Und zu den Kontroversen der Parteien im »pluralistischen Parteienstaat« verhält sich der Staat innenpolitisch neutral *(Der Hüter der Verfassung)*. Politik in einem intern befriedeten Staat ist daher exklusiv Außenpolitik in dem Sinne, daß der potentielle Feind ein anderes Land ist und die potentielle Gefahr für den Staat weniger von Rechtsbrüchen droht als vom Krieg.

Nicht jeder Konflikt führt zur Differenzierung von Freund und Feind, es kommt auf den »Intensitätsgrad« an, heißt es in *Der Begriff des Politischen.* Erst wenn innerhalb eines Staates ein Gegensatz »stark genug ist, die Menschen nach Freund und Feind zu gruppieren«, dann läuft die Politik auf den »Bürgerkrieg« zu – wenn etwa Arbeitgeber und Arbeitnehmer sich nicht als Tarifparteien gegenüberstehen, sondern als Klassenfeinde mit dem Ziel, den anderen zu liquidieren. Ob »Außen-« oder »Innenpolitik«, ob Krieg oder Bürgerkrieg, die »Begriffe Freund, Feind und Kampf erhalten ihren realen Sinn dadurch, daß sie insbesondere auf die reale Möglichkeit der physischen Tötung Bezug haben und behalten«. Die Entscheidungsmacht eines Staates, von den »Menschen im Ernst zu fordern, daß sie Menschen töten und bereit sind, zu sterben«, ist nun zwar keinesfalls etwas »Alltägliches«, wohl aber als Sonderfall eine »reale Möglichkeit«. Die Dispositionsgewalt über die »Todesbereitschaft und Tötungsbereitschaft« seiner Bürger wird nur im »Ernstfall« akut. Die interessante staatstheoretische Frage ist daher: wer ist »souverän in dem Sinne, daß die Entscheidung über den maßgebenden Fall, auch wenn er der Ausnahmefall ist«, bei ihm steht. In seiner *Politischen Theologie* aus dem Jahre 1922 hat Schmitt sie so beantwortet: »Souverän ist, wer über den Ausnahmezustand entscheidet.« Diese Souveränität ist der »entscheidende Punkt des Politischen« *(Der Begriff des Politischen)*. Symbole dieses *locus decisionis* waren im Kalten Krieg die »Raketenkoffer« des amerikanischen und sowjetischen Präsidenten, mit deren Hilfe ein Atomschlag befohlen wird, wenn die letzte Entscheidung über den Ernstfall gefallen ist.

Im Vergleich mit Schmitt, der seine politische Theorie vom Extremfall her aufbaut, erscheint Niklas Luhmann als Vertreter der Normalität. Und in einer in Funktionssysteme ausdifferenzierten Gesellschaft besteht diese Normalität

---

[1] Carl Schmitt, *Der Begriff des Politischen.* Berlin: Duncker & Humblot 1991.

darin, daß eine Entscheidung im politischen System »an die Vorentscheidung über rechtmäßig/unrechtmäßig gebunden wird« und das Rechtssystem zur Durchsetzung von Entscheidungen auf Macht zurückgreifen kann. »Was faktisch sich durchsetzt ... ist eine Zweitcodierung der Macht durch das Recht ... Wirksame Macht muß jetzt rechtmäßige Macht sein, die Gewaltenteilung läßt nur rechtmäßige Selektionen durch und filtert unrechtmäßige ab.«[2] Und umgekehrt vermag jeder, der in einer »Situation Recht hat«, Recht zu bekommen, unabhängig davon, wie mächtig er ist. Im Rechtssystem wird juristisch, nicht politisch entschieden, doch wird die Durchsetzung des Rechtsspruchs gleichsam durch einen Blankoscheck der Macht gedeckt. Das Recht verhilft auch dem Machtlosen zur Macht. Aus diesem Zusammenspiel von Recht und Macht folgert Luhmann, daß eine politische Freund/Feind-Codierung nicht mehr denkbar ist, weil jeder Widerstand gegen die rechtsförmig auftretende staatliche Gewalt eine Straftat ist und kein »Kampf«. Es »verliert der Widerstand gegen die Macht seine Zentralrichtung. Er kann nicht auf eine Machtprobe hinauslaufen. Er bleibt als Rechtsbruch Einzelfallaktivität – voraussetzend, daß die Pressefreiheit gewährleistet bleibt und die Medien gebührend darüber berichten; daß die Waffengebrauchsrichtlinien der Polizei angesichts des Rechtsbruchs nicht außer Kraft treten und weder das Abitur noch die Rentenaussichten der Widerstandsaktivisten in Frage gestellt werden.«

Wir sehen, es geht nicht um den Ausnahmefall, sondern um die Verfolgung von Straftaten mit rechtsstaatlichen Mitteln, was unter allen Umständen den voraussetzungsvollen Normalfall voraussetzt, den Schmitt im *Begriff des Politischen* so beschreibt: »Die Leistung eines normalen Staates besteht aber vor allem darin, innerhalb des Staates und seines Territoriums eine vollständige Befriedung herbeizuführen ... und dadurch die normale Situation zu schaffen, welche die Voraussetzung dafür ist, daß Rechtsnormen überhaupt gelten können, weil jede Norm eine normale Situation voraussetzt und keine Norm für eine ihr gegenüber völlig abnorme Situation Geltung haben kann.«

Nun leitet aber Luhmann aus der Normalität des Normalfalls ab, eine »abnorme Situation«, die Normen außer Kraft setzen würde, könne überhaupt nicht eintreten. Kontrolle des Ausnahmefalls hieße bei Luhmann also nicht Disposition über den Ausnahmefall, sondern seine Vermeidung bei Strafe des Zusammenbruchs der Macht. Im Klartext: Eine Machtprobe findet in dieser Gesellschaft nicht statt, findet sie aber statt, liegt bereits eine andere Gesellschaft vor, in der das Recht nicht länger eine autonome Zweitcodierung der Macht wäre. Die Macht wäre dann im Recht, die Ohnmacht im Unrecht – eine vormoderne Situation.

Carl Schmitt und Niklas Luhmann sind sich darüber einig: das »Politische muß ... in eigenen letzten Unterscheidungen liegen, auf die alles im spezifischen Sinne politische Handeln zurückgeführt werden kann« *(Der Begriff des Politischen)*. Im Normalfall ersetzt auch Schmitt die »spezifisch politische Unterscheidung ... von Freund und Feind« durch die Differenz von Regierung und Opposition. Schmitt spricht von einem Staat, »der mit einem normal funktionierenden Zweiparteiensystem seinen staatlichen Willen bildet«, was eine »auf demokratischen Grundlagen beruhende« und dadurch besonders »leistungsfähige Regierung« ermögliche *(Der Hüter der Verfassung)*. Selbstverständlich behandelt normalerweise die eine Partei die andere nicht als Feind, sondern als kompromiß- oder gar koalitionsfähigen Gegner.

---

2 Niklas Luhmann, *Widerstandsrecht und politische Gewalt*. In: *Soziologische Aufklärung*. Bd. 4. Opladen: Westdeutscher Verlag 1987.

Bei Luhmann heißt es ähnlich: »Im politischen System entstehen, sobald das System sich selber im Hinblick auf kollektiv bindendes Entscheiden beobachtet, Vorstellungen über Entscheidungsalternativen, die sich zur Opposition verdichten, sobald solche Gegenpositionen sich von Entscheidung zu Entscheidung fortsetzen lassen ... Das Schema Regierung/Opposition wird zur Form des Systems, zum Code des politischen Systems«.[3] Überall dort, wo Kommunikationen, die zu kollektiv bindenden Entscheidungen führen, mit dem Schema von Regierung und Opposition codiert werden können, haben wir es mit Kommunikationen im System der Politik zu tun. Außerhalb dieses Codes gibt es keine Politik. Ein Angriff auf diese Form des Codes wäre damit unpolitisch – etwa eine bloße Straftat, die rechtmäßig als Unrecht bestraft werden wird. Carl Schmitt hält dagegen eine »innerstaatliche Feinderklärung« für denkbar, gerade und auch in einem »konstitutionellen bügerlichen Rechtsstaat«. Schmitt zitiert zustimmend Lorenz von Stein: »Im Verfassungsstaat (ist die Verfassung. CS) der Ausdruck der gesellschaftlichen Ordnung, die Existenz der staatsbürgerlichen Gesellschaft selber. So wie sie angegriffen wird, muß sich daher der Kampf außerhalb der Verfassung und des Rechts, also mit der Gewalt der Waffen entscheiden.« *(Der Begriff des Politischen)* Dies wäre nichts anderes als der Ausnahmezustand. Beispielsweise die RAF hat diesen »bewaffneten Kampf«, den Luhmann quasi für unmöglich hält, aufgenommen, ausgetragen und verloren.

Zwischen der Rechtstheorie Schmitts und der Rechtssoziologie Luhmanns gibt es engste Verbindungen, die bislang noch nicht aufgezeigt worden sind. Luhmann selbst handelt Carl Schmitt, dessen differenzorientierte Theoriebautechnik der seinen so überaus ähnlich ist, nur in einer Fußnote ab.[4] Selbst Schmitts Schrift über *Gesetz und Urteil* (1912) wird nirgends angeführt, obwohl ihr Luhmanns *Recht der Gesellschaft* hinsichtlich der operativen Geschlossenheit und paradoxalen Selbstbegründung des Rechtssystems zentrale Einsichten verdanken müßte. Es liegt bei aller Parallelität nahe zu fragen, warum Luhmann in seinen Überlegungen zu Politik und Recht der Gesellschaft die Frage nach dem Feind sorgfältig vermeidet und die nach dem Ausnahmefall zumindest nur als Marginalie behandelt. Verschleiert Luhmann, dessen Fußnoten üblicherweise enzyklopädische Ausmaße erreichen, hier seine Quellen? Und wenn ja, warum?

Meine These hierzu ist, daß Luhmann das von Schmitt bedachte Problem des Feindes in unauffälliger Weise an einer anderen Stelle der Theoriearchitektur und in anderer Terminologie reformuliert, um bestimmte Implikationen des Schmittschen Denkens vermeiden zu können – *nämlich die Inklusion des Feindes!*

Einen ersten Hinweis für eine Verlagerung des Problems entnehmen wir Luhmanns Summa über das *Recht der Gesellschaft.* Dort heißt es über die »Rechtsstaatsformel«, daß die »Bezugnahme auf den Staat« darauf hinweise, »daß das Recht ... sich nur entwickeln kann, wenn politisch Frieden gesichert, also freie Gewaltausübung verhindert werden kann«. Soweit wäre Luhmann mit Schmitt einig. Im Satz darauf fährt Luhmann fort: »Angesichts der Zustände in vielen Regionen und vor allem in Großstädten auf dem amerikanischen Kontinent hat man sehr aktuellen Anlaß darauf hinzuweisen.« Hier wird auf »Regionen« verwiesen, in denen der Staat den politischen Frieden nicht sichert, also Gewalt »frei«, ohne Bezug auf Recht und Unrecht, aus-

---

3 Niklas Luhmann, *Das Recht der Gesellschaft.* Frankfurt: Suhrkamp 1993.

4 Im Aufsatz *Staat und Politik.* In: *Soziologische Aufklärung.* Bd. 4, S. 95, Fußnote 45. Eine unauffällige Anspielung auf Schmitts Konzeption der Souveränität in *Soziale Systeme.* Frankfurt: Suhrkamp 1987, S. 453, Fußnote 150.

geübt wird. An diesen Orten rechtloser Macht gibt es demnach weder Politik noch Recht. Während Carl Schmitt aus der Einsicht, daß das Recht die Beendigung des Bürgerkrieges durch den Staat voraussetzt, unmittelbar eine Theorie des Ausnahmezustands ableitet, macht Luhmann eine solche Theorie dadurch überflüssig, daß er das Problem gleichsam ghettoisiert. Der Ausnahmefall ist nichts, was sich in einer Gesellschaft ereignet und dort die Macht im Konflikt zum Recht nötigt, sondern es findet außerhalb der Gesellschaft statt. Der Feind ist nicht der, der als »Staatsfeind« »hors-la-loi« *(Der Begriff des Politischen)* gesetzt wird, sondern er wird zu einem Territorium *hors-la-société* verwandelt. Der Feind erhält von Luhmann eine gänzlich neue Gestalt. Er mutiert zur Barbarei.

In seinem Aufsatz *Jenseits von Barbarei* stellt Luhmann Überlegungen zur Zukunft der Weltgesellschaft des nächsten Jahrtausends an.[5] Dies ist um so bemerkenswerter, als Luhmann sich bislang in Fragen der Prognostik eine strikte Abstinenz auferlegt hat.[6] Es geht um den sozialen Mechanismus von Inklusion und Exklusion im Verlauf der gesellschaftsstrukturellen Evolution. In der griechischen Antike unterschieden die Hellenen sich selbst von den Barbaren. So bestimmten sie die eigene Gattung und Ordnung, indem ihr Gegenteil ausgeschlossen wurde. »Danach können die Barbaren nicht Hellenen sein und die Hellenen nicht Barbaren. Und das genügt als logische Garantie von Ordnung.« Selbstverständlich findet diese Unterscheidung, die Barbaren aus der Welt der Hellenen ausschließt, nur relative und regionale Akzeptanz: »Niemand wird von den Barbaren erwartet haben, daß sie sich selbst als Barbaren beschreiben.« In einer griechischen Familie aber wird man eben als Hellene geboren und ist, gleich welchen Standes, zumindest kein Barbar. Inklusion in die Gesellschaft ist demnach Familiensache.

Und heute? In der modernen »Weltgesellschaft« entscheidet die Geburt nicht länger über das ob und wie der Inklusion. Die Karrieren »als Modus der Integration von Individuen und Gesellschaft« verlaufen unabhängig vom Stand der Eltern. An der Teilnahme an der Kommunikation ausdifferenzierter Funktionssysteme wird niemand grundsätzlich gehindert. »Es gibt keine ersichtlichen Gründe, jemanden von der Verwendung von Geld, von der Rechtsfähigkeit oder einer Staatsangehörigkeit, von Bildung, oder vom Heiraten auszuschließen«. Nicht länger sind nur bestimmte Gruppen stets im Recht (Adel), haben Geschmack (Hof) oder dürfen Geld gegen Zinsen verleihen (Juden), sondern jedermann. Das Recht auf Inklusion ist Menschenrecht geworden, könnte man mit einigem Pathos sagen. Freilich, bei »prinzipieller Vollinklusion aller entscheiden die Funktionssysteme selbst, wie weit es jemand bringt: ob er Recht oder Unrecht bekommt, ob sein Wissen als wahr anerkannt wird oder nicht, ... wieviel Geld er ausgeben kann usw.« Jeder hat die Chance zur Inklusion, aber wie weit sie gelingt, hängt vom Einzelfall ab – des Systems wie der Person. Denn inwieweit jemand Recht oder Unrecht bekommt, Geld oder Schulden macht, heiratet oder nicht, Abitur hat oder nicht steht in keinem einfachen Kausalzusammenhang. Luhmann spricht von der »Souveränität in der Graduierung von Inklusion«.

In einer derart auf »Inklusion der Gesamtbevölkerung angelegten« Gesellschaft scheint »die Barbarei verschwunden« zu sein. Selbst »abweichendes Verhalten ist jetzt nicht mehr Grund für Exklusion, sondern für Sonderbehandlung zum Zwecke der Inklusion«. Kranke,

---

[5] In: *Gesellschaftsstruktur und Semantik.* Bd. 4. Frankfurt: Suhrkamp 1995.

[6] Vgl. das Luhmann-Interview in *Symptome. Zeitschrift für epistemologische Baustellen,* Nr. 10, Dezember 1992.

Schwache, Verstörte, Arme, Perverse, Arbeitslose etc. werden nicht verbannt, sondern therapiert, weitergebildet, umerzogen, interniert, umgeschult etc. Man lese nur Michel Foucaults *Überwachen und Strafen.* »Problemfälle« werden inkludiert, gerade weil man dort »mit Therapie oder Sozialarbeit oder Entwicklungshilfe nacharbeiten« muß. Die Zwischenbilanz des Essays lautet daher: »Die Logik der funktionalen Differenzierung schließt gesellschaftliche Exklusionen aus, muß es dann aber erlauben innerhalb der Funktionssysteme nach systemeigenen Kriterien zu differenzieren.« Luhmann schließt hier die Frage an: »Wie kann es Inklusion geben, wenn es keine Exklusion gibt?« Wer Luhmanns Vorliebe für Paradoxien kennt, wird hier fast die Antwort erwarten, es gebe auch Exklusion, aber eben nur als Exklusion von Exklusion.

Statt dessen heißt es: »Zur Überraschung aller Wohlgesinnten muß man feststellen, daß es doch Exklusionen gibt, und zwar massenhaft und in einer Art von Elend, die sich der Beschreibung entzieht. Jeder, der einen Besuch in den Favelas südamerikanischer Großstädte wagt und lebend wieder herauskommt, kann davon berichten ... Es bedarf dazu keiner empirischen Untersuchungen. Wer seinen Augen traut, kann es sehen, und zwar in einer Eindrücklichkeit, an der die verfügbaren Erklärungen scheitern.«

Hier von Ausbeutung, Unterdrükkung oder Marginalisierung zu sprechen, lehnt Luhmann ab, da solche Erklärungsversuche vom »Desiderat der Allinklusion beherrscht sind und folglich Adressen für Vorwürfe suchen« und gewöhnlich finden: vom Kapitalismus über oligarchisch herrschende Familien bis hin zum korrupten Militär. »Wenn man jedoch genau hinsieht, findet man nichts, was auszubeuten oder zu unterdrücken wäre. Man findet eine in der Selbst- und Fremdwahrnehmung aufs Körperliche reduzierte Existenz, die den nächsten Tag zu erreichen sucht.«

Die Menschen, die dort leben, sind in keines der funktionsspezifizierten Kommunikationssysteme der Moderne integriert, weder aktiv noch passiv. Hier wird nicht gewählt, niemand zahlt Steuern oder erhält staatliche Leistungen, kein Richter spricht Recht, kein Polizist verfolgt Straftaten, niemand geht zur Schule, erhält eine Ausbildung, einen Arbeitsplatz, medizinische Versorgung oder seelischen Beistand. Staat und Recht, Kirche und Wirtschaft, Kunst und Wissenschaft, oder wenn man will: »die Kultur« der »Weltgesellschaft« sind hier nicht präsent. »Und wenn man das, was man so sieht, hochrechnet, könnte man auf die Idee kommen, daß dies die Leitdifferenz des nächsten Jahrhunderts sein könnte: Inklusion und Exklusion.«

Akzeptiert man die der Prognose zugrundeliegende Beschreibung, hat dies Folgen für die Analyse der Gesellschaft. Man sieht nun, daß gerade »rational« operierende Funktionssysteme Personen ausschließen oder derart marginalisieren, »daß dies Konsequenzen hat für den Zugang zu anderen Funktionssystemen. Keine Ausbildung, keine Arbeit, keine Einkommen, keine regulären Ehen, Kinder ohne registrierte Geburt, ohne Ausweis, ohne Zugang zu an sich vorgesehenen Anspruchsberechtigungen, keine Beteiligung an Politik, kein Zugang zur Rechtsberatung, zur Polizei oder zu Gerichten – die Liste ließe sich verlängern«. Nicht *ein* Funktionssystem disponiert über Exklusion und Inklusion wie im alteuropäischen Europa die Familie, so daß zum Beispiel jeder ohne Arbeit nicht wählen dürfte oder niemand ohne Ausbildung ein Einkommen hätte, vielmehr verstärken sich die partiellen Marginalisierungen wechselseitig zur Wahrscheinlichkeit einer Totalexklusion. Aus all dem folgt: ausschließlich im »Inklusionsbereich« der modernen Gesellschaft herrscht die »normale Stabilitätsbedingung sozialer Systeme«. Und jenseits der modernen Gesellschaft? Dort lebt die wachsende Zahl der neuen Barbaren, von denen man fast wieder wie die Alteuropäer sagen kann: »Ihnen blieb ihre eigene soziale Ordnung überlassen. Wir hatten nichts damit zu tun.«

Zurück zu Identität und Differenz der Theorien von Luhmann und Schmitt. Derselbe Zusammenhang von Recht und Staat, der Schmitt über den Ausnahmezustand nachdenken läßt, führt Luhmann zur Reflexion über Exklusion aus der Moderne. Der Ausnahmefall einer vom Recht entkleideten Macht führt Schmitt zu einer Theorie des Feindes; die These einer zunehmenden Exklusion von Leuten aus der Weltgesellschaft leitet Luhmann zu einer territorialen Einteilung der Welt und der Staaten in »zivilisierte« und »barbarische« Bereiche. Die Barbarei fällt in die Umwelt der Weltgesellschaft, was zudem theoriebautechnisch den Vorteil hat, an der Systemarchitektur nichts ändern zu müssen. Die Moderne bleibt modern. Schmitts Überlegungen schließen nicht den Barbaren aus, sondern den Feind ein. Der Begriff des Politischen impliziert notwendig die Existenz eines Feindes, sei der Kampf gegen ihn auch im Normalfall noch so unwahrscheinlich. Dagegen gehört es zu der von Luhmann beschriebenen Normalität, Menschen, anstatt zu inkludieren, auszuschließen. Man darf es wohl als eine evolutionäre Errungenschaft der Moderne bezeichnen, wenn sie ihre »normalen Stabilitätsbedingungen« gerade dadurch erhält, daß sie abnorme Destabilitäten exportiert.

Beide Theorien nehmen ihre eigenen Evidenzen für sich in Anspruch, Schmitt vor allem historische, Luhmann mit dem theoretischen Selbstbewußtsein, »den Fakten besser gerecht werden« zu können als die Tradition seines Fachs. »Unsere Zukunft hängt von Entscheidungen ab«, sagte Luhmann einmal. Und die Entscheidungen, so könnte man ergänzen, hängen davon ab, mit welcher Theorie man die Lagebeschreibung anfertigt, auf deren Grundlage entschieden wird. Ich möchte kurz andeuten, was in Zukunft davon abhängen könnte, von Feinden oder von Barbaren zu sprechen.

So sehr das Bild vom Feind auf die Möglichkeit von Gewalt bezogen ist und so gewalttätig unsere Lage offensichtlich ist, so sehr wird das Wort »Feind« vermieden. Auf die nicht zu leugnende Präsenz der Gewalt reagiert die Öffentlichkeit unserer Tage entsetzt und ratlos, aber kaum mit politischer Theorie. Die Irritation angesichts der Kriege an der Peripherie Rußlands und auf dem Balkan, in Ruanda oder Somalia ist desto größer, als die üblichen Erklärungsmuster immer schlechter greifen. Wirtschaftliche Interessen, die man noch dem Golfkrieg unterstellen konnte, fehlen hier offensichtlich, weshalb eine angeblich »rationale« und das heißt: ökonomische Erklärung der Konflikte wegfallen muß. Und so wenig man in Bosnien oder gar in Ruanda einen Wirtschaftskrieg ausmachen wird, so schwer dürfte es fallen, diese Konflikte durch Wirtschaftshilfe zu vermeiden oder zu lösen. Vermittlungen, die auf die »vernünftige Lösung« setzen und von der Voraussetzung der Kompromißfähigkeit der feindlichen Parteien ausgehen, scheitern mit monotoner Regelmäßigkeit. Die bürgerliche Erwartung, wo man sich unterhalte, werde nicht geschossen, wird enttäuscht.

Die völlige Ratlosigkeit der Politik angesichts tödlicher Gewalt, wie sie von den Medien seit einigen Jahren so deutlich vorgeführt wird, geht einher mit der zunächst verblüffenden Weigerung, den Feind zu benennen. Der Westen verharrt in Bosnien in einer Neutralität, der er lieber einen Blauhelm nach dem anderen opfert, als Partei zu ergreifen und mithin zu erklären, wer Freund und wer Feind ist. Es mutet seltsam an, daß Angehörige der »Friedenstruppen« der UNO völlig folgenlos von anderen Soldaten als Feind behandelt und erschossen werden können. Die UN scheinen den Krieg als Rechtsfall behandeln zu wollen, in dem es um (Waffenstillstands-)Verträge, Resolutionen und Konventionen geht, die eingehalten oder gebrochen werden. Das würde erklären, warum die UN-Truppen jeden Granateinschlag und jeden Toten zählen, denn es ginge dann um die Sicherstellung von Beweismitteln in einem noch zu führenden Prozeß. Allerdings werden die UN als neutrale, richterliche Instanz keineswegs von den Parteien anerkannt, und es fehlt die Macht, die Parteien dazu zu zwingen.

Carl Schmitt unterscheidet »von der politischen Entscheidung wegführende Bedeutungen des Wortes Neutralität«, von den »zu einer Entscheidung hinführenden Bedeutungen« *(Der Hüter der Verfassung)*. Die erste Bedeutung meint eine relativistische Folgenlosigkeit, die zweite eine sich durchsetzende Entscheidung. Die Neutralität im ersten Sinne kennt keine Feinde und folgt dem Prinzip der »Nicht-Intervention«; der neutrale Dritte könnte dagegen den innerstaatlichen Frieden und damit die Voraussetzung für Geltung des Rechts durchsetzen, wenn eine »eindeutige Machtüberlegenheit der Neutralen über die Kriegführenden« vorhanden ist *(Der Begriff des Politischen)*. Wenn dies stimmt, dann hätte man entweder zu warten, bis eine Partei ihren Feind besiegt hat und als neuer Staat den Ausnahmezustand des Bürgerkrieges beendet, oder man müßte als »starker Dritter« intervenieren, um »Ruhe, Sicherheit und Ordnung« herzustellen »und dadurch die normale Situation zu schaffen, welche die Voraussetzung dafür ist, daß Rechtsnormen überhaupt gelten können«. Jedenfalls müßte die Entscheidung fallen, ob die UN im Balkankrieg eine Entscheidung herbeiführen wollen oder nicht. Gerade dies wird aber mit größter Mühe vermieden. Die Inflation von Resolutionen und Appellen, die straflos ignoriert werden können, untergräbt wenn nicht alle Macht, dann doch jede Autorität der UNO, eine Entscheidung herbeizuführen.

In Deutschland scheint man eine politische Entscheidung ohnehin umgehen und sich mit einem *pacta sunt servanda* begnügen zu wollen. Dies führt dann dazu, daß die politischen Parteien die Entscheidung meiden und vom Bundesverfassungsgericht prüfen lassen, wann, ob und in welchem Maße die Bundesrepublik durch internationale Verträge gezwungen ist, sich an UN-Einsätzen mit eigenen Soldaten zu beteiligen. Dies funktioniert oberflächlich gesehen, solange es keine politische Willensbildung gibt, die zu einer Entscheidung für oder gegen ein Engagement führen würde. Doch wirkt es bei näherer Betrachtung skandalös, daß Bundeswehrsoldaten an internationalen Einsätzen (AWACS, Somalia) aus keinem anderen Grund teilnehmen, als daß ihr Einsatz rechtmäßig ist. Eine Beschreibung der Lage mit der schmittianischen Optik würde wohl dazu führen, eine Entscheidung zu verlangen. Eine politische Entscheidung für ein militärisches Engagement bei UN-Einsätzen hätte dabei die entscheidenden politischen Interessen auszuweisen, während ein Gerichtshof sich damit begnügen darf, die Legalität des Einsatzes festzustellen.

Man kommt zu ganz anderen Ergebnissen, wenn man Konfliktzonen semantisch »barbarisiert«. Die mediale Berichterstattung über den Kampf der Hutu gegen die Tutsi in Ruanda betonte mit entwaffnendem Anti-Eurozentrismus, daß dieser komplizierte Stammeskrieg für uns Zivilisierte nicht zu verstehen sei, Schuldige und Opfer daher nicht unterschieden werden könnten und ein Engagement für die eine oder andere Partei folglich nicht in Frage käme. Auch im Bosnienkrieg wird zunehmend geltend gemacht, daß der UN-Einsatz und die diplomatischen Vermittlungsversuche der Kontaktgruppe allein schon daher vor beinahe unlösbaren Aufgaben stünden, weil die Vielzahl ethnischer, religiöser und historisch gewachsener Konflikte zu unübersichtlich für schnelle Erfolge sei. Wer soll noch verstehen, wieso orthodoxe Christen und Nachfahren von Tito-Partisanen mit fanatischer Begeisterung muslimische Bosnier und Abkömmlinge einstiger osmanischer Eroberer erschlagen oder selbst von den Söhnen katholischer Ustascha-Faschisten befehdet werden?

Das in jüngster Zeit gern prätendierte, quasi-ethnologisch begründete westliche Unverständnis angesichts wütender Bürgerkriege in und außerhalb Europas wiederholt gewissermaßen Luhmanns Einteilung der Welt in die Weltgesellschaft und die aus ihr verbannten Barbaren. Im »Exklusionsbereich« der Moderne toben Kriege, die man wahrnehmen, aber nicht verstehen, »beobachten«, aber nicht »beschreiben« kann, denn die wütenden Mächte haben weder Staats- noch Rechtsform. So sind Ruanda und Somalia quasi zu »barbarischen« Ländern geworden, über die kein Sender und keine Zeitung mehr Verständliches berichtet, da man das, was man sieht, in keine bekannte, »anschlußfähige« Form zu bringen vermag. Und die unter Todesgefahren doch diese Zonen bereisen, finden »eine in der Selbst- und Fremdwahrnehmung aufs Körperliche reduzierte Existenz, die den nächsten Tag zu erreichen sucht«. Man könnte weitere Länder (denn von Staaten kann nicht länger die Rede sein), anführen, etwa Afghanistan, von denen mit leichter Abwandlung des Luhmann-Zitats zu sagen wäre: »Ihnen bleibt ihre eigene soziale Ordnung überlassen. Wir haben nichts damit zu tun.«

Barbaren oder Feinde – dies hängt von Entscheidungen ab: Luhmann oder Schmitt, Exklusion oder Inklusion. »In dieser Situation nimmt das Wort politisch den polemischen und infolgedessen überaus konkreten Sinn eines Gegensatzes gegen das Wort barbarisch an.« (Carl Schmitt, *Hamlet oder Hekuba*).

Wollte man dagegen etwas »damit« zu tun haben, was nicht folgenlos wäre wie moralische Entrüstung oder entgeisterte Wahrnehmung, dann müßte man sich dazu entscheiden, die Inklusion des Feindes zu betreiben, statt »barbarische« Gebiete aus der »zivilisierten« Welt auszuschließen. Diese Entscheidung aber wäre als folgenreiche ganz getragen vom »Risiko des Politischen«, denn sie würde die schwer verdauliche Komplexität der Lage gewaltsam von außen reduzieren. Die EU könnte sich etwa unabhängig von moralischen und rechtlichen Erwägungen dazu entscheiden, eine Entscheidung zugunsten der bosnischen Muslime herbeizuführen, um die große in der EU lebende Minderheit islamischen Glaubens davon zu überzeugen, daß man ihre Glaubensbrüder mitten in Europa nicht ohne weiteres hinschlachten läßt. Dies setzte politische Interessen, die Bereitschaft zur Parteinahme und letztlich Entscheidung über Freund und Feind voraus. Dagegen wäre die Option für die Exklusion des Barbaren auf ganz andere Weise riskant; denn die »Barbaren« könnten auf den Gedanken kommen, die Grenzen ihrer Gebiete und Ghettos zu überschreiten, um der »Weltgesellschaft« ihre, sei es körperliche, Präsenz zu bekunden. Dann wäre der »Barbar« der politische Feind, und man wäre gezwungen, auf seine Inklusion zu reagieren – und sei es mit der Bewachung von Grenzen.

Heiden: der religiöse Unterschied

Von Jan Assmann

»Triff eine Unterscheidung. Nenne sie die erste Unterscheidung. Nenne den Raum, in dem die Unterscheidung gemacht wird, den Raum, der durch diese Unterscheidung geteilt oder gespalten wird.« Dieses »erste Konstruktionsgesetz« laut der *Laws of Form* von George Spencer Brown scheint nicht nur im Bereich der mathematischen Logik zu gelten, für den es gedacht ist. Der Begriff des Heiden ist das Ergebnis einer solchen Konstruktion aufgrund einer »ersten Unterscheidung«. Wir wollen sie Moses' Unterscheidung nennen, denn in der Überlieferung gilt Moses als der erste, der sie getroffen hat und damit als der Erfinder des Heidentums.

Worin besteht diese Unterscheidung? Auf den allgemeinsten Nenner gebracht, läßt sie sich als die Unterscheidung zwischen wahr und falsch im Bereich der Religion bestimmen. Hier drängt sich sofort ein Einwand auf. Handelt es sich nicht vielmehr um den Unterschied zwischen uns und den anderen? Erscheinen nicht vom Standpunkt jeder Religion aus die anderen als Heiden, so wie vom Standpunkt jeder Kultur aus die anderen als Barbaren erscheinen? Setzt nicht jede Religion ganz automatisch im Prozeß der Ausbildung ihrer Eigenart alle anderen Religionen zu sich in die Relation des Heidentums, einfach als Sonderfall des Gesetzes, daß jede Ausbildung von Identität ganz unausweichlich mit der Konstruktion von Fremdheit einhergeht? Ist also die Konstruktion des Heiden nichts weiter als die religiöse Ausprägung von Ethnozentrismus?

Genau dies ist nicht der Fall, und der Nachweis, warum das nicht zutrifft, soll den ersten Schritt unserer Erörterung bilden. Kulturen – worunter wir hier Systeme kollektiver Identität verstehen wollen – erzeugen nicht nur Fremdheit in bezug auf die anderen Kulturen um sich herum, sondern sie bilden auch Techniken der Übersetzung aus. Um Mißverständnisse zu vermeiden, wollen wir gleich klarstellen, daß wir es hier nicht mit dem »absolut Anderen« im Sinne von Emmanuel Lévinas zu tun haben, sondern nur mit dem Anderen, den wir im Sinne einer Schablone als Gegensatz unserer selbst konstruieren. Der »Heide« ist eine solche Schablone. Übersetzung ist also nicht als illegitime Vereinnahmung wirklicher Andersheit zu verstehen, sondern als Kompensation kulturell erzeugter Fremdheit.

Die antiken Polytheismen gehören zu solchen Techniken der Übersetzung. Sie überwinden den Ethnozentrismus der Stammesreligionen, indem sie verschiedene Götter nach Name, Gestalt und Ressort unterscheiden. Die Namen sind natürlich von Kultur zu Kultur verschieden, weil die Sprachen verschieden sind. Auch die Gestalten können sehr verschieden sein. Die Ressorts jedoch sind in der Regel von einer in die Augen springenden interkulturellen Identität, insbesondere, wo es sich um kosmische Gottheiten handelt. In der späteren Antike verdichtet sich das Bewußtsein von der interkulturellen Identität der kosmischen Götter zur übergreifenden Einheit des Einen Gottes, der Schöpfer, Erhalter, Beleber und Inbegriff der Welt ist. Da kommt es dann auf die spezifischen Namen, in denen die einzelnen Völker den Höchsten verehren, schon gar nicht mehr an.

Die von Moses eingeführte Unterscheidung war daher etwas radikal Neues. Der Raum, der durch sie geteilt und durch die Teilung zuallererst konstruiert wird, ist nicht der Raum der Religion schlechthin, sondern der Raum einer besonderen Art von Religion, die überhaupt erst mit der Unterscheidung von wahr und falsch entsteht. Drei Bezeichnungen bieten sich an für diesen Typus von Religion. Wir können sie formal bestimmen als Gegen-Religionen, weil sie die anderen Religionen sowie die eigene Vergangenheit zu sich selbst in Gegensatz setzen und diesen Gegensatz als »Heidentum« herausstellen. Wir können sie inhaltlich charakterisieren als Monotheismen, denn alle beruhen auf dem Begriff der Einheit Gottes und konstruieren von daher den Heiden als Polytheisten. Wir können sie drittens von ihrer Wahrheitsform her als Offenbarungsreligionen bezeichnen, denn alle führen die von ihnen vertretene Wahrheit, die alles um sich herum als Irrtum abdunkelt, auf eine Offenbarung zurück. Die Unterscheidung zwischen wahr und falsch blockiert die Möglichkeit interreligiöser Übersetzung. Ein »falscher« Gott läßt sich nicht übersetzen.

Moses' Unterscheidung wird in den Büchern 2 bis 5 des Pentateuch in narrativer und in normativer Form dargestellt: narrativ als Erzählung des Auszugs aus Ägypten und normativ als Gesetzwerk. In ihrer narrativen Ausprägung symbolisiert sich die Unterscheidung als Gegensatz zwischen Israel und Ägypten. Dadurch wird Ägypten zum Inbegriff des Heidentums. Der Begriff des Heiden erhält so eine gewisse inhaltliche Prägung, die ihm bis heute anhaftet und für die sich seit der Antike der Begriff Idolatrie (Götzendienst, Vergötzung) eingebürgert hat. Daher symbolisiert sich diese Unterscheidung in ihrer normativen Ausprägung denn auch in Gesetzen, die die Verdammung der Idolatrie an die alleroberste Stelle setzen. Die Verehrung von Kultbildern wird zum exemplarischen Ausdruck von Irrtum und Lüge in dem neuen Raum, der durch die Unterscheidung von wahr und falsch konstruiert wird. Polytheismus und Idolatrie werden als ein und dieselbe Form religiösen Irrtums verknüpft. Das zweite Gebot ist ein Kommentar des ersten: Du sollst keine Götter haben neben mir – Du sollst dir kein Bildnis machen.

Bilder sind automatisch »andere Götter«, denn der wahre Gott ist unabbildbar. Moses' Unterscheidung wird im Raum der Bilder getroffen. Der Kampf der Gegen-Religion wird gegen die Bilder geführt. Zu den typischen Strategien dieses Kampfes gehört die satirische Verfremdung der anderen Religion als ein absurdes Geschäft. Gibt es etwas Absurderes als einen Menschen, der vor dem Werk seiner eigenen Hände niederfällt, um es anzubeten? So kommt es zu den beiden Topoi des Götzen und des Götzendieners. Die Götzen sind »aus Silber und Gold, das Werk von Menschenhand. Sie haben Münder, aber sprechen nicht, Augen, aber können nicht sehen, Sie haben Ohren, aber hören nicht, Nasen, aber können nicht riechen. Sie haben Hände, aber handeln nicht, Füße, aber gehen nicht«. (Psalm 115, 4-7)

Die Götzendiener sind einem Mann vergleichbar, der einen Baum pflanzt, um das Holz zu nutzen: »Teils heizt er damit, um Brot zu backen, teils macht er daraus einen Gott und wirft sich nieder, formt es zum Bilde und kniet vor ihm. Die Hälfte verbrennt er im Feuer, auf den

Kohlen brät er Fleisch, ißt einen Braten und sättigt sich; auch wärmt er sich und spricht: ›Ha, mir ist schön warm, ich spüre das Feuer.‹ Und den Rest macht er zu einem Gott, zu einem Bilde, und kniet vor ihm, und wirft sich nieder und fleht zu ihm: ›Rette du mich, denn du bist mein Gott!‹« (Jesaia 44, 15-17)

Das ist das Bild des umnachteten Heiden. Es konnte nicht ausbleiben, daß die »Heiden« zurückschlugen, und es ist alles andere als ein Zufall, daß diese Reaktion von ägyptischen Autoren, wenn auch in griechischer Sprache vorgetragen wurde. So stellt etwa der Geschichtsschreiber Manetho im 3. Jahrhundert vor Christus Moses als Ägypter und Führer einer ägyptischen Aussatzkolonie dar, der sich mit den Feinden Ägyptens, den semitischen Hyksos, verbündet und Ägypten für 13 Jahre terrorisiert habe. Alle Tempel und Götterbilder seien zerstört und die heiligen Tiere am Spieß gebraten worden. Endlich habe jedoch der nach Nubien geflohene Pharao die Aussätzigen und die Fremden aus Ägypten vertreiben können. Wir haben hier die Geschichte eines gegenseitigen Abscheus vor uns. Das Treiben der »Ikonoklasten« wird mit demselben Abscheu geschildert wie auf der Gegenseite das Treiben der Götzendiener. Während die Juden die Idolatrie als geistige Verirrung und Wahnsinn darstellen, verbinden die Ägypter den Ikonoklasmus mit der Vorstellung einer körperlich entstellenden Seuche. Moses' Gesetze werden auf zwei reduziert: Du sollst keine Götter anbeten und kein Speisetabu beachten. Du sollst keinen Verkehr haben mit Menschen außerhalb deiner eigenen Gruppe.

Das Prinzip dieser »Gesetzgebung« bringt Tacitus auf die prägnanteste Formel. Moses habe eine Religion gestiftet, die den Riten anderer Menschen entgegengesetzt ist. »Die Juden erachten alles als profan, was uns heilig ist; andererseits erlauben sie alles, was bei uns tabu ist.« Viele Motive der »heidnischen« Seite werden später zu Topoi des Antisemitismus. Wir dürfen aber nicht vergessen, daß es in der Antike nicht (nur) um Antisemitismus ging, sondern um einen Kampf gegen die Mosaische Unterscheidung. Viele von denen, die im 18. Jahrhundert diesen Kampf aufgegriffen haben, setzten sich, wie etwa John Toland und Gotthold Ephraim Lessing, emphatisch für die Rechte der Juden ein.

Zu den zentralen Motiven des gegenseitigen Abscheus, die aus der Mosaischen Unterscheidung und der Konstruktion des Heiden folgen, gehören das Motiv der Krankheit und das Prinzip der »normativen Inversion«. Die fremde oder vielmehr »verfremdete« Religion wird als eine Krankheit dargestellt und als eine Verkehrung der allgemeinen Sitte. Schon Eusebius nennt das Mosaische Gesetz eine »Heilerin« von der Krankheit der Idolatrie. Der große jüdische Philosoph Maimonides (1135-1204) stellt die Idolatrie als eine Sucht und das Gesetz als eine Art Entziehungskur dar. Er greift sogar das Prinzip der normativen Inversion auf, das man für eine antisemitische Unterstellung halten würde, und erklärt eine ganze Reihe von Vorschriften als Umkehrung heidnischer Sitten. Seine exemplarischen Heiden waren allerdings nicht die Ägypter, sondern die »Sabier«. So kommt es zum Begriff des »Sabiismus«, der bis ins 19. Jahrhundert hinein als Synonym für »Heidentum« in Gebrauch war. Die Sabier werden zwei- oder dreimal im Koran erwähnt im Sinne einer duldungswürdigen Gruppe. Der Islam kennt ja im Unterschied zu Juden und Christen noch ein Drittes zwischen Heiden und Gläubigen: die Buchreligionen. Sie dürfen ihre Religion beibehalten, müssen aber Steuern zahlen. Niemand weiß genau, wer diese Sabier waren; vielleicht irgendeine gnostische Sekte.

Als Maimonides seinen Führer der Verirrten schrieb, gab es keine Sabier mehr und ihre Religion war vergessen. Darin sah er einen Beweis für die Wirksamkeit der normativen Inversion, die er als eine Art Mnemotechnik des Vergessens verstand. Die Sabier hatten den religiösen Raum mit jeder Art von Riten ausgefüllt. Moses – oder Gott – konnte sein Gesetz nicht auf eine Tabula rasa schreiben, sondern nur eine schon vorhandene Beschriftung überlagern. Gottes »List«, ein Begriff, der in Hegels »List der Vernunft« wiederkehrt, bestand darin, die neue Schrift so anzuordnen, daß die alte genau überdeckt und unlesbar wurde. Das ist nach Maimonides der Sinn der normativen Inversion. Die Gesetze werden nicht im leeren Raum erlassen; sie nehmen Bezug auf vorhandene Gesetze, die sie durch Verkehrung ins Gegenteil auslöschen.

Gegen Ende des 17. Jahrhunderts fand Maimonides einen Nachfolger in Gestalt des englischen Hebraisten John Spencer, der von christlicher Seite her sein Projekt einer rationalen Interpretation der Mosaischen Gesetze aufgriff und damit einen Aufklärungsschub auslöste, der für die Geschichte der Mosaischen Unterscheidung bis hin zu Sigmund Freud folgenreich wurde. Als Christ versteht Spencer das Gesetz als ein geschichtliches Phänomen. Mit der Vernichtung der Idolatrie, der »ägyptischen Seuche«, hat es seine Aufgabe erfüllt. Auch Maimonides hatte den Sinn des Gesetzes geschichtlich erklärt. So kam er auf die Sabier und erschloß den Sinn des Gesetzes als antiidolatrische Entziehungskur. Damit wird aber für ihn das Gesetz selbst keineswegs zu einem bloß historischen Phänomen. Die Sabier und ihre Form der Idolatrie sind verschwunden, aber in einem allgemeineren und philosophischeren Sinne ist Idolatrie nach wie vor eine Gefahr, die mit den Mitteln des Gesetzes bekämpft werden muß. Maimonides argumentiert als Jurist, der aus dem Rückgang auf die historischen Umstände die überzeitliche Geltung des Gesetzes erschließt; Spencer argumentiert als Historiker, der sich für die historischen Umstände interessiert und das Gesetz selbst als geschichtlich betrachtet.

Als Historiker geht Spencer auf die Ägypter als die eigentlichen »Heiden« zurück, gegen die Moses mit seinem Gesetz eine Grenze zieht. Diese Abgrenzung versteht er aber vollkommen anders als Maimonides. Er ersetzt das Prinzip der normativen Inversion durch das Prinzip der »Übersetzung«. Das führt zu einer vollkommen neuen Auffassung des Heidentums und schließlich zu einer Dekonstruktion des Heiden. Für Spencer ist es kein Zufall, daß Moses am ägyptischen Hof aufwuchs. Es kam Gott darauf an, seinen Propheten in alle hieroglyphischen Geheimnisse der Ägypter einweihen zu lassen, um deren Weisheit seinem Volk zugute kommen zu lassen. Was die Ägypter in den Schleier der Hieroglyphen hüllten, kleidete Moses in den Schleier seiner Gesetze. Was bleibt hier von der Mosaischen Unterscheidung übrig? Auf beiden Seiten finden wir die Wahrheit, und auf beiden Seiten erscheint sie in verhüllter Form.

Die Wahrheit der Heiden wird das große Problem des 18. Jahrhunderts. Für Vico stellt es sich als die Frage, wie eine profane Geschichte ohne die Orientierung am geoffenbarten Gesetz und nur im Licht der »natürlichen Gesetze« möglich ist. Die Mosaische Unterscheidung wird sorgfältig aufrechterhalten, aber das Interesse gilt den Heiden. Dieselbe Strategie beobachtet William Warburton in seinem neunbändigen Werk über *Moses' Göttliche Sendung.* Ihn beschäftigt die Frage, wie genau die verhüllte Form zu verstehen ist, in der die Wahrheit bei den Heiden – das heißt den Ägyptern und den von ihnen abhängigen Griechen – anwesend war, und er geht ihr in zwei Bänden nach, von denen der eine dem Wesen der antiken Mysterien, der andere den ägyptischen Schriftsystemen gewidmet ist. Die Mysterien lehren sogar eine Wahrheit, die Moses noch unbekannt war: die Unsterblichkeit der Seele und eine jenseitige Vergeltung. Warburton sieht gerade darin den Beweis für Moses' göttliche Sendung, daß Moses von diesen Wahrheiten absehen und auf Gottes diesseitige Vergeltung vertrauen konnte – eine Spitzfindigkeit, der niemand folgen wollte. Es wurde vielmehr klar, daß die »Heiden« der Wahrheit ein gutes Stück näher gekommen waren als das Alte Testament.

Warburton machte jedoch eine sehr

Neuerscheinungen:

Alexandru Cizek
Imitatio et tractatio

Die literarisch-rhetorischen Grundlagen der Nachahmung in Antike und Mittelalter

1994. X, 380 Seiten. Kart. DM 174.– / ÖS 1357.– / SFr 174.–. ISBN 3-484-68007-5 (Rhetorik-Forschungen. Band 7)

Die kreative – im Zeichen der Mannigfaltigkeit (*variatio*) – erfolgende Nachahmung (*tractatio*) bewährter griechischer und lateinischer Modelle bildete in der Antike und im lateinischen Mittelalter den Gegenstand eines bestimmten durch die Schule vermittelten Lehrguts, dessen Ermittlung und Rekonstruktion in dieser Arbeit unternommen wird. Hierbei sind zuerst Techniken und Methoden einer stofflich-formalen *tractatio* festzustellen, deren Grundlage in der Grammatik- und Stillehre von der Konstruktion und Abwandlung des Sprachgegenstandes zu finden ist. Dann sind Verfahren einer gedanklich-affektischen *tractatio* zu untersuchen, die auf rhetorischen Techniken einer Manipulation des Redegegenstandes beruhen.

Almut Todorow
Das Feuilleton der »Frankfurter Zeitung«

Zur Grundlegung einer rhetorischen Medienforschung

Ca. 360 Seiten mit Microfiche. Kart. ca. DM 136.– / ÖS 1061.– / SFr 136.–. ISBN 3-484-68008-3 (Rhetorik-Forschungen. Band 8)

Der Band ist ein Beitrag zur Grundlagenforschung in der Rhetorik- wie der Medienwissenschaft. Als Medium des kulturellen Diskurses weist das Feuilleton eine rhetorische Konstitution auf. Es wird als publizistische Institution und konstitutiver Bestandteil der Zeitung behandelt, der perspektiviert auf seine medienspezifische Rhetorizität untersucht wird. Nach einem kritischen Forschungsbericht werden Perspektiven und Desiderate einer modernen, wissenschaftlichen Prinzipien genügenden Feuilletonforschung sowie einer allgemeineren Medienrhetorik entwickelt. Im zweiten Teil der Arbeit geht es am Beispiel eines Erschließungsprojektes des Feuilletons der ›Frankfurter Zeitung‹ (1919–1933) um die hermeneutischen und bibliographischen Probleme der Quellenerschließung und -dokumentation von Zeitungsmaterial. Der Hauptteil der Arbeit analysiert im Vergleich zweier Feuilletonjahrgänge der ›Frankfurter Zeitung‹ in der Weimarer Republik Felder der Feuilletonrhetorik und verfolgt die publizistische Entwicklung von Präsentation und Schreibweisen des Feuilletons in die Moderne.

Brigitte Tolkemitt
Der Hamburgische Correspondent

Zur öffentlichen Verbreitung der Aufklärung in Deutschland

1995. VIII, 272 Seiten. Kart. DM 98.– / ÖS 764.– / SFr 98.–. ISBN 3-484-35053-9 (Studien und Texte zur Sozialgeschichte der Literatur. Band 53)

Die Arbeit untersucht die auflagenstärkste und international bekannteste deutsche Zeitung des 18. Jahrhunderts, die »Staats- und Gelehrte Zeitung des Hamburgischen unpartheyischen Correspondenten«, mit dem Ziel, ihre Rolle als Instrument der Aufklärung zu analysieren. In fünf zentralen Themenbereichen (Wissenschaftsverständnis, Literaturkritik, Rezeption staatswissenschaftlicher und ökonomischer Theorieelemente, bürgerliches Selbstverständnis, Frauenbild) werden für die Aufklärungsbewegung typische Argumentationsmuster nachgewiesen, die den Zeitungslesern durch wiederholte Lektüre so vertraut werden mußten, daß sie ihre Weltanschauung im Sinne der Aufklärung beeinflussen konnten.

Max Niemeyer Verlag GmbH & Co. KG
Postfach 21 40 · D-72011 Tübingen

Niemeyer

interessante Unterscheidung, die bis heute heiß diskutiert wird. Die Mysterien waren im Besitz der Wahrheit, aber die Form dieses Besitzes war unsicher und zeitgebunden, abhängig von seltenen Festen und Riten. Die Juden jedoch waren im ständigen Besitz der Wahrheit, weil sie sie schwarz auf weiß besaßen. Die Schrift ist ein Prinzip der Verstetigung. Sie bewirkt ein gradliniges Voranschreiten, während die Heiden an den Rhythmus ihrer Riten gefesselt sind. Ganz ähnlich ist auch Vicos Vorstellung von profaner Geschichte. Sie verläuft als ein ständiges Auf und Ab. So hatte schon Augustinus den Unterschied zwischen *historia sacra* und *historia profana* bestimmt. Die Heiden laufen im Kreis, während Israel in gerader Linie auf die Erlösung zuschreitet. Im 18. Jahrhundert wurde der Unterschied in die Begriffe »natura« und »scriptura« gefaßt: Die Heiden leben im Zeichen der Natur, die Christen im Zeichen der Schrift.

Von Warburtons Deutung der Mysterienreligion war es nur ein kleiner Schritt zu der Vermutung, daß die Wahrheit bei den »Heiden« im Schutz des Geheimnisses besser aufgehoben war als in der Kirche im Schutze institutioneller Gewalt. So kommt es zu der Verbindung von Aufklärung und Geheimnis, die für das 18. Jahrhundert so kennzeichnend ist. Lessings Konzept einer ewigen Freimaurerei geht davon aus, daß sich die wirkliche Aufklärung schon immer im Latenzschutz der Mysterien vollzogen hat. Die Wahrheit umgibt uns kreisförmig und ist von allen gleich weit entfernt. Dieses Konzept der Aufklärung kam einer Aufhebung der Mosaischen Unterscheidung gleich. Wenn der Raum der Religion gerade durch die Entzogenheit der Wahrheit gekennzeichnet ist, läßt sich eine auf wahr und falsch gegründete Unterscheidung nicht mehr treffen. Damit war der »Heide« philosophisch dekonstruiert.

Dem Verständnis der anderen Religionen war man dadurch jedoch nicht näher gekommen. Die Toleranz der Aufklärung war zwar bereit, den Anderen als »Menschen« anzuerkennen, aber nicht als den Anderen. Man war bereit, ihn in den Adel des Monotheismus aufzunehmen, aber nicht, ihn als Polytheisten und Bildverehrer gelten zu lassen. Daran hat sich bis heute nicht viel geändert. Von einem wirklichen Verständnis des »Heidentums« sind wir noch weit entfernt. Die Religionswissenschaft ist ein Kind der Aufklärung und hat noch ein weites Stück Weges vor sich, bis sie als eine Kulturtechnik der Übersetzung gelten kann.

Der Heide ist nicht zu verwechseln mit dem Häretiker und dem Atheisten. Der Heide ist im Irrtum, weil er die Wahrheit nicht kennt, der Häretiker, weil er bewußt von ihr abweicht, der Atheist, weil er sie pauschal zurückweist. Man kann nicht zum Heidentum konvertieren, auch Alain de Benoist nicht. Wer sich auf die Mosaische Unterscheidung nicht einläßt, ist kein »Heide«, sondern entweder ein »Deist« oder ein »Pantheist« oder ein »Atheist«, vielleicht sogar, wie es wohl Odo Marquard anstrebt, ein Polytheist. Heide ist nur, wer in einer Welt lebt, die von der Mosaischen Unterscheidung unberührt ist.

Einer der Träume des 18. Jahrhunderts war, in diese Welt zurückkehren zu können. Das war einer der Gründe, warum sich diese Zeit so lebhaft für das alte Ägypten interessierte. Moses hatte die Grenze gegen Ägypten gezogen. So galt es, Ägypten wiederzuentdecken, um die Grenze aufheben zu können. Als Lessing die »orthodoxen Begriffe« der Gottheit unerträglich geworden waren, soll er ausgerufen haben: »Hen kai Pan! Ich weiß nichts anderes.« Dieses »Eins und Alles« wurde zur Devise einer ganzen Generation. Es war die Negation der Mosaischen Unterscheidung, jeder Unterscheidung. Gott und Welt waren eins.

Jede Distinktion ist zwar ein Gewinn an Sinn, aber auch an Konflikt und Fremdheit. Die Welt wird vom Sinn nicht unbedingt friedlicher. Das 18. Jahrhundert hatte von den sinngenerierenden Unterscheidungen genug und strebte nach Frieden, All-Einheit und »Natur«. Als Sigmund Freud spürte, daß der deutsche Antisemitismus mörderische Formen annahm, stellte er nicht die naheliegende Frage, was mit den Deutschen los ist, daß sie sich in Mörder verwandeln, sondern was mit den Juden los ist, daß sie solchen Haß auf sich ziehen, und nahm als sein letztes Buchprojekt die Geschichte der Mosaischen Distinktion in Angriff. Moses war der Schöpfer des jüdischen Volkes, so lautete Freuds erste These. Aber: Moses war ein Ägypter. Die Religion, die er den Juden brachte, war eine ägyptische Religion. Im Bemühen um Befriedung einer von uralten Unterscheidungen aufgeheizten Welt griff Freud den Diskurs des 18. Jahrhunderts auf und suchte die Mosaische Unterscheidung nochmals zu dekonstruieren. Freud spürte wohl in diesem Haß etwas von dem Haß, mit dem die antiken »Heiden« auf den Abscheu reagiert hatten, der ihre Religion als »Idolatrie« verteufelt hatte. Aber die Unterscheidung, auf deren Basis die Nazis operierten, hatte mit Wahrheit längst nichts mehr zu tun.

Was wir heute brauchen, um mit Unterscheidungen umzugehen, ist weniger eine Dekonstruktion, die sie aufhebt, als Techniken interkultureller Übersetzung, die sie transparent machen ohne sie zu zerstören.

In Zukunft farbenblind?

Diskriminierungen in Amerika

Von Dagmar Barnouw

In Südafrika freute sich kürzlich die ganze Nation, als ihre Mannschaft die Weltmeisterschaft im Rugby gewann. Schwarze und Weiße waren gleichermaßen stolz auf »our boys«, obwohl bis auf einen Schwarzen nur weiße Spieler. Besonders durch Mandelas enthusiastische Identifizierung mit dem siegreichen Team war diese Einigkeit in der Begeisterung für alle Seiten »politically correct«, so ein südafrikanischer Reporter. Das wäre in den USA zur Zeit unmöglich, eine unzulässige, weil verharmlosende Verwischung rassischer und ethnischer Unterschiede. In dieser, der »politisch korrekten« Sicht erscheint das Ziel einer partiellen Integration der verschiedenen Gruppen durch gemeinsame Nationalität und Sprache zu sehr vom weißen Rassismus befleckt, den es um jeden Preis zu exorzieren gilt, auch den einer zunehmenden Selbstabgrenzung aller von allen.

Der Grund für diese quasi-religiöse Einstellung der »political correctness«, die sich zuwenig von einer guten Sozialpolitik und zuviel von einem guten sozialen Gewissen erhofft, ist der gegenwärtig besonders virulent aufscheinende Widerspruch zwischen dem uramerikanischen Ideal der Gleichheit und der ebenso uramerikanischen Realität der Verschiedenartigkeit: Kein weißer Politiker kann überleben, wenn er sich nicht nachdrücklich und prinzipiell von Sexismus und Rassismus distanziert – er muß natürlich aber auch die Stimmen der »angry white men« ernst nehmen. Eine offene Diskussion des kulturell unterschiedlichen Verständnisses der Gleichheit, die im Gegensatz zu PC das Risiko des Mißverständnisses auf sich nehmen würde, ist in dieser Situation außerordentlich schwierig.

»Political correctness« ist eng verbunden mit einem ebenfalls uramerikanischen »perfectibility complex«, dem Glauben an die Möglichkeit einer Selbst-Erfindung zum Besseren, und dies schließt auch die Vergangenheit ein.

Amerikanische Geschichte wird zunehmend vom heutigen Standpunkt ehemals unterdrückter Gruppen geschrieben, was zu vielen notwendigen Korrekturen geführt hat, vor allem im Geschichtsunterricht an den Schulen. Kolumbus ist dann »der Kerl, der so gemein zu den Indianern war«. Afrikanisch-amerikanischen Schülern und Studenten wird als ihr kulturelles Erbe ein folkloristisch idealisiertes Afrika angeboten, in dem es nur glückliche gute Schwarze und böse weiße Sklavenhändler gab. Jedes College, das etwas auf sich hält, finanziert Kurse in »Eurozentrismus«, eine Totalkritik »der« westlichen imperialistischen Kultur, wovon man sich die Bildung eines politisch korrekten historischen Bewußtseins verspricht. Aber wie »bewußt«, nämlich kritisch unterscheidend, wird es sein?

Der Glaube an die mögliche Verbesserung aller Dinge hat zweifellos die Bereitschaft für soziale Veränderungen gestärkt, und in den letzten Jahrzehnten sind auch viele soziale Fortschritte erreicht worden. Fragwürdig bleibt allerdings, daß in politisch korrekter Sicht nur die *ideale* Gleichheit der Chancen ins Blickfeld gerät, nicht jedoch die *reale* Ungleichheit der Chancen, was es dann sehr schwierig macht, deren soziale Gründe kritisch zu untersuchen und bis zu einem gewissen Grade abzuschaffen. »Political correctness« nimmt das Ideal der Gleichheit auf fast fundamentalistische Weise wörtlich. Gleichheit bedeutet gleiche Vollkommenheit; da die auftretenden Unvollkommenheiten nicht zu übersehen sind, muß man sie eben anders sehen, und das muß eingeübt werden, vor allem durch Sprachsteuerung. Der politisch korrekte Sprachgebrauch wird vielfach (und nicht nur von konservativen Kritikern) lächerlich gemacht, hat sich aber trotzdem erstaunlich schnell durchgesetzt. Denn er stützt sich auf Empfindlichkeiten aufgrund von Diskriminierungen, wenn nicht neuen, so doch alten, für die immer irgend jemand verantwortlich gemacht werden kann.

Das Tätigkeitsfeld aller politisch Korrekten ist die unheilige Dreieinigkeit »race, class and gender«. Das heißt konkret eine sich ständig vergrößernde Vielfalt von Unterschiedlichem: alle in den Vereinigten Staaten präsenten Rassen und Ethnien und deren kombinationsreiche Vermischungen; alle nur möglichen Variationen von »sexual preference«; alle körperlichen Behinderungen (Blinde sind »visuell beschädigt«, Geisteskranke »mental herausgefordert«); Witze dürfen nur noch über weiße männliche Amerikaner gemacht werden (soweit es sich nicht um Juden handelt). Viele dieser Empfindlichkeiten basieren auf schlimmen Erfahrungen, in die sich Außenstehende oft nur schwer einfühlen können, die aber auch diejenigen, die sich rassistisch oder sexistisch angegriffen fühlen, oft verabsolutieren. Die Frage der Perspektive ist hier von außerordentlicher Wichtigkeit, und der Drang zur Selbst-Erfindung bleibt problematisch, wo er die Möglichkeit einer unterschiedlichen Sicht komplexer Realitäten leugnet, statt sich mit ihr auseinanderzusetzen.

Nicht von ungefähr blüht »political correctness« im Schutzraum der Universitäten, wo der individualistische Konformismus junger und nicht so junger Intellektueller kollektive Verhaltenssteuerung erleichtert. Unter anderem versucht man die Triebhaftigkeit »der« Männer zu zügeln, was oft zu Prüderie und bemerkenswerter Humorlosigkeit führt. Alle als sexistisch oder rassistisch tabuisierten Ausdrücke, deren Zahl ständig wächst, werden aufgelistet und streng geahndet. Es geht immer um die Abwehr antizipierter Aggression »des« Stärkeren: des Mannes gegen die Frau, des Ranghöheren gegen den Rangniedereren, des Weißen gegen »people of color«. Mittlerweile kann fast alles als »sexual harassment« (miß-)verstanden werden, sogar das Kompliment für ein hübsches neues Kleid.

Dabei tritt »sexual harassment«, zumindest an den Universitäten oder unter den »professionals« der gebildeten Mittelschicht, nicht mehr in den alten deutlichen Formen auf. Denn hier haben Frauen in den letzten Jahrzehnten enorm an Zahl und Einfluß gewonnen. Aus diesen Gründen ist jetzt oft nicht mehr klar, ob es sich nun in einem bestimmten Fall um einen bewußten Angriff auf die Frau als Frau, eine Taktlosigkeit oder ein Mißverständnis handelt. Ein politisch allzu korrekt vorausdenkendes Interpretieren der Absichten, die sich möglicherweise hinter Worten und Gesten verbergen, verstärkt eher die Spannung zwischen den Geschlechtern. An meiner Universität, wo Weiße jetzt eine Minorität unter anderen sind, die sich alle zur »middle class« zählen und deshalb meistens recht friedlich zusammenleben, zirkulierte vor einigen Monaten eine kuriose Aufforderung. Es sei darauf zu achten, hieß es da, keine gegen eine Minorität oder gegen Frauen – und Frauen bilden die Mehrheit! – gerichtete Beleidigung durchgehen zu lassen, selbst wenn der/die Betroffene die Beleidigung nicht bemerkt habe. In diesem Falle hätten Umstehende für diese Personen zu sprechen. Sie sollten sich an ihrer Stelle gegen die Beleidigung wehren und sie so darauf aufmerksam machen, gegebenenfalls auch andere davon informieren.

Das ist ein komischer, wenn auch nicht ungefährlicher Fall von ideologischem Altruismus. Aber es gibt Beunruhigenderes, zum Beispiel die auf dem Universitätscampus zunehmenden Anklagen wegen »date rape«, das heißt wegen des Benehmens eines befreundeten Sexpartners, der im Eifer des Geschehens negative Signale der Frau unbeachtet gelassen habe. Von Frauengruppen, die in dieser heiklen Situation für das (angebliche) Opfer sprechen, kann das dann ohne weiteres zum Vergewaltigungsfall stilisiert werden. Dieses Verfahren erinnert an die eine Zeitlang recht häufigen Prozesse wegen sexuellen Mißbrauchs von Kindern in Kindergärten oder Spielgruppen, Anklagen, die oft genug auf Anschuldigungen von ebenso besorgten wie phantasievollen Eltern, interessierten Gerichtspsychologen und kritiklosen Staatsanwälten basierten. Solche Fälle von Gruppenhysterie wären ohne diesen ideologischen Altruismus – für die Opfer sprechen – nicht möglich gewesen.

Im Zusammenhang dieser Fragen kann man nicht genügend hervorheben, daß die sozialen Umwälzungen der letzten dreißig Jahre in den Vereinigten Staaten enorm gewesen sind. Im Positiven die Rolle der Frauen in der Gesellschaft, und allgemein eine größere Offenheit für »anderes«, ethnische, religiöse und sexuelle Praktiken. Im Negativen die sich überstürzenden ökonomischen Veränderungen und der riesige (anhaltende) Verlust an Arbeitsplätzen, der zusammen mit dem zunehmenden Angebot und Konsum von Drogen zu der katastrophalen Situation vor allem der Schwarzen in den großen Städten geführt hat. Die nicht immer rationale Einwanderungspolitik in schuldbewußter Reaktion auf den Vietnamkrieg und die in manchen Staaten enorme illegale Einwanderung haben zu diesen Schwierigkeiten beigetragen. In Kalifornien wächst zur Zeit jedes dritte Kind in einer vaterlosen Familie auf.

Rechts klagt man natürlich schon lange über den Verlust der (Familien-)Werte. Aber links war man nicht eigentlich gegen Werte, wie behauptet wird, sondern eher gegen die Bewertung von Werten. Der utopische Charakter der amerikanischen Staatsgründung als »novus ordo saeculorum« ist vor allem begründet im Wörtlichnehmen des Ideals der Gleichheit als (kultureller) Gleichwertigkeit: offen für alle, was gleiche Offenheit für alle Verschiedenen bedeutet – außer für Schwarze. Im Einwanderungsland Amerika, in dem sich im Prinzip jeder Einwanderer verwirklichen und daher nicht beklagen konnte, haben die Schwarzen eine unschlagbare Waffe: die einzigartige Schuld der Weißen ihnen gegenüber, denn sie sind nicht wie alle anderen gekommen, um frei und gleich zu werden, sie sind verschleppt worden, um unfrei und ungleich gemacht zu werden. Die ständige Erinnerung an diese den American Dream widerlegende Urtatsache ist und bleibt Politikum erster Ordnung, und so auch die im engeren Sinne politisch korrekte Einstellung zu ihr, in der sich links und rechts zusammenfinden.

Nun hat zwar die Politik der Schuld der großen Mehrzahl der Schwarzen nichts gebracht, wird aber von den meisten ihrer führenden Politiker unbeirrt weiter praktiziert. Diese Praxis und die Reaktion auf den immer noch wirksamen Rassismus (der durch die schlimme Situation in den Ghettos eher verstärkt als gemindert wird) sind unter anderem verantwortlich für schwarze Segregationsbestrebungen. In den schwarzen Ghettos glaubt man nicht mehr an die Versprechungen der »affirmative action«, also der Regierungsmaßnahmen zur Realisierung des Ideals einer »farbenblinden« Gesellschaft. Trotz einer wachsenden schwarzen Mittelschicht hat die Majorität der Schwarzen in den letzten dreißig Jahren an Boden verloren. In dieser Situation ist es für weiße und schwarze Politiker verständlicherweise viel einfacher, weiße Kollektivschuld anzurufen und die Ghettos sich selbst zu überlassen.

Verschweigen ist ein wichtiger Aspekt der politisch korrekten Weise »für den anderen sprechen«, vor allem wenn dieser schwarz ist und wenn es um die notorischen Quoten der »affirmative action« geht. Wie kann zum Beispiel die Polizei in Chicago oder New York möglichst schnell das Zahlenverhältnis zwischen Weißen und »people of color« ändern, also mehr Minoritäten einstellen oder befördern, ohne Weiße zurückzustellen, die besser qualifiziert sind? Quoten betreffen die Realität des Unterschieds, auch in bezug auf Erwartungen und Möglichkeiten, und Gleichheit und Ungleichheit müssen offen diskutiert werden, nicht nur die ehemalige Benachteiligung, sondern auch die jetzige Bevorzugung.

In einer kürzlich gesendeten Fernsehreportage über die Anstellung und Beförderung von Polizisten trat das Problem klar zutage: Die trotz besserer Prüfungsergebnisse zurückgestellten weißen Anwärter zeigten sich vor allem dadurch verletzt, daß man mit ihnen nicht offen über die unbedingt notwendige Bevorzugung von Minoritätsangehörigen gesprochen und von der Teilnahme an den Prüfungen zum gegenwärtigen Zeitpunkt abgeraten hatte. Aber genau das schien den politischen Autoritäten gerade nicht möglich; Verschleierung der Konflikte unterm Ideal der Chancengleichheit war einfacher. In dem Fernsehbericht wurde auch eine der erfolgreichen Bewerberinnen gezeigt, eine schwarze Polizistin, die stolz ihre neue Uniform vorführte. Sie wisse ganz sicher, erklärte sie dem Reporter, daß sie gut abgeschnitten habe. Und warum öffne sie dann nicht den Umschlag mit ihren Testergebnissen? Sie wolle sich die Ergebnisse nicht so genau ansehen, weil sie keine Lust habe, Fragen darüber zu beantworten.

Die historische Ungleichheit der Schwarzen im Lande der Gleichheit – zumindest dem Ideal nach – ist spätestens seit der Civil-Rights-Bewegung *das* amerikanische Trauma, das durch den Vietnamkrieg noch verstärkt wurde: Schwarze und Unterschichtenangehörige waren die Hauptleidtragenden. Solange sich die Situation in den Ghettos nicht ändert, der mit den Maßnahmen der »affirmative action« offenbar nicht beizukommen ist, kann die Wunde nicht heilen, weil es in dieser Situation kein Politiker riskieren will, gegenwärtige Verantwortlichkeiten oder die historische Schuldfrage kritisch zu diskutieren. Andererseits wird eine politische Reform sozialer Programme durch die Vermeidung solcher Diskussion außerordentlich erschwert. Man hilft sich mit tröstlichen Fiktionen von Gleichheit, statt sich in den realen und sehr gefährlichen Dschungel der Ungleichheiten zu wagen.

Je weniger in den Schulen der Innenstädte gelernt wird, je mehr die Arbeitslosigkeit unter jungen Schwarzen ansteigt, desto härter wird der Kampf der Eliteuniversitäten um qualifizierte schwarze Studenten. Die routinemäßig nicht veröffentlichten Zulassungsquoten zu den begehrtesten »professional schools«, Jura und Medizin, anscheinend immer noch der kürzeste Weg zum American Dream, sind in diesem Zusammenhang sehr interessant. So hat die renommierte Law School der University of California in Los Angeles letztes Jahr aus Bewerbergruppen mit »gutem« Durchschnitt Schwarze zu 60 Prozent, Latinos zu 23 Prozent, Asiaten zu 2 Prozent und Weiße zu einem Prozent zugelassen. Gegen die Law School der UC Berkeley, die zur absoluten juristischen Spitze gehört, läuft gegenwärtig ein Untersuchungsverfahren, weil schwarze Bewerber nicht nur mit besonderen Zulassungsbedingungen, sondern auch besonderer Notengebung begünstigt wurden. Alles aus bester Absicht – und dem Ehrgeiz, vorzeigen zu können, daß die University of California eine größere Anzahl von schwarzen Rechtsanwälten oder Medizinern ausbildet als andere Eliteinstitutionen. Aber wie gut sind diese dann wirklich, auch wenn die besten Rechtsanwaltsfirmen sich um sie reißen und sie erheblich höher bezahlen? Oder, nützlicher gefragt: Wie können dann die (Vor-)Urteile aufhören, daß sie, derart bevorzugt, in mehr als einem Sinn ungleich sind und bleiben?

Diese Frage wird von politisch korrekten Weißen ostentativ nicht gestellt, da solche (Vor-)Urteile unmoralisch, also tabu sind. Von erfolgreichen Schwarzen wird sie häufig als ein weiterer Beweis für andauernden weißen Rassismus vorgebracht. Am Autotelefon ihres Mercedescabriolets interviewt, klagen sie über die Härten des Wegs zum Erfolg und die psychologischen Schwierigkeiten, wenn er erreicht ist. Angesichts der Privilegien dieser Gruppe auf den Universitäten und dem Arbeitsmarkt zeugen solche Klagen von einer merkwürdigen perspektivischen Beschränktheit. Und doch verweist diese Sicht auf ein für die ganze Gesellschaft sehr ernstes Problem. Argumente gegen den Status quo der »affirmative action« kommen jetzt auch von erfolgreichen Schwarzen selbst. Mehr und mehr wird gefordert, Diskriminierung sowohl konkreter als auch umfassender zu verstehen. Unabhängig von Rassen- und Geschlechtszugehörigkeit sollte allen förderungswürdigen Studenten geholfen werden, ökonomische und kulturelle Hindernisse zu überwinden – Forderungen, die sich unter anderem auf die bereits erreichten sehr hohen Prozentsätze weiblicher und asiatischer Studenten im kalifornischen Universitätssystem stützen.[1]

Eine wichtige Entscheidung des (konservativen) obersten Gerichtshofs vom 12. Juni 1995, mit der sich die Clinton-Administration sogleich im Prinzip einverstanden erklärte, könnte in diese Richtung weisen. Hier wird in allen Fällen von »affirmative action« »strict scrutiny« gefordert, also genaue Untersuchung eher in Hinblick auf individuelle gegenwärtige denn vormalige kollektive Diskriminierung. Die Entscheidung bezieht sich nur auf Aufträge der Regierung, nicht der Privatwirtschaft, wird

---

[1] Die University of California in Berkeley, der begehrteste und intellektuellste Campus der Westküste, vergibt 50 Prozent der Studienplätze für »undergraduates« aufgrund akademischer Qualifikation (halb und halb Weiße und Asiaten); 45 Prozent aufgrund rassischer Kriterien, wobei soziale Herkunft keine, akademische Qualifikation eine untergeordnete Rolle spielt (Schwarze und Latinos); 5 Prozent sind »besonderen« Bewerbern (Sportlern, ausländischen Studenten) vorbehalten. In der mittleren Gruppe ist der Prozentsatz der erfolgreichen Abschlußexamina sehr niedrig. Auf das ganze System, »undergraduate« und »graduate«, übertragen, sieht die Verteilung folgendermaßen aus: 45 Prozent Weiße (Bevölkerungsanteil 55 Prozent), 20 Prozent Asiaten, 12 Prozent Latinos, 4 Prozent Schwarze. – Die »Regents« (Berater aus Politik und Wirtschaft) der University of California stimmten am 20. Juli mit 15 zu 10 Stimmen für die Abschaffung der »affirmative action« in ihrer bisherigen Form (ab 1996 für Lehrkörper und Personal, ab 1997 für die Studienzulassung).

aber sicherlich auch dort von Einfluß sein. Das muß nun keinesfalls eine generelle Abwendung vom sozialpolitischen Prinzip der »affirmative action« bedeuten, wohl aber Änderungen in gegenwärtigen Praktiken, wo diese sich unabhängig von konkreten sozialen Bedürfnissen entwickelt haben.[2] Schwarze Politiker, allen voran Jesse Jackson, haben sofort nachdrücklich auf den Sonderstatus vormaliger Unterdrückung hingewiesen, der für die anhaltende Diskriminierung von Schwarzen als Gruppe verantwortlich sei, und deshalb bleibe die prinzipielle Unterstützung durch die Regierung weiterhin notwendig. Viele weiße Politiker, nicht nur Konservative, nicht nur Männer, begrüßten die Entscheidung, weil man nun zurückgehen könne auf das Credo der Civil-Rights-Gesetzgebung: farbenblinde Chancengleichheit für alle.

Beide Reaktionen sind ebenso verständlich wie problematisch. Auf der einen Seite kann eine demokratische Gesellschaft auf die Dauer nicht verkraften, daß einer bestimmten Gruppe prinzipiell Sonderrechte eingeräumt werden; auf der anderen Seite ist es mit Farbenblindheit allein nicht getan. Jeder, der sich dem Realitätsprinzip der Chancen gestellt hat, weiß, daß es keine volle Gleichheit gibt, sondern höchstens eine partielle. Die Fähigkeit, Chancen zu nützen, ist ebenso ungleich verteilt wie andere Eigenschaften und Talente auch, ob sie nun von der Gesellschaft negativ oder positiv bewertet werden. Die meisten Menschen werden nicht frei und gleich geboren. Unter günstigen Umständen können sie sich eine relative Freizügigkeit und Gleichheit erwerben. Diese Umstände ergeben sich nicht von selbst; sie müssen »irgendwie« gesteuert werden.

Ansel Adams dokumentierte 1943 die Internierung amerikanischer Staatsbürger japanischer Abkunft im kalifornischen Manzanar. Die unter dem Titel *Born Free and Equal* veröffentlichten Fotos zeigen die Internierten, wie sie sich darstellten, wie sie gesehen werden wollten: in einer von ihnen trotz aller Schwierigkeiten, allen Unrechts gemeisterten Situation. Die Dokumentaristin Dorothea Lange hingegen hatte die Internierten im Zustand ihrer anfänglichen Verzweiflung und Verwirrung abgebildet. Noch überwältigt von dem ihnen angetanen Unrecht, hatten sie sich nicht dem Opferstatus widersetzt, den Lange vor allem vorführen wollte.

Adams' Fotografien zeigten die Nisei, wie sie sich selbst sahen: zäh, kompetent, loyal, verläßlich, unabhängig – gute Amerikaner (das war einer der Gründe, warum sein Projekt auf offiziösen Widerstand stieß). Sie hatten den Gründungsmythos der Vereinigten Staaten, »born free and equal«, aus eigenen kulturellen Kräften bestätigt und sich damit seiner würdig erwiesen. Langes Fotos zeigten das Unrecht, das die amerikanische Gesellschaft einer Gruppe von amerikanischen Bürgern antat, als sie sie für die Dauer des Krieges einfach aus dem amerikanischen Mythos ausschloß. Lange fotografierte den allgemeinen Sachverhalt des Ausgeschlossenseins, Adams dessen Partikularität. Mehr denn je braucht Amerika heute beide Perspektiven.

---

2 Der Supreme Court gab der Klage des weißen Inhabers einer Baufirma in Kansas auf »reverse discrimination« beim Wettbewerb um einen der begehrten Regierungsaufträge statt: Er hatte den Auftrag nicht bekommen, obwohl sein Kostenanschlag der niedrigste und die Qualität seiner Arbeit bekannt war. Der Auftrag war an eine Minoritätsfirma (Latino) gegangen, weil in solchen Fällen Regierungszuschüsse gewährt werden, gleichgültig ob die unter Kontrakt genommene Firma wirklich wettbewerbsfähig ist oder ob sie wirklich je diskriminiert wurde. In einer zweiten, politisch wahrscheinlich wichtigeren Entscheidung wurde einer Schulbehörde zugestanden, nicht mehr außerordentliche Maßnahmen zur Aufhebung der Rassentrennung unternehmen zu müssen, nur weil eine bestimmte Gruppe anhaltend schlechte Testergebnisse vorweist.

Man kennt es doch, daß sie Ausländer sind

Von Willi Winkler

An manchen Abenden ist der Platz an der S-Bahn im Hamburger Schanzenviertel schwarz von Menschen. Nach der Arbeit, und wenn auch die Läden im Karoviertel schließen, sammeln sich hier um einen Kiosk lauter Schwarze, stehen zu zweit und zu dritt herum, besprechen sich. Ständig kommen neue Männer dazu, keine Frauen, schlendern weiter, nach Hause vielleicht oder noch woanders hin. Es geht nicht besonders laut zu, eher wird geschäftsmäßig geredet, und zwar, wie man sich denken kann, über Arbeitsmöglichkeiten, die Aufenthaltserlaubnis, das Asylrecht und bestimmt in einem fort über die deutschen Frauen, die so leicht zu haben sind.

So jedenfalls arbeitet die Phantasie: Der Ausländer ist triebhaft, nützt die Lücken in unserem Sozialsystem aus, ist auf seinen Vorteil bedacht und ziemlich arbeitsscheu. Andererseits ist er gesellig, bleibt aber am liebsten unter sich, aber das ist ihm noch am wenigsten vorzuwerfen.

Steffen Heitmann, der sächsische Justizminister, wäre ziemlich schockiert, wenn er zufällig vorbeikäme. Als er einmal, aus Dresden anreisend, am Hauptbahnhof in Stuttgart ausstieg, sind ihm, wie er offenherzig berichtete, die vielen Ausländer aufgestoßen. Das kannte er nicht von daheim. Im Schanzenviertel müßte ihm das Herz stehenbleiben, das Schanzenviertel ist für Deutschland schon verloren.

*

Meinen ersten Neger sah ich am Ammersee. Mit vielleicht zehn oder elf Jahren war ich mit meinen Eltern nach Herrsching gefahren. Wichtiger als alles andere war mir damals, ob ich es wohl aus dem Stand schaffen würde, zum anderen Ufer hinüberzuschwimmen, das so nah wirkte im Föhn. Während mir meine Eltern den Wahnsinn auszureden suchten, spazierte über den Anlegesteg ein echter schwarzer Neger. Er war vielleicht schon länger draußen gewesen, versunken, wie sich das für jeden Besucher gehört, in den Anblick des Sees unter den Bergen, jedenfalls kam er über die Bohlen hereingeschritten, als sei er in Wahrheit eben erst dem Wasser entstiegen.

Es waren die sechziger Jahre, und wer die Befreiung durch die Amerikaner nicht selber erlebt hatte und auch nicht in der Nähe einer Kaserne wohnte, dem konnte es schon passieren, daß er seinem ersten echten schwarzen Neger erst ziemlich spät begegnete. Man wußte natürlich, daß es sie gab; dazu brauchte es nicht mal den Fernseher. Man wußte, daß der Neger als solcher ziemlich schwarz und vorwiegend in Afrika daheim war. Es gab auch in Amerika welche, die machten Musik und waren, selbst als Onkel Tom, immer gut aufgelegt.

Wie jedes halbwegs empfängliche Kind mußte ich bei dem Roman von Harriet Beecher Stowe, als ich ihn dann in einer Kinderbuchfassung las, heftig weinen: Wie man einem dermaßen guten Menschen das alles antun konnte! (Vor kurzem wurde Onkel Toms Vetter Onkel Ben wenigstens in der Werbung für den gleichnamigen Reis späte Genugtuung: Zwar gibt es noch immer die rüschenbesetzte dicke Negermammi, die Kulleraugen der Kinder, die sprichwörtliche Fröhlichkeit des schwarzen Mannes, aber inzwischen ist Onkel Ben mit seiner Familie aus den Sklavenquartieren ins Herrenhaus umgezogen und dort guter Dinge.)

Jedenfalls äußerte ich auf dem Steg in Herrsching mein kindliches Erstaunen über den schwarzen Mann, der da auf uns zugeschritten kam, und meine Eltern, geniert, wiesen mich zurecht. »Da schaut man nicht hin!«

Der Neger vom Ammersee war ortsüblich camoufliert, also viel zu warm für den Sommertag angezogen, in jedem Fall ordentlicher als die Deutschen, die um ihn herumstanden (auch wenn die Freizeitmode in den Tchibo-Farben damals noch nicht erfunden war). Der Neger fiel mit seinem dunklen Anzug mit Krawatte auf, wo er sich doch solche Mühe gab, in der Menge zu verschwinden. Mit dem Anzug aber war er im Sommer damals und in dem Ferienklima zu warm und zu förmlich gekleidet, der Anzug, der ihm wenigstens ein bißchen Unscheinbarkeit sichern sollte, wenn er schon seine Haut nicht verbergen konnte, betonte sie noch. Aber für mich, zehn vielleicht oder elf und über Krausköpfe in Bilderbüchern und den Nickneger in der Sakristei, der brav mit dem Kopf wackelte, wenn man ein Zehnerl für arme Heidenkinder in einen Schlitz warf, bisher nicht hinausgekommen, für mich war er eine überirdische Erscheinung.

Unter dem Stichwort *Melange* steht bei Adorno in den *Minima Moralia:* »Attestiert man dem Neger, er sei genau wie der Weiße, während er es doch nicht ist, so tut man ihm insgeheim schon wieder Unrecht an. Man demütigt ihn freundschaftlich durch einen Maßstab, hinter dem er unter dem Druck der Systeme notwendig zurückbleiben muß, und dem zu genügen überdies ein fragwürdiges Verdienst wäre.«

Mein Neger wollte sein wie die Weißen, und ich sollte ihn menschenfreundlich bei diesem Wunsch unterstützen, auch wenn er hoffnungslos war. »Die können sich noch so schön anziehen«, pflegte meine Mutter immer zu sagen, zürnend, empört fast, »man kennt es doch, daß sie Ausländer sind.« Ihr Vorwurf bezog sich auf einen imaginären *dress code,* der mit Gerechtigkeit zu tun hatte. Es war nicht richtig, daß die Ausländer genügend Geld haben sollten, um sich schöne Anziehsachen zu kaufen. Das war reiner Sozialneid, aber auch ein Vorbehalt der Eingeborenen; schließlich war man schon länger hier, und da durfte sich ein Neuer nicht anmaßen, auch schon dazuzugehören. Über den Stammtischen in Süddeutschland steht manchmal der sinnreiche Spruch: »Da sitzen die, die immer da sitzen«, und das ist nicht tautologisch, sondern die reine axiomatische Wahrheit. Wer schon immer da war, bleibt auch immer.

Wenn es nach meiner Mutter ging, mußten die Ausländer (damals Gastarbeiter) zwar nicht unbedingt eine Arbeitsuniform tragen oder gleich in Lumpen herumlaufen, aber bescheiden sollten sie schon auftreten, als Ausländer eben, und erkennbar bleiben. Wenn sie soviel für Kleider ausgaben, dann verdienten sie zuviel bei uns, und damit bestätigte sich, daß sie den Unsern alles Mögliche wegnahmen. »Man darf nicht vergessen«, hätte ich meiner Mutter vielleicht mit der Sklavenbefreierin Harriet Beecher Stowe entgegnen sollen, »daß Neger aus den üppigsten, exotischen Ländern der Welt stammen und daher tief im Herzen eine Leidenschaft für alles Glänzende, Üppige, Phantasievolle haben.« Ja, der Neger!

Die Differenzierung bringt erst die volle Diskriminierung. Zum Ende seines Lebens warb der bayrische Schriftsteller Ludwig Thoma um Maidi von Liebermann. Sie erhörte ihn nicht, sie fürchtete seine krachlederne Art, seinen Antisemitismus. In einem Brief vom 28. April 1920 verteidigte er sich mit einer klassischen Differenzierung: »Ich bin wirklich kein Antisemit, so sehr ich die ostjüdische Kulturfeindlichkeit hasse. Außerdem«, fährt er ungeschickt schmeichelnd fort, »außerdem hoffe ich ja der jüdischen Rasse mein Liebstes zu verdanken ...« Wenn er um sie wirbt, kann er doch kein Antisemit sein, sie folglich keine richtige Jüdin.

Natürlich war Thoma, wie die zweieinhalb Monate später erscheinenden Artikel beweisen, die er anonym für den *Miesbacher Anzeiger* schrieb, ein glühender Antisemit. Die Heimlichkeit, in der diese Hetztexte erscheinen mußten, hinderte den Verfasser allerdings nicht daran, vor der Geliebten mit ihnen zu renommieren: »Etliche Artikel im *Miesbacher Anzeiger* erregten Aufsehen bis nach Berlin hinauf«, Artikel, in denen regelmäßig vom kommenden »Pogrom« die Rede ist. Es gibt auch eine komplizenhafte Demütigung.

Bei Adorno heißt es weiter: »Die Fürsprecher der unitarischen Toleranz sind denn auch stets geneigt, intolerant gegen jede Gruppe sich zu kehren, die sich nicht anpaßt: mit der sturen Begeisterung für die Neger verträgt sich die Entrüstung über jüdische Unmanieren.«

Die gutgemeinte Propaganda der Pulloverfirma Benetton, daß wir alle zwar vielleicht unterschiedliche Hautschattierungen hätten, im Grunde aber doch irgendwie eins seien (»United Colors«), hat bisher nicht recht anschlagen wollen, vielleicht, weil sie einfach nicht wahr ist. Es ist eben doch nicht alles eins.

In einem seltsamen Bild, das noch aus der Manufakturzeit zu stammen scheint, werden die USA gern als »Schmelztiegel« bezeichnet. Die USA haben bekanntlich die allergrößte Mühe damit, tatsächlich ein Staatsvolk zu werden. Jede neue Einwandererwelle gefährdet den Zusammenhalt und wird deshalb argwöhnisch beobachtet. Dauerhaft bewährt als Underdogs, als die Gruppe, deren Einschmelzung oder Assimilation nicht gelingt, haben sich die Schwarzen. Nichts von dem, was seit den sechziger Jahren für sie unternommen wurde, hat angeschlagen. Eine Fernsehserie wie *Roots* sollte endlich für die Identität sorgen, die es in den USA nicht gab, eine Genealogie zurück in die feudalen Strukturen Afrikas, aber dem Großteil der Schwarzen geht es damit auch nicht besser. Einen bescheidenen schwarzen Mittelstand gibt es mittlerweile, dem der Aufstieg durch übermäßige Anpassung gelungen ist, durch konservatives Gebaren, reaktionäre Ansichten und durch Abgrenzung von den Ghetto-Schwarzen. Das Bleichwunder Michael Jackson ist das beste Beispiel dafür. Man kann es auch so drastisch wie Adorno sagen: »Der melting pot war eine Einrichtung des losgelassenen Industriekapitalismus. Der Gedanke, in ihn hineinzugeraten, beschwört den Martertod, nicht die Demokratie.«

Als ich noch in der Fabrik arbeitete, war ich mit einem Schwarzen befreundet. Es war ihm ein Ärgernis, daß er in der Gegend bekannt war »wie ein bunter Hund«. Über der Naturkrause trug er eine Ballonmütze, damit man die Haare nicht sofort sah, ihn womöglich erst auf den zweiten Blick als schwarzen Ausländer identifizierte.

Als meine Schwester heiratete, brachte ich ihn mit zur Hochzeit, was die Leute sehr irritierte. Später reute es mich doch ein wenig, weil ihn wieder einmal alle anstarrten. In der Fabrik, da kannten sie ihn, da war er eine Arbeitskraft, aber außerhalb hatte er nichts verloren, und so wurde er wieder der Neger.

Spät erst kam der schwarze Mann zu seiner Rache am weißen. Die Rap-Musik, die Ende der achtziger Jahre aufkam und mangels weiterer Ideen ungeheuer erfolgreich wurde, erlebte den größten Erfolg bei den Weißen. Schwarze Gruppen wie Public Enemy, schwarze Sänger wie Ice-T oder Snoop Doggy Dogg, verurteilte Totschläger darunter, genossen einen seltsamen Piratenruhm, weil sie in ihren Stücken nicht mehr die Revolution heraufdämmern sahen, auf die die vorige Generation noch gehofft hatte, sondern weil sie gleich den Polizistenmord propagierten. Die weißen Bürgerkinder feierten sie, schuld- und modebewußt, als gäb's nichts Schöneres. Die Mode war sogar noch wirkungsvoller als die Musik: Hosen und Hemden in lächerlichen Übergrößen, riesige Turnschuhe, die Zunge nach vorn und nicht zugebunden. Und die Schwarzen wollten sich schier totlachen über die weißen Kinder, die sich unbedingt nach Negerart verkleiden mußten, und nannten sie *wiggers,* white niggers.

Der Regisseur Mario Van Peebles glaubt noch an die traditionellen Werte und hat soeben einen Film über die Black Panther gedreht, in dem er einer Legende zur Wahrhaftigkeit verhilft, die ursprünglich das Scheitern der schwarzen Emanzipation in den USA erklären sollte: Die (weiße) Regierung sorgte seit den sechziger Jahren dafür, daß die Ghettos mit Drogen überschwemmt wurden. Der Schwarze wurde willenlos gemacht, dämmert träg und ohne Initiative dahin, beteiligt sich nicht am bewaffneten Aufstand. Selbst die Sozial- und Bildungsprogramme der *affirmative action* dienten zu nichts anderem als der Festigung der weißen Herrschaft, lautet die in *Panther* kolportierte Verschwörungstheorie.

Dennoch ist nicht alles verloren. Bei aller kreuzzüglerischen Freude am PC-Denken werden in den USA immer noch geschmacklose Witze über die anderen gemacht, *ethnic jokes*. Der Pole ist danach dumm und brutal, der Ire brutal und dumm, der Jude schlau und auf seinen Vorteil aus, der Italiener arbeitsscheu etc. Der Richter Lance Ito, der im Mordprozeß gegen O.J. Simpson den Vorsitz führt, ist Gegenstand unendlicher Witzeleien, und nicht etwa, weil er sich in dem Verfahren ungeschickt benähme oder gar unfähig wäre, sondern einzig und allein, weil er sichtbar fernöstlicher Herkunft ist. Der *melting pot* nimmt jeden auf, aber damit ist längst nicht garantiert, daß er ihn auch verkraftet.

Paul Parin hat erzählt, daß während der Tito-Jahre in Jugoslawien die Idee des konföderierten Staates so weit getrieben wurde, daß auf ethnische Witze Gefängnis stand. Der Kroate durfte sich nicht abträglich über den Albaner äußern, der Serbe nicht über den Montenegriner lachen usw. So (und mit dem Partisanenmythos als Staatsgründungslegende) gedachte Tito eine nationale Identität zu schaffen. Für den Ethnopsychoanalytiker Parin ist das Witzverbot nichts weiter als »Verdrängung«, die sich unweigerlich rächen mußte.

Die »Fremden« nannte man die Touristen früher, und auf dem Land und in Kleinstädten gibt es sie noch, die *Fremden*zimmer. Es ist wie ein Wort aus den fünfziger Jahren oder aus der Ostzone, aber die reine Wahrheit. Die Fremden kamen, zahlten hoffentlich und verschwanden wieder. Vor Erfindung der Fernreisen zeichneten sich die Fremden dadurch aus, daß sie Jahr für Jahr wiederkamen. Dennoch blieben sie die Fremden, weil sie nicht von hier waren.

Besonders hingebungsvoll verkörpert diesen überlebten Typus Helmut Kohl, wenn er am Wolfgangsee Urlaub macht. Was wurde nicht gelacht über den legeren Kanzler beim Baden und beim Schützenfest, über Hannelore mit dem Rehkitz! Aber vielleicht weicht Kohl, überanstrengt durch die Exotik der Welt, nur dem Druck der Systeme aus. Wenn er in der Sommerfrische weilt, verschont er immerhin die Welt mit seinem Bescheidwissen. Der koloniale Blick, im 19. Jahrhundert nur dem Adel und ein paar weiteren Gentleman-Reisenden vorbehalten, ist längst demokratisches Gemeingut.

Der Industriekaufmann aus München erzählt begeistert von seinem Jahresurlaub in Südamerika, vom Chimborasso, von den günstigen Einkaufsmöglichkeiten auf den Indiomärkten, von den landestypischen Kneipen, die sich seinem Spürsinn eröffneten und wo er sich an den Tisch setzte mit den Einheimischen. »Der Indio versteht Spaß und macht gern eine Gaudi mit.«

Der Sportlehrer aus Berlin reist seit der Wende gern in die Dolomiten, die Berge sind Leibesertüchtigung für ihn, aber deshalb verschließt er keineswegs die Augen vor der Wirklichkeit. Man sollte die beiden Tirole wieder zusammenführen, sagt er, die Landschaft gehöre doch einmal zusammen und nicht unnatürlich zertrennt zwischen Österreich und Italien. Den Einwand, daß sich das mit der Europäischen Union demnächst von allein regeln werde, läßt er nicht gelten. Die in den letzten Jahrzehnten angesiedelten Italiener hätten »kein Verhältnis zur Landschaft«; sie wüßten sich nicht einmal angemessen in ihr zu bewegen.

Am reinsten hat sich der koloniale Blick bei den beiden Südafrikanerinnen erhalten, die, zünftig eingekleidet, durchs Pustertal reisen und sich nicht nur an der Natur erfreuen, sondern auch zu schätzen wissen, daß es hier »so sauber wie in Deutschland« ist. Das Pustertal liegt in Südtirol, gehört also zu Italien, und die Italiener, weiß man ja, nehmen's nicht so genau mit der Sauberkeit. Aber hier war man ja auch mal deutsch, deshalb ist es hier wahrscheinlich besser.

Die beiden Südafrikanerinnen sind keine richtigen, sondern vor etlichen Jahrzehnten mit ihren Ehemännern zusammen, ehrbaren Hamburger Kaufleuten, nach Afrika ausgewandert, in den abgegrenzten Luxus, aber immer umgeben von Schmutz, Arbeitsunlust, dumpfer Gewalt. Vor allem an der Sauberkeit fehlte es. Abgeschnitten vom normalen mitteleuropäischen Diskurs schwadronieren sie drauflos, sagen nicht gerade »arbeitsscheu« über den schwarzen Mann, aber doch, daß er lieber nichts tut, keinen Termin einhält und der Führung durch den weißen Mann bedarf.

Viel besser als dieser koloniale Snobismus ist es auch nicht, wenn man sich dem Fremden voller Verständnis widmet. Jeder weiß doch inzwischen aus eigener Anschauung Bescheid über selbst das hinterste Indien, fühlt sich bei Bedarf ein in die Mentalität der Balinesen und wird zum Instant-Experten für baskischen Separatismus. Alles verstehen, alles verzeihen, alles vermeiden.

Unsereins hat als Freund unterdrückter Völker größte Mühe mit der Wahrheit: daß das Geld für den bewaffneten Kampf der Kurden gegen die militärhörige türkische Regierung vornehmlich in Deutschland gesammelt wird, als Schutzgeld erpreßt, mit Drogen- und Waffenhandel, mit Prostitution erwirtschaftet; daß also umgekehrt die armen, unterdrückten Kurden ungewollt in Deutschland das Verbrechen befördern.

Wer nicht zufällig Interventionist der verlogensten Observanz ist, gibt allerdings beim längeren Gespräch schnell zu, daß er mit diesen schnurrbarttragenden und auch sonst ziemlich ungustiösen Kerlen, seien's jetzt Kroaten oder Serben oder Bosniaken, lieber nichts zu tun haben möchte.

Fast eine Farce auf das ausländerfreundliche Denken lieferte neulich die von der Polizei so genannte »schwäbische Disco-Mafia«. An der Spitze dieser Mafia stand der Iraker Sarhan, der sich allerdings als Italiener ausgab und »Fabio Taramelli« nannte. Ein italienischer Name bürgt in diesen Kreisen offenbar für Qualität. Die Gang terrorisierte im Augsburger Umkreis Dutzende von Bars und Diskotheken, und wer den Mitgliedern in die Quere kam, wurde nicht bloß umgebracht, sondern, schließlich handelte es sich ja um eine Mafia, gleich einbetoniert. Einige Mitglieder der Bande, so wußte die Sonderkommission zu berichten, hatten 1992 in Zwickau einen »Sächsischen Hof« betrieben, ihn dann aber, als sie der Schulden nicht mehr Herr wurden, abgebrannt und »ausländerfeindliche Motive« vorgetäuscht.

*

Vor ein paar Tagen erst geriet ich auf der Straße in einen Streit mit einem Autofahrer, dem es nicht paßte, daß ich als Radfahrer das Vorfahrtsrecht in Anspruch nahm. Als er merkte, daß keins seiner starken Attribute – Mercedes-Cabrio, Fitneßmuskeln, Drohungen – den erwünschten Erfolg hatte, verlegte er sich auf Verwünschungen und fand schließlich die passende Verfluchung, ein Schimpfwort, das er bestimmt selber oft genug gehört hatte: »Gehen wieder in das Land, wo du gekommen bist.«

Die deutsche Differenz

Von Walter Klier

»Deutschland ist ohne Zweifel eine Realität, aber eine Realität ohne Konturen und Grenzen. Nie geht es völlig in seiner jeweiligen historischen Gestalt auf«, schreibt der in München geborene französische Historiker Joseph Rovan in seiner *Geschichte der Deutschen.*[1] Diese Verschwommenheit scheint sich bis heute als Unsicherheit der Deutschen bei der Feststellung dessen, was und wie ein Deutscher sei, wo diese Nation anfange und wo sie aufhöre, fortgesetzt zu haben. Eine Nation benötigt, um sich ihrer selbst vergewissern zu können, eine kontinuierliche Geschichte und ein stabiles Territorium, besser noch: eine *Gestalt.* Der Franzose hat im Umriß seines nationalen Territoriums gar eine geometrische Figur ausgemacht und nennt sein Land nun auch so: *l'Hexagone.* Das Sechseck insinuiert nicht nur ästhetische Vollkommenheit, Abgeschlossenheit, sondern auch Unantastbarkeit. Zur Gestalt gehört ein Name, der Singularität beansprucht: Wie anders ließe sich die Nervosität erklären, die zwischen Griechenland und Mazedonien in der Frage der Bezeichnung des letzteren herrscht.

Die Grenzen der Nationen unterliegen wesenhaft dem Disput – Nationen schließen einander aus und denken sich meist größer, als sie gerade sind, kollidieren also regelhaft mit den Nachbarn. Dieser Prozeß führt aber mit der Zeit zu einem ungefähren und nach innen wie außen akzeptierten Umriß der jeweiligen Nation, der dann unter dem Begriff »natürliche Grenzen« rationalisiert wird. Aus diesen Überlappungsprozessen bleiben Gebiete mit abweichender Kultur übrig, Randzonen wie das Elsaß, deren Zuordnung in jedem Falle strittig bleiben muß, wenn man sie nach nationalen, also kulturellen und sprachlichen Kriterien vornimmt.

Solche nationalen Minderheiten bleiben selbst im Fall weitgehender Befriedung ein latenter Unruheherd. Dies muß auch so sein, hält man sich an Ernest Gellners Bestimmung der Nation, der sozialen Organisationsform der Moderne, als »large anonymous assemblies of culturally homogenous individuals«.[2] Die Nation, so abgemildert, gesamteuropäisch und postmodern sie sein mag, wird die Existenz einer kulturell (das heißt in erster Linie sprachlich) differenten Gruppe auf ihrem Territorium immer als Störung empfinden und, wie subtil auch immer, an der Beseitigung dieser Störung arbeiten.

Der Fall Deutschlands ist kurios. Die »Kulturnation«, die Einigung auf die gemeinsame Sprache, war sehr früh erfolgt, die politische Einigung mißlang chronisch. Niemals war im Lauf der Geschichte Einigkeit darüber zu erzielen, aus welchen Teilen Deutschland bestehe und wo demnach seine Grenzen verlaufen sollten; nicht einmal annähernd deckten sich Staats- und Sprachgrenzen, und das war wohl nur das sichtbare Zeichen für die tiefgreifende Unsicherheit, die der Entstehung – oder Herstellung – dieser Nation von allem Anfang innewohnte.

Ein auffälliges Mißverhältnis herrscht, im Vergleich zu anderen »unsicheren« Nationen (etwa Polen), zwischen der schieren Größe des Territoriums und dem Angst- und Aggressionspotential, das eine Nation, die sich »objektiv«

---

[1] Joseph Rovan, *Geschichte der Deutschen. Von ihren Ursprüngen bis heute.* München: Hanser 1995.

[2] Ernest Gellner, *Encounters with Nationalism.* Oxford: Blackwell 1994.

nicht fürchten mußte, in bezug auf die Nachbarn entwickelte, nicht zuletzt indem man die Zahl der Feinde durch Provokation so lange erhöhte, bis objektive Unterlegenheit und endlich die vernichtende Niederlage von 1945 eintraten. Dieses panische Gefühl der Beengung, unter dem Kennwort »Volk ohne Raum« bekannt, hat mit meßbaren Größen wie der Bevölkerungsdichte offenbar nichts zu tun. Die hektische, auftrumpfende und »unzivilisierte« Art des deutschen Auftretens, besonders typisch in der wilhelminischen Ära, ins Extrem weitergetrieben 1933-1945, könnte man der relativen Jugend dieser Nation als politischer Einheit zuschreiben.[3] Erst mit der Einigung von 1990 ist es ihr gelungen, das eigene Territorium endgültig festzulegen, und mit dem Jahr 1995 erscheint auf den Briefmarken erstmals der Name »Deutschland«. Zum ersten Mal in der Geschichte steht also, unbezweifelt von innen wie von außen, fest, aus welchen Teilen sich diese Nation zusammensetzt und aus welchen nicht.[4]

Wie Klaus von See in seiner Aufsatzsammlung *Barbar Germane Arier*[5] darlegt, ermangelt Deutschland nicht nur einer nationalen Vorgeschichte, sondern, schlimmer noch, einer zufriedenstellenden Beschreibung seiner Ur- und Anfangszustände, aus der es einen Begriff von sich gewinnen könnte. Deutschland taucht übergangslos als Teilbereich des christlichen Mittelalters aus den vorhergegangenen Wirren auf. Mit der Reformation setzt das Bemühen ein, sich als vom Rest verschieden zu sehen, und damit die Suche nach wirkungsvollen Unterschieden. Die ersten Schritte auf eine Vorform von Nation hin gehen Hand in Hand mit der Verschriftlichung und Kodifizierung der Volkssprache.

Als die deutschen Humanisten um 1500 damit beginnen, sich ein Bild von der eigenen Vergangenheit zu machen, ist das einzige, was sie finden, der Bericht des Tacitus über die Germanen. Und wiewohl sich zeigen läßt, daß dessen Germanen in erster Linie »Nicht-Römer« zum Gebrauch des römischen Publikums waren, deren angebliche Charakterzüge sich aus den Theorien der griechischen Antike über die Barbaren, also über die Zweiteilung der Welt in Zivilisation und Nicht-Zivilisation herleiten lassen, haben ihre dort beschriebenen »Charakterzüge« (das rötliche Haar und die blauen Augen etwa, die vorher nicht nur Herodots Skythen aufgewiesen hatten, sondern auch die Singhalesen bei Plinius dem Älteren) eine erstaunliche Zählebigkeit im Selbst- und Fremdbild der Deutschen entwickelt. Kurios auch, wie eine das Land negativ charakterisierende Wendung des Tacitus – »mit seinen Wäldern schaurig, mit seinen Sümpfen widerwärtig« – die innige Beziehung begründet, die der Deutsche zu seinem Walde pflegt. Solche Erkenntnis, daß man gewissermaßen nicht einmal seine Schwächen sich selber verdankt, sondern antiken Beschreibungen seinerzeitiger Naturvölker, zu denen man also selber gehörte, schafft nicht nur ein Gefühl von Mangel, sondern begreiflichen Verdruß, jene Art von Verdruß, die wir heute bei Wissenschaftlern und Ideologen *unserer* ehemaligen Naturvölker *uns,* den Europäern und Amerikanern gegenüber, registrieren können.[6]

Aus dem Kampf gegen Rom und »das Welsche«, den die Humanisten der Reformationszeit führten, wurde später

---

3 Vgl. Ernest Gellner, *Nationalismus und Moderne.* Hamburg: Rotbuch 1995.

4 Zu den Konsequenzen, die sich aus dem Überschreiten dieser historischen Schwelle ergeben, gehört auch die endgültige Abkoppelung Österreichs vom »Deutschen«. Vgl. Walter Klier, *Es ist ein gutes Land. Österreich in den neunziger Jahren.* Wien: Deuticke 1995.

5 Klaus von See, *Barbar Germane Arier. Die Suche nach der Identität der Deutschen.* Heidelberg: C. Winter 1994.

6 Marshall Sahlins, *How »Natives« Think.* In: *Times Literary Supplement,* 2. Juni 1995.

einer gegen »das Französische«, der notorische Kampf von »Kultur« gegen »Zivilisation«. Daran hat sich bis heute nichts geändert. »Daß Höflichkeit Lüge sei, wie schon der alte Goethe korrekt diagnostizierte, verleitet die wenigsten Deutschen zum Lob der Lüge, sondern dient dazu, den Verzicht auf die guten Formen betonhart zu untermauern« – so Cora Stephan in *Neue deutsche Etikette,* einer rezenten Erörterung des Themas. Der größte Fehler der römischen Zivilisation war es gewesen, den Großteil dessen, woraus nun die (deutsche) Kultur bestand, ursprünglich als zivilisatorischen Export bereitgestellt zu haben (Betten und Wein, Bücher und Gesetze). Dieser Kampf wurde bis in unsere Tage immer von neuem mit dem dürftigen Arsenal aus dem Text des alten Römers geführt, mit der immer gleichbleibenden Schwierigkeit, aus kulturellen Defiziten »Tugenden« machen zu müssen. »Die humanistische Tacitus-Rezeption«, konstatiert von See, »hatte weitreichende Folgen. Aus ihr stammt die Neigung, die zivilisatorisch-intellektuelle Überlegenheit der Römer, Romanen und Westeuropäer kompensiert zu sehen durch moralisch-gemüthafte Werte, durch ein germanisch-deutsches Tugendmonopol, wie es schon Jakob Wimpfeling vorführt: Die Germanen seien den Römern ganz und gar nicht unterlegen, weil sie ja immer ›Treue, Keuschheit, Gerechtigkeit, Freigebigkeit und Lauterkeit pflegten‹.«

Nun blieb es freilich frustrierend, seine Deutschheit auf der Basis eines Textes zu behaupten, der aus Rom, dem Herzen des Feindes, stammte. Die skandinavischen Humanisten hatten ihrerseits begonnen, ihre germanisch-wikingische Vorgeschichte wiederzuentdecken und für die Konstruktion des eigenen Nationalbewußtseins zu nutzen. Doch als man deutscherseits daranging, den von den dänischen und schwedischen Kollegen wieder ausgegrabenen Germanen und dessen nordische Spätform, den Wikinger, als Ahnen heranzuziehen, war das geographische Manko nicht übersehbar: in Deutschland fehlten germanische Altertümer, und was man finden konnte, war keltischen oder römischen Ursprungs. Es bedurfte beträchtlicher geistiger Kraftakte, bis das Gefühl der »Fremdheit gegenüber den Bewohnern des dunklen Nordens« einem Gefühl innerer Verwandtschaft wich, um Herders Forderung Genüge zu tun, daß jede Nation eine Mythologie haben müsse, die »ihrer eigenen Denkart und Sprache entsprossen« sei. Als nordwestliches Intermezzo hatte es, in der Nachfolge von Macphersons *Ossian,* in den Jahrzehnten um 1800 massive Versuche gegeben, das »neblige« Schottland und den Raum der keltischen Überlieferung zum Vorfahren des »Deutschen« zu machen. Der semantisch zu Schottland gehörige »Nebel« blieb als Attribut des Nordens erhalten, auch als dieser ostwärts auf die skandinavische Halbinsel verlagert wurde.

Immer aber entwickelte sich die Selbstdefinition des Deutschen, zuerst als »Barbar«, dann als »Germane«, schließlich als »Arier«, im Zusammenhang eines Gegensatzpaars, dessen anderer Teil ursprünglich »der Römer« gewesen war und ganz am Ende »der Jude«, sozusagen als letzter Erbe der stets als »das Andere« gesehenen Zivilisation; geographisch war dieses Andere anfangs klar im Süden situiert; mit dem Wechsel der Feindbilder wanderte es stetig nach Westen und Nordwesten: mit Großbritannien, einem der Hauptfeinde des 20. Jahrhunderts, war es definitiv im Bereich des doch eigentlich hochwertigen »eigenen« Germanischen gelandet; der Vorwurf an die Briten war der, gleich den Juden ein »Krämervolk« zu sein. Der ehemalige Feind im Süden, der »Welsche« hingegen, war am Ende zum Waffenbruder mutiert und wurde im Zuge der nationalsozialistischen Umbauversuche innerhalb dieser Struktur zu einer Art Arier h.c. ernannt, was in Italien, wo man sich selbstredend als Hort aller Zivilisation und direkter Erbe der Antike verstand, nur Spott und Hohn hervorrufen konnte. Überhaupt deckte jeder Versuch, den »Arier« näher zu definieren, die dem Konzept innewohnenden Widersprüche in anderer Weise auf, je nachdem, ob die Definition eine eher weite oder enge sein sollte. Mal war der Slawe qua Blond- und Nördlichkeit mit von der Partie, dann wieder (analog zu jeweiligen militärisch-politischen Zielen) rutschte er gleich in die unterste Menschenkategorie.

Die Juden wurden als eminenter, die kulturelle Gleichförmigkeit störender Fremdkörper im Inneren des »Deutschen« ausgemacht, und ihre Infamie bestand überdies darin, keine erkennbare territoriale Basis zu haben. Das böse Andere war so nicht nur nach Deutschland eingewandert, sondern dort auch noch allgegenwärtig – und schwer erkennbar geworden. Im Österreich und Deutschland der Nachkriegszeit wurden und werden unzählige Versuche unternommen, in bester volksbildnerischer Absicht das Unsinnige am Antisemitismus, neuerdings an der »Ausländerfeindlichkeit«, herauszustellen. Dieses Unsinnige versteht sich aber von selbst. Der »Sinn« des Nationalismus besteht ja nicht darin, ein Weltbild vorzustellen und zu realisieren, das logischen Kriterien genügt, er beharrt lediglich darauf, eine Nation herzustellen. Dazu werden beliebige Teile aus dem geistesgeschichtlichen Fundus herangezogen, die emotional aufladbar sind.

Deutschland könnte ein Beispiel dafür sein, daß der Nationalismus bei starker Überhitzung das geistesgeschichtliche Zeichensystem, dessen er sich bedient, auslaugt und schließlich zerstört. Nach 1945 waren der Germane, der Arier, der Jude, der Welsche und das perfide Albion plötzlich nicht mehr zu gebrauchen, auch nicht das Gegensatzpaar Kultur/Zivilisation. Entwertet waren nationale Symbole, Erzählungen und Mythen, nicht unbedingt nur solche, auf die im Nationalsozialismus erhöhter Wert gelegt worden war. Das Deutschlandlied etwa, dessen Text von einem 1848er Demokraten auf englischem Hoheitsgebiet gedichtet und dessen Melodie von einem in Ungarn tätigen Untertan des österreichischen Kaisers auf der Basis eines kroatischen Volkslieds komponiert worden war, war zu einer unsingbaren Peinlichkeit mutiert – dabei hatte die bekannte und nun expansionistisch klingende Maas-Memel-Etsch-Belt-Sequenz bloß die tatsächlichen Ecken und Enden des Deutschen Bundes bezeichnen sollen und war als Affront gegen die dieses Deutschland zerstückelnden Monarchien gedacht.[7]

Die totale Niederlage 1945 besiegelte und verbriefte die Nichtigkeit des bisherigen Deutschland, sein nationales System konnte praktisch widerstandslos durch ein neues Ost-West-Schema ersetzt werden, bei dem man sich, wenn auch mit Vorbehalten, innerhalb des Bereichs »Zivilisation« wiederfand, und der neue Gegner außerhalb.[8] Womit die Nord-Süd-Opposition nicht endgültig verschwunden war. Zuletzt ist sie unter anderen Vorzeichen wieder aufgetaucht; der Gute Deutsche von heute, der sich von den hier beschriebenen Zuordnungen verabschiedet oder diese schlicht vergessen hat, neigt nun gefühlhaft dazu, sich auf die Seite des »Südens« wider den »Norden« zu schlagen, wobei der »Norden« für die Zivilisation der Toten Weißen Männer steht, deren Opfer den »Süden« bewohnen. Damit wäre das Kunststück vollbracht, zwar de facto innerhalb der Zivilisation zu verbleiben, sich aber zusätzlich ein Vaterland der Seele im Außerhalb konstruiert zu haben, dem die – womöglich nur scheinbar verblaßten? – Werte der »Kultur« zugeordnet werden können. An die Stelle der Liebe zum Holzgeschnitzten tritt jene zum

---

7 Vgl. Hermann Kurzke, *Hymnen und Lieder der Deutschen.* Mainz: Dieterich 1990.

8 Zur totalen Niederlage als Bedingung für das Entstehen eines demokratischen und in den Westen integrierten Nachkriegsdeutschland vgl. Peter Benders Aufsatz im *Merkur,* Nr. 554, Mai 1995.

nikaraguanisch Handgetöpferten. Nicht zu vergessen, daß mit der Inflation des Opferbegriffs immer weitere Teile der eigenen Bevölkerung (Frauen, Behinderte) einen ideellen Süden bewohnen. Im Multikulturellen findet eine heimatlos gewordene altdeutsche Vorstellungswelt wieder einen Ort, an dem sie sich ruhig niederlassen könnte – wären da nicht noch die Restbestände authentischer Anhänger des Alten, die bis heute nicht von der Butzenscheibe und ihren ideologischen Implikationen lassen mögen und deren verlorene Heimat nicht in Lateinamerika, sondern in Böhmen und Mähren liegt, womit sich der Kreis wieder zu einem traditionellen nationalen Konflikt geschlossen hätte.

Deutschland besitzt also nicht nur keine nationale Vorgeschichte, sondern auch keinen sinnstiftenden Mythos. Dieser Mangel machte sich aus Anlaß der Reichsgründung von 1870/71 peinlich bemerkbar, als die für Preußen durchaus zufriedenstellende Figur Friedrichs II. sich als inakzeptabel für (insbesondere die katholischen) Nicht-Preußen herausstellte. Ebensowenig brauchbar waren Hermann der Cherusker (zuerst bei Tacitus erwähnt), Friedrich Barbarossa oder die Gestalt der »Germania«, die nach der Jahrhundertwende die Briefmarken des Reiches zierte und nach Aby Warburgs Worten aussah wie eine »kostümierte Köchin«. In dem Augenblick, wo sie dargestellt werden sollten, gar überdimensional in Erz gegossen wie Hermann im Teutoburger Wald, trat das Problematische dieser Figuren schmerzlich zutage.

»Der Geschichtsmythos sollte eine möglichst stabile, kanonisch gewordene Form der Verbildlichung haben.« Zwar wirkt dessen Zusammensetzung in der Rückschau oft reichlich beliebig, aber dennoch ist Klaus von Sees Diktum richtig: es genügt für einen sinnstiftenden Nationalmythos nicht, irgendwelches Material heranzuziehen. Es muß auf mehrfache Weise eingängig, »stimmig« sein, um bei seinem Publikum eine breite und dauerhafte Wirkung zu entfalten. Dazu gehört die Bindung an eine vertraute Topographie ebenso wie die Erzählung von einem (möglichst heroischen) Ursprung der Nation, in der die nationalen Werte sich günstigerweise mit übernationalen, religiösen und allgemein-ethischen verbinden sollten. Vorbildlich und entsprechend erfolgreich ist in dieser Hinsicht die Erzählung vom jungen, streitbaren Amerika, das Zivilisation, Demokratie und Christentum in den Wilden Westen hinaus trägt.

Weniger wichtig ist für den nationalen Mythos die historische Korrektheit. *Der* englische Nationalheld, Richard Löwenherz, war ein Franzose, der kein Englisch sprach. Die Fabel von Wilhelm Tells Apfelschuß und Tyrannenmord ist nicht genuin schweizerisch, sondern wurde im 15. Jahrhundert aus Skandinavien bezogen, und seine endgültige Fassung in Lesebuchverse besorgte ebenfalls ein Nicht-Schweizer. Die Geschichte von der Befreiung von Fremdherrschaft und selbstbestimmter Staatengründung war von Schiller gewiß auf das ganze Deutschland, damals immer noch bloß Kulturnation und sonst nichts, gemünzt, ließ sich auf dieses aber offenbar nicht übertragen. Die Schweiz hatte, als vornationale Staatengründung, den Übergang ins Zeitalter des Nationalismus unbeschadet überstanden, war zur Nation geworden und hatte sich von »Deutschland« schon zu weit entfernt.

1755 wurde die erste Handschrift des Nibelungenlieds wieder aufgefunden und 1782 der Originaltext erstmals gedruckt. Zwar konnte es die Begeisterung einiger Professoren und Pädagogen entfachen, nicht aber die breiterer bürgerlicher Schichten – und auch nicht, unter anderen, Herders und Goethes. Dieser ließ die Ausgabe unaufgeschnitten liegen und blieb nach eigener Aussage »so stumpf dagegen wie die übrige Welt«.

Trotz mannigfacher Versuche der Maler und Grafiker, die Nibelungen ins Bild zu bringen, war niemals Einigkeit darüber zu erzielen, wie diese denn nun auszusehen hätten: mehr wikingerhaft oder ritterlich-höfisch, oder gar mit antik-römischem Einschlag? Das hatte seine Ursache schon in der geringen Brauchbarkeit des Originals, »das mit der deutschen Geschichte gar nichts zu tun hat, sondern von Zwist und Mord im burgundischen Königshaus handelt, – eine abstrus-peinliche Betrugskomödie, die sich dank der undisziplinierten oder auch nur törichten Schwatzhaftigkeit ihrer Protagonisten zur Ehetragödie auswächst und später an einem fernab gelegenen, östlichen Barbarenhof, wo die Ehefrau des Ermordeten, gestützt auf die Macht des untätig zusehenden zweiten Ehemanns, ihren lang gehegten Racheplan ins Werk setzen kann, ein schauerlich-blutiges Ende findet«, wie Klaus von Sees lakonische Kurzfassung der 39 Aventiuren lautet.

Selbst als Richard Wagner – unter Rückgriff auf skandinavische Elemente – den Nibelungenmythos effektvoller gestaltet hatte, blieb das Faktum bestehen, daß der Germane als mythischer Urvater des Deutschen eine allzu fiktive Größe ist, die einmal mehr dem taciteischen Barbaren gleicht, ein andermal dem ossianischen Kelten, dann einem nordischen Wikinger. Die Nibelungengeschichte ist und bleibt mythologisch zu wenig kohärent. Auch die Einschätzung ihrer Helden und der durch sie verkörperten Werte unterlag ziemlichen Schwankungen. Die Zeit vor 1870 bevorzugte die häusliche Kriemhild, »während in der zweiten Phase, der Reichsgründungs- und frühwilhelminischen Zeit, das Heroisch-Selbstgewisse, das Herausfordernd-Mutwillige – verkörpert in der lichtvollen Gestalt Siegfrieds – vorherrscht und schließlich mit der dritten Phase am Vorabend des Ersten Weltkrieges die düstere Gestalt Hagens in den Vordergrund tritt und damit das Dezisionistisch-Entschlossene, die Pflichtbotmäßigkeit im Schicksalsvollzug, die nicht nach Moral, sondern nur nach Notwendigkeit fragt.«

Fakultative Teile treten zu einem »notwendigen« (zu einem bestimmten historischen Zeitpunkt als notwendig erachteten) Ganzen zusammen – die Verfügbarkeit der Ästhetik zu den Zwecken staatlicher Kunst unterliegt offenbar gewissen allgemeinen Gesetzen, einer allgemeinen Rationalität, die sich nicht unbedingt an der Einbeziehung oder dem Ausschluß einzelner Elemente zeigen läßt. In den europäischen Diktaturen dieses Jahrhunderts – in Italien, in Deutschland, auch in der Sowjetunion – löste eine klassizistische Kunst eine »revolutionäre« ab, die mit der jeweiligen Bewegung vor deren Sieg mehr oder weniger eng assoziiert war. Um bei Deutschland zu bleiben: die expressionistische Moderne, die »Unordnung« ausdrückte, mußte dem Klassizismus nicht nur weichen, weil dieser Hitlers Geschmack entsprach, sondern weil Ordnung, Strenge, Übersichtlichkeit, Traditionalität in der Logik der Diktatur lagen. (Einen Unterschied zur »gewöhnlichen« Diktatur sieht Rovan in der »nihilistischen« Zerstörungswut, die die Nazis dem eigenen Staatsapparat gegenüber an den Tag legten.) Es ist nutzlos, die nationalsozialistische Staatskunst zum Gegenstand moralischer Empörung zu machen, denn sie drückt das »Eigentliche« dieser Zeit gerade nicht aus, sondern »nur« das Eigentliche einer beliebigen Diktatur. Dem Expressionismus blieb es – unfreiwillig und zum jedenfalls anfänglichen Leidwesen von Goebbels, Benn und Nolde – erspart, zur deutschen Staatskunst der tausend Jahre zu werden.

Die deutsche Nation, 1870 zur politischen Einheit gelangt, bleibt zunächst in ihrem Selbstbild weiter amorph, auf schwankenden Grund gestellt und zu Übertreibungen und überreizten Reaktionen neigend. Ein fataler Erfolg der Polarisierung der Gesellschaft als Reaktion auf Katholizismus und Arbeiterbewegung dürfte darin bestanden haben, das demokratische und das nationale Element unwiderruflich voneinander zu trennen. Die antidemokratischen Kräfte hatten gewissermaßen das Vaterland so weit monopolisiert, daß aus ihren Kontrahenten zwangsläufig die »vaterlandslosen Gesellen« werden mußten. Wie Ernest Gellner in *Encounters with Nationalism* zeigt, war die Schlußfolgerung, die Marxisten wie Liberale aus der Geschichte des 19. Jahrhunderts zogen, daß nämlich die Nationen in der Folge der Industrialisierung zum Absterben verurteilt sein würden, durchaus plausibel, wenn sie auch von der weiteren Geschichte widerlegt wurde.

Wie weit läßt sich der Absturz in den kollektiven Irrsinn aus der deutschen Geistes- und Nationalgeschichte, dieser »Reise durch das Ungeschick«, erklären? (Auch wenn man davon ausgeht, daß der Firnis über der Zivilisation dünn ist, so bleibt das Faktum, daß er nur unter gewissen Bedingungen und an einzelnen Orten aufreißt.) Joseph Rovan stellt die Frage gegen Ende seiner *Geschichte der Deutschen* explizit: »Daß dies alles einem der kultiviertesten Völker der Welt widerfahren konnte, das bis dahin einen der größten und umfassendsten Beiträge zum geistigen Fortschritt der Menschheit geleistet hatte ..., diese Feststellung sollte uns ein für allemal davon kurieren, die Geschichte und mithin das menschliche Verhalten im allgemeinen mit mechanistischen Erklärungen und Begriffen deuten zu wollen.« Die Deutschen, so Rovan, waren das »erste Opfer Hitlers«.

Der Prozeß der Nationwerdung war für Deutschland besonders mühselig und langwierig und nicht zuletzt für seine Nachbarn höchst schmerzhaft. Bei keinem der westlichen oder südlichen Nachbarn scheint die Formierung der Nation mit solchen Verheerungen einhergegangen zu sein, und die einzigartige Natur des Nationalsozialismus läßt zumindest vermuten, daß das Surplus an Grauenhaftigkeit, das hier aktenkundig geworden ist, sich weder aus dem Wesen des Nationalismus noch aus etwas »spezifisch Deutschem« befriedigend erklären läßt. Die Frage ist doch wohl die, ob aus der deutschen Geschichte im 18. und 19. Jahrhundert sich jene des 20. mit einer auch nur annähernd nachvollziehbaren Kausalität ergibt – ob also die Wurzeln der spezifischen Fürchterlichkeit des Nationalsozialismus sich, ohne das Material über Gebühr zu strapazieren, etwa in der vorausgehenden deutschen Geistesgeschichte auffinden lassen.

Bei Betrachtung des 19. Jahrhunderts kann man den Eindruck gewinnen, daß Deutschland, wie langsam auch immer, dem Beispiel der westlichen, »alten« Nationen zu folgen beginnt. Die nationale Einigung, so lange als Ding der Unmöglichkeit gesehen, geschah verhältnismäßig reibungslos, ähnlich jener Italiens. Die kulturelle Einheit war längst weitgehend verwirklicht. Eine gemeinsame Nationalliteratur existierte ebenso wie eine anerkannte Nationalsprache, deren Kodifizierung zwischen Grimm und Duden gerade in Gang gekommen war. Die konfessionelle Spaltung zwischen Nord und Süd und der internationalistische Anspruch der Arbeiterbewegung wurden zwar als zentrifugale Elemente wahrgenommen, und die Verhärtung der autoritären Formen im wilhelminischen Kaiserreich war dem Weg zu einem demokratischen Verständnis der Nation gewiß nicht dienlich, doch auch hierin fällt es schwer, mehr als graduelle Unterschiede zur Entwicklung anderer europäischer Staaten zu sehen, die trotz mehr oder weniger autoritärer Tendenzen vor und nach der Jahrhundertwende dann schließlich auch nicht auszogen, die Welt zu beherrschen und das Judentum in seiner Gesamtheit zu vernichten.

Die innere Einheit stellt bloß die halbe Voraussetzung eines »gelungenen« Nationalismus dar. Die andere Hälfte liegt in der Unterscheidung nach außen. Wenn diese aus welchen Gründen auch immer mißlingt, kann darin *eine* Ursache für eine kollektive Labilität zu finden sein, die in Verbindung mit einer großen Demütigung im Krieg und der Alchimie einer effizient verbreiteten Ideologie zu andernfalls schwer erklärbaren Exzessen führt. Ein Aspekt des »deutschen Sonderwegs« scheint tatsächlich darin zu liegen, daß die Möglichkeit und Fähigkeit zur ausreichenden Selbstdefinition der Deutschen, also zur geglückten Unterscheidung von den Nachbarn, von Anfang an sehr beschränkt war.

Das (westliche) Deutschland hat nach 1945 die Attribute und Denkformen des Nationalen so weitgehend abgeschüttelt, daß manchem jüngeren Leser die hier beschriebenen Gegebenheiten befremdlich erscheinen dürften. Die deutschen Hymnen, jene »Zeugnisse der Intimgeschichte unserer nationalen Identität«, sind »definitiv tot« (Kurzke). Auch die nicht ganz zu Unrecht mit Befürchtungen aller Art umstellte Re-Konstruktion der deutschen Nation seit 1990 hat daran nichts Wesentliches geändert. Vielmehr gleicht Deutschland heute den westeuropäischen Nationen darin, daß das Nationale eine merklich gedämpfte, ja Schattenexistenz führt, oder es übertrifft jene sogar darin auf eine musterschülerhafte Weise.

PAUL FUSSELL, geb. 1924, Professor emeritus für englische Literatur an der University of Pennsylvania, Philadelphia. – Der Beitrag ist dem Buch *Führer durch das amerikanische Statussystem* entnommen, das im Frühjahr bei Steidl in Göttingen erscheinen wird.

HEINZ BUDE, geb. 1954, Mitglied des Hamburger Instituts für Sozialforschung. 1995 ist erschienen *Das Altern einer Generation. Die Jahrgänge 1938–1948.*

SONJA MARGOLINA, geb. 1951 in Moskau, ist Publizistin. Zuletzt ist erschienen *Die gemütliche Apokalypse* (1995).

CORA STEPHAN, geb. 1951, Publizistin. 1993 ist erschienen *Der Betroffenheitskult,* 1995 *Neue deutsche Etikette.*

SIEGFRIED KOHLHAMMER, geb. 1944, Visiting Research Fellow am Department of Politics der Universität Sheffield. Zuletzt ist erschienen *Auf Kosten der Dritten Welt?* (1992).

CHRISTIAN MEIER, geb. 1929, Professor für Geschichte an der Universität München. 1993 ist erschienen *Athen. Ein Neubeginn der Weltgeschichte.*

WERNER SCHIFFAUER, geb. 1951, Professor für Vergleichende Kultur- und Sozialanthropologie an der Universität Frankfurt/Oder. Zuletzt ist erschienen *Die Migranten aus Subay. Türken in Deutschland* (1991).

MICHAEL RUTSCHKY, geb. 1943, Autor, Herausgeber der Zeitschrift *Der Alltag.* 1994 ist erschienen *Unterwegs im Beitrittsgebiet.*

EBERHARD RATHGEB, geb. 1959, ist Verlagslektor.

THOMAS STEINFELD, geb. 1954, ist Redakteur der *Frankfurter Allgemeinen Zeitung.*

JOHN CAREY ist Professor für Englisch an der Oxford University. – Der Beitrag ist aus dem Buch *Haß auf die Massen. Intellektuelle 1880–1939,* das im Frühjahr bei Steidl in Göttingen erscheinen wird.

JÖRG LAU, geb. 1964, Kulturredakteur der Berliner *tageszeitung.*

INA HARTWIG, geb. 1963, arbeitet an einer Dissertation über sexuelle Poetik bei Proust, Musil, Genet, Jelinek.

CLAUDIA SCHMÖLDERS, geb. 1944, Verlagslektorin und Lehrbeauftragte für vergleichende und allgemeine Literaturwissenschaft der FU Berlin. 1995 ist erschienen *Das Vorurteil im Leibe. Eine Einführung in die Physiognomik.*

HANS-PETER MÜLLER, geb. 1951, Professor für Allgemeine Soziologie an der Humboldt-Universität Berlin. Mitherausgeber von *Sozialer Wandel. Modellbildung und theoretische Ansätze* (1995) und *Soziale Ungleichheit und soziale Gerechtigkeit* (1995).

SIGHARD NECKEL, geb. 1956, wissenschaftlicher Assistent am Institut für Soziologie der FU Berlin. Zuletzt ist erschienen *Die Macht der Unterscheidung* (1993).

LUDGERA VOGT, geb. 1962, wissenschaftliche Mitarbeiterin am Institut für Soziologie der Universität Regensburg. Mitherausgeberin von *Sprache des Parlaments und Semiotik der Demokratie* (1995).

NIELS WERBER, geb. 1965, wissenschaftlicher Mitarbeiter am Institut für Germanistik der Universität Bochum. Zuletzt sind erschienen *Literatur als System* (1992) und, als Mitautor, *Beobachtungen der Literatur* (1995).

JAN ASSMANN, geb. 1938, Professor für Ägyptologie an der Universität Heidelberg. 1992 ist erschienen *Das kulturelle Gedächtnis,* 1996 wird erscheinen *Moses the Egyptian. An Essay in Mnemohistory.*

DAGMAR BARNOUW, geb. 1936, Professorin für Deutsche Literatur und vergleichende Literaturwissenschaft an der University of Southern California, Los Angeles.

WILLI WINKLER, geb. 1957, Journalist und Übersetzer.

WALTER KLIER, geb. 1955 in Innsbruck, Schriftsteller, Mitherausgeber der Zeitschrift *Gegenwart.* Zuletzt sind erschienen *Das Shakespeare-Komplott* (1994) und *Es ist ein gutes Land. Österreich in den neunziger Jahren* (1995).

Der Merkur erscheint monatlich.
Die Zeitschrift kann durch jede Buchhandlung, die Zeitungsstelle des Postamtes oder unmittelbar vom Verlag bezogen werden. Preis des Einzelheftes DM 18 / öS 140 / sFr 18, des Doppelheftes DM 24 / öS 187 / sFr 24, im Abonnement jährlich DM 180 / öS 1400 / sFr 162, für Studenten und Akademiker im Vorbereitungsdienst gegen Vorlage der Studienbescheinigung im Abonnement jährlich DM 135 / öS 1053 / sFr 122, jeweils zuzüglich Versandspesen.
Das Abonnement verlängert sich automatisch, wenn die Kündigung nicht bis zum 1.12. erfolgt. Zuschriften, die den Vertrieb und die Anzeigen betreffen, an den Verlag erbeten. Für unverlangte und ohne Rückporto eingesandte Manuskripte kann keine Gewähr übernommen werden.

J. G. Cotta'sche Buchhandlung Nachfolger GmbH, Postfach 106016, 70049 Stuttgart, Telefon (0711) 6672-0.
Verantwortlich für den Anzeigenteil: Rainer Just. Abonnements- und Anzeigenverwaltung: Winifred Kretschmar, Telefon (0711) 6672-648, Fax (0711) 615 97 02. Zur Zeit ist die Anzeigen-Preisliste Nr. 15 vom 1.1.1995 gültig. –

Fotosatz: TypoScript, Waldorf & Deiser, München. Druck und Einband: Ludwig Auer, Donauwörth.

Redaktionsschluß: 1.9.1995

ISSN 0026-0096 NC N NCA

Im nächsten Heft:

Manfred Schneider
Der Fall Nietzsche

Gert Mattenklott
Rückblick auf den Existentialismus

Jochen Schimmang
Erinnerung an Raymond Queneau

Günter Metken
Verschiedene Geschwindigkeiten. Bilder aus China

Paul Veyne
Die Römische Gesellschaft
Aus dem Französischen von
Heinz Jatho
333 Seiten, Franz. Broschur
DM/sFr 58,–/öS 453,–
3-7705-2932-4

Wilhelm Fink Verlag
München

Starr und konservativ im Grundsätzlichen, doch in Wirklichkeit viel elastischer, als wir Modernen es uns vorstellen können: dies ist nach Veyne die Struktur der römischen Gesellschaft. Besonders charakteristisch in dieser Hinsicht ist das Problem des Sklavenstandes.
Auf kultureller Ebene wendet sich Veyne gegen allzu scharfe und schematische Trennungslinien, um statt dessen die ganze Komplexität der römischen Mentalität sichtbar werden zu lassen. Ist zum Beispiel das Christentum auf religiösem und moralischem Gebiet wirklich eine so revolutionäre Neuheit gewesen, wie man allgemein annimmt? Eine vorurteilslose Analyse deckt eine verblüffende Wirklichkeit auf: angefangen mit der christlichen Sexualmoral, die in Wirklichkeit eine allgemeine, die ganze römische Gesellschaft der klassischen Kaiserzeit betreffende Transformation der sexuellen und ehelichen Gebräuche widerspiegelt, bis hin zum Glauben an eine absolute Abhängigkeit des Menschen von einem unerforschlichen göttlichen Schicksal, ein Glaube, der sich unabhängig vom Christentum entwickelt hatte und den dieses lediglich fortentwickeln sollte.
Eine Reihe von genauen Untersuchungen, von der Legislatur ebenso ausgehend wie von der Lektüre der Dichter, zwingt uns, das Bild, das wir uns von der römischen Gesellschaft machen, in Frage zu stellen – es ist bei weitem nicht so einfach, wie man uns beigebracht hat. Wenn dies alles als »intellektuelle Provokation« gilt, dann ist es an den »Provozierten«, ihre Vorstellungen zu überdenken.

Prof. Dr. Bettina Hurrelmann, ALEKI, Universität Köln

Dr. Antonius Jammers, Staatsbibliothek zu Berlin – Preußischer Kulturbesitz

Prof. Dr. Paul Kaegbein, Lehrstuhl für Bibliothekswissenschaft
der Universität zu Köln

Gisela Kalow, Oberursel

Harald Kiesel, Börsenblatt für den Deutschen Buchhandel, Frankfurt/Main

Dr. Jörg Knobloch, Arbeitsgemeinschaft Jugendliteraten und Medien
in der GEW (AjuM), Freising

Horst Künnemann, „Bulletin Jugend + Literatur", Hamburg

Ingrid Kötter, Tübingen

Prof. Dr. Ute Krauß-Leichert, Fachhochschule Hamburg,
Fachbereich Bibliothek und Information

Iris Kreth, Fachgruppe Assistenten und Fachangestellte
für Medien- und Informationsdienste, Stuttgart

Brigitte Krompholz-Roehl, Stadtbibliothek Göttingen

Dr. Hans Joachim Kuhlmann, Essen

Prof. Dr. Heinz Kuhnert, Hochschule für Technik, Wirtschaft und Kultur
Leipzig (FH)

Prof. Dietmar Kummer, Hochschule für Technik, Wirtschaft und Kultur
Leipzig (FH)

Dr. Josef Lange, Hochschulrektorenkonferenz, Bonn

Aloys Lenz, Großkrotzenburg

Prof. Dr. Joachim-Felix Leonhard, Deutsches Rundfunkarchiv, Frankfurt/Main

Barbara Lison, Stadtbibliothek Bremen

Dr. Heinz-Jürgen Lorenzen, Büchereizentrale Schleswig-Holstein, Rendsburg

Helga Lüdtke, Göttingen

Dr. Claudia Lux, Zentral- und Landesbibliothek Berlin

Sabine Mähne, LesArt, Berliner Zentrum für Kinder- und Jugendliteratur

Prof. Dr. Gundel Mattenklott, Hochschule der Künste Berlin

Doris Meissner-Johannknecht, Dortmund

Dr. Bernd Meyer, Deutscher Städtetag, Köln

Prof. Dr. Elmar Mittler, Niedersächsische Staats- und Universitätsbibliothek
Göttingen

Ulrich Moeske, Bibliotheken der Stadt Dortmund

Meinhard Motzko, Praxisinstitut Organisations- und Personalentwicklung, Bremen

Nassen Prof. Dr. Ulrich, Universität Leipzig, Philologische Fakultät, Institut für Germanistik

Dr. Horst Neißer, Deutsche Gesellschaft für Informationswissenschaft und Informationspraxis (DGI), Frankfurt/Main

Dr. Elisabeth Niggemann, Die Deutsche Bibliothek, Frankfurt/Main, Leipzig, Berlin

Susanne Oehlschläger, Verein der Diplom-Bibliothekare an wissenschaftlichen Bibliotheken (VdDB), Köln

Prof. Dr. Achim Oßwald, Fachhochschule Köln, Fachbereich Bibliotheks- und Informationswesen

Prof. Dr. Dietger Pforte, Berlin

Rolf Pitsch M.A., Borromäusverein, Bonn

Prof. Dr. Engelbert Plassmann, Humboldt-Universität zu Berlin, Philosophische Fakultät, Institut für Bibliothekswissenschaft

Benno Pludra, Potsdam

Hofrätin Dr. Sigrid Reinitzer, Vereinigung Österreichischer Bibliothekarinnen und Bibliothekare, Universitätsbibliothek Graz

Prof. Reimar Riese, Hochschule für Technik, Wirtschaft und Kultur Leipzig (FH)

Prof. Dr. Klaus Ring, Stiftung Lesen, Mainz

Dr. Georg Ruppelt, Bundesvereinigung Deutscher Bibliotheksverbände (BDB), Berlin

Hans Christof Sauerländer, Verlag Sauerländer, Frankfurt/Main

Marianne Saule, Verein der Diplom-Bibliothekare an wissenschaftlichen Bibliotheken (VdDB), Regensburg

Prof. Dr. h.c. mult. Klaus G. Saur, K.G. Saur Verlag, München

Drs. J.S.M. Savenije, NVB, Nederlandse Vereniging voor beroepsbeoefenaren in de Bibliotheek-, Informatie- en Kennissector, Utrecht

Helene Schär, Kinderbuchfonds Baobab, Basel

Dr. Barbara Scharioth, Internationale Jugendbibliothek, München

Christa Scharmann, Fachgruppe Assistenten und Fachangestellte für Medien- und Informationsdienste, Stuttgart

Rudolf Schenda, Volkskundliches Seminar, Abt. Europäische Volksliteratur, Zürich

Jürgen Schlegel, Bund-Länder-Kommission für Bildungsplanung und Forschungsförderung, Bonn

Prof. Dr. Ing. Marina Schlünz, Fachhochschule Hannover, Fachbereich Informations- und Kommunikationswesen

Prof. Dr. Siegfried Schmidt, Fachhochschule öffentliches Bibliothekswesen, Bonn

Dr. Hans-J. Schubert, Bayerische Beamtenfachhochschule, Fachbereich Archiv- und Bibliothekswesen, München

Christoph-Hubert Schütte, Universitätsbibliothek Karlsruhe

Hermann Schulz, Peter Hammer Verlag, Wuppertal

Hella Schwemer-Martienßen, Stiftung Hamburger Öffentliche Bücherhallen, Hamburg

Prof. Dr. Torsten Seela, Hochschule für Technik, Wirtschaft und Kultur Leipzig (FH)

Mag. Karin Sollat, Internationales Institut für Jugendliteratur und Leseforschung, Wien

Hans Martin Sonn, Trossingen

Christa Spangenberg, Internationale Jugendbibliothek, München

Staats- und Universitätsbibliothek Hamburg – Carl von Ossietzky –

Stadtbibliothek Ludwigsburg

Stadtbücherei Stuttgart

Dr. Frieder Stöckle, Schorndorf

Christian Stottele, Ravensburg

Johano Strasser, Berg

Studien- und Beratungsstelle für Kinder- und Jugendliteratur, Wien

Sabine Stummeyer, Bundesvereinigung Deutscher Bibliotheksverbände, Berlin

Tessloff Verlag, Nürnberg

Lothar Thalmann, München

Thüringische Bibliotheksschule, Sondershausen

Dr. Cordula Tollmien, Hann. Münden

Marianne Tschäppät, Verband der Bibliotheken und Bibliothekarinnen/ Bibliothekare der Schweiz (BBS), Bern

Rosmarie Tschirky, Schweizerisches Jugendbuch-Institut, Zürich

Roland Ulmer, Börsenverein für den Deutschen Buchhandel, Frankfurt/Main

Prof. Dr. Konrad Umlauf, Humboldt-Universität zu Berlin, Philosophische Fakultät, Institut für Bibliothekswissenschaft

Universitätsbibliothek Karlsruhe

Universitätsbibliothek Paderborn

Verlag Nagel & Kimche, Zürich

Silke Weitendorf, Cecilie Dressler Verlag und Verlag Friedrich Oetinger, Hamburg

Imma Wick, Galerie für Buchkunst, Mülheim a. d. Ruhr

Gudrun Wiedemann, Bertolt-Brecht-Gesamtschule – Bibliothek, Nürnberg

Olaf Zimmermann, Deutscher Kulturrat, Bonn